CHANGSANJIAO FAXUE LUNTAN

长三角法学论坛

流动人口法制：现状及其完善

浙江省法学会 主办

主　编 胡虎林

副主编 陈柳裕 陆剑锋

ZHEJIANG UNIVERSITY PRESS
浙江大学出版社

第五届长三角法学论坛小结

（代前言）*

尊敬的宋树涛副会长、斯大孝会长、各位领导、各位专家学者：

首先衷心祝贺第五届长三角法学论坛获得圆满成功！

鉴于本次论坛论文集中所收录的论文多达72篇，作为主题发言和专题发言的交流文章也达到16篇之多，在今天下午的“专题发言”的听众的提问过程、发言人的回答过程，以及点评人的精彩点评过程中，各种对流动人口权益保障和服务管理问题的法学观点和其他思想火花又不断得以迸发和涌流，而就所涉及的学科背景而言，本次论坛所讨论的内容又几乎广涉除军事法学以外的所有法学专业，为此，以八分钟时间对本次论坛作一学术小结，在理论上讲具有不可行性，如必须勉强从事，又实在是需要高度的抽象概括能力和语言表达能力的，决非吾辈所能驾驭。但既然大会组织者作出了这种安排，恭敬不如从命，本人就在此谈些感受，供各位领导和同行批评指正。

区别于网络上的BBS，苏浙沪法学会自2004年以来联合组织的“长三角法学论坛”，历来严守学术论坛之定位，以对长江三角洲地区经济、政治、文化和社会发展具有重大意义的法学、法律问题为研究对象。本次论坛更是突现了上述两大特征。对此，自始参加了本次论坛的在座各位必定会有深切感受，本人在这里就不具体展开了。

按照本人的理解，本次论坛至少在以下五大领域取得了新的突破，取得了丰硕的成果。

第一，以在市场经济体制下长江三角洲地区如何协调发展为理念，以长

---

* 此文系浙江省社会科学院法学研究所所长、研究员陈柳裕博士在第五届长三角法学论坛上的发言稿。

三角地区流动人口权益保障和服务管理为个案,进一步探讨了长三角区域协作机制建设问题。上海市计生委赵勇副主任撰写的《加强区域联动,为长三角科学发展营造良好人口环境》、中国计量学院季任天副教授等撰写的《长三角流动人口服务管理法制化与标准化的思考》、浙江万里学院易凌教授等撰写的《长三角社会保障法规政策冲突及其协调》等论文,在这方面作了较好的探索。

第二,对流动人口权益保障及服务管理相关的法理问题作了较为深入的梳理和探究。在这方面比较优秀的研究成果,如江苏省政府法制办张耀东副主任等人撰写的《论和谐社会中流动人口的权益保障》、上海政法学院汤啸天教授的《人口自然流动的规律与公权力的调控》、苏州大学法学院朱中一博士的《村民自治中流动人口权益的保障》、徐州师范大学法政学院张波博士的《农民工阶层的人权保护研究》等。

第三,对长三角地区流动人口权益保障和服务管理的实践进行了系统的梳理、总结和提升。这方面的代表作,如上海市人大法制委员会主任委员沈国明教授的《关于流动人口管理的若干思考》、嘉兴市政法委副书记宋家聪等撰写的《嘉兴市创新流动人口服务管理体制机制的实践与思考》、上海市劳动和社会保障局邱宝华同志的《从上海外来从业人员综合保险制度谈流动人口社会保障问题》、金华市中级人民法院原院长高洪宾等同志撰写的《流动人口与户籍制度的冲突与协调——以浙江省义乌市为视角》、中共台州市委政法委齐玉水同志的《台州市流动人口服务管理机制调研报告》、上海政法学院章友德教授和卢驰文博士合著的《优先中央统筹的农民工养老保险模式探讨》、浙江省社会科学院法学研究所唐明良等同志撰写的《县级区域流动人口管理服务的基本经验及其启示——以绍兴县为例》等。

第四,对流动人口犯罪及其控制,以及相关刑事司法问题作了较多探讨。在这方面,共计有13篇论文或者调研报告,除今天下午交流的南京市鼓楼区政法委副书记王昆远先生的《扼制大中城市流动人口违法犯罪策略初探——从南京市鼓楼区流动人口调查统计得到的启示》,以及浙江省法学会监狱法学研究会课题组的长篇调研报告《外省籍民工犯罪及遏制对策》以外,这一板块中较为优秀的论文和调研报告,还有杭州市人民检察院冯晓音同志的《流动人口犯罪强制措施适用的现实困境与前景展望》、上海市监狱管理局课题组的《上海市流动人员犯罪与预防——以上海市监狱系统在押外省籍服刑人员为调查对象》、上海市未成年犯管教所李桦等撰写的《上海市外省籍未成年人犯罪成因的分析与防范矫正的思考——来自上海市未成年犯管教所的调查报告》、苏州市人民检察院张晓东副检察长与张乐同志的合著的《苏州地区外来人员犯罪现状及犯罪原因的调查和研究》,而上海政法学院吴鹏森教授的《"第二代农民工犯罪":概念辨析与解释模型》一文,更是有令人耳目一新的感觉。

第五,也是需要特别强调的,本次论坛虽然就流动人口立法问题的交流论文不多,但无论是浙江省人大法制工作委员会主任丁祖年先生与汤达金先生合著的《流动人口立法及制度安排》一文,还是江苏常州市武进区人民法院储春平同志撰写的《论流动人口公共服务的政府缺位与立法完善》一文,质量均属上乘,而且具有强烈的现实意义。前者可以说是浙江正在制定的流动人口服务管理条例的立法精神和主要制度设计的高度浓缩,而后者则提示了政府在流动人口公共服务领域的职能缺位问题,并就此提出了相关对策建议。

以上是本人对本次论坛研讨成果的一个较为粗浅的梳理,更多的只是具有提示性意义。在因准备现在的发言材料而再次阅读本届论坛全部论文的过程中,有一种强烈的感受时刻在敲打着我的心灵,那就是,在各位的论文或者调研报告的字里行间,涌动着一种对现实问题的强烈关怀情结。我想,正是各位对流动人口权益保障和服务管理这一现实问题的高度关注热情和身体力行,奠定了本届论坛得以成功举办的良好基础!

各位领导,各位同行,尊敬的沈国明教授在今天上午的发言中反复强调了如下观点:在中国,流动人口日益增长是一个时代趋势,只要我们强调地区之间的和谐发展,就必须正视流动人口不断增长的现实。诚哉斯言!而党的十七大报告在谈到"加快推进以改善民生为重点的社会建设"的时候,特别指出要"加强流动人口服务和管理"。为此,我们有理由预言:在未来相当长的一个时期以内,流动人口权益保障和服务管理的法学思考,将会一直具有其现实必要性和学术价值。正是从这个角度而言,本届论坛的成功召开,充其量只是一个开端而不是终结,本人衷心期望并祝愿在座各位,在不久的将来于流动人口权益保障和服务管理问题的理论研究和工作实践领域取得更为丰硕的成果!

本人的总结就此为止,谢谢大家!

目　录

专题研究

调研报告

专题研究

流动人口立法及制度安排

丁祖年　汤达金*

摘　要:流动人口立法要妥善解决加强流动人口服务管理和权益保障两大问题,摈弃以管理为主旨的立法价值取向。本论文在对流动人口地方立法进行理性分析的基础上,提出了居住证立法的基本思路和主要制度设计安排,强调必须在上位法的框架内进行适度的制度创新,按照"权利与义务对等"等原则,寓权益保障于具体制度之中,寓政府有效管理于具体服务之中,寓服务管理和权益保障于激励机制之中,突出居住证制度的针对性、操作性和实用性。

关键词:流动人口　地方立法　权益保障　服务管理　居住证制度

改革开放以来,我国流动人口这一特殊群体日益扩大,其总数2000年就已达1.4亿人,超过全国人口总数的10%。[①]据权威预测,21世纪的前20年将是我国工业化、城镇化、现代化快速发展时期,这20年最显著的一个特征是大量的农村人口向城市迁移,每年需从农村转移1500万以上人口。[②]作为我国经济较发达的长三角地区,上海、江苏、浙江是我国3个主要人口迁入省

* 丁祖年:男,1958年生,浙江省人大常委会委员,法制委员会副主任委员,法制工作委员会主任,浙江省法学会副会长,法学硕士;汤达金:男,1957年生,浙江省人大常委会法制工作委员会社会行政法规处处长,法学硕士。

① 中国流动人口数量1993年为7000万人,2000年增加到1.4亿人,10年内翻了一番。人口流动的基本方向是由农村流向城市,主要原因是务工经商,解决就业问题。流动人口中年轻人口占绝大多数,其中15至35岁人口占全部流动人口的70%以上,他们中的多数人接受过初中以上教育。参见《中国的人口流动现状》,《中国网》2002年12月。

② 参见国家人口发展战略研究课题组:《国家人口发展战略研究报告(上)》,中国人口出版社2007年11月版,第714—715页。

份,从第五次全国人口普查数据看,分别占全国跨省迁入人口的6.5%、6.1%和8.5%。[①] 浙江省登记发证的流动人口2000年为404.2万人,到2007年6月已达1670.7万人,7年增加4倍多,年均增幅22.8%。[②] 流动人口问题是当前乃至今后相当长时期我国经济、政治和社会发展无法回避的一个重大问题。这个问题的根本解决,既需要经济社会的进一步发展为其提供坚实的物质基础,又需要尊重保障人权、公平正义等先进理念的支撑,更需要法律及具体制度的引领、规范和保障。因而对流动人口立法亟须解决的基本问题进行务实研究,并根据实际需要和客观条件对立法的主要制度进行探索设计,为流动人口权益保障和服务管理法治化提供路径和平台,无疑具有十分重要的意义。

一、流动人口立法需要研究的几个基本问题

(一)流动人口立法应关注的重点问题

在依法治国、科学发展、建设社会主义和谐社会的新形势下,流动人口[③]立法所需要研究和解决的重点问题,主要有两个:一个是广大流动人口的权益如何保障;另一个是政府如何实施有效的服务和管理。

首先,流动人口的合法权益难以保障,是当前中国城市流动人口面临的重大问题。该问题能否妥善解决,不仅直接关系到上亿流动人口能否真正共享经济社会发展成果,也直接关系到城市经济的可持续发展、社会稳定与和谐。

其次,政府对流动人口如何实施有效服务和管理,是一个必须认真对待和解决的现实问题。党的十七大强调:要"加强流动人口服务和管理"。各

---

① 参见国家人口发展战略研究课题组:《国家人口发展战略研究报告(上)》,中国人口出版社2007年11月版,第714－715页,第728页。

② 浙江省登记发证的暂住人口,2001年为574.6万,2002年为706.9万,2003年为898.2万,2004年为1101.9万,2005年为1291万,2006年为1459.8万,2007年6月30日为1670.7万(其中,来自外省的暂住人口为1410.6万,占总数的84.4%)。参见浙江省公安厅:《关于2007年度全省暂住人口年报数据质量分析的报告》。

③ 从法律和政策层面考察,与流动人口相近的称呼有10多种,而使用较多的主要有外来人口、外地人口、外来居民、外来人员、外来人群、暂住人口、进城务工经商人员、农民工、民工、"新某某人"等。为尊重历史和叙述方便等原因,本文有时使用"外来人口"、"农民工"等称呼。

地对流动人口要真正做到公平对待、搞好服务、合理引导、完善管理，不断提高服务和管理的综合效能。

上述难题的解决，不仅考验着各级政府的执政能力和执政水平，也考验着立法机关和立法工作者的智慧和能力。

(二)流动人口立法的价值取向

立法价值取向直接决定立法的思路以及具体内容。任何一部法律价值取向的选择，离不开经济社会发展的大环境，离不开调整对象和被规范事项的发展趋势。由于种种原因，我国至今没有一部事关上亿流动人口的专门法律。各地以往有关流动人口的立法，主旨基本上是"管理"，特别是治安管理和计划生育管理，且名称也堂而皇之地冠以"管理"两字，如"××管理条例"、"××管理办法"；对流动人口的义务强调较多，对其权益规定很少或者考虑不周。有人曾经专门对浙江、江苏、上海和北京、广东、福建等6省(市)的城市农民工立法进行研究，得出如下结论：从形式上看，这些地方立法普遍存在"重管理轻服务"的倾向；从内容上看，又表现出明显的"重义务轻权利"的偏向。这种"地方(城市)立法保护"，是"地方(城市)保护主义"的一种重要表现形式。①

在新形势下，以管理为主旨的立法价值取向需要重新审视和研究。如果为了加强管理包括治安管理，将流动人口管理单列出来进行立法，有悖于法治的公平公正原理和法律的社会功用。在法治社会中，法律越来越人性化和平民化，法律的功用主要是完善对公民权利的保护，特别是对社会弱势群体的保护。而试图用法律来"管"住流动人口，是从本位主义、地方主义和部门主义出发的思路，是习惯于公权力运用的方便，实质上仍然是把法律作为管人、治人的工具。我国著名法学教授、博士生导师贺卫方曾经指出：一旦为外来人口单独立法，就意味着政府要把外来人口和本地人两者区别对待，显然带有歧视的性质。在立法和公共政策中，并非不可以对一些人群进行分类，但这种分类要么是体现对弱者的关怀，要么是体现专业门槛……如果确实要为外来人口立法的话，就应该立一部权利法，强化政府服务外来人口的责任。②

---

① 参见唐鸣、陈荣卓：《城市农民工地方立法：问题分析与实践反思——以1984至2000年6省市地方立法为对象》，《社会主义研究》2006年第3期。

② 参见王新友：《从管理转向服务：善待外来人口，提升执政能力》，《检察日报》2005年3月28日。

我们认为,从现代立法价值取向和法治精神考虑,当前如果要为流动人口立法的话,应该立一部权利之法、服务为先(寓管理于服务中)之法。这样的立法,才能既有利于保护流动人口的合法权益,又有助于规范、保障政府的服务和管理工作健康、稳步、持久发展,促进城乡统筹与和谐社会建设。这样的立法,才可能是一部"良法"、"善法"。

(三)流动人口立法的模式选择

流动人口立法最好由全国通盘考虑,由全国人大常委会制定法律或者国务院制定行政法规。但目前,国家层面制定这方面全国统一的法律、行政法规可能性不大。因此,在国家层面短期内难以就流动人口问题进行专门立法的情况下,具有地方立法权的机关特别是流动人口较多的长三角地区,应当把流动人口立法提上议事日程,加快立法步伐。而从地方立法权限、立法资源及各地相关立法实践看,地方流动人口立法的模式主要有以下几种可供选择:

其一,管理式。法规名称,如《××省(市)流动人口管理条例》等。以往各地的相关立法,大都采取这种模式。但时至今日,这种模式存在一个致命的缺陷——有侵犯基本人权之嫌疑;如前所述,也不尽符合我们应有的立法价值取向。需要注意的是,实践中有些政府领导依然一再强调,当前流动人口地方立法"其出发点和归宿仍然是加强管理方面,尤其是要通过某种制度设计推动治安管理、计生管理和劳动就业管理,以提高城市的整体管理水平"。我们认为,这种立法倾向在尊重保障人权和注重民生的社会大背景下,需要切实防止。

其二,服务管理式。又称管理服务式。法规名称,如《××省(市)流动人口服务管理条例》等。这种模式有一个主要问题,即需要妥善处理服务与管理的关系,对具体制度设计提出的要求较高。

其三,权益保障式。法规名称,如《××省(市)流动人口权益保护(保障)条例》等。流动人口的根本问题,是权益保障问题。权益保障模式的立法长处十分明显:立法宗旨明确,剑指要害。其不足之处或者说需要特别注意的地方,就是容易"虚胖",法规中规定的权利可能较空泛、空洞;规定的权利内容如果很具体,落实起来往往较困难。因为就目前实际情况,全国各省(市)都不具备对流动人口权益实行充分保障的客观条件。

其四,居住证式。法规名称,如《××省(市)流动人口居住证(管理)条例》等。具体又可以分为三种模式:(1)大流动人口居住证模式。主要特征:

全面规定流动人口的各项权利特别是宪法权利及其保障措施;对流动人口的基本问题包括流入人口和流出人口、流入地和流出地、城乡双向流动等问题,作出全面规范;对流动人口登记、子女教育、治安、住房、计划生育、劳动就业、社会保障等各领域实行统一服务和管理。(2)小流动人口居住证模式。主要特征:倡导服务理念,突出解决公安机关对流动人口的户口登记和管理问题。(3)中流动人口居住证模式。主要特征:介于上述“大小两种模式”之间,在充分考虑流动人口权利保护之需要及地方客观条件和可能的情况下,通过居住证这个载体,以流动人口的居住登记和管理为切入口,在流动人口权益保障、政府服务管理等方面创设必要的具体制度,解决当前迫切需要解决的一些实际问题。

在上述几种模式中,我们倾向于居住证式,并主张采用第三种模式即“中流动人口居住证模式”。理由主要是:第一种是大而全的模式,适宜国家立法,地方立法的条件不具备、时机不成熟;第二种模式调整范围过于狭窄,且有“管理式”立法之嫌;而第三种模式既适应加强流动人口服务管理之现实需要,又能解决流动人口权益保障方面迫切需要解决的实际问题,同时还有助于积极稳妥地推进户籍制度改革,实现城乡统筹发展。有识之士早已提出,“应逐步在长三角地区探索以居住证为依托的人口管理制度”;“依托居住证制度完善人口管理,逐步弱化和剥离户籍和各项福利的关系,实现同责任、同义务和同权利,实现贡献和福利的相互统一,保证社会稳定,并促进城乡之间,本地人口和外来移民之间的社会融合”;“率先在长三角地区实行以居住证制度为主的属地化管理体制”。①

二、居住证立法的基本思路

制度具有决定性。科学、合理的法律制度,对社会具有强大的牵引力和积极塑造力量。流动人口立法的制度安排,应在价值取向、权利确认和保障、服务和管理等方面通盘考虑,统筹安排。上海市在2002年就实行了人才居住证制度,2004年8月又率先出台了市政府规章——《上海市居住证暂行规定》,从而将居住证制度的适用范围从引进人才扩大到境内所有来沪人

① 国家人口发展战略研究课题组:《国家人口发展战略研究报告(下)》,中国人口出版社2007年版,第3275—3276页。

员。2007 年 7 月,深圳市政府通过了《深圳市居住证试行办法》,决定自同年 9 月 1 日起在该市盐田区试行居住证制度。2007 年 12 月,浙江省在嘉兴、慈溪两市开展居住证制度试点工作;2008 年 1 月,浙江省公安厅制订了《浙江省居住证申领暂行规定》等规范性文件。根据浙江省居住证制度的探索和实践,借鉴上海等地居住证立法经验,我们认为,地方居住证立法在基本思路、总体设计方面尤其要注意以下几个问题:

首先,居住证立法必须正确认识当前这类立法的阶段性特征,更加突出立法的针对性和可操作性。流动人口问题的根本解决,只能"渐行渐近",相关政策措施不可能一步到位,权益保障也不可能一蹴而就。国情、省(市)情决定了我们解决流动人口的重要政策和法律制度设计都必须以"渐进式改革"为基调,根据需要、条件和可能,有针对性地积极稳妥逐步推进。因而现阶段的流动人口立法,包括居住证具体制度设计,不能有"法治浪漫主义",不能"高调立法"(搞宣言式立法等),不能回避过渡性、阶段性特征,而应当更加注重立法的实用性。

据浙江有关部门对嘉兴、慈溪两市开展居住证制度试点情况调查,在广大流动人口方面,其最现实、最直接、最迫切需要解决的是"读书、住房、看病"等方面的问题。"读书难"主要是读好书难:流动人口子女进公办学校难,收费高;民工子弟学校多数设备简陋、师资水准低、教育质量差。"住房难"主要是房源少、租房难、租金贵。"看病贵"主要是缺少医疗保障制度支撑,医疗保障制度设计不够科学合理,不能覆盖大部分流动人口。在政府及有关部门有效服务和管理方面,目前最大的问题是各职能部门"各自为政",不能形成合力;统计口径不一致,外来人员底细不清(公安机关登记的是三天以上的暂住人口,统计部门统计的是半年以上的常住人口,劳动保障部门统计的是建立劳动关系的就业人口)。由于底细不清,导致外来人口集中居住区难规划,教育设施难配套,社会治安难管理,"登记的不犯罪、犯罪的不登记"现象十分突出。因此,流动人口立法必须在法律制度层面作出具有针对性的安排。

其次,居住证立法应当对外来人口享受当地的社会发展成果、享受"市民待遇"和在大中城市落户等重大问题,作出适当的制度性安排。社会发展成果是人们通过劳动奉献给集体和社会的,一般由政府和社区掌握,用以保障社会的公平和发展。社会发展成果包括养老保险、失业保险、医疗保险、生育保险、住房公积金、廉租房和平等就业权、子女义务教育权等社会保障、社会福利。外来人口能否享有流入地的“市民待遇”，以及如何享受、享受多少等等，是一个极其复杂而必须面对的现实问题，也是外来人口权益保障的核心问题，立法过程中必须科学谋划、妥善解决。值得注意的是，根据有关问卷调查，即便在宁波这种经济较发达、群众观念较进步的地方，对于外来人口是否应该给予平等的“市民待遇”问题，本地居民的态度也有较大差异，即42.39%的人选择“应该”，15.03%的人选择“不应该”，55.49%的人选择要“慢慢解决”(问卷采用多项选择题的方式)。[①] 同时根据本次调查，本地居民中主张外来人口“应该”享有当地社会发展成果的，也仅占42.20%，而主张应该“有限度地享有”的占49.71%，另有近7%的本地居民主张“不应该”享有。[②] 出现上述情况的原因很复杂，除以往有关外来人口的社会政策有缺陷外，还有以下几个重要因素：一是土地资源。外来人口(特别是农民工)虽然到流入地工作、生活了，但他们在户籍地仍然有土地可使用(因而有人主张，流入地土地所产生的权益外来人口不应享受)。二是社会积累。外来人口在原住地生活几十年及祖辈的劳动在出生地留下一定的社会财富，而他们在流入地工作时间一般不长，为当地提供的公共积累一般不多，因而与流入地的居民相比，外来人口对流入地社会发展成果等的享有也不可能完全均等。但是，随着时间的推移，对一些居住时间较长的外来人口，特别是对流入地作出了较大贡献的外来人口，就应该考虑给予一定的社会福利，直至让他们完全享有“市民待遇”。

第三，居住证立法必须在上位法的框架内，进行适度的法规制度创新。主要是：取消暂住证，在全省范围内实行统一的居住证；居住证实行强制申领与自愿申领相结合；将流动人口的权益保障与政府的服务管理汇集于居住证制度，集流动人口的基本情况、居住登记、子女教育、治安管理、计划生育、劳动就业、住房、社会保障等方面的资料和信息于居住证一证之中，实现“市民服务”和有效管理。居住证制度主要按照下列思路进行设计和安排：

一是根据“权利与义务对等”的原则，通过立法合理设置“时间门槛”。在流入地居住的时间越长、履行义务越多、贡献越大，能享受居住地的福利待遇和公共服务就越多。二是根据不同类型的居住证，赋予相应的权利，直至户口迁入大城市并完全平等地享有流入地城市市民的各项权益。三是根

① 杨黎源：《宁波市外来人口权利考察》，《中共宁波市委党校学报》2006年第1期。

② 杨黎源：《宁波市外来人口权利考察》，《中共宁波市委党校学报》2006年第1期。

据地方政府加强服务和管理的实际需要，在流动人口基本政策全省统一的情况下，赋予市级地方政府制定一定的具体政策的权力，[①]如规定具体的激励政策，引进高素质、高技能优秀人才，享受高于全省统一的基本待遇等，为流动人口获得"市民待遇"提供合理途径。

基于以上"三根据"，就要较好地贯彻"三寓于"，即：(1)寓权益保障于具体制度之中。在与上位法相衔接的基础上，通过地方立法进行具体制度创新，将流动人口的权益保障与居住证直接挂钩。(2)寓政府有效管理于具体服务之中。按照执政为民和建设服务型政府的要求，通过立法宗旨和相关制度的安排，将以服务为主，寓管理于服务中的流动人口管理新理念落到法规制度的实处；改革流动人口服务管理体制，在全省市、县两级政府普遍设立流动人口服务管理机构，整合资源，加大执法和综合协调力度；建立健全省、市、县、乡(镇)、社区(村)流动人口五级服务管理体系；实现由部门管理为主向政府综合管理转变，从限制型防范式管理向服务型管理转变。(3)寓服务管理、权益保障于激励机制之中。采用激励机制引导流动人口自觉到流入地有关部门或者社区申办居住证，变被动为主动；将自愿申领的居住证与流动人口的部分重要权益享受直接挂钩；给流动人口创设"向上流动"的机会和渠道，设定享受"市民待遇"的法律制度。通过各种现实保障和激励措施，激发流动人口自我约束、自我管理、自觉履行义务的积极性，促使他们自觉守法，积极参与当地社会管理，增强对城市的认同感和归属感。

三、居住证立法的主要制度

(一)居住证的类型、性质及申领条件

在全省对流动人口实行统一的居住证制度。与此同时，改暂住登记为居住登记，取消暂住证，并对流动人口婚育证明等管理制度一并进行必要改革。

---

① 嘉兴市咨询委、市委政研室、市公安局组成的联合调查组，对社保、拆迁、卫生、教育、土地承包等14个方面的城乡公共政策进行了深入调研，并于2008年2月20日提出《关于城乡户籍管理制度改革相关政策衔接的调查与建议》，认为：统筹与户籍挂钩的城乡公共政策，实行按居住地登记管理的户籍制度，消除(或逐步消除)附着在户籍制度上的政策差异的条件已基本具备，时机已经成熟，应尽快出台。同时提出了相关政策衔接的4个原则(设定目标、承认差距、淡化挂钩；梳理政策、探索互换、稳步推进；区别情况、分步实施、逐步并轨；健全档案、明确标识、完善管理)、基本思路和操作建议。我们认为，赋予市级政府相应权力是必要的。

居住证实行一人一证,分为《浙江省临时居住证》和《浙江省居住证》两类。其中,《浙江省临时居住证》的申领是强制性的,凡离开户口所在地的市、县,拟在流入地居住30日以上的年满16周岁人员,就必须申领;[①]而《浙江省居住证》的申领是自愿的、有条件的,只有符合法定条件的人员,才可以申领。(详见表1)

表1　临时居住证与居住证

类　型	申领性质	申领条件
浙江省临时居住证	强制	年满16周岁,离开户口所在地的市、县,拟在流入地居住30日以上的人员,必须依法申领(探亲、访友、旅游、就医、就学以及未满16周岁的人员,可以不申领)。
浙江省居住证	自愿	取得临时居住证3年以上,领取临时居住证后无故意犯罪受刑事处罚、违法生育等违法记录,并符合下列条件之一的人员,可以自愿申领:(1)在当地有相对稳定工作,包括就业、投资兴办企业的;(2)在当地拥有房屋产权或者有相对固定住所的;(3)具有高级工以上技术等级证书或者初级以上专业技术职称的;(4)在当地创业,包括从事文化艺术创作的。劳动贡献特别大、创新成果多,或者担任企业中层以上领导职务、高级以上技术职务,荣获县级以上先进称号或者相关荣誉的人员,可以直接申领。

居住证制度与暂住证制度相比较,有以下几个主要不同之处:一是价值取向不同。暂住证制度立法及其制度设计突出的是治安管理,有明显的"重管理轻服务"、"重义务轻权利"倾向,是以管理为主旨的立法,而居住证制度立法强调服务和管理并重,根据"权利与义务对等"等原则进行具体制度设计,是以服务管理、权利保障为主旨的立法。二是体现理念不同。暂住证制度强调"外来"概念,隐含着外来人口是流民的歧视意识,在一定程度上存在人格歧视,而居住证制度突出公民在某地"居住"的客观事实状态,强化"居民"意识,体现法治社会的公平、平等和现代政府的服务理念。三是主要功能不同。暂住证制度主要是为公安机关治安管理服务的,而居住证制度包含着政府及各部门的服务和管理、流动人口的待遇享受和权利保障等多方

① 为与《中华人民共和国户口登记条例》相衔接,流动人口在流入地暂住3日以上的,应当申报居住登记。申领《浙江省临时居住证》的,可以不再申报居住登记。探亲、访友、旅游、就医、就学等人员,可以不申领《浙江省临时居住证》。

面功能。此外,居住证承载的信息量更大,管理也将更加人性化,并可以与户口迁移等政策有机地联结起来。总之,废除暂住证,实行居住证制度,保障公民平等权利,是从把流动人口看作流民到当做居民的社会理念和法律制度的重大转变,体现了立法的文明进步,也是社会发展的趋势。

(二)居住证的功能

居住证实行一证多用,集当事人合法权益享受、部门和社区服务、政府管理为一体。从持证人方面说,居住证的主要功能有:(1)作为持有人在浙江省居住的有效证明,即作为"浙江公民"的证明;(2)凭居住证申领本地机动车驾驶证和办理机动车登记注册、开设固定电话、银行账户、燃气账户;(3)符合省政府或者当地政府规定办理乘车优待证等的,凭《浙江省居住证》办理;(4)符合居住证法规或者省政府、当地政府规定条件的,凭《浙江省居住证》享受地方政府提供的公共服务和其他权利;(5)用于办理或者查询卫生防疫、接受教育、就业和社会保险等方面的个人相关事务和信息。

从政府和社区方面说,通过居住证制度,可以:(1)实现全省流动人口基础信息的统一采集、统一录入、统一管理和维护。基础信息包括流动人口的基本身份信息和管理信息(计划生育、劳动就业、社会保障、卫生防疫、住房情况等)。(2)建立全省统一的流动人口服务管理综合信息平台,汇总全省流动人口基础信息,实现各部门、各地区互联互通和信息资源共享(必要且条件具备时,可以实现长三角地区乃至全国的信息共享)。(3)设立流动人口服务管理机构,落实流动人口服务管理的各项制度,协调解决流动人口服务管理中出现的重大问题。(4)在社区、居(村)委员会、用人单位设立居住证申领服务站等,为流动人口提供高效便捷的服务。

除了上述两方面的功能之外,居住证还应当有一项非常重要的功能,即推进户籍制度改革,为取得《浙江省居住证》的人员在居住地落户创造条件,提供"水到渠成"的平台和通道。因为在现行制度下,流动人口即使取得了当地长期甚至永久的居住权利,即使已成为事实上的"居民",如果没有当地户籍,也不可能完全享受与当地居民完全一样的待遇。

(三)持证人享有的待遇

持有《浙江省临时居住证》的人员,其权利和义务基本不变。而持有《浙江省居住证》的人员,其原户籍所在地的土地承包、计划生育、宅基地、兵役等权利和义务不变,同时还享受本地的以下待遇:(1)社会保障。参加企业职工基本养老保险或者按照"双低"标准参加养老保险;参加职工基本医疗保险或者城镇居民基本医疗保险、新型农村合作医疗;参加失业、工伤、生育等保险。(2)住房。可申请租住政府或者企业为非本地户籍居住人员提供的集中居住区住房,在租金方面给予一定的优惠;参加所在企业建立的住房公积金制度。(3)义务教育。持证人员子女按照就近就学原则安排入学,并按规定享受杂费减免政策。(4)户口迁移。除杭州市区外,在全省全面实行以具有合法固定住所、稳定职业或者生活来源为落户条件的户口自由迁移政策,让符合条件的流动人口自愿落户,享受城市居民的同等“市民待遇”。杭州市政府要根据当地经济社会发展的实际需要及综合承受能力,制定城市人口发展规划和鼓励措施,对到其周边地区和卫星城镇落户的人员进行适当鼓励。(5)其他待遇。参加工会和各类先进的评比,参与本地科技成果的申报和奖励,参与本地各类资格职称的评定及接受技能培训,免费享受国家规定的计划生育基本项目技术服务,依法参与社区的民主管理活动,等等。

流动人口的权益保障事关社会公平正义,加强流动人口的服务和管理事关科学发展观的落实、和谐社会的建设。党的十七大报告指出:“实现社会公平正义是中国共产党人的一贯主张,是发展中国特色社会主义的重大任务。”我们相信,借助于居住证制度这个良好的载体,各级政府和社会各界更加重视流动人口、善待流动人口,流动人口的权益保障和服务管理这项事关亿万人口的工作,就会更有针对性、操作性,城乡之间、区域之间、经济社会之间的统筹发展就会更有实效。

论流动人口公共服务的政府缺位与立法完善

储春平*

摘　要:以务工者为主体的流动人口是长三角地区人口的重要组成部分。人口流动具有规模大和高流动性等特征,政府难以掌握基本信息并提供完善的服务和管理,给构建和谐社会带来新的挑战。国家和政府对人口流动应从鼓励模式转变为引导模式,从管理主导型转变为服务主导型,对公共资源进行公平合理的分配,为流动人口提供切实有效的公共服务。这种转变不仅要求提高政府公共服务的能力,而且要通过法律制度的完善得以实现。

关键词:流动人口　公共服务　法律制度

近年来,随着长三角地区经济社会的不断发展,流动人口大幅度增加。流动人口的增加,促进了市场经济的发展,加速了城乡交流,扩大了信息、技术和社会文明的传播,缩小了城乡之间的差距,对于全社会可持续协调发展具有重大战略意义。与此同时,大规模人口的无序流动也给流入地政府公共服务提出了许多新的挑战,有关流动人口的服务与管理已经从一般社会问题演变为公共问题,越来越成为政府公共政策议程的重要内容,亟待观念创新和制度完善。

一、人口流动对政府公共服务提出新的挑战

当前市场经济条件下的以务工为主体的人口流动既不同于计划经济时期的人口小规模流动,也不同于市场经济常态下的人口自由迁移,而是一种

* 储春平:男,江苏省常州市武进区人民法院研究室主任。

超常态、大规模、流向相对固定的人口迁徙。这给主要作为流入地的长三角地区的政府提出了许多新的课题。

(一)人口大量流动显得既存行政管理方式滞后

长期以来,国家行政管理是以人员管理为中心的,政府管理对象通常只涵盖常住人口。市场经济条件下大规模的人口流动对传统行政管理方式提出了新的挑战。长三角区域作为全国主要的人口流入地区之一,人口流动量很大,以江苏省为例,江苏省江南地区大小城市流动人口都达到和超过常住居民人口的三分之一,有的达到常住居民人口的一半,个别地方流动人口甚至超过常住人口。大量的人口按照劳动力市场需求自由流动,致使主要流入地的流动人口急剧膨胀。由于目前流动人口并未完全纳入国家行政管理体系,给相关公共服务和行政管理带来极大压力。尽管各级政府部门做了大量具体工作,但目前有关流动人口的规模、范围、流速、导向等诸多基本问题尚停留在学术层面,国家对流动人口的基本政策还没有实现法制化,人口流动的无序性没有明显改变,流动人口与常住居民人口发生各种权益冲突。① 由于流动人口已经成为长三角地区经济发展不可或缺的力量,也成为构建社会主义和谐社会的过程中无法忽视的组成部分,因此无论从确保流入地的发展、社会的安定与和谐来看,还是从流动性务工人员将成为流入地企业职工队伍的重要组成部分来看,流动人口都应成为政府提供公共服务的重要对象。

(二)人口大量流动引发公共资源的重新分配

由于流动人口的快速扩张,其相当的规模量必定会增加流入地公共资源的需求和消耗,政府建立在常住人口基础之上的公共基础设施必然会出现供应不足,交通、环境、教育、医疗、水电资源等方面都面临新的考验。尤其是既有城市体制下的财政补贴、社会保障,政府不仅要考虑常住人口,也要顾及流动人口,产生在有限资源总量下资源如何合理分配的新问题。

(三)流动人口聚集加剧了公共服务难度

流动人口在流入地特定区域的大量聚集,自发形成一个需求层次、消费能力与习惯有别于流入地居民的消费群体,并由此形成了一个新的廉价的商品供应和生活服务体系,如日用品供应、教育、医疗、公共电话、理发、浴池

---

① 参见贾小玫:《基于和谐理论的流动人口和谐度测量模型》,《统计与决策》2007 年第20 期。

等,有些服务单位属于无证或非法经营。城乡结合部的违章搭建,以及难以完全纳入政府管理的私房出租等等,使流动人员聚居区的社会公共管理呈现出一定的混乱无序面貌,给常态下城市的公共服务和公共管理带来新的难题。①

(四)流动人口犯罪问题对社会治安带来新的影响

流动人口在流入地以体制外方式生存,社会地位低下,对流入地区和单位缺乏认同感、归宿感。流动人口劳动收入较低,缺乏必要的社会保障和劳动保护。在这种情况下,流动人员与流入地社会产生较深隔阂,当在生活工作中受挫、遭受歧视后,难以形成正常居民应有的规范和道德观念,可能诱发心理危机,成为潜在的犯罪动因,个别的甚至导致极端的反社会行为。②近年来,长三角地区流动人口犯罪作案比例不断上升,江苏省城市流动人口犯罪案件已占全部刑事案件的40%以上,在一些流动人口集中的地方达到了60%。流动人口犯罪率高出平均犯罪率8个百分点,形成了许多治安乱点,抢劫、盗窃等侵财型案件增多,流窜作案的动态化特征明显,引起社会各界的广泛关注。

二、流动人口公共服务政府缺位的表现

如何对待大规模人口迁徙所产生的一系列问题,有两种分歧认识:一种观点认为人口大规模流动产生的问题是市场经济条件下劳动力流转过程中不可避免的社会现象,政府难以对这种流动性极强的社会群体进行有效治理,只能按照市场法则的要求,提高流动人口的自组织状态。另一种观点认为,大规模人口流动产生某些消极因素的根本原因是生产力发展水平的不均衡性,直接原因是政府公共服务不到位,应加强公共服务力度,提高流动人口的组织化程度。笔者同意后一种观点。目前政府向流动人口提供公共服务不到位主要表现在:

(一)行政机关对流动人口的公共服务理念陈旧

长期以来的城乡二元体制,使得很多行政部门忽视了对流动人口特别

---

① 参见韦小丽、朱宇:《福州市流动人口空间分布及形成机制》,《福建师范大学学报(哲学社会科学版)》2007年第6期。

② 参见陈珺:《流动人口犯罪的法律控制措施》,《湖北教育学院学报》2007年第7期。

是以务工者为主体的流动人口合法权益的保护。有的行政机关往往以流动人口为行政管理的对象，而不是作为提供公共服务的对象，即使提供某些公共服务，也大大有别于流入地常住居民。重视用经济、行政的处罚手段限制人口流动，而必要的保护、服务工作跟不上，忽视流动人员的基本权利要求。对流动人口的管理以非户籍暂住人口为对象，或者直接以外来人口为对象，流动人员难以得到普通市民或普通居民身份，基本劳动保障得不到有效落实。流动人口面临着比常住居民更多、更复杂的生活困难，存在较大的就业、教育、卫生健康风险，流动人口中子女受教育和常见病发病率及婴儿死亡率、孕产妇死亡率大大高于常住居民人口。政府相关部门的相关服务很少延伸和覆盖到流动人口。①

(二)政府机构编制设置不适应流动人口大规模流动的新局面

我国各级地方政府职能部门的设置，一般是按照常住户口人数规划定编定职和财政拨款制度，对流动人口的管理并未列入规划范围。由于流动人口剧增，原先按常住户口人数设置的行政职能部门不得不承受超常规的工作压力。由于组织经费、管理人员不到位，不仅造成流动人口的合法权益难以得到有效的保证，而且使流动人口的组织化程度降低。

(三)以户籍管理为主线的公共服务模式不符合流动人口流动性的特点

我国流动人口虽然有一部分在发达地区长期居住，但土地仍然是绝大多数流动人口最重要的社会保障，乡土村落仍然是他们的生存根基，最终流动人口中只有少数人能够获得流入地户籍身份，绝大多数流动人口不能获得流入地户籍身份。流动人员的流动行为具有暂时性、不彻底性和不稳定性。许多流动人员无正式职业，无稳定工作单位，无固定住所。而以户籍管理为主线的公共服务方式必然无法满足对流动人口服务的需求，不能对流动人口提供有效、便捷的公共服务。

(四)部门多头齐抓共管不适应公共服务统一性、正规化要求

现在长三角地区各城市基本上都建立了流动人口的组织管理体系，这个体系一般是由市、区、街道三级管理网络构成。然而，这类综合性的流动人口管理协调(领导)小组及其办事机构，是分别从教育、公安、民政、司法、劳动、计生委、工商等多个行政管理部门临时抽调干部进行集中办公。这些

① 参见付晓东：《中国流动人口对城市化进程的影响》，《中州学刊》2007年第6期。

机构的设置并非正式的，而属于临时性非编制常设机构。由于各市(县)、区及乡镇、街道流管工作机构尚无专门编制，人员很不稳定，面对日益繁重的流动人口公共服务难以胜任，全面开展工作更是困难重重。

(五)流动人口的公共服务不适应流动人口区域集聚性特点

在长三角地区，流动人口的聚集地并非城市中心地带，而是城乡结合部，该地域流动人口的数量往往高于常住人员的数量，为了实行区域性的长效管理，弥补公共管理力量的薄弱，只能增加一定数量的非正式管理部门和管理人员。在这种情况下，某些城乡结合部的流动人口管理，实际上已经由政府管理演变为社区组织的管理，行使管理职能的主要是一些没有法定管理权的临时机构及其工作人员。有的地方甚至演变为"流动人员管理流动人员"，其后果一方面可能造成行政服务和管理的缺位，另一方面可能造成违法管理行为。①

三、政府提高流动人口公共服务能力应转变观念

(一)端正对流动人口的根本态度，逐步实现同等待遇的公共服务

以正确的态度对待流动人员是解决流动人口问题的关键。首先，流动人口不是社会包袱，而是我国现代化、工业化、城市化、市场化发展过程中的生力军。广大流动人口为相对发达地区和相对贫困地区的社会经济发展都作出了突出的贡献。流动人口是相对发达地区的弱势群体，在社会条件允许的情况下，国家政府理所应当逐步加大投入，提高扶持流动人口的力度。其次，对于流入地政府来说，不应把流动人口看作外来人员，视为暂住人员，无论流动人口的流动性多强，他们都是中华人民共和国公民。流动人口无论以何种目的背井离乡，流入地各级政府都应贯彻以人为本的思想，在国家人口流动基本政策指导下，为在流入地居住、生活、工作的流动人员提供公共服务。再次，在迁居自由的方针指导下，流动人口在我国任何地方居住、生活、工作，都应当与当地常住人口享受基本相同的政治待遇和公民待遇。②

---

① 参见鲁奇、黄英、孟健、王国霞、李娟：《流动人口在北京中心区和近远郊区分布差异的调查研究》，《地理科学》2005年第6期。

② 参见彭希哲、郭秀云：《权利回归与制度重构——对城市流动人口管理模式创新的思考》，《人口研究》2007年第4期。

(二)维护流动人口的基本权益,提高为流动人口公共服务的能力

政府应从权利平等与机会均等的人本要求出发,全面拓展流动人口的服务工作,加大对流动人口正当权益的保护力度。作为公共产品的提供者,国家有责任为社会和谐发展提供所有公民公平的制度安排,创造让所有人公平发挥其潜能的制度环境。国家和政府部门在编制社会发展计划时,应将流动人口作为重要内容重新考虑,切实考虑他们的衣、食、住、行等各方面问题。流入地政府官员必须如同服务于常住居民一样,致力于向流动人口提供公益产品和高效的社会服务,使广大流动人口享受人性化管理和亲情化服务。[①]

(三)摒弃防范式管理观念,实行服务式管理模式

改变传统思维模式下将流动人口视为具有潜在的或者直接危险性的对象的观念,将流动人口看作市场经济主体之一。对流动人口的服务与管理不是以维护流动的有序性为目标,而是以为其创造平等、公正和自由竞争的环境,提供细致周到的服务为目的。扩展政府服务内容和工作方式,改变靠登记、发证、收款、清查等传统方式进行管理的做法,增加保护流动人员权益的新内容。通过改变防范式管理方式,实行服务式管理方式,实现对流动人口的管理由管理主导式向服务主导式转变,使流动人口在流入地工作生活得安宁愉快。[②]

(四)创新流动人口服务体制,鼓励流动人口融入流入地社会

适应人口流动的新特点,提高流动人员对流入地社会生活的参与程度,克服其在政治、经济关系中的软弱地位,改变流入人员同本地居民的社会分割状况,将流动人口的服务管理纳入流入地区管理体制。注重建立企业员工的相同待遇体制,提高流动人口的经济地位和社会地位及对流入地单位的认同感和归属感,消除内外体制分割造成的社会分割状态,改变流动人口处于体制外浮动生存的不稳定状态,形成流动人口体制内生存的新格局。[③]

(五)细化流动人口分类,提高流动人口的组织化程度

根据流动人口流入的不同区域、不同时间,区别对待,分类服务。首先,

① 尹继佐:《加强流动人口公共服务》,《上海人大月刊》2006年第6期。

② 参见甘曦之:《流动人口社会保障问题探讨》,《交通科技与经济》2007年第6期。

③ 参见雷敏、张子珩:《流动人口的居住状态与社会融合》,《南京人口管理干部学院学报》2007年第4期。

构建流动人口归口服务管理的专门行政机关，明确行政职责，实现流动人口有政府专门机构负责。其次，充分发挥用工单位的作用，继续实行“谁用工谁负责”，将部分社会管理职能“内化”为企业的责任。再次，强化流动人口行为的自我约束意识，逐步建立和完善流动人口服务管理的外部、自身双重约束机制，政府部门、社会力量、社区居民、流动人口本身都应参与对流动人口的组织化建设，建立相应层次的管理机构。第四，对无单位的流动人口，尤其是处于管理真空状态的“游动人员”，一方面利用流动人口聚居区的准户籍制度，强化证件管理的功能，以证件（如身份证、外出证、居住证等）使流动人口的管理规范化。另一方面，构建流入地政府与流出地政府相结合的服务管理体制，让流动人员享受到新体制的利益并受体制的约束，在政府和基层自治组织引导下，加强与人口集中流出地政府的联系。建立民间自我管理组织，形成流动人口自我约束机制，提高流动人口自我组织化的程度和自我管理水平。

四、流动人口公共服务的制度创新

完善与社会主义市场经济体制相适应的流动人口服务管理法律制度是改变政府对流动人口服务缺位状况的良策。只有在完备的法律制度之下，才能保障流动人口的合法权益，在其合法权益受到不法侵害时，得到国家法律的有效保护。国家行政机关、政府工作人员也只有在法律明文规定下，才能够提供合法、到位、准确的公共服务，并在法律规范约束下依法实施行政行为。目前，对流动人口服务与管理的主要依据是国家的一些政策和部门、地方性法规。由于种种原因，一些政策得不到很好的落实，一些部门和地方性法规也不适应形势需要，限制性管理内容多，引导人口流动、为流动人口服务、确立流动人口权益方面的内容不多。因此，笔者建议，尽快制定全国性行政法规《流动人口服务管理条例》，通过提高立法层次，规范行政行为，提高服务质量。以法律形式明确流动人口的户籍制度、城市管理制度、劳动就业制度、收入分配制度、教育培训制度、医疗卫生保障制度等等各项法律制度，从而使流动人口的生产经营、住房、职业培训、子女教育等具体问题得到逐步解决，流动人口的工伤保险、医疗保险、养老保险、失业保险得到逐步覆盖。《流动人口服务管理条例》的具体内容主要包括：

(一)流动人口的定义

以明确的概念和法律形式确立流动人口的身份和地位;不禁止所有中华人民共和国公民在国家版图内自由迁徙、定居、生活、工作;规定流动人口享受宪法和法律规定的各种政治权利。不得歧视流动人员。指明改变流动人口分布不平衡的基本导向,鼓励流动人口向西部流动。

(二)县级以上人民政府设立在编制预算内的常设性流动人口服务管理行政机构,名称为"流动人口服务管理中心"

"流动人口服务管理中心"是国家服务于流动人口的主管行政机关,具有行政机构的一般行政管理职权以及面向流动人口提供公共服务的专门职责。流动人口主要流入地(如长三角地区、珠三角地区等)的各区、镇、街道可根据流动人口规模建立相应的基层流动人口公共服务管理机构,名称为"流动人口服务管理站",以保证有关流动人口的服务管理、目标责任、职能划分、协调配合、检查指导等项工作的具体落实。

(三)流动人口在流入地入住城市、工作生活、子女教育、计划生育、社会治安等方面应享受的基本权利和应承担的基本义务

流动人口凭流动人口服务管理行政部门办理的居住证享有国家、地方规定的相关服务和权益保障,与流入地常住居民具有相同的待遇。①

(四)流动人口应当享有的社会保障待遇,建立流动人口的社会保障体系

依据公平、共享、渐进的原则,分层分类地解决流动人口的社会保障问题。规定各地方流动人口参加工伤、养老、医疗、失业等社会保险的原则性要求。② 各地根据国家的总体要求,除国家强制性社会保险和共有性福利待遇外,可根据地方具体情况和流动人口的居住时期、劳动时间规定具体实施办法。规定流动人口参加各类社会保障的计划以及流动人口逐步享受社会保障达到流动人口总量的比例,使流动人口逐步实现享受流入地常住居民同等待遇。规范流动人口社会保障金交纳、保管、转移、使用、提取的方式。将社会保障金以个人账户的形式存在,个人账户基金在必要时可以与城市居民社会保障体系的基金统筹使用。规定国家财政和地方财政对流动人口社会保险的财政保障机制,财政对流动人口服务管理的拨款根据当年流动

---

① 参见司徒尚纪、许桂灵:《广东流动人口就业管理模式历史演变及其现实问题初探》,《大连大学学报》2007 年第 4 期。

② 参见郑功成:《中国流动人口的社会保障问题》,《理论视野》2007 年第 6 期。

人口数量的增减而增减。

(五)流动人口服务管理行政机关的职责

流动人口服务管理机关应掌握流动人口的基本信息,制定流动人口服务管理规划,统一协调处理流动人口的有关事项等等。流动人口服务管理机关不能替代其他行政机关依照法律对流动人口履行法定职责。公安机关在办理流动人口登记等日常管理工作中,应当坚持便民、高效、文明管理的原则。劳动保障行政机关应当加强劳动保障监察工作,督促招用流动人口的单位按照劳动合同法规定,与流动人口签订劳动合同,为其提供必要的工作、生活条件,依法保障其获得劳动报酬、社会保险和休息等合法权益。做好有关流动人口劳动争议和仲裁工作。卫生和计划生育行政机关应当按照属地管理、市民化服务原则,将流动人口医疗卫生和计划生育服务纳入日常工作范围,在传染病防治、儿童预防接种、妇幼保健、计划生育等方面提供与常住人口同等的免费服务。教育行政部门应当按照流入地政府管理为主、以全日制公办中小学为主的原则,把流动人口子女入学工作纳入当地义务教育总体规划统筹安排。社区居民委员会应当协助做好流动人口服务管理工作,鼓励流动人口参与社区居民自治。工会、共青团和妇联等人民团体应当鼓励、支持流动人口参与当地有关活动,维护流动人口合法权益。司法部门应当积极推进法律服务和法律援助进社区活动,为流动人口提供免费的法律服务和援助,帮助流动人口依法维护自身的合法权益。行政机关和社会组织应当设立专门的举报投诉电话,流动人口合法权益受到侵害时,有权依法检举、申诉或者控告,有关部门应当及时处理。

(六)建立流动人口IC卡居住证制度

凡16周岁以上,在流入地就业需居住30日以上的,应向流入地流动人员服务管理中心申领IC卡居住证。IC卡居住证是流入地合法流动人员的身份标志。IC卡居住证可分为短期、长期两种。短期为两年以内,长期为两年以上十年以下。持卡人可按规定分别享受社会保险、申办工商营业执照、申请车辆驾驶证照、经营摊位和柜台,持卡人子女入托上学和就业等方面与城市居民享有同等待遇,持卡人可以凭卡申办户口或转办常住城镇居民户口等。任何单位或个人不得雇用或招聘无IC卡居住证的流动人员。流动人口IC卡居住证实行全国"一卡通"。在国家户籍制度全面改革以前,持长期IC卡居住证的流动人口可享受城镇常住居民身份待遇。

(七)建立全国流动人口电子信息网络

将 IC 卡居住证与电子信息网络系统相结合,充实 IC 卡居住证内容,除基本个人信息、现住所地外,还可包括社会保险内容。尽快改变目前各地各部门流动人口信息不对称、信息交流不畅通的现状。流动人口电子信息网络可先依托公安机关的人员信息管理系统,以后逐步形成独立联网的流动人口服务管理信息系统,进而实现信息共享,提高流动人口服务管理工作的科学性和整体水平。

(八)违反流动人口服务管理条例的处罚

内容包括行政机关对流动人口的处罚权限;未办理居住证、过期不变更、重新申报和缴销手续的处罚;用工单位、经营业主违法招用流动人口的处罚;房屋出租人违法租房的处罚;中介机构向未办理居住登记的流动人口提供职业介绍服务的处罚;非法收缴或扣押流动人口居住证的单位和个人的处罚;伪造、变造和买卖居住证的处罚;流动人口服务管理部门工作人员在服务工作中,滥用职权、玩忽职守、徇私舞弊的处罚。

长三角流动人口服务管理法制化与标准化的思考

季任天　王明卓*

摘　要:本文首先阐述了长三角流动人口服务管理的重要性,然后分析了长三角流动人口服务管理的现状与问题,提出了长三角流动人口服务管理法制化与标准化的基本思路,最后探讨了长三角流动人口服务管理法规标准的内容。

关键词:长三角　流动人口　服务　管理　法制化　标准化

一、长三角流动人口服务管理的重要性

(一)流动人口服务管理的重要性

流动人口这个概念目前主要用于中国,特指人们在没有改变原居住地户口的情况下,到户口所在地以外的地方从事务工、经商、社会服务等各种经济活动,即所谓“人户分离”,但排除了旅游、上学、访友探亲、从军等情形。至于在多大的空间、时间范围的人户分离才算流动人口,则要根据实际工作来确定标准。[①]因此,一般而言,流动人口专指为了寻求工作而从农村到城市来的特定人群,又叫外出务工人员或叫农民工(migrant worker)。

流动人口一方面给流入地带来巨大的经济社会推动作用,同时也给流入地带来明显的负面影响。流动人口容易附带危险行为或其他不良因素,

---

* 季任天:中国计量学院法学院副院长,副教授;王明卓:中国计量学院法学院硕士研究生。

① 张路明、徐红:《萧山区流动人口艾滋病感染现状与防控策略》,《浙江预防医学》2007 年第 11 期。

从而冲击流入地的和谐环境。例如,流动人口危险性行为发生率较高。Krishna C. Poudel 等对尼泊尔西部地区外出流动返乡人员调查发现,与非流动人员相比,流动人口高危性行为风险率高:婚前和婚外性行为发生率是非流动人口的 2.2 倍($P=0.04$),商业性行为的发生率是非流动人口的 8.2 倍($P<0.001$),多性伴发生率是非流动人口的 2.8 倍($P=0.01$)。[①]

对于流动人口的附带危险行为或其他不良因素,若不加以严格控制,其负面影响有可能超过其推动作用,得不偿失。而严格控制的手段必须兼采服务和管理,做到在服务中管理,在管理中服务。若能有效地进行流动人口服务管理,必将大大削减流动人口的负面影响,同时充分发挥其经济社会推动作用。

(二)长三角流动人口服务管理的特殊意义

长三角 16 城市包括上海市,江苏省的南京市、苏州市、无锡市、南通市、常州市、镇江市、扬州市、泰州市,浙江省的杭州市、宁波市、绍兴市、嘉兴市、湖州市、舟山市、台州市。从 20 世纪 90 年代开始至今,长三角区域一市二省经济发展平均年增长超过 13%,财政总收入是 90 年代初的 16 倍。长三角区域带动了我国东部地区和长江流域的发展,辐射我国中西部地区和东北老工业基地,为全国改革开放和现代化建设做出了重要的贡献。在长三角的发展过程中,流动人口发挥了极大作用。王春兰等以上海市闵行区为例分析了流动人口迁居行为,认为流动人口迁居行为涉及宏观、中观、微观三种空间尺度。在三种空间尺度下,流动人口的迁居行为均表现出近距离迁居的特点,但宏观尺度上还受到流出地与目的地经济发展水平差的影响。中观、微观尺度下的迁居原因比较相似,工作地点变动是最主要的原因,为了靠近亲戚朋友而迁居的人比例均不高。[②]

长三角的流动人口数量多、素质相对较高,其对社会经济的推动作用明显大于其他区域。但是,长三角的流动人口相关问题依然严重。流动人口与常住人口之间还是存在诸多不平等之处:(1)思想意识上的不平等;(2)称

---

① Krishna C. Poudel, Junko Okumura, Jeevan B. Sherchand, et al. Mumbai disease in far western Nepal: HIV infection and syphilis Among male migrant-returnees and non-migrants. Tropical Medicine and International Health, 2003, 8 (10): 933 939.

② 王春兰、丁金宏:《流动人口迁居行为分析——以上海市闵行区为例》,《南京人口管理干部学院学报》2007 年第 4 期。

谓不平等；(3)制度不平等。[①] 杨聪以上海浦东为例说明中国应当警惕现代化和城市化中随着资本的单极化而出现的农村、农民和流动人口的边缘化。[②]

严翅君教授对长三角江苏8城市农民工的消费方式进行了调查，得出结论：农民工的消费结构正从简单转向复杂，消费工具正从传统转向现代，消费行为正从保守转向开放，消费心理正从后卫转向前卫。但同时，目前农民工的消费方式中还存在着平台式提升不快，消费心理的转化快于消费基础的提高，文化教育消费偏低，食品居住支出居高等不足。[③] 赵欢等调查了昆山市10个工厂的998名流动人口，结果发现：流动人口两周患病率为21.91%，两周就诊率为10.7%，2005年住院率为3.9%，医疗保险的覆盖率为31.0%；昆山市流动人口卫生服务需求与利用的影响因素有年龄、婚姻状况、收入水平、文化程度、是否有医疗保险。[④]

黄祖辉教授通过对长三角地区16城市农民工问题的分析认为，我国农民工问题的成因主要源于三个方面：一是经济社会体制的不完善；二是区域经济发展的不平衡；三是农民工流动的不均衡。农民工对中国经济增长既做出了重大贡献，又付出了巨大代价。[⑤] 这反映出长三角地区流动人口问题的原因归结于长三角地区流动人口服务管理的薄弱。

要促进长三角区域的进一步可持续发展，必须充分发挥流动人口的作用，避免流动人口的负作用。因此，我们必须加强长三角流动人口的服务管理工作。长三角地区的人口流动有两种不同模式，一是流动人口输入型模式，二是流动人口输出型模式。[⑥] 我们一般所称长三角流动人口服务管理，是指输入流动人口的服务管理。

---

① 强磊：《改善流动人口服务与管理》，《北京观察》2007年第2期。

② 杨聪：《试论流动人口研究的经济学基础》，《华东经济管理》2007年第12期。

③ 胡晓立：《长三角区域经济社会协调发展理论研讨会综述》，《浙江社会科学》2008年第1期。

④ 赵欢、张开金、杨菊等：《昆山市流动人口卫生服务需求和利用分析》，《现代预防医学》2007年第23期。

⑤ 胡晓立：《长三角区域经济社会协调发展理论研讨会综述》，《浙江社会科学》2008年第1期。

⑥ 丁宪浩：《长三角地区两种人口流动模式比较分析》，《华东经济管理》2003年第6期。

二、长三角流动人口服务管理的现状与问题

目前,长三角流动人口服务管理的内容主要包括:(1)生活服务管理:如流动人口的住房服务管理、交通服务管理、医疗保险服务管理、社会保障服务管理、计划生育服务管理以及户籍服务管理等。(2)生产服务管理:如流动人口的劳动工资服务管理、劳动保障服务管理等。(3)教育服务管理:如流动人口自身教育培训的服务管理、流动人口子女接受义务教育的服务管理等。(4)安全服务管理:如人身和财产安全服务管理、生活安全和健康服务管理、精神健康服务管理、职业安全服务管理、交通安全服务管理等。

长三角流动人口服务管理的现状不容乐观,存在很多问题。例如,常州市政协社会法制与民族宗教委员会研究得出常州流动人口管理服务工作存在的主要问题有:(1)合力尚未形成,体制有待理顺。(2)保障不够有力,管理措施不够到位。(3)制度不够健全,管理服务体系尚待完善。(4)维权工作存在薄弱环节,流动人口的合法权益不能得到更有效的保障。(5)外来人员违法犯罪上升势头尚未得到有效遏止,治安管理措施有待进一步强化。①

平湖市流动人口服务管理课题组调查发现平湖市流动人口管理面临的问题主要有:(1)地区性、帮派性聚众斗殴现象出现并呈增多态势。(2)流动人口违法犯罪率继续保持高比例。(3)因外来人员权益得不到保障引发的各类矛盾比较突出。(4)对外来流动人员的管理责任落实不到位。②

许维泽指出在外来流动人口服务与管理上存在的问题主要有:一是思想认识不到位;二是服务管理机制亟须完善;三是服务管理手段亟待改进;四是个别用工单位和企业主素质不高,拖欠克扣工资、忽视安全生产管理等现象仍然不同程度地存在,有的导致矛盾激化。③

石为斌指出目前流动人口管理工作还有三个方面的薄弱环节:一是对流动人口中高危人群的失控问题。二是对流动人口落脚点控制不严密,外

---

① 常州市政协社会法制与民族宗教委员会:《加强流动人口管理服务工作的对策建议》,《江苏政协》2007年第7期。

② 平湖市流动人口服务管理课题组:《切实加强流动人口服务与管理工作》,《政策瞭望》2006年第7期。

③ 许维泽:《提高外来流动人口服务与管理水平》,《发展研究》2004年第12期。

来违法犯罪分子容易找到落脚藏身场所和从事违法犯罪活动。三是流入地外来人员违法犯罪的上升势头未得到有效遏制，流窜犯罪、职业犯罪和团伙犯罪日趋突出，对社会治安危害巨大。①

其他不少专家也研究了长三角流动人口服务管理的问题。归纳一下，我们认为长三角流动人口服务管理存在的问题主要是：

(一)服务管理的意识不正确

不正确的服务管理意识有：(1)认为流动人口的服务管理不重要，可有可无，可做可不做；(2)认为流动人口的服务管理主要是管理，服务无足轻重；(3)认为流动人口的服务管理主要是服务，管理应当弱化。第一种意识目前的趋势是逐渐被克服。第二种意识目前正盛行，急需改正。第三种意识，目前才刚显苗头，需要将来予以关注。总体来说，长三角流动人口服务管理中坚持服务与管理相结合的意识尚未全面树立。

(二)服务管理的制度不健全

1. 国家流动人口服务管理法律体系的不完善

国家现有关于流动人口的法律法规主要有：①关于流动人口户籍管理的法规：如《户口登记条例》、《关于城镇暂住人口管理暂行规定》、《暂住证申领办法》；②流动人口治安管理的规定，如《租赁房屋治安管理规定》；③关于流动人口计划生育工作的法规，如《流动人口计划生育工作管理办法》、《关于贯彻〈流动人口计划生育工作管理办法〉的若干意见》、《流动人口计划生育管理和服务工作若干规定》、《关于促进形成全国流动人口计划生育工作"一盘棋"格局的意见》、《关于印发流动人口计生管理和服务工作检查评估指标(试行)的通知》；④关于流动人口疾病管理的法规，如《流动人口疟疾管理暂行办法》；⑤关于流动人口有序流动管理的法规，如《关于加强民工有序流动监察执法工作的通知》、《关于切实做好春运期间组织民工有序流动和灾区农村劳动力就地安置工作的紧急通知》；⑥关于流动人口就业管理的法规，如《农村劳动力跨省流动就业管理暂行规定》；⑦关于流动人口子女教育的法规，如《流动儿童少年就学暂行办法》。

首先，我国目前尚未制定针对流动人口的统一、权威的高层次法律法规。② 有关流动人口的权益保障的法律规定还比较欠缺或者不适应形势的

① 石为斌：《论寓管理于服务的流动人口管理工作》，《江苏警官学院学报》2002年第6期。

② 孙天文：《我国流动人口管理服务工作的缺失及其完善》，《民主与法治》2007年第1期。

需要。我国关于人口管理的基本法律《中华人民共和国户口登记条例》是适应计划经济体制的需要而制定的,有些条款带有限制人口流动的色彩,已不适应新形势的需要。一些与户籍挂钩的涉及社会经济福利的行政法规和政府规章,在失业、养老、基本医疗保险等方面基本上没有把流动人口考虑在内,不利于社会公正和传统“二元社会结构”的消除。而且,对流动人口的义务强调较多,对其权益规定考虑不周,有关流动人口的权益保障的法律规定还比较欠缺。

其次,我国现有流动人口法规和规章的相关规定不一致,很难适应新形势下流动人口法治化管理的需要。一是地方性法规和规章不统一。不同地方的法规和规章对流动人口的管理规定,标准不一、待遇差别大,导致人口流入地与人口流出地的管理工作很难相互衔接,不适应社会主义市场经济体制下流动人口管理法治化和保护公民合法权益、维护社会公平的需要。二是部门法规和规章缺乏相互衔接。公安、劳动、计生等部门主要依据各自部门法规和规章对流动人口实施管理,由于不同部门之间的法规和规章缺乏相互衔接,遇到具体问题往往很难处理,甚至引发不同行政单位之间推诿扯皮的现象。

再次,这些法规、条例主要形成于计划经济时代,主要是在20世纪90年代早期和中期制定的,当时正处于流动人口大量增加、社会压力巨大、违法犯罪嫌疑人中流动人口所占比例大幅攀升之际,立法带有浓厚的管理部门痕迹,其核心主要体现了政府部门管理的利益,而引导人口合理流动、为流动人口服务、确立流动人口权利与义务,特别是流动人口权益保障方面的内容不多甚至没有,流动人口参与管理的积极性不高,这些法规多是一些部门规章和地方性法规,其内容多以限制性规定为主,与社会法治建设的要求不相适应。

最后,缺乏城市外出流动人口的法律规定。就目前情况来看,绝大多数城市只制定外地流入本地的人口管理的法律规定,对本地城市人口外流到其他地方工作和居住则没有相应的管理的法律规定。如2000年的《天津市流动人口管理规定》中虽然明确界定了流动人口包括流入地和流出地两种人口,但是整个规定基本上是针对流入人口的。

2. 长三角流动人口服务管理制度的缺失

长三角尚未建立统一的流动人口服务管理制度。而且长三角16城市中仅少数城市制定了流动人口服务管理的综合制度,如绍兴市的《关于加强全市流动人口服务管理工作的意见》。在国家法律不完善的背景下，长三角地区如果想在流动人口的服务管理方面上一个台阶，就必须率先在本区域建立统一的流动人口服务管理制度。但是，就目前而言，一市两省各自有自己不完善的流动人口服务管理制度，相互之间不衔接、存在冲突，不利于长三角的一体化进程。长三角流动人口服务管理制度的缺失是历史，是现状，但是不应当延续到将来。

3. 服务管理的效果不显著

意识上的薄弱和制度上的欠缺，导致了长三角流动人口服务管理的效果不显著。一方面，不少流动人口游离在服务管理的范围之外，既不接受监控，又未享受服务。另一方面流动人口对服务管理的工作质量不满意度比较强烈。此外，在子女入学、劳动权益保障等方面流动人口感觉到与常住人口之间有显著差异。这样的服务管理效果，极大阻碍了长三角地区的又好又快的发展进程。

三、长三角流动人口服务管理法制化与标准化的基本思路

在上述长三角流动人口服务管理存在的问题中，“服务管理的效果不显著”这一问题的解决有赖于前两个问题的解决，而服务管理的意识不正确也可以通过服务管理制度的健全来不断强化服务管理者的意识得以解决。因此，如何完善长三角流动人口服务管理制度是关键问题。我们认为，完善长三角流动人口服务管理制度，必须走法制化与标准化的路子。

法制化就是将长三角流动人口服务管理的基本原则、基本程序等通过立法的程序予以固定下来，并严格执行。标准化就是将长三角流动人口服务管理的具体方法和工作要求通过制定工作标准的形式予以固定下来，并严格实施。法制化的内容相对稳定些，修改期限较长；标准化的内容灵活些，修改期限较短。我们可以将长三角流动人口服务管理的制度内容梳理后，区分其性质分别制定法规和标准。

长三角区域制度合作是区域一体化的核心。[①] 随着长三角经济一体化的进一步发展，协调区域内各行政区划利益冲突和各自为政问题已显得十

---

① 郁鸿胜：《制度合作是长三角一体化的核心》，《江南论坛》2007年第8期。

分重要。重新调整行政区划的想法不切实际，定期协商机制及成立共同协调机构的协调方式效果不佳，必须用法制手段来协调。而在法制协调手段中，区域行政立法的形式是最佳选择。要通过完善立法法和相关法律的方式，明确区域行政立法是发挥地方立法积极性的另一种合法形式，明确区域行政立法的主体、可协作的权限和范围，规定行政立法具体程序，解决其法律渊源和位阶问题，理顺立法审查监督合同制等。① 易凌提出，为确保长三角经济高速、平稳、协调发展，经济一体化显得尤为重要；经济一体化必然要求规则制度一体化，而制度一体化的关键又在于法制一体化，因而，长三角能否实现法制一体化将成为制约长三角经济一体化的关键因素。②

长三角制定流动人口服务管理的法规和标准应当遵循以下基本原则：

（一）服务与管理并重原则

对于流动人口，既要加强管理，规范法律法规、管理手段、管理制度；又要强调服务，切实做好流动人口的权益保护工作，真正提高流动人口的社会地位。管理与服务并重，是目前流动人口治理工作的有效模式。③

（二）以人为本原则

应当牢固树立以人为本理念，自觉把流动人口服务管理工作纳入区域和谐发展体系，在服务中实施管理，在管理中体现服务，有力促进区域经济发展与社会和谐稳定。④ 不论管理还是服务，都应当体现以人为本原则。工作人员要注意形象人性化，树立服务者形象；管理和服务中坚持尊重流动人口人格、关心流动人口困难、维护流动人口权益。

（三）科学发展观原则

为确保经济社会实现全面协调可持续发展，必须发挥政府宏观调控职能作用，防止流动人口无序涌入和过度膨胀；努力澄清模糊认识，依法对流动人口进行严格控制和管理。

当然，法制化并不排斥道德约束的作用。谢勇等认为，对外来流动人口的科学化管理应建立在相应的机制之上，德法约束机制将道德约束和法制

---

① 王春业：《区域行政立法是长三角一体化的最佳选择》，《四川行政学院学报》2007年第5期。

② 易凌、王琳：《长三角区域法规政策冲突与协调研究——基于法经济学的视角》，《浙江社会科学》2007年第6期。

③ 郑飞平、李小辉：《管理与服务：流动人口治理工作的双飞翼》，《长沙民政职业技术学院学报》2007年第14期。

④ 陈小钢：《加强流动人口服务管理》，《求是》2007年第3期。

约束有机结合,实现了二者的功能互补。[①] 这说明法制约束应当与道德约束相结合才能发挥其最大作用。

四、长三角流动人口服务管理法规标准的内容

面对目前流动人口管理法律文件中存在的诸多问题,面对传统体制造成的流动人口与常住人口的法律地位的差异,只有重新构造相关法律,才能缩小与宪法“人人平等”原则的差距,真正做到依法管理,从根本上解决流动人口管理的难题。

陶宝金认为要提高流动人口服务管理水平,应当完善以下措施:一要树立典型,推广经验,进一步加大推进工作的力度;二要加强领导,完善机制,进一步形成各方联动、齐抓共管的工作格局;三要加强研究,超前规划,切实增强流动人口管理服务工作的科学性、预见性;四要控制流动人口无序涌入和过度膨胀;五要调整结构,升级产业,通过产业引导从根本上控制流动人口规模;六要强化管理,完善服务,全面做好流动人口管理服务各项工作。[②] 黄鹤群提出对策:(1)提供法律保障服务,维护流动人员的合法权益;(2)提供就业服务,尽快为其找到稳定合适的工作;(3)提供居住服务,营造一个舒适优美的环境;(4)提供教育服务,解除他们的后顾之忧;(5)提供培训服务,提高他们的思想和业务素质。[③] 雷于蓝指出了加强流动人口管理与服务的对策:(1)努力构建全社会齐心协力推进流动人口管理与服务的工作格局;(2)大力推动流动人口管理与服务工作的法制化、规范化、制度化;(3)不断加大维护流动人口合法权益的工作力度;(4)不断完善流动人口计划生育管理与服务机制。[④] 杨博钧认为,加强流动人口管理服务应做好四个方面的工作,即提高认识,完善领导责任机制;依托社区,完善管理服务机制;奖励扶

---

① 谢勇、卢永军:《试析外来流动人口的法约束机制》,《重庆职业技术学院学报》2004 年第 2 期。

② 陶宝金:《加强流动人口管理服务的对策与思考》,《北京观察》2007 年第 1 期。

③ 黄鹤群:《加强流动人口服务与管理工作的思考》,《南通工学院学报(社会科学版)》2004 年第 3 期。

④ 雷于蓝:《加强流动人口管理与服务,促进全面协调可持续发展》,《人口与计划生育》2007 年第 3 期。

助，完善利益导向机制；协调配合，完善双向联动机制。[①]

我们认为，以上这些措施的贯彻实施的前提条件是将它们法制化、标准化。在全国统一适用的、操作性强的流动人口管理法律法规出台之前，建议长三角建立区域立法机关，从维护社会稳定，促进经济发展，维护社会公平正义的角度出发，逐步制定完善统一、权威的流动人口服务管理法律体系，将以行政手段为主的流动人口服务管理方式逐渐向法制化、标准化的轨道转变。

长三角流动人口服务管理法规标准的内容应注意考虑以下几个方面：

(一)流动人口服务管理的立法宗旨

我国流动人口管理法规在立法目的上存在偏重于管理本位而非保护流动人口合法权益和缺乏人文精神等问题。应当从保护流动人口的合法权益、维护社会秩序、促进经济发展和社会进步等方面定位流动人口管理法律法规的立法目的。[②]

现有流动人口管理法规关于立法目的的阐述，由于每个省市的实际情况不同，在表述上也各有不同，大致可分为四类。

一是以《江苏省暂住人口管理条例(修正)》为代表的立法目的阐述。其第1条规定："为了加强暂住人口管理，保障公民的合法权益，维护社会秩序，保障改革开放和社会主义建设，根据全国人大常委会《关于加强社会治安综合治理的决定》和国家有关户口登记管理的法律法规，结合本省实际，制定本条例。"

二是以《天津市流动人口管理规定》为代表的立法目的阐述。其第1条规定："为加强流动人口管理，保障流动人口的合法权益，维护社会秩序，促进经济和社会发展，根据有关法律、法规的规定，结合本市实际情况，制定本规定。"

三是以《辽宁省流动人口管理条例(修正)》为代表的立法目的阐述。其第1条规定："为加强流动人口管理，维护我省社会秩序，促进经济发展，根据有关法律法规，结合我省实际，制定本条例。"

四是以《重庆市进城务工农民权益保护和服务管理办法》为代表的立法目的阐述。其第1条规定："为了保护进城务工农民的合法权益，加强对进城

① 杨博钧：《流动人口管理服务之我见》，《山西财经大学学报》2007年第12期。

② 单玲：《论流动人口管理法规的立法目的》，《江苏警官学院学报》2007年第5期。

务工农民的服务管理,根据国家有关法律、法规的规定,结合本市实际,制定本办法。”

这四类立法目的有其代表性,反映出目前各种流动人口管理法规的立法意图主要是加强对流动人口的管理、维护治安秩序、保障流动人口的合法权益,促进社会主义建设;其突出强调了流动人口治安管理的重要性,缺乏对流动人口的服务和对其合法权益依法保护的具体操作性规定。

长三角流动人口服务管理的立法宗旨应当兼顾服务与管理的直接目的,并达到促成经济发展与和谐社会形成的最终目的。

(二)流动人口管理的指导思想、工作原则和管理体制

应当遵循“公平对待、一视同仁、经济上同工同酬、政治上同权同责”的基本原则,把流动人口的管理服务纳入政府公共服务的范围。原光提出由防范型管理模式向服务自治型管理模式的转型,可以实现农村流动人口受益、社会受益、政府受益等效果。[①] 其基本思路是:(1)由政府管理向农村流动人口自治管理转型;(2)从市场化运作服务向社会团体治理转型;(3)从对农村流动人口的基本扶助向实现农村流动人口的全面发展转型;(4)从特殊关怀向制度化运作转型。建立服务自治型流动人口管理模式的基本架构是:(1)设立统一的政府管理部门进行引导;(2)成立农村流动人口自我管理组织,实现自我管理的目标;(3)突出社区在农村流动人口自我管理模式中的服务地位。

应当突出重点,创新机制,不断提高流动人口管理工作的实效。坚持重心下移、社区属地管理;坚持“以房管人”、“以业管人”、“以证管人”相结合;坚持管理和服务并举。不断创新管理机制,强化管理措施,努力提高流动人口管理工作的有效性。

一要大力推行“两集中”管理模式。在工业园区和流动人口比较集中地区,应规划建设一批新市民公寓。公寓的建设和管理,要适合流动人口特点,力求经济实用、设施齐全、租金低廉,遵循“谁投资、谁受益”的原则,政府统一规划,进行政策扶持,依靠社会资金投入,实行社会化管理。与此同时,积极鼓励有条件的企业,利用闲置、废弃的厂房和土地,改建或兴建职工集体宿舍,提高流动人口集中居住、集中管理的比例。

---

① 原光:《由防范型到服务自治型——论我国农村流动人口管理模式的现状与转型》,《科教文汇(上旬刊)》2007 年第 7 期。

二要创新房屋租赁管理体制。把房屋租赁管理作为流动人口管理的源头性、基础性、关键性工作来抓，着力解决出租房屋管控难的问题。制定和完善房屋租赁相关规定，进一步规范房屋租赁行为；鼓励私房出租，降低租赁房屋管理费、治安管理费等规费收取标准，进一步整顿和规范房屋租赁市场，坚决打击和取缔非法中介机构，严禁危房以及不适合人居的房屋进入租赁市场，对违法、违规出租房屋要加大处罚力度；整合基层管理资源，建立房屋租赁管理服务机构。依托社区(村)警务室，建立社区(村)房屋租赁管理服务站或流动人口管理服务站，通过授权委托，对辖区内租赁房屋及流动人口实行综合管理服务。陈小钢提出构建"以房管人"的管理模式：实行出租屋分类管理；强化对出租屋的监管；建立出租屋流动人口信息库；推行出租屋物业管理。①

三要落实管理责任。全面实行"以房管人"、"以业管人"、"以证管人"，进一步强化管理服务措施，落实相应的管理服务责任，切实改变出租屋业主、用工单位只收租金不尽责任、只用人轻管理甚至不管理的状况。完善暂住证管理制度，实行暂住证注册制度。强化责任落实制度，全面推行综合管理责任书制度和治安责任倒查制。完善检查考核制度，建立激励机制，对签订综合责任书的单位和出租房屋户进行必要检查，督促责任落实。

四要切实加强对重点人口及无稳定居所和短期流动人口的管理。结合城市管理、市容整治，坚决拆除违法建筑、违章搭建，取缔无照经营，打击制假贩假等非法经营活动，铲除非法从业人员在长三角生产、生活的土壤。加大对流动人口居住较集中的重点地区、重点场所的治安管理和集中排查整治，清除藏污纳垢场所，打击非法出租、非法从事中介经营等违法活动。建立健全高危人员的有效管理机制，严厉打击职业犯罪、流窜犯罪和黑恶势力犯罪等严重危害社会治安的犯罪活动，始终保持对流动人口违法犯罪的高压态势。完善"以外管外"的管理机制，逐步解决社会反映强烈、严重影响社会治安的突出问题。

(三)流动人口服务管理的部门及其职责

应当明确流动人口管理与服务的责任主体②，规定各部门的管理职责、

① 陈小钢：《加强流动人口服务管理》，《求是》2007年第3期。

② 彭心安：《浅谈流动人口的管理与服务》，《中共青岛市委党校、青岛行政学院学报》1999年第2期。

管理权限以及如何履行管理责任；规定输出地与输入地在协作关系中的责任。管理职责中可以包括对流动人口实施宏观调控的机制、办法，流动人口管理经费来源和使用方法；通过调整产业结构提高外来务工者的素质。

可以考虑建立专门管理机构，如流动人口服务中心。[①] 流动人口管理涉及面广，工作量大，是一项综合治理系统工程。光靠某一个部门的牵头协调，已经显得心有余而力不足。应当成立流动人口管理常设机构，专门负责对流动人口的协调管理，机构负责人由一名副市长兼任。

建立健全责任追究制度，形成抓外来流动人口服务与管理工作的合力。[②] 一要落实公安机关的治安管理首要责任。二要落实社区的组织管理责任。三要落实“谁用工谁负责”的责任制。四要落实出租私房户主的连带责任。

建立城市流动人口管理与服务的有效机制。[③] 从宏观管理角度来看，管理即服务，服务和保护也是管理的重要组成部分。根据目前城市流动人口管理体制急需建立和完善的情况，应坚持“以人为本”的原则，在和谐社会发展观指导下通过内在机制的建立和完善，实现城市流动人口管理改革创新，构建一套适应高人口聚集度的城市流动人口管理柔性新机制。具体包括政府统筹协调，政府部门分工服务，政府、企业、社区等用人单位全程管理，分类弹性管理服务，部门考核评估制度，流动人口信息化管理和信息交制流度等长效机制。

(四)流动人口户籍服务管理

要进一步完善户籍管理制度配套改革政策，逐步将就业、就学、社会保障等与户籍管理剥离。改革户籍制度，有利于流动人口与常住人口在身份和社会地位上实现平等，实现二元社会结构向一元社会结构的转变。从长远的发展方向看，将逐步废除现行的城乡隔离的户籍制度，改户籍制度为人口登记制度，保障公民的自由迁移权。

为此，长三角地区应当逐步放开户籍制度，争取率先实行灵活的户籍迁移制度。对在大城市居住一定年限(可视城市规模、经济发展水平和城市容

① 平湖市流动人口服务管理课题组：《切实加强流动人口服务与管理工作》，《政策瞭望》2006年第7期。

② 许维泽：《提高外来流动人口服务与管理水平》，《发展研究》2004年第12期。

③ 栾贵勤：《我国城市流动人口管理服务机制研究》，《工业技术经济》2007年第2期。

量而定)，且有稳定职业的农村劳动力，可以让他们取得城市居民资格，享受与城市居民同等的“居民待遇”。对外来务工人员中的劳动模范、先进工作者和高级技工、技师以及其他有突出贡献者，调整产业结构急需的各类人才，应优先准予落户，逐步改善城市人口、人才结构。

在流动人口取得城市居民资格之前，可以规定暂住证的登记、办证、收费程序。逐步推行居住证制度，凭证可享受本市户籍居民在劳保、医疗、教育、购房等相关方面的同等待遇。

(五)流动人口就业服务管理

规定流动人口及用工单位的权利义务，对流动人口合法权益的保护措施，对流动人口就业的技能培训、信息发布等帮扶措施，强化流动人口的劳动工资服务管理、劳动保障服务管理等。进一步建立完善城乡统一的公共就业服务体系，实行城乡劳动者平等享受公共就业服务的制度，使流动人口与本地户籍居民同等享受无障碍就业。开放一些公益性职业介绍机构，提供免费求职登记、职业介绍、职业指导等就业服务，支持民间职介机构参与，清理整顿和打击非法职介机构，规范职业中介行为。加强外来务工人员职业技能培训。健全培训机制，充分发挥各类培训机构的主渠道作用，引导和鼓励流动人口自主参加职业技能培训。建立劳动力输入基地，推动地区间劳动力的合理流动。

(六)流动人口安全服务管理

规定人身和财产安全服务管理、生活安全和健康服务管理、精神健康服务管理、职业安全服务管理、交通安全服务管理等内容。以治安安全为例，要牢固确立“寓管理于服务之中”、“置预防于打击之先”的工作思路，要积极探索流动人口管理工作的新路子并大胆实践。[①] 在具体工作措施上，治安部门要针对薄弱环节，在“打、防、控、管”等方面狠抓以下几方面工作：第一，严密流动人口控制，将打击的锋芒准确指向混迹于流动人口中的流窜犯罪、职业犯罪分子；第二，大力加强基层基础建设，打牢流动人口管理根基。

(七)流动人口子女接受义务教育的服务管理

2006 年 6 月 29 日全国人大常委会审议通过、9 月 1 日起施行的新《义务教育法》规定：适龄儿童、少年免试入学。地方各级人民政府应当保障适龄

---

① 石为斌:《论寓管理于服务的流动人口管理工作》,《江苏警官学院学报》2002 年第 6 期。

儿童、少年在户籍所在地学校就近入学。还规定：父母或者其他法定监护人在非户籍所在地工作或者居住的适龄儿童、少年，在其父母或者其他法定监护人工作或者居住地接受义务教育的，当地人民政府应当为其提供平等接受义务教育的条件。具体办法由省、自治区、直辖市规定。据此，长三角一市二省可以统一规定流动人口子女接受义务教育与常住人口待遇相同，并规定详细的实施方案。

（八）流动人口生活服务管理

规定流动人口的住房服务管理、交通服务管理、医疗保险服务管理、社会保障服务管理、计划生育服务管理等内容。

1. 提供免费服务

主要有：免费进公园；免费看电影；免费看图书；免费自愿婚检；免费计划生育手术；免费上公厕；免费推荐就业；免费提供法律援助等。

2. 统筹安居建设

把解决流动人口的安居问题纳入全市住房保障规划，坚持政府引导、企业主导、市场调节、规范管理的原则，采取集中与分散居住相结合、企业和社会安置相结合、房屋出租与社会管理相结合的方针。不断加大对流动人口居住比较集中社区的基础设施建设投资力度，推进路灯、道路、绿化、环卫、文化、医疗卫生、培训等工程建设，改善流动人口的生活居住环境。

3. 扩大社保覆盖面

进一步加大社保扩面力度，提高外来务工人员的参保率。加大工伤保险的推进力度，所有用工单位尤其是风险行业必须及时为外来务工人员办理工伤保险手续，并按时足额缴纳工伤保险费。逐步建立适合外来务工人员特点的住房公积金制度。

（九）处理违规行为的监管部门及具体处罚措施

前述规定若想得到很好的贯彻，必须再规定明确的监管部门及其行政职权，尤其是要明确规定对违反流动人口服务管理规定的违法行为的具体处罚。

长三角社会保障法规政策冲突及其协调*

易　凌　李毅飞**

长三角区域在社会保障法规政策方面存在大量的差异和冲突现象，这些差异和冲突极大地阻碍了长三角区域人口流动及权益保障的法治进程，已成为长三角区域社会保障及经济一体化实现的制度性障碍，如何有效解决这一问题，已成为长三角区域社会民生问题中需解决的重大课题。

一、长三角区域社会保障法规政策冲突的现状

长三角要实现区域经济一体化，必不可少的一个重要条件是必须实现人才、劳动力能够顺畅地在长三角各省市间自由流动，但由于目前长三角各地区在社会保障法规政策方面的差异极大，这必然成为影响长三角人才、劳动力合理流动的制度性障碍。现就长三角地区的社会保障法规政策方面的差异冲突对比分析如下：

（一）长三角社会保障制度体系的差异

由于社会保障制度方面是以地方立法为主，国家目前只是给出了指导性的意见，这导致各地立法在法规体系上的不同。

浙江：社会保障制度体系涵盖了职工基本养老保险、低标准养老保险、

* 本文系2008年度江浙沪社科规划办联合招标课题《长三角地方法规、政策冲突条款对比分析与协调对策研究》（课题负责人：易凌）和浙江省社会科学界联合会、浙江省法学会2008年度合作立项重点课题《长三角区域劳资法规政策冲突及其法制协调研究》的阶段性研究成果。

** 易凌：男，浙江万里学院法学院教授，主要从事法经济学、立法学等研究；李毅飞：宁波广播电视大学讲师。

机关事业单位养老保险以及农村社会保险四项主要内容,其中"低门槛准入、低标准享受"养老保险办法于2001年就在全国率先实施,农村社会保险主要是被征地农民的社会保障。要说明的是2007年3月宁波市制定了新的《关于事业单位养老保险有关问题的处理意见》,并且该《意见》的实施细则正在制定中。

江苏:社会保险种类主要分为企业职工养老保险、机关事业单位养老保险、农村社会保险(根据《江苏省农村社会养老保险办法》)三项主要内容。[①]

上海:社会保险种类主要内容有,城镇职工养老保险(城保)、农村养老保险(农保)、小城镇社会保险(镇保)、外来从业人员综合保险(综保),见表1。

表1 上海市四类社会保险适用对象、缴费基数、缴费主体与缴费比例差异表

	适用对象	缴费基数	缴费主体	缴费比例
城保[②]	城镇的机关、企业、事业单位及其在职人员、退休人员和其他参保人员	单位:本单位职工缴费基数之和; 个人:上一年度月平均工资收入	单位和个人	单位:22% 个人:8%
镇保[③]	市郊区用人单位及其具有本市户籍的从业人员,以及经批准人员	上年度全市职工月平均工资的60%乘以人数	单位	24%
农保[④]	农村各类从业人员	本乡上一年度劳动力月平均收入或本人上一年度月平均工资收入	单位、年满18周岁个人	5%
综保[⑤]	外来从业人员和无单位的外来从业人员	上年度全市职工月平均工资的60%	单位或无单位从业人员	12.5%,外地施工企业7.5%

① 笔者调研过程中江苏省于2007年9月1日起施行《江苏省企业职工基本养老保险规定》,全省城乡所有企业施行新的养老保险政策,新政策的适用范围扩大了,四类人员可以参加企业养老保险:一是各类企业、民办非企业单位及与之形成劳动关系的所有人员;二是个体工商户及其雇工;三是灵活就业人员;四是法律、法规规定应当参加基本养老保险的其他人员。

② 《上海市城镇职工基本养老保险办法》第3条、第9条、第16条1994年6月1日起施行,1997年12月19日、1998年9月3日修改。

③ 《上海市小城镇社会保险暂行办法》第3条、第7条、第8条,2003年10月20日起施行。

④ 《上海市农村社会养老保险办法》第4条、第5条、第9条、第10条,1996年2月1日起施行,1997年12月19日修正。

⑤ 《上海市外来从业人员综合保险办法》第3条、第5条、第9条,2002年9月1日起施行,2004年9月1日修改。

上海市的各种保险之间的适用对象也有交叉，如位于小城镇的用人单位聘用的市区户籍人员可以参加城保，灵活就业人员和个体经济组织雇主及帮工可选择城保或者镇保。除上述差异外，每种保险享受待遇也都各不相同，城保的内容最为完整，缴费基数也最高，可以说这是一种真正的市民待遇；镇保和农保缴费基数较低，最后享受的养老待遇也相应较低，只能作为最基本的保障；综保从性质上已经不能说是一种社会保险，只是一种具有相对强制力的商业保险而已。

总体上来说苏浙两省主要以身份作为区别参保类别的依据，而上海则是以户籍作为区别的标志，制度体系差异很大，以至于我们在区分这些制度的差异时往往苦于找不到一个合适的坐标来定位两者的对应关系，由此可以想象这样的差异给人力资源或劳动者的跨区城流动带来的制度障碍何等之大。

（二）长三角地区养老保险法规政策的差异冲突

1. 长三角地区按月领取养老金的缴费年限条件差异

一般来说，基金积累式的社会保障制度对符合按月领取养老保险金的条件均会作一定的限制，它要求劳动者个人账户达到一定的规模或者说积累年限达到一定期限。目前长三角三地在劳动者缴费年限方面的规定有较大差异：浙江省的规定最为宽松，中人和新人的缴费年限均为 10 年（宁波市低标准养老保险规定的最低缴费年限为 15 年）；上海市次之，新人为 15 年，而中人缴费年限为 10 年，中人的缴费年限含视同缴费年限；江苏省最为严格，中人的缴费年限中不含视同缴费年限。具体如下：

浙江：1997 年 12 月 31 日以前参加工作，1998 年 1 月 1 日以后退休，缴费年限（包括视同缴费年限）满 10 年；1998 年 1 月 1 日以后参加工作，缴费年限满 10 年的参保人员。[①]

江苏：缴费年限 15 年以上，或者 1998 年 6 月 30 日前参加工作并参加基本养老保险，2008 年 6 月 30 日前达到退休年龄且缴费年限在 10 年。[②]

上海：1994 年 6 月 1 日前参加工作、连续工龄（包括缴费年限）满 10 年，

① 《浙江省职工基本养老保险条例》第 31 条，1999 年 10 月 1 日起施行。

② 根据《江苏省城镇企业职工基本养老保险规定》第 20 条推算，1998 年 7 月 1 日起施行。

或者本办法实施(1996年6月1日)后参加工作、缴费满15年。[①]

2. 享受过渡性养老金的中人的含义[②]

对于养老保险改革以前参加工作而距退休时间又较短的劳动者(又称为"中人"),其个人账户的规模将会不正常地偏小,社会保障制度于是相应的规定中人的养老待遇除了按照个人账户实际积累应得的按月养老金外,另加上过渡性养老金。然而在中人的界定上,三地的起止时间均不相同,笼统地很难说哪一个对劳动者更为有利,但是却会在现实生活中给劳动者的流动带来巨大的障碍或者产生严重的不公,因为同样的情况有可能在一地可以享受养老待遇而在其他地区却不能享受。三地按月领取养老金的缴费年限条件如下:

浙江:1997年12月31日(含)前参加工作、2010年12月31日(含)前退休且缴费年限满10年。[③]

江苏:1995年底前参加工作、2006年7月1日后退休、缴费年限满10年的参保人员。[④]

上海:1992年底前参加工作,1998年1月1日以后退休的人员。[⑤]

3. 单位缴费基数的确定以及达不到按月领取养老金条件的处理差异

在用人单位缴纳养老保险的基数的确定上,上海市和其他两地的做法也有分歧,上海市是以上月工资为准,苏浙以当月工资为准,这种差异在个别情况下不是很大,但是在企业大规模进人或者大幅度提高工资待遇时其区别和不公平性就会显现出来。而且从对养老保险本质的理解上,缴纳基数也应该与劳动者的当月劳动量是挂钩的,所以上海市的做法值得推敲。此外在劳动者退休或离职时达不到按月领取养老金的条件设定上,江浙两省的做法也较为人性化,除了一次性支付个人账户余额外,还给予一定的补

---

① 具体时间根据《上海市城镇职工养老保险办法》(1994年6月1日起施行、1997年12月19日上海市人民政府第54号令修正并重新发布)推算出。

② 国家的相关政策是:1997年7月16日前参加工作,2005年12月3日后退休且缴费年限累计满15年的人员。

③ 根据《关于建立统一的企业职工基本养老保险制度的通知》(浙政〔1997〕15号)推算出。

④ 综合《江苏省人民政府关于完善企业职工基本养老保险制度的决定》第六条(一)、(二)和《江苏省城镇企业职工养老保险规定》第二十条(一)推算出。

⑤ 《上海市人民政府关于本市城镇企业1998年以后退休人员计发养老金办法的通知》,1998年1月1日起执行。

偿，对劳动者更为有利些。具体规定见表2：

表2　单位缴费基数与达不到按月领取养老金条件的处理差异表

	单位缴费基数	达不到按月领取养老金条件的处理
浙江	单位本月全部职工工资总额①	个账一次性支付，据1997年12月31日前的缴费年限（含视同缴费年限）农民工每年发给2个月（城镇职工为1个月）本人指数化月平均缴费工资②
江苏③	单位本月全部职工工资总额	个账一次性支付，据1996年1月1日前的缴费年限每年发给2个月本人指数化月平均缴费工资
上海④	单位上一月全部在职人员工资总额	个账一次性支付

4. 长三角地区养老关系转入条件的差异

由于统筹层次较低，养老关系的转入条件一般都由各统筹地区自行制定政策，地方政府在制定政策时难免从本地利益出发，而缺少动力去考虑区域间的人员合理流动问题。在“长三角法规政策冲突调查”中我们吃惊地发现，各统筹区域间不仅政策差异冲突较大，而且还存在人为地为账户的转移设置障碍的情况，甚至于连省内的同一市区内不同统筹区之间个人账户转移都会有障碍，如杭州市对于中心市区中的余杭、萧山二区养老保险关系转入也规定了需在市区参保5年以上的条件⑤。在人员流动范围和频率都已很大的今天，这些政策障碍看起来有些匪夷所思。限制养老关系的转入实际上就是排除了参保对象在本地享受养老保险待遇的可能，对劳动者来说不仅可能因为这样的限制使其无法在工作、生活多年的地方真正地做一个“市民”，在特殊情况下还会因为在几个地方的工作、参保时间均达不到各地政策的要求而最终不符合享受养老保险待遇的条件。长三角各地养老关系转入的条件如下：

---

① 《浙江省职工基本养老保险条例》第9条，1999年10月1日起施行。

② 《关于完善企业职工基本养老保险制度的实施办法》第8条，2006年9月19日起执行；《浙江省劳动和社会保障厅关于完善企业职工基本养老保险制度有关问题的补充通知》第8条，2007年1月15日起执行。

③ 《江苏省城镇企业职工养老保险规定》第11条、第23条，1998年7月1日起施行。

④ 《上海市城镇职工养老保险办法》第12条、第23条，1994年6月1日起施行。

⑤ 《杭州市人民政府关于进一步完善我市职工基本养老保险制度的若干意见》，2004年6月29日下发。

杭州:规定外地户籍人员参加市区职工基本养老保险后,必须在达到法定退休年龄前参加杭州市区职工基本养老保险缴费年限满 7 年(含 7 年)后方可办理。但是如果该人员在原地的市区职工基本养老保险缴费年限已满 7 年以上,后来转入杭州市户籍后是否还有 7 年缴费年限的限制?这一问题目前还没有制度上的明确规定和解释。另外,在外地按"低标准缴费"政策参加职工基本养老保险的人员,参加杭州市区职工基本养老保险后转入基本养老保险关系的,应核减养老保险待遇。[①]

宁波:规定在宁波市实际缴纳基本养老保险费的年限应满 7 年。但对下列人员不做此要求:①经基本养老保险关系转入地劳动保障或人事部门办理调动手续的人员;②省内其他地区参保人员;③符合宁波市人才引进政策并办理相关手续的人员;④经市劳动和社会保障局或基本养老保险基金统筹地劳动和社会保障部门同意基本养老保险关系成建制转移的企业职工和其他人员。[②]

江苏:规定距法定退休年龄 5 年(含 5 年)以上的参保人员可以跨统筹区域流动。在最后一个转入地办理退休时,必须连续缴费满 5 年以上。距法定退休年龄不足 5 年的参保人员仍在原参保地继续参保。但符合下列条件之一的,可以转入基本养老保险关系:①符合当地政府有关人才引进的政策规定,经批准调动,与调入或引进单位建立劳动关系并缴纳基本养老保险费的人员;②户籍在转入地并实际居住的,与转入地用人单位建立劳动关系或者自谋职业并缴纳基本养老保险费的人员。[③]

南京:规定养老关系转入的条件如下:①人才调入或引进,与用人单位签订 3 年以上劳动合同;在南京市养老保险实际缴费年限满 10 年以上;②经跨统筹区的集团企业批准,调入该集团企业在南京市的所属单位,在南京市养老保险实际缴费年限满 10 年以上的高级管理人员和具有高级职称的人员;③在南京市自主创业,已在市领取相关合法证照,达到法定退休年龄前在南京市养老保险实际缴费年限满 10 年以上的人员;④曾在南京市参保的

---

① 《杭州市人民政府关于进一步完善我市职工基本养老保险制度的若干意见》,2004 年 6 月 29 日下发。

② 《关于切实做好职工外地基本养老保险关系续接工作的通知》第 1 条,2005 年 8 月 28 日起施行;《关于完善企业职工基本养老保险制度若干政策问题的处理意见》第 4 条,2007 年 4 月 29 日起执行。

③ 《江苏省企业基本养老保险关系转移接续办法》第 1 条,2006 年 5 月 26 日起施行。

南京户籍人员，跨统筹区流动就业后要求返回，其在南京市的养老保险实际缴费年限能够大于其在外地的实际缴费年限，或在南京市养老保险实际缴费年限能满10年以上的人员；⑤其他到南京市就业，其在达到法定退休年龄前，在南京市的养老保险实际缴费年限能够满15年以上的人员。①

上海：规定其养老关系个人账户可转入的部分为：可以转移基本养老保险关系、个人账户档案以及个人账户中1997年12月底之前个人缴费部分的累计本息和1998年1月1日起个人账户的累计本息。②

综观三地做法，上海市规定得较为宏观，仅规定了某一个时间段的个人账户部分可以转移，没有规定必须满足的参保年限；江浙两地则要求参保人员必须在本地参保若干年以上，两地中江苏省规定的时间期限稍宽些，如杭州和宁波均要求满7年，江苏省的规定为最低5年；但是南京市却作出了长三角地区中最为严格的要求，即必须"在南京市养老保险实际缴费年限满10年以上"。另外，苏浙两地对引进人才和经商人员又做了诸多的例外的优惠规定，这些例外规定使得对各地政策宽严的比较更加困难，也使得政策享受相对人面临的选择更为复杂。

5. 长三角养老保险补缴方面的差异

假如退休或离职时达不到规定的最低缴费期限怎么办？为了缓冲各地制度的差异，各统筹地都有相关人员可以补缴养老保险费的制度规定，即参保对象可以在自愿的基础上一次性补缴实际缴费年限与最低缴费年限间的差额部分，从而在退休或离职时能够按月领取养老金。现将长三角各地养老保险补缴方面的差异列举如下。

杭州：规定杭州市区户籍，达到法定退休年龄时，缴费年限还达不到按月领取基本养老金规定年限的，可按个体劳动者办法缴纳基本养老保险费（即由个人缴纳用人单位和个人应缴纳数额之和）。③

宁波：规定市城镇户籍参保人员到达国家规定的退休年龄时，全部缴费年限（含视同缴费年限）不符合按月领取基本养老金条件的，可补缴延长缴

---

① 《南京市跨统筹区流动就业人员社会保险关系转移接续实施办法》第1条，2005年4月12日起执行。

② 上海市《外省市调入本市的职工个人养老保险账户若干问题》第1条、第2条，1998年9月22日起施行。

③ 《杭州市人民政府关于进一步完善我市职工基本养老保险制度的若干意见》第2条，2004年6月29日下发。

费年限最长不超过5年。[①] 低标准养老保险的可以“先延后补”。[②]

南京:规定:①中断缴费,可补缴中断期间养老保险费的本金和利息,另按规定加收滞纳金。②补缴1995年底前的,以相应年份上年全市社会平均工资为基数,单位按20%缴纳,个人按3%缴纳;补缴1996年1月以后的,以相应年份规定的缴费基数上、下限内确定的基数缴费比例缴纳。③首次参加城镇企业职工基本养老保险的参保人员,不得以追补的方式增加缴费年限。[③]

上海:规定1992年底以前参加工作,在上海居住满30年,男性满65岁,女性满60岁,缴费年限不满15年,或按月缴费年限不满5年的,可以补缴。如果外地实行养老保险个人缴费晚于本市实行个人缴费的时间(即1993年1月),或缴费比例低于本市的,在调入本市单位半年内,经本人申请可补缴1993年至1997年按本市规定个人应缴纳的养老保险费本金和利息。[④]

比较上述规定,可以看出,在长三角几个主要城市中,各地对补缴的条件做了不同的限制,杭州市和宁波市对补缴的条件要求相对宽松些,没有或较少对缴纳人附加其他身份上的条件,并且没有规定需补缴滞纳金或者利息;南京市对是否首次参保、补缴年限属于哪一个时间段都做了区分;上海市则把参加工作时间、性别、在沪实际居住时间等都作为考虑的因素,较为复杂。

(三)长三角地区虚账做实规定方面的差异冲突

因1992年底以前我国养老保险没有实行个人缴费,其个人账户中会出现一段只记载工作年限而不直接反映账户金额的记录。“虚账实记”就是将上述“虚账”按照历来的企业养老保险待遇计算规则,转换为记账金额,一次性记入个人账户,并与其1993年以后实际缴纳的个人账户记载金额合并,构

---

① 《宁波市关于完善企业职工基本养老保险制度实施办法》第4条,2006年5月1日起施行。

② 预计在男满60周岁、女满50周岁时缴费年限不满15年的,可申请一次性补缴不足年限的养老保险费。

补缴养老保险费的年限以男满60周岁、女满50周岁之前取得本市户籍的实际年限为限,最长不超过10年。参保人员经补缴养老保险费后,预计在男满60周岁、女满50周岁时,缴费年限仍不能满15年的,可申请延长养老保险缴费年限,延长缴费的年限最长不超过5年。

③ 南京市《关于参保人员补缴养老保险费有关问题的通知》,2004年7月。

④ 《关于超过法定退休年龄的本市城镇户籍人员社会保险若干问题的通知》(沪劳保养发〔2005〕29号文)第3条,2005年9月1日起执行。

成一个完整的个人账户。然而这样又会出现累积基金和账户余额间的缺口，到2004年这一缺口已高达2.5万亿元人民币，接近2004年我国的国民经济总收入。于是各地根据《国务院关于完善企业职工基本养老保险制度的决定》(国发2005年38号文件)的要求相继出台了把养老保险账户逐步做实的措施。

1. 长三角对象做实方面的差异

养老关系的异地转移实际上主要是养老个账的转移，长三角各地规定的账户做实的对象不尽相同，就会出现同样的条件在不同的统筹区账户或实或虚的不同情况，如对于2006年1月1日和2006年4月30日间的没有做实的个人账户，宁波市和浙江省其他统筹区的做法就不同，后者要求把账户做实，前者这个时间段的账户则是虚的，即只有数字而无对应的余额，这样前者的参保对象把个人账户转入浙江省除宁波市以外的其他统筹区就会因个账的虚实不同而出现流动障碍。长三角各地对象做实方面的具体差异如下。

浙江：规定仅以具体时间点为分类标准，2006年1月1日之前没有做实的个人账户不再做实，之后缴费逐步做实；在此之后参保的人员，个人账户从参保缴费开始逐步做实。[①]

宁波：规定以某一时间点和是否退休为分类标准，2006年5月1日已退休的人员，个人账户不再做实；已经参保尚未退休的人员，2006年4月30日之前没有做实的个人账户不做实，2006年5月1日之后缴费的按比例做实；2006年5月1日之后参保的人员，个人账户从参保缴费开始按比例做实。[②]

江苏：根据省内不同地区的经济承受能力而定，规定2006年底前，积累较多的原行业统筹单位和有条件的市县先行启动做实个人账户，分步实施。[③]

上海：规定按照参保人员条件分，1992年底以前参加工作，并按规定参加本市城镇养老保险，且本方案实施前尚未办理退休手续的人员，个人账户

① 《关于完善企业职工基本养老保险制度的通知》第4条，2006年1月1日起施行。

② 《宁波市关于完善企业职工基本养老保险制度的实施办法》第24条，2006年5月1日起施行。

③ 江苏省《关于完善企业职工基本养老保险制度的决定》(苏政发〔2006〕40号)，2006年3月21日下发。

要做实。①

上述各地对象做实方面的差异给区域人员流动造成了制度性障碍，极大地影响了长三角区域规则一体化的法制进程。

2. 具体措施上的差异

即使对于都做实个人账户的地区，国家政策和省市政策也给了个统筹区较大的自主空间，首先是做实的起点不同，其次是做实的快慢步骤不同，因而实际账户余额的出入也会很大，这同样会给参保对象在长三角地区间的合理流动带来障碍。其差异如下。

浙江：设起步比例为3%—5%（基数为本人上一年度月平均工资，以下同——作者注），根据上年保险基金支付能力分别对待，逐步提高。有条件的地方可按8%的比例一步做实；支付能力在12个月以下的统筹地区，做实个人账户的比例由当地政府确定。②

江苏：考虑地区经济差距区别对待，有条件的市县及行业先行启动做实个人账户，分步实施。起步比例为3%—5%（基数为本人当月实际工资，以下同——作者注），以后每年提高1至2个百分点，直至8%。③

上海：将1992年底以前连续工龄和1993年到1997年5年内个人账户储存额所对应的养老保险待遇转换为记账金额，一次性记入个人账户，对应记账金额在文件中分阶段按年份列明。④

（四）长三角地区医疗保险制度方面的差异

1. 基本保障体系的差别

总体来说，医疗保险和养老保险制度一脉相承，苏浙两地的制度较为简洁，也不像上海的社会保障制度带有深深的依户籍而差别待遇的烙印，如上海市的镇保和城保制度把市区和市郊区的用人单位和参保对象区分开来，镇保的缴费基数只相当于城保的60%，医疗保险待遇也随之相应降低；再如

---

① 《上海市城镇养老保险"虚账实记"实施方案》，2005年11月1日起施行。

② 《关于完善企业职工基本养老保险制度的通知》第4条，2006年1月1日起施行。

③ 江苏省《关于完善企业职工基本养老保险制度的决定》（苏政发〔2006〕40号），2006年3月21日下发。

④ 《上海市城镇养老保险"虚账实记"实施方案》，2005年11月1日起施行。

上海市的外来从业人员综保制度本质上只是一种商业保险[1]，在目前各地社保制度差别较大的现实条件下，综保制度有一定的现实意义，但从长远来看它的存在事实上把外地户籍人员排除在社会保障制度之外，既不利于平等保障劳动者的合法权益，也不利于人力资源跨地区的合理流动，其消极意义不可忽视。三地医疗保险制度的情况如下：

浙江：主要包括城镇居民医疗保障、城镇职工基本医疗保障两方面。城镇居民医疗保障目前处于试点阶段，保障对象是城镇职工基本医疗保险参保范围以外的全体城镇居民，保障内容是住院和规定病种门诊医疗费用，不建个人账户。[2] 杭州市的做法有所不同，该市制定了统一的"城镇基本医疗保险办法"，参保对象不限于在职职工，另外还制定了老年城镇居民大病医疗保险，使基本的医疗保险覆盖所有的城镇人口[3]；宁波市人民政府第9次常务会议审议通过的《宁波市市区城镇居民基本医疗保险暂行办法》(以下简称《办法》)于2008年1月1日起施行，《办法》只适用于宁波市区，对象主要是没有参保的城镇居民，该《办法》和《宁波市城镇职工基本医疗保险规定》形成互补关系，但是两者之间在保险基金的缴纳和筹集、医疗保险待遇、住院费用起付标准、最高支付额含义等方面均有不同，本文的比较仅以职工基本医疗保险为参照。

江苏：和浙江基本相同，也是主要包括城镇居民医疗保障、城镇职工基本医疗保障两方面，且省级保障部门仅有指导性的意见，具体规则各统筹地区各不相同。[4] 值得一提的是在我们调查期间南京市出台了《南京市城镇社会基本医疗保险办法》，内容涵盖了城镇职工基本医疗保险、城镇居民基本医疗保险、农民工大病医疗保险和补充医疗保险等诸多方面，对此前的城镇职工基本医疗保险等制度做了完善和修改，从其统筹区内部来说是有积极

---

① 社会保障制度体现的是社会公平，除个人以外政府和社会也都是责任者，因此即便是个人账户制下也有社会统筹基金以保障公平，上海市的外来从业人员综合保险因不具备上述特征而被认为是一种带有强制性的商业保险。

② 《浙江省人民政府关于推进城镇居民医疗保障制度建设试点工作的意见》，2006年8月18日起执行。

③ 《杭州市城镇基本医疗保险办法》第4条，2003年11月30日起施行，2004年11月30日修正。

④ 该省于1999年9月13日出台了指导性文件《江苏省城镇职工医疗保险制度改革的实施意见》。

意义的[①],但是新规定仍没有对长三角地区的政策衔接给予应有的关注。

上海:主要包括城镇职工基本医疗保险(城保)和小城镇社会保险(镇保)、个体经济和自由职业社会保险(个保)、外来从业人员综合保险(综保)中的医疗保险内容,其中个保正在接轨到城保和镇保中,逐渐失去了作为独立保障方式的地位。

2. 城镇职工基本医疗保险方面的差异

(1) 缴费基数和比例上的差异

缴费基数和比例决定了医疗保险个人账户的多少和统筹基金的规模,从而最终影响统筹区的医保水平。长三角各地在基数的确定方面标准不同,如浙江以上年度平均工资为准而江苏以当月工资为准。与养老保险的意义相同,医疗保险的基数应该与当月劳动量挂钩才更准确些。各地的缴费比例也有不同,尤其是单位的缴费比例差异较大,首先是比例数值不同,如江苏的缴费比例较低;其次是有些地方根据缴费对象不同确定了不同的缴费比例,如杭州市和宁波市,而另一些地方如苏沪则没有作此区分。

表 3 基本医疗保险缴费基数和比例差异表

	缴费基数		比例	
	单位	个人	单位	个人
浙江[②]	工资总额	本人工资	6%—9%	2%
杭州[③]	上月本单位职工工资总额	上年月平均工资	机关事业、社会团体:15%,其他:9.5%	2%
宁波[④]	职工缴费基数之和	本人上一年度月平均工资	11%+5 元/每人、每月(市本级以外各统筹区另自定),个体工商户 13%+5 元	2%,政府按参保人员基数之和的 0.5%补贴

① 如该保险办法第 34 条规定:"用人单位未按规定参加农民工大病医疗保险或中断缴费的,农民工发生的医疗费用,符合农民工大病医疗保险规定支付的部分,由用人单位全额承担。"

② 表中内容为综合浙江各地的做法概括得出,也可参见《浙江省医保改革方案大局已定》一文,作者:陈永毅、蒋晓波,http://unn.people.com.cn/GB/channel2/3/11/200104/09/52070.html,浏览日期 2007 年 11 月 11 日。

③ 《杭州市城镇基本医疗保险办法》第 12 条,2004 年 1 月 1 日起施行。

④ 《宁波市城镇职工基本医疗保险规定》第 7 条,2006 年 5 月 1 日起施行。

续表

	缴费基数		比例	
	单位	个人	单位	个人
江苏[①]	工资总额	本人工资	6%左右	2%
南京[②]	工资总额	本人工资	9%	2%
上海[③]	本单位职工缴费基数之和	本人上一年度月平均工资	基本医疗保险费10% 地方附加医疗保险2%	2%

(2)长三角可享受退休人员基本医疗保险待遇的最低缴费年限上的差异

基本医疗保险待遇分为在职职工和退休人员两类适用对象,在职职工一般从缴费的次月起可以享受医疗保险待遇,退休人员的待遇则与缴费年限挂钩。各地目前对退休人员的可享受医疗保险的最低缴费年限规定差异较大,浙江省没有作统一规定,杭州市规定的最低缴费年限是20年,宁波市和上海市的做法相同,均规定了最低缴费年限为15年,但同时实际缴费年限满5年,两种规定对参保对象来说各有利弊;江苏省对缴费年限做了统一规定,有利于省内不同统筹区之间的平衡和账户转移,但是其规定的条件较高,比上海市和宁波市的条件要高出一倍,对参保对象来说较为苛刻。因此,长三角地区这样巨大的差异极不利于这一区域间的个人账户转移、人力资源的合理流动和优化配置。作为对刚性的缴费年限的补充,各地也多规定了参保对象可以补缴医疗保险费以满足可以享受退休医疗保险的具体条件,同样这些补缴的条件在补缴基数、补缴内容、补缴比例等方面均不相同。

表4 基本医疗保险待遇的最低缴费年限和补缴条件差异表

	最低年限	补缴条件
浙江	未规定	
杭州[④]	20年	应补缴重大疾病医疗补助统筹费

① 《关于江苏省城镇职工医疗保险制度改革的实施意见》,1999年9月3日起执行。

② 《南京市城镇社会基本医疗保险办法》第10条,2008年4月1日起施行。

③ 《上海市城镇职工基本医疗保险办法》第5条、第6条,2000年12月1日起施行。

④ 《杭州市城镇基本医疗保险办法》第29条、第30条,2004年1月1日起施行。

续表

	最低年限	补缴条件
宁波①	15 年且实际缴费年限满 5 年	两种年限均应补足,可以把参加过的其他形式医疗保险缴费年限按比例折算累计
江苏②	男 30 年,女 25 年,且实际缴费满 10 年	未明确是否可以补缴
南京③	男 30 年,女 25 年	退休时一次性补足所差年份的城镇职工基本医疗保险费
上海	15 年④,其中自由职业者实际缴费年限应满 5 年⑤	补缴基数按应缴费年份个人缴费工资基数与补缴利息之和确定⑥

(3)用人单位缴纳的基本医疗费个人账户划入资金比例上的差异

参保人员的个人账户除个人交纳部分外另由基本医疗保险基金按照一定比例划入,具体比例一般由各统筹地区的人民政府制定。各地确定的划入比例、比例对应的基数差距较大;同时各地的年龄段划分也不尽相同,不同的年龄段划入比例也有不同,这些因素势必导致各地的个人账户规模有较大差距。加上医疗保险的统筹层次基本为县、区一级,这使得同一城市的不同县区间存有差距的现象也较为普遍。如下表中,宁波市的数据只是市区范围内适用而不包括下属县市。以其下属的慈溪市为例,该市规定的年龄段划分为不满 45 岁、45 岁到退休、退休以后三段,各段对应的划入比例是 1.5%、2%、4.5%⑦,这与宁波市区的规定就有较大的出入。此一点可折射出由于统筹层次过低,社会保障中区域间的制度差异巨大,其对社会保障关系转移的制度障碍也就十分明显和突出。

---

① 《宁波市城镇职工基本医疗保险规定》第 20 条,2006 年 5 月 1 日起施行。

② 《江苏省劳动和社会保障厅关于城镇个体经济从业人员参加基本医疗保险的意见》第 7 条、《南京市城镇职工基本医疗保险暂行规定》第 12 条。

③ 《南京市城镇社会基本医疗保险办法》第 13 条,2008 年 4 月 1 日起施行。

④ 《上海市城镇职工基本医疗保险办法》第 21 条,2000 年 12 月 1 日起施行。

⑤ 《关于本市从事自由职业人员养老、医疗保险若干问题补充处理意见的通知》第 3 条,2001 年 9 月 24 日起施行。

⑥ 《上海市关于补缴社会保险费若干问题的处理意见》第 3 条,2006 年 7 月 1 日起施行。

⑦ 见《慈溪市城镇职工基本医疗保险和住院医疗保险实施意见》(慈政发〔2006〕第 113 号文件)第 9 条。

表5　用人单位缴纳的基本医疗费个人账户划入资金比例差异表（单位：%）

<table>
<tr><th rowspan="2"></th><th rowspan="2"><35岁</th><th rowspan="2">35—44岁</th><th rowspan="2">45—退休</th><th colspan="2">≥退休</th><th rowspan="2">备注</th></tr>
<tr><th>≤74岁</th><th>≥75岁</th></tr>
<tr><td>浙江</td><td></td><td></td><td></td><td></td><td></td><td>未定，无相关内容</td></tr>
<tr><td>杭州①</td><td></td><td></td><td></td><td></td><td></td><td>对公务员的账户划入比例做具体规定，其他职工的具体比例由参保单位定</td></tr>
<tr><td>宁波②</td><td>3</td><td>3.2</td><td>4</td><td colspan="2">4.2（退休至69岁），4.8（70岁以上）</td><td>退休人员基数为本市上年职工月均工资，其他为本人缴费基数</td></tr>
<tr><td>江苏③</td><td></td><td></td><td></td><td colspan="2"></td><td>一般为用人单位缴费的30%左右</td></tr>
<tr><td>南京④</td><td>1（含35岁）</td><td>1.4（36—45）</td><td>1.7（不含45岁）</td><td colspan="2">5.4</td><td>退休人员基数为上年度月平均养老金，其他为本人缴费基数</td></tr>
<tr><td>上海⑤</td><td>0.5</td><td>1</td><td>1.5</td><td>4</td><td>4.5</td><td>在职与退休人员的基数均为上年职工年平均工资</td></tr>
</table>

（4）参保人员待遇方面的差异

参保对象在享受医疗保险时，医疗费用有一个起付标准，不足该标准的由个人自付，超出该标准的由统筹基金按比例支出一部分，余者自付。目前长三角各地政策分歧较大的是：门诊和特定门诊费用是否设起付标准、自付部分的比例根据什么因素确定、比例值是多少等。该部分具体制度的差异比较对专业人员来说都是非常繁杂的，更何况是普通劳动者在面对这些政策时的无奈与茫然，下文只是粗线条地列举了主要方面的差异。

---

① 《杭州市城镇基本医疗保险办法》第24条，2004年1月1日起施行。

② 《宁波市城镇职工基本医疗保险规定》第14条，2006年5月1日起施行。

③ 《关于江苏省城镇职工基本医疗保险制度改革的实施意见》"二、政策规定（五）统筹基金和个人账户的建立和使用"，1999年9月13日起执行。

④ 《南京市城镇职工基本医疗保险暂行规定》第12条，2000年11月17日起施行。

⑤ 《上海市城镇职工基本医疗保险办法》第11条，2000年12月1日起施行。

表6 参保人员待遇是否有起付标准的差异表

	门诊费用	住院医疗费	特定门诊费用
杭州	有起付数额	有	无
宁波	近似地可认为:个人账户当年计入资金	有	无
南京	普通门诊无,门诊慢性病有	有	有
上海	有起付比例	有	有

浙江:规定起付标准以下自己支付或个账支付,标准以上最高额以下主要靠统筹,个人支付一部分。最高额以上一般建立重大疾病医疗救助金,个人一般也需承担5—10%。①

杭州:分在职、退休、身份等设门诊起付标准,规定标准以下的由个人账户支付或自付,标准以上分单位性质、参保人员身份、在职或退休等确定个人支付比例。最后,个人承担的部分需再乘以按医疗机构级别确定的一个系数调整。住院医疗费根据医疗机构级别设不同的起付标准,并按一年内的住院次数逐渐降低。标准以下的自付;标准以上的最高支付额以下的,按照数额确定个人承担的比例,在职和退休比例不同。最后个人承担的部分也需再乘以按医疗机构级别确定一个系数调整。②

宁波:规定门诊医疗费,由个人账户当年计入资金支付;超出个人账户当年计入资金的部分按年龄再确定自付额度,超出额度再按就医医疗机构的级别由统筹基金负担相应比例。其中各段在职和退休人员承担的比例均不同。特殊病种治疗医疗费在职职工和退休人员各按一定比例自付,其余由统筹基金支付。住院医疗费设起付标准,以下的部分自付,超出的部分按超出额度分段,在职和退休人员按不同的比例承担一定费用。③

江苏:规定个人账户主要支付门诊医疗费用,统筹基金主要支付住院医疗费用和门诊特定项目的医疗费用,门诊特定项目由统筹地区根据实际情况确定。起付标准以下的医疗费用,从个人账户中支付或由个人自付。起付标准以上、最高支付限额以下的医疗费用主要从统筹基金中支付,个人负

① 《浙江省企业职工大病医疗保险暂行办法》第9—13条,1997年4月1日起施行。

② 《杭州市城镇基本医疗保险办法》第33—37条,2004年1月1日起施行。

③ 《宁波市城镇职工基本医疗保险规定》第21—23条,2006年5月1日起施行。

担一定比例。[①]

南京：规定普通门诊无起付标准，住院、特定门诊根据医疗机构级别设起付标准，标准以下的由职工从个人账户支付或自付；起付标准以上、最高支付限额以下的，根据“分段计算，累加支付”的原则，由统筹基金和个人共同分担。[②]

上海：设置起付比例，在职职工门诊费用达不到比例的，由个人承担，超过比例部分占上年平均工资10%的，按不同的年龄段对应的比例支付；退休人员门诊费用达不到比例的，个人账户支付，超出部分按出生年月和医院级别对应的比例由个人和附加基金共同支付，并设附加基金最高支付比例，超出该比例的仍由个人承担。对于住院、急诊观察室医疗、门诊大病和家庭病床医疗费用则另定起付标准、比例、最高支付额等。[③]

(5)住院起付标准和(个人)最高支付额上的差异

我们把住院起付标准和最高支付额稍作比较，就可以发现长三角各地做法主要有以下不同：第一，起付标准不同。杭州和宁波规定了具体数值，并随医疗机构级别调整，医疗机构的级别越高，医疗保险基金的起付点也越高，苏沪两地没有规定起付的数额而规定了起付比例。第二，最高支付额的标准不同。杭州市确定了一个具体的数额，其他地区则按工资倍数确定，同时各地间确立的倍数也不相同。第三，超出最高支付额的处理不相同。浙江省参保对象支付额是封顶的，如杭州市规定：“个人当年承担的符合基本医疗保险开支范围的医疗费，超过其当年家庭收入(扣除本市城镇居民最低生活保障费标准)的部分，由参保单位或接收管理单位给予解决，参保单位或接收管理单位无力解决的，可通过参保人员医疗困难互助救济办法解决。”[④]苏沪两地没有封顶，如南京市规定：“参保职工在一个自然年度内发生的统筹基金最高支付限额以上至15万元的医疗费用，凡符合基本医疗保险支付范围的，大病医疗救助基金按90%支付，职工个人按10%支付。”“参保

---

① 《关于江苏省城镇职工基本医疗保险制度改革的实施意见》“二、政策规定(五)统筹基金和个人账户的建立和使用”，1999年9月13日起执行。

② 《南京市城镇职工基本医疗保险暂行规定》第14条、第19条，2000年10月30日起施行；《南京市城镇社会基本医疗保险办法》第28条，2008年4月1日起施行。

③ 《上海市城镇职工基本医疗保险办法》第22—26条，2000年12月1日起施行。

④ 《杭州市人民政府关于修改〈杭州市城镇基本医疗保险办法〉的决定》第5条，2005年1月1日起施行。

职工发生的住院医疗费用在超过基本医疗保险统筹基金最高支付限额后……其医疗费用个人按规定比例自付……”[①]

总体来说,起付标准越低对参保对象越有利,但是没有起付标准则对参保对象不利,因为此时门诊费用需全部由个人自负;而最高支付额的高低对参保对象的意义不能一概而论,不仅因为各地的医疗保险待遇规定错综复杂,还因为超过最高支付额的部分各地处理也是不同的,需要针对具体情况具体分析,这样一来,对具体的参保对象来说,其在长三角区域内流动时面临的制度选择差异则是巨大的。

表 7 住院起付标准和(个人)最高支付额差异表

	起付标准	最高支付额	超过最高支付额的处理办法
浙江[②]	三级医院 2000,二级 1500,其他 1000	4 万元	通过重大疾病医疗补助办法解决
杭州[③]	三级医院 800,二级 600,其他 400	一个自然年内 8 万元	通过重大疾病医疗补助办法解决
宁波[④]	三级医院 1200,二级 1000,其他 800	市上年职工平均工资 8 倍	通过社会医疗救助办法解决
江苏[⑤]	当地上年度职工平均工资的 10%左右	当地上年度职工平均工资的 4 倍左右	通过医疗救助基金等途径解决
上海[⑥]	上一年度市职工年平均工资的 10%(退休人员按参加工作时间和退休时间分别为段)	上一年度本市职工年平均工资的 4 倍	附加基金支付一定比例,其余部分由职工自负

(6)关于参保中断处理上的差异

长三角各地均规定了参保中断则停止享受医疗保险待遇,但对何时停止却做法不同,有规定中断几个月后停止的如杭州市,也有次月即停止的如

---

① 《南京市城镇职工大病医疗救助试行办法》第 3 条、第 6 条,2000 年起施行。

② 《浙江省省级单位职工基本医疗保险暂行规定》第 17 条、第 25 条,2001 年 4 月 1 日起施行。

③ 《杭州市城镇基本医疗保险办法》第 35 条,2004 年 1 月 1 日起施行。

④ 《宁波市城镇职工基本医疗保险暂行规定》第 23 条, 2006 年 5 月 1 日起施行。

⑤ 《关于江苏省城镇职工基本医疗保险制度改革的实施意见》“二、政策规定(五)统筹基金和个人账户的建立和使用”,1999 年 9 月 13 日起执行。

⑥ 《上海市城镇职工基本医疗保险办法》第 26 条、第 27 条,2000 年 12 月 1 日起施行。

宁波市，上海市的规定不明确，但从字面理解应为当月停止享受。对于中断期间的保险费是否可以补缴，各地的做法也不同。

杭州：规定参保人员连续中断缴费3个月，即视为中断参保，自第4个月起停止享受基本医疗保险待遇。因个人原因中断参保，基本医疗保险费不予补缴。再次参保时，属统筹地区非农户籍的人员必须再连续缴费满6个月，非农户籍以外的人员缴费的次月起可享受基本医疗保险待遇。[①]

宁波：规定用人单位中断缴费的，其在职职工自中断缴费的次月起停止享受基本医疗保险待遇。在按规定一次性足额补缴后，在职职工自次月起恢复享受基本医疗保险待遇。没有规定个人中断缴费的处理方式。[②]

南京：规定用人单位中断或未足额缴费次月起暂停参保人员基本医疗保险待遇；三个月内补足欠费的，次月起恢复享受基本医疗保险待遇；欠费超过三个月以上后补缴足的，可恢复参保人员待遇享受资格，补记个人账户，缴费年限连续计算，但欠费期间发生的医疗费用统筹基金和大病医疗救助基金不予支付。但是规则未明确补缴的条件和如何补缴。[③]

上海：规定应当缴纳而未缴纳医疗保险费的用人单位及其职工，在足额补缴医疗保险费后，职工方可继续享受基本医疗保险待遇，没有明确补缴的条件和方式。[④]

二、长三角地方社会保障法规政策差异冲突的评价

长三角各地在制定法规政策时一般多从本地利益出发，单从局部来看并无不妥，仅以养老保险账户做实的规定来看，各地一般由统筹区根据当地支付能力自行在一定范围内确定起步比例和每年提高的比例，但是这样的做法在宏观角度下就会出现问题。首先，各地方之间的个人账户规模可能有较大差异，各统筹地区甚至是相邻的地区之间个账规模都有不同，而相关参保对象一旦从一地流动到另一地，就会出现账户衔接问题，此时是拒绝个人账户以维持大账户的总体水平呢，还是接受之？这是一个涉及公平和影

① 《杭州市城镇基本医疗保险办法》第27条，2004年1月1日起施行。

② 《宁波市城镇职工基本医疗保险暂行规定》第18条，2006年5月1日起施行。

③ 《南京市城镇社会基本医疗保险办法》第34条，2008年4月1日起施行。

④ 《上海市城镇职工基本医疗保险办法》第21条，2000年12月1日起施行。

响社会和谐的重要问题。其次,保险账户没有做实的部分实际上需要从当代人的福利中支付,是把保险责任在代际之间进行的一种分配,各地不同的虚账规模就体现了各地代际之间的不同分配策略,可以被认为是一份代际契约,当人员从一地流动到另一地,就会面临在不同契约间转换的门槛,这便是人员流动的隐性障碍。所以在制度评价时我们侧重对制度理性的长远考察和人力资源的合理流动与配置,重点评价法规制度差异冲突将导致的严重后果。我们认为,在国际社会交往中提倡加强合作、注重法律政策兼容和统一的今天,一个区域内各地间因法规政策不同而造成的对人员合理流动的限制既不合时宜,也不利于人力资源的优化配置,这应当引起立法者的高度重视。

各地不同的政策对人员流动造成的障碍体现为:一是制度本身就设置的,如前述的杭州市关于萧山、余杭二区的社会保障关系转入市区的相关规定,这样的障碍往往源于劳动和社会保障制度的统筹层次太低,各地方过于追求自身的地方利益,如此的政策不管在制定时有多么正当性理由的考虑,在区域经济和规则一体化大势所趋的今天看来都是需要协调一致和慎重考虑的。二是通过政策对比,劳动者不得不放弃流动或者牺牲个人的利益而流动时,在社会保障方面各地对退休后按月领取养老保险均设定了需在本地参保的最低期限,这一规定过于刚性,势必会限制诸多有劳动能力而又离退休年龄不远的劳动者的合理流动与人力资源的优化配置,假如劳动者放弃流动,那可能会是劳动者对自我发展的放弃,这将是生产力要素市场的损失,假如劳动者选择了流动,则意味着他同时也被迫放弃了自身应享有的公平,这同样也是法治的损失和悲哀。三是用人单位的经营成本也会遇到人为的不公平。如长三角各地关于单位应缴纳的社会保障费用的基数、比例不同、试用期长短及待遇不同等也将导致人为的不公。资本都有追求利润的天性,然而制度障碍却压抑了这样的天性,使得经营者不得不去考虑经营成本以外的其他成本。一个理想的经济社会交易成本应该是尽量低的,生产要素的流动应该是尽可能低耗的,然而长三角地区的这些法规政策差异无疑是在制度间增加了摩擦力,加大了交易成本,增加了劳动者或经营者的流动的难度,从一时一地看某些制度似乎有道理,但是放到区域整体和区域经济一体化目标上看却是一种非合作博弈,陷入了“囚徒困境”之境地,对区域整体发展乃至各地的经济发展均是不利的,极大地影响了长三角区域经济一体化的法治进程。

(一)关于社会保障法规制度差异的评价

不像劳动人事法规对劳动者流动的障碍那么显性,地方社会保障法规政策的差异对劳动者的自由流动则是隐性的限制,因为它往往多年以后才会将消极后果暴露在劳动者面前。但是改革开放已经多年,最初走向劳动力市场的这批劳动者已经或者很快就要面临养老保险等社会保障制度,可是我们的法规协调制度已经准备好了吗?现实情况是,过低的统筹层次正在使得社会保障法规制度成为劳动者流动的主要障碍。

首先是刚性的制度障碍。这源于地方政府制定政策时会以追求本地经济利益为倾向,在社会保障中由于统筹基金部分劳动者无法带走,各地对劳动者的流出比较宽容而对流入做了诸多限制。以养老保险为例,假设某甲在杭州市工作 6 年后,去了南京工作 6 年,最后又来到宁波工作 6 年,在此期间该劳动者在三地皆参加社会保障,但退休时甲会痛苦地发现,尽管他的参保年限已经超过了国家的规定,但是按照宁波市的相关法规他不符合将养老保险关系转入的条件,按照南京和杭州的相应法规他也不符合领取养老金的条件,只能一次性地领取个人账户资金,并获得一份与缴费年限相对应的补助,好在他最后去的不是上海,否则他连这份补助也得不到,因为按照上海市的规定,缴费年限达不到按月领取养老金年限要求的,只退回参保对象个人账户金额。

其次是柔性的制度体系差异障碍。长期以来,我国的经济改革具有探索性,国家对经济政策的态度往往是先鼓励试点,再法制跟进,这就造成了各地方社会保障法规政策的千差万别,一个地方的具体法规在另一个地方可能没有相对应的对接制度,因而也就没有办法合理解决人力资源流动中的公平对接问题。如上海的小城镇社会保障制度,在其他两省就没有相应制度,同样浙江省的低标准社会保障制度在苏沪两地也没有制度接口,这势必会成为影响相关人员流动的制度障碍。

比较三地法规政策的差异或冲突,还会发现地方法规政策制定时往往从本地利益、当前利益考虑得较多,有时制度过于刚性,没有为劳动者和其他方面留下选择空间,部分法规政策和中央政府的行政法规不符,甚至与上位法发生冲突。仅以上海市的外来人员综合社会保险为例,在现有社会和经济资源有限的情况下,政府能够提供的政策供给具有局限性,从某种角度上来看,该制度绕开了社会保障制度严格的属地性障碍,给了外来人员他们最关心的三项保障。但是这项制度也为劳动者画地为牢,并“合法”地把他们排除在真正的社会保障之外,成了拒绝外来人员享受本地待遇的藩篱,且与国家现行制度有冲突之处,不利于劳动者的长远利益保护。

那么这样的制度差异会不会形成一种竞争而更能体现活力呢?答案是否定的。因为长三角地区有着相近的历史文化背景和经济社会发展水平,在我国大陆省份里长三角是经济发展最具活力的区域之一,这里基本上都是资本发达的地区,是人力资本输入的重要地区,也都同样面临着经济社会的深刻转型,并且从宏观上说,长三角地区联动发展,已经成为实施国家区域发展总体战略的重要组成部分,其经济社会发展战略要从全国的视角来审视,应追求该地区的整体和谐以及长远协调发展,因而在制订法规政策时应更多地把长三角作为一个整体来考虑,也就是地方小利益应该服从区域大利益;从长三角区域微观角度分析,区域经济社会协调发展使人们有理由期盼更为便捷畅通的流动机制,各地差异较大的劳动和社会保障法规政策却阻碍了这种流动,并且这种流动主要是生产要素的流动,好的竞争应该能够使参与竞争者更为强健,而长三角地区的法规政策差异实际上是营造了一个制度温室阻止竞争者的进来,其实质是制度的竞争而非市场参与者的竞争,从长期来看,如此人为地限制流动也就限制了有效竞争,必然极大地阻碍长三角区域经济社会的可持续发展。

(二)长三角法规政策差异冲突产生的原因评析

我们认为,长三角法规政策差异冲突的形成原因是多方面的。第一,对地方利益的追求是主要原因或者是根本原因。由于"长三角"并非行政区划上的概念,实质上在长三角内部存在着众多行政区划,它们均有着各自不同的利益。各地出于对当地负责的执政理念,会从本地利益出发来制定法规政策,试想,假如长三角地区有一个独立的、统一的地方协调机构,这些差异就有可能大为减少,相关制度就会更多地体现合作而不是无序竞争。第二,长三角劳动和社会保障法规政策在各地差异较大还与我国立法和国情有关。经济改革的探索性使得国家和各地方采取了不争论先试验的做法,实际上就是先实践后立法,由于经济活动探索的个性化,地方立法也便呈现较为明显的地方化,导致了"百里不同法"的立法割据局面的出现。第三,严格的户籍制度使得人力资本利益与人身支出义务两方面的问题都变得尖锐化,限制了国家在劳动和社会保障立法方面的影响力,国家只有出台较宏观的制度,留下更大的自主空间给各地方,体现为社会保障制度目前这种极低的统筹层次,各地在政策探索时的起点不一样、目标不相同、节奏不一致等叠加效应致使长三角这一区域从制度框架到具体法规都有较大的差别。第四,国家法律制度的滞后性使得各地方法制不统一的后果变得更为严重。以《劳动合同法》为例,早在这部于2008年1月1日生效的法律之前,江苏省、浙江省于2003年,上海市于2002年,宁波市于2000年就分别实施了各自的劳动合同条例或办法,这些法规之间的差异自不必说,就是它们与《劳动合同法》之间也有不少冲突,目前均需尽快作相应修改。第五,各地立法的差距还源于各地不同的特点。长三角地区尽管有着相近的经济人文背景,但是也存在诸多不同,如苏南的经济模式和浙北不同、上海的社会结构和苏浙不同等,这些不同也会不同程度地反映为法规政策上的差异:上海作为较为纯粹的人力资本输入城市,劳动制度更发达而更为注重规避社会保障的包袱;苏南的经济发展较多地倚重资本输入,与浙江更为发达的民营经济相比决定了前者较为呵护资本的利益,而后者较注重外来人员对当地民营经济的贡献,故后者的劳动和社会保障制度也就更为贴近劳动者。

在长三角法规政策冲突调查的过程中,我们感受颇深的一点是,各地不仅有追求当地利益的内在动力,也有追求立法更为先进的决心和意愿,对于后者我们同样不主张通过放弃这种意愿来实现各地政策的衔接,而希望通过呵护这种努力的方式支持各地制定更进步的法规制度,并带动其他地区的协调发展。

三、长三角区域社会保障法规政策冲突的协调对策

通过对长三角各地法规政策冲突障碍形成原因的分析,我们认为,在目前长三角区域统一立法的社会经济和法治基础尚不具备,并且由于长三角各地方之间的利益差异和冲突在短时期内仍不可能消除,可以预见,即使在国家层面出台统一的社会保障法律制度以后,长三角区域内各地社会保障法规政策的差异仍将存在,消除区域法规差异的消极作用将是一个长期的过程,需要建立一个长效协调机制,从立法合作和司法协调两方面入手加以解决,据此提出以下协调对策:

(一)明确协调原则

首要的协调原则是保护劳动者合法权益,促进区域资源合理流动原则。目前的立法现状是大量的区域地方规范冲突限制了劳动者的合理流动,因此,应该通过制定法定措施扩大和保障劳动者合法利益,促进长三角区域人

力资源的合理流动。其次是社会公平原则。对于劳动者来说不论其在哪一个城市工作都为这个城市作出了贡献，长三角目前的地方法规在户籍、身份、年限上的诸多限制使人员流动中的许多人失去了分享经济发展成果的机会和资格，这既有失公平也有违和谐社会的宗旨。再次是保障与风险相连原则。由于医疗、工伤、失业风险与从业地紧紧相连，而养老、生育则往往与户籍地利益相关，因而在制度设计时要多考虑保障地的保障成本问题，比如养老保障关系转移时应对统筹基金做相应调配和协调。最后是合法原则。长三角毕竟目前还只是一个地理上和经济上的概念，并不是一个行政和立法实体，长三角在进行中短期的制度设计时还无法超越这一现实的立法体制，而应依法立法，合法协调。

(二)尽快清理、修改长三角现有冲突的法规政策

目前的情况是急需清理、修改长三角地区的法规政策冲突，我们这里做的只是提供一个线索，即把劳动和社会保障法规政策中诸多冲突按类别加以梳理和理论分析，但从解决现实冲突问题角度来看应该尽快启动工作组进行地毯式的法规冲突条款梳理，详细理清法规政策冲突之所在，并按冲突性质分类，可以考虑按如下的处理方式划分：一是反映各地特色的法规政策，可以保留其差异和特色，比如各地对企业欠薪保障金管理的规定就属此类；二是可以通过稳定的协调制度解决的冲突，比如前文列举的大量法规政策冲突就可通过此类途径解决；三是需要开展区域协作立法解决的冲突，比如各地同类法规中立法内容上的冲突就需要以这种方式解决，可以通过协作立法的方式制定统一适用的具体协调原则或规则来进行协调。

(三)建立长三角法治协调机构

建立法治协调机构，完善长三角立法合作和司法协调职能。长三角法治协调机构的主要工作职能有三项：一是协调解决立法冲突引起的个别性矛盾。二是制定冲突规范解决类型性矛盾冲突，在保留目前各地立法差异性的基础上解决法规政策的适用问题，可以借鉴欧盟处理类似冲突的方式，以工作地或户籍地为连接点制定冲突规范。三是在协调各方利益的基础上制定符合长三角区域长远和整体利益的法规冲突协调规范。例如对于养老保险来说在工作地它是一个收入账户，而在劳动者年老时回到户籍地后它又成了一个支出性的账户；同理，医疗保险则在工作地是支出兼收入的账户，退休后在户籍地成了一个纯支出账户。冲突规范及协调立法就应当兼顾这些特点来照顾各方合法利益。

(四)实施区域协作立法

实施区域协作立法,是解决区域立法冲突最有效的办法之一。长三角地方人大或政府可以通过订立联合立法协议,制定区域统一规则,通过长三角两省一市人大或政府的联合立法或协作立法,制定统一的社会保障法规或规章,减少区域内的多头立法或重复立法。立法协作可采取两种方式:一是对于社会关注、群众关心的热点、难点、重点立法项目,两省一市人大可成立联合工作组联合立法,制定共同法规,然后各自公布;对于有共性的立法项目,由一省或一市牵头组织起草,其他省市予以配合,立法结果由两省一市资源共享,法规各自公布。这种立法协作的好处是:它是一种工作协作,不涉及立法权限的改变。这种立法协作既可以节约宝贵、稀缺的立法资源,又能从源头上避免长三角区域立法冲突,从而有效规范和促进长三角区域社会保障一体化的法制进程。

关于流动人口管理的若干思考

沈国明*

流动人口[①]管理，是城市管理中备受关注的一个问题。它不仅关系到社会治安，也关系到城乡经济社会的统筹发展，是构建社会主义和谐社会的重要环节。长三角地区是跨省市流动人口的主要目的地。据国家有关部门预测，到2020年，长三角地区的常住人口总量将从目前的0.87亿增加到1.2—1.5亿。作为长三角地区的主要省市，苏浙沪面临着大致相同的人口流入压力。为了趋利避害，妥善应对人口流动洪峰，三省市相关部门把握发展趋势，采取有效措施，加强区域协作，是十分必要的。

一、必须认清流动人口增长的大趋势

2008年4月18日，“沪浙苏流动人口计划生育区域联动第一次联席会议”透露，2007年末，两省一市常住人口达1.45亿人，约占全国人口的11%，其中，流动人口0.39亿人，约占全国流动人口的26%。也就是说，全国流动人口应当在1.5亿人。

上海市公安、统计部门提供的数字显示，1988年上海市流动人口有106万人，1993年为251万人，2000年为387万人，2003年为499万人，2005年为581万人，2007年为660万人。

地区之间和谐发展的要求，导致流动人口增加的趋势还将延续。按照

---

* 沈国明：男，上海市人大法制委主任委员、上海市社科院副院长。

① 按照上海对流动人口的定义，流动人口包括“外来务工经商人员”和“暂住人口”。而有的地方是指“外来人口”或者“暂住人口”。

目前东部与中部地区各自的发展速度，如果中部内陆省份的居民要确保与东部沿海地区人均GDP的差距不再扩大，在1997—2010年间，中西部地区的人口占全国的比重，应当从59%下降到26%。这意味着将有3亿人流入东部沿海地区。所以，期望以限制流动人口流入、实行严格的户籍管理来实现沿海城市发展和市民生活水平提高，是与经济和社会发展的大趋势不相符合的。

城市的发展在推动人口的流动。各城市都面临人才匮乏和劳动力结构矛盾，人口的流动可以改变就业人口的结构，使城市具有发展的活力和生机。人口向城市的流动带来了资本的集聚、信息的交汇和文化的交流，从而促进了城市的繁荣和经济社会的进步。以上海金融中心建设而言，需要从事金融产业的人口应当占人口总数的10%左右，可是，目前只占1%。由此也可看出，人口向城市流动方兴未艾。

二、必须全面认识流动人口给城市带来的效应

在一些人眼里，流动人口对于城市是需要的，但是，他们对流动人口的态度非常实用主义，只想享用流动人口带来的人口红利，把支付必要的劳动力成本视作增加负担，不惜侵害这个群体的基本权利。因此，必须全面认识流动人口的作用和给城市带来的各种影响。

(一)积极影响

外来流动人口给经济和社会发展带来了多方面的积极影响：

1. 解决了农村劳动力剩余和城市劳动力短缺之间的矛盾

流动人口的出现，对于流出地和流入地都是有利的。对流出地来说，是解决农村剩余劳动力出路，将农村剩余劳动力由农业转向非农业的重要途径，也是提高农民收入的重要途径。对流入地来说，外来流动人口是源源不断的劳动力。外来劳动力已占上海全市从业人口的43%，这个比例还将进一步扩大。劳动密集型产业劳动力短缺的矛盾，建筑、环卫等工作条件差、重体力工种劳动力短缺的矛盾，都由于吸纳外来流动人口而得到缓解。外来劳动力对于人口流入地来说，已经越来越不可缺少了。而且，他们为城市创造了巨大的物质财富。

2. 老龄化已经使社会保障体系难以维系

人口老龄化造成社会福利和社会保障负担加剧。上海的城镇职工基本

养老保险基金从1999年起出现当年缺口,2007年达到50亿,2008年预计将超过100亿。上海40岁及以上户籍劳动力约占户籍劳动力的58.1%,而外来劳动力主要集中在39岁及以下,占这部分劳动力的80.8%。大量的外来青年人口既补充了上海的劳动力缺口,又减缓了城市老龄化速度,可以增大社保资金汇集总量,缓解入不敷出的矛盾。

3. 外来人口促进了用工制度的改革

企业大量录用外来务工人员,降低了劳动力成本,提高了劳动生产力,企业活力增强。受户籍制度的限制,不能实现对所需外来人员的录用,企业乃至城市的发展势必受到影响。《中国美国商会2008年白皮书》称:"上海面临技术人才短缺的问题,并已影响到许多外资公司发展规划。现行的中国户籍制度,员工户口城市间的迁移受限制,已给在上海和香港的雇主带来很大压力。"

4. 城市居民特别是城郊居民因房租收入而总收入增加

外来人口的居住需求,为城市居民提供通过出租房子增加收入的机会。不少城市下岗职工通过将多余住房出租,从而使自己在城市产业结构调整中,生活水平得以保持。近郊农民则通过房屋出租,使收入得以提高。

5. 外来人口通过开店设摊等方式在城市谋生,在一定程度上起到了对第三产业拾遗补缺的作用,方便了市民的生活

(二)负面影响

外来流动人口在带来积极影响的同时,也给经济和社会发展特别是城市管理,带来了一定的负面影响:

1. 加重了城市基础设施的负担

大量流动人口的涌入,使国务院批复的《上海城市总体规划》等多个省市的规划被大大突破,按照总体规划设计的资源环境、基础设施特别是城市交通、供水供电能力等已经赶不上人口规模的膨胀,不堪重负。

2. 对城市管理带来很大挑战

公共交通、公共卫生、义务教育、环境保护、工商管理、税收、计划生育等部门服务和管理工作难度加大。各部门服务和管理对象要由户籍人口扩展到所有来沪人员,各项专业管理的内容和方法需要随之调整。公共卫生保洁、食品安全监管、城市管理综合执法工作等,面临空前严重的困难,要保持城市管理已经取得的成效十分不易。

3. 社会治安和社会风气在一定程度上下降

找不到工作的外来人员，因为没有固定的职业和稳定的收入，实施盗窃、抢劫、打架斗殴、流浪乞讨、卖淫嫖娼、贩毒吸毒等的几率相对较高，形成黑社会的倾向也相对明显。这些都使社会治安不可控因素增加。事实上，上海已决罪犯总人数中，外来人员占到70%以上。

如何服务和管理流动人口，充分发挥流动人口的积极因素，让他们成为城市经济和社会发展中的建设力量，同时，将由于流动人口的大量涌入给城市带来的负面影响降到最低限度，已经成为城市经济和社会进一步健康和谐发展必须面对的问题。

三、必须采取合适的管理流动人口的政策

面对不可逆转的人口流动大潮，必须认真研究应对之策。总体而言，不是阻断这个潮流，而是顺应并加以引导，使其进入有序、可控状态。为此，需要采取一系列的措施，并使之落到实处。

(一)推进人口信息化建设，为实现人口全覆盖管理创造条件

整合现有信息系统资源，统一数据标准，构建多功能的实有人口管理信息系统。形成以社区为依托的人口日常登记和信息采集、流动人口常规抽样调查、定期人口普查相结合的常住人口统计工作机制。加强动态监测和分析研究，实现快速、及时综合分析、科学决策与综合管理。

今后，信息化管理应当延伸至人口流出地。通过信息化管理，提高农村剩余劳动力转移和流动的组织化程度，把分散的农户同统一有序的劳动力市场有机地联成一体，减少人口流动的盲目性，保证劳动力转移的有序性。借助这个平台，职业介绍机构也可得到发展，通过流出地建的外出劳动力档案，为流入地提供信息，最终形成全国统一的市场网络。借助这个平台，建立农村剩余劳动力培训体系，在输出之前，让他们掌握一定技能和城市社会规范，提高融入城市的能力。

(二)坚持属地化原则，继续推进实施居住证制度

流动人口居住证制度，是遵循人口管理属地化思路的一项制度设计，为外来人口的服务和管理搭建了基础平台。在目前人口流动日益加大的趋势下，居住证制度是较为有效的管理手段，因此，必须继续坚持实施。为使居住证制度达到设计时的预期，还必须加强政策配套，完善相关制度。比如，

尽可能给持居住证人员更多的福利，缩小居住证与户口之间的差距。已经探索过的经济投资导向、人口素质导向、社会规范导向都对居住证制度的实施产生过影响，怎么使居住证更好地给外来人员带来实际利益，值得进一步研究。

（三）实行“以房管人”的措施

“以房管人”将出租房屋与人口管理相结合，要实现对实有人群全覆盖管理，这是一种相对有效的方式。通过这个方式，建立住房、纳税、租赁备案、居住登记等信息共享和管理互动机制，强化居住地管理。

“以房管人”，前提是要有房。人口流入地应当能够提供价格低廉、适合居住的房源，管理所需的信息也应当能够汇集，这样，才能够使治安处于可控状态，为流动人口创造良好的生活环境。根据目前的实际情况，“以房管人”可以采取不同的层次和模式。有居住条件的企业应当落实专门人员，实行自我管理；没有居住条件的企业，可以采取统一租房、集中居住的管理方式。对于更多的村民或者居民出租房屋，要与治安管理责任制相结合，使治安管理减少死角。对于所谓的“群租”，应当按照家庭旅馆的要求实行管理，以减少治安风险，也减少居民间的纠纷。

（四）加强法制协调

现有的法规基本上是由相关的管理部门制定的，往往只考虑自己管理的部分，并不涉及其他，比如，公安部门管理治安和暂住户口，计划生育部门管超生，劳动和社保部门管就业与社会保障，由于各部门视角不同，考核指标不同，因此，采取的措施往往与别的部门不相协调，据此而制定的法规之间也会出现不协调。

为此，需要按照法律的规定，结合地方的特点和要求，适时制定完善居住登记、信息管理、权益保障等环节的各项制度，需要政府规章或者地方性法规加以规范的，应当及时制定政府规章或者地方性法规，从而克服目前法规规章不完善或者不协调的弊病。

（五）稳步探索户籍制度改革

目前，浙江省已在全省范围内取消了“二元化”户籍制度，江苏省也准备实行取消“二元化”户籍制度。这是很好的发展趋势。上海今后也应当如此。但是，目前，上海的户口承载了太多的社会功能，与户口相联系的各种福利和资源很多，如，住房公积金、医疗保障、养老保险、子女接受教育等。与居住证挂钩的福利和资源则少了很多，虽然可以享受开办企业、子女接受九年制义务教育、参加基本养老保险和基本医疗保障等待遇，但是，与户口相比，含金量是不同的。将一部分福利与户口脱钩，也许是解决户籍改革的办法。取消户籍制度不现实，但是，让户籍制度逐步回归到人口登记、人口信息管理功能是应当的。

（六）发展新城、小城镇，承接外来人口的流入

从“全国一盘棋”出发，长三角地区常住人口将持续增长，上海作为经济发达的城市，也有责任承担人口转移的压力，也要承受人口流动洪峰的冲击。但是，上海中心城区的面积非常狭小，资源环境、基础设施的承载能力接近极限，在接纳农村剩余劳动力时，要避免出现发展中国家常见的“城市病”。患城市病的地方，往往会出现大面积的棚户区和贫民窟，从而形成很多社会弊端。因此，我们除了在中心城区接受外来人口，还应当加强新市镇建设，引导农村剩余劳动力向新城和新市镇流动、集聚，减少对中心城区的过度压力。另外，可以采取优惠措施，鼓励市民去郊区居住、就业。

总之，加强对流动人口的服务和管理，是我们在工业化、城市化过程中遇到的新问题，所有各方都没有足够的准备，因此，对这个问题，还需要进行认真的研究。这期间，出台各项措施需要慎重，以减少政策的负面效应。目前，浦东等地在进行一些政策的试验，这种“先试验，再推开”的做法是值得肯定的。

人口自然流动的规律与公权力的调控

汤啸天*

根据国家统计局2008年2月28日发布的"2007年国民经济和社会发展统计公报",2007年年末全国总人口为132129万人,比上年末增加681万人。其中,城镇人口59379万人,乡村人口72750万人。① 鉴于实际上已经进入城市的农民工有2亿左右,农村还有大量劳动力需要转移,将要进入城市的人口仍然有数亿之多。允许人口流动既是欢迎农民直接为城市建设作贡献,也是给予农民与市民分享城市既有资源的权利,同时也要防止城市不堪重负和资源的过度稀释。这里的关键有二:一是把好入口关;二是控制流入与流出相抵之后的净增量。

一、进一步扩展居民身份证的管理功能

目前,我国已经实现了"一人一卡"式的身份证管理,已经为废止"一户一簿"式的户籍管理改革提供了准备。但是,也出现了证件太多、"证"出多门的不便。我国《居民身份证法》规定:"居住在中华人民共和国境内的年满十六周岁的中国公民,应当依照本法的规定申请领取居民身份证;未满十六周岁的中国公民,可以依照本法的规定申请领取居民身份证。"未满16周岁的公民可以申请领取身份证,即表示公民从一出生就可以申领身份证。那么,身份证的信息记录、积累工作是否越早越好呢?回答无疑是肯定的。从

---

* 汤啸天:男,上海政法学院发展规划处处长兼高教研究所所长、硕士研究生导师。

① 中国人口信息网"统计数据",2008年5月2日访问。

“软着陆”的角度思考，身份证的管理要不断强化，户口簿终将退出历史舞台。目前，我国的身份证管理始于年满18周岁的公民，0—18岁之间的身份资料基本上处于分散收集、分散使用的非共享状态，这不仅是资源上的浪费，也造成了管理上的不便。

计分实际上是一种人口素质评价制度，只要计分办法科学合理就能够造就一种激励向上的机制。社会对人口的管理应当始于出生、终于死亡，计分应当伴随每一个人的一生，随时随地为其谋生提供服务。如果仅仅对农村人口、在城市的居住人口进行计分，而不对常住人口计分，本身就是一种不公平。我国（至少在长三角地区）应当建立和试行始于出生、终于死亡的身份计分管理系统，并为目前的身份证管理系统在未来成为综合公民各方面信息的管理大平台作准备。我国身份证法还规定：“居民身份证登记的项目包括：姓名、性别、民族、出生日期、常住户口所在地住址、公民身份号码、本人相片、证件的有效期和签发机关。”（第3条第1款）“居民身份证具备视读与机读两种功能，视读、机读的内容限于本法第三条第一款规定的项目。”视读的是不需要借助其他设备可以直接看到的“显信息”；机读是必须经过授权、用特定设备读取的“潜信息”。从信息技术角度看，身份证的机读功能完全可以进一步扩大，社会管理也需要扩大居民身份证通过机读实现的功能。未来的居民身份证至少可以包括如下信息的记录、贮存、读取：社会保障、医保账户、受教育程度、纳税、缴纳养老金、捐赠、免疫接种、婚姻状况、个人信用、车船飞机等驾驶资格、特种岗位技能、个人DNA等。上述各种信息都有相应的主管机关，分单元进行管理，各单元的信息经过授权可以共享。根据贮存信息的种类不同，分别授权不同的机构使用特定的设备机读，既能保障个人信息的安全，又能起到“一卡通”终生相随的作用。就个人而言，人口信息的收集从医院开具“出生证”做起。预防接种、接受义务教育的状态等信息随着生命的延续不断记录、身份证才能客观、全面、动态地表征公民的素质状态，便于其参与社会的竞争。

二、建立自出生开始计分、终身累计的人口素质评价体系

生态学认为，在自然状态下任何物种都有适合其生存繁衍的最佳密度。所谓最佳密度，是指该物种在单位面积内的适当数量以及该物种与其他物种和谐生存的平衡态。这种平衡态不仅有利于种群的生存、繁衍，而且能促

使适度竞争格局的建立,使种群的素质不断提高。当城市规模过大时,尽管城郊结合部或者"卫星城"的人口密度是适当的,也会在市中心形成人口密度过大、交通拥挤、环境脆弱的区域。一般而言,在城市发展的初期,中心城区的建设在时间上总是先行一步,在质量上总是略优一些的,于是人们不断地会涌向中心城区。当城市发达到一定程度之后,有钱有势者惧于中心城区的高污染、高密度反而会流向城郊的环境幽雅之处,这时在中心城区居住的则是中产阶层或者中产阶层的中下段人口。无论城市或者农村,生活环境的好与差都是相对的,素质相对高的人口相对集中居住在相对好的环境中,这是基本的规律,且在动态中不断有所调整。目前在我国,多数人主张适度控制城市规模,但是,对策却相对乏力。

2007年,上海市人大代表、华东政法大学校长何勤华教授提交《关于改革应届毕业生留沪户口审批制度》的议案建议,取消应届毕业生的评分制的户口审批制度。何勤华教授在接受《第一财经日报》采访时表示:"标准分"评分标准本身歧视色彩浓厚。上海的"211"院校比非上海的"211"院校评分要高5分,这是地域歧视;毕业学校被分为三等,这是院校歧视。何勤华教授本身也主张:"对非上海生源的毕业生统一办理居住证,然后经过一段过渡时间设定合理标准,对符合要求的人员允许在上海落户。"[①]这是一项从2004年起实施、针对高校毕业生留沪户口审批的制度。主要内容是:对非上海生源进沪就业的高校毕业生办理上海市户籍实行评分政策,申请者的各项要素累计分值高于上海市高校毕业生就业工作联席会议办公室公布的"标准分",方可办理上海市户籍,低于"标准分"者办理人才引进《上海市居住证》。我认为,何勤华教授批评的并不是评分制度,而是评分标准中隐含的歧视因素。在我国,如果简单化地在宪法中规定"公民有迁徙的自由",必然导致更多人口盲目流入城市的失序状态。维护秩序、均衡利益、消除歧视、公开计分、以房管人的评分制度在试行、完善之后,应当在我国人口管理中发挥独特的作用。

我在1998年就提出了"积分累计制"的户籍改革设想。[②] 从公平原则出发,利用居民身份证信息系统构建的身份数据记载(似可称为"身份积分")

---

① 袁飞:《上海对毕业生落户审批实行评分制被指地域歧视》,东方网,2008年02月02日访问。

② 汤啸天:《户籍制度改革与可持续发展初探》,《上海大学学报(社会科学版)》1998年第4期。

应当取消城镇、农村的隔离,面对全国公民。身份积分数据记载是人人平等的"写实",鉴于我国特大城市、大城市的容量限制,在一定阶段对某些人口的流入亮"红灯"也是必要且合理的。取消城乡二元制的户籍制度与适度控制大城市、特大城市的规模客观上存在矛盾。站在可持续发展的高度,我国决不能贸然取消人口进入城市的限制,决不能以降低城市人口平均文化水平为代价,缩小城乡在文明程度上的差别。上海的毕业生落户审批打分制度体现了"分数面前人人平等"有其合理性,但也有亟待改进之处(如具体的评分标准等)。我认为,人口素质是先天遗传发育与后天教育训练的综合作用所决定的。恰当运用文化筛选机制,可以使进入城市的人口数量得到控制,质量却相对较高。所谓文化筛选机制,是指在最终实现人口自由迁徙的过程中,以受教育的程度作为主要控制阀,根据不同规模的城市的不同发展需求,吸纳不同类型、不同层次的人口,使人口在流动中不断提高素质。

我们把高山之水在向下流淌过程中的暂时停留之处称为阶池(包括人工建造的水库)。由高向低流泻之水,都会在某一高度的阶池中滞留或溢出后再流向下一个阶池,这一现象可称为滞溢规律。与这一自然规律相似,人总是往高处走的。人在往高处走的过程中,其一是,必须逐步地由低位阶池登上高位阶池。其二是,越是高位阶池里的水流活力越大,其在流泻的过程中选择去向的自由度也越大。其三是,任何人既是流动整体的组成部分,也必定有适合其生存和发挥作用的阶池。其四是,低位阶池中的积水并不能自然地成为山巅之流,若要实现这一转变,唯一的办法就是实施提升工程。笔者认为,人的受教育程度是其自身最本质的特征,也是其具有不同价值的具体表征。户籍制度改革将使"城门"敞开,但进城的"门槛"又是公开、透明的。在不同高度的"门槛"面前,每个人都要审视自己的条件与该城市的要求是否匹配。对每一个人而言,都必须接受其不能改变的(如出生地、血缘),改变其能够改变的(如文化、技术、技能水平)。这就是说,国家应制定包括受教育程度、社保金缴纳量[①]在内的身份积分的计分规则,使得每一个人都知晓其身份积分的状态,每个城市对享受该市市民待遇的人都有相应的分值要求。每个人都可以为提高自己的身份积分作出努力。显然,身份

① 现在所说的"社保四金"——养老保险金、医疗保险金、失业保险金、生育保险金,以及因为不允许外地户口买医疗保险金而剩下的"三金",还有政府不强制的住房公积金,以及面向外来人口的综合保险均需要梳理,至少可以先在长三角地区进行"一体化"的试验。

积分是动态的,是可以做“加法”(如通过刻苦求学获取学位),也可能做“减法”的(如因为违法、犯罪或做出有失诚信的行为而扣分)。由于身份积分制度的具体计分规则是公开的,每个城市的市民待遇获取标准也是公开的,这就在根本上造就了公平;同时,身份积分的状态是动态、可变,由特定设备读取的,又能够起到激励作用并使个人数据处于受保护状态。

三、建立登记居住与取得身份待遇分离的人口管理制度

无论城乡,每一个人都必须在一定的空间居住,凡是供人居住的空间必须符合一定的面积、安全等条件。户籍制度的原有功能只是对公民的居住状态进行登记,确认其居住在或城市或乡村的某一个具体空间,并对其实施管理。户籍制度发生异化的原因在于,越来越多的利益增减与“户口”挂钩,拥有城市户口就取得了某种利益,出生在农村的人不但得不到城市户口的利益,而且极难改变其农村户口的性质。当城里人、乡下人被户籍制度固化为城乡二元制的利益差别,且不断扩大的时候,是“民工潮”冲决了户口的限制,以极为简陋的生活条件在城市“暂住”了下来。因为是农民身份的人进城,住在自己的国土上却被贬为“暂住”,显然是隐含歧视的。居住证制度的合理性在于消除歧视,体现了“居住在何处,登记就在何处”的原则。改革户籍管理制度决不是放松或者放弃对人口的管理,只是变“以(户口)簿管人”为“以房(住房)管人”,把是否居住在城市与取得市民待遇相分离。计划经济体制的废止已经在客观上造成了“以簿管人”的失效,如人户分离已经十分普遍。从试点经验看,“以房管人”是比较符合市场经济体制和我国国情的。每一个公民都应当向其居住地的公安机关进行居住登记,接受管理。具有稳定的工作、稳定的收入,购买产权房的可以在身份积分中适当加分。每个人的身份积分并不是一成不变的。经过一定努力,其身份积分可以提高。每一个城市都可以设定适当的“门槛”,以一定的身份积分数量作为取得其市民待遇的标准。通俗地说,居住登记与市民待遇是适度分离的,办理居住登记手续是公民接受政府管理的义务,凭借身份积分取得相应的市民待遇是每一位公民的权利。为了形象化地说明居住登记与身份待遇的适度分离,假设取得上海身份待遇需要的身份积分为100分,取得南京身份待遇需要的身份积分为90分,取得苏州身份待遇需要的身份积分为80分,任何公民无论到哪里居住都可以取得与其身份积分相对应的待遇。所谓城里

人、乡下人的隔离被打破,二元制的户籍登记制度也自然消亡。但是,如果其未办理居住登记被查获,依照情节要扣减一定的身份积分。由于每个人从社会中获得的待遇与身份积分紧密相连,身份积分又同其遵纪守法、诚实守信紧密相连,身份积分就会变得对人的行为产生切实的制约力。"以房管人"的居住登记才能从被迫遵守逐步走向自觉遵守。

这方面,国外移民法可资借鉴。以澳大利亚为例,其将移民分为家庭团聚、技术、难民三大类,每年批准的额度都公布于众。其中,技术移民的主要类别是独立打分移民。申请移民者可综合职业、学历、工作经历、英语程度等方面的情况获得一个分值。申请能否获准及获准的早晚主要取决于分值的高低。加拿大与澳大利亚类似,也建立了"移民计分表"制度。我国有自己的国情,当然不能照搬国外的移民法。但若能实行以计分为主要特征的户籍改革,不仅能使户籍制度发挥驱使人口流动有序分流的导向功能,又能起到促人上进的激励作用,更能推动人口管理的全覆盖。久而为之,多数农村剩余劳动力都会就地或就近向小城镇转移,不同规模的城市都会吸引到与之需求相适应的人才,不具备相应身份积分的盲目流动者就会在严格管理下被城市所排挤出去。限于篇幅,这里仅略述户籍制度改革的构想要点:

(一)变城镇户口、农村户口的二元户籍管理制为"以房管人"的居住登记制

"以房管人"不是淡化居民身份证在人口管理中的作用,也不是仅仅管理购买商品房的流动人口。在市场经济条件下,受教育程度、收入水平、购房能力三者之间的关联越来越趋于一致性,身份积分得分越低者越低,其取得特大城市、大城市的市民待遇就越困难。但是,也不能把"以房管人"狭隘地局限为购买产权房,租赁住房或者居住在符合标准的宿舍里都应当认为是居住达标。"以房管人"的居住登记对象是:购买商品房、租赁房屋、住旅馆、住宿舍(包括用工单位、学校、亲友提供的宿舍)、随监护人居住等所有具有居住行为的人。无论暂居还是常住,公民只要具有居住行为,就必须到公安派出所登记。未经登记的,一经查实即予记载并扣减其身份积分。

(二)由公安部建立统管全国所有人口的信息平台和包括全国人口及出入境人口的人口数据库

按照出生地原则发放居民身份证,按照属地原则管理全部人口(包括常住人口、流动人口、持护照入境人口),并对出租房、集体宿舍、旅店业进行管理,对人口的管理才能做到"全覆盖"。公安部作为身份积分的牵头管理部门,把缴纳社保金、纳税、医疗、防疫、信用记录等相关主管部门都整合到身份积分系统这个平时分单元管理、经授权共享其他信息的平台上,只要相关方面条件允许,由身份信息系统为支撑的社会养老保险、医疗保障、免疫接种、银行账号等各项功能与自然人终身相伴,即可实现全国“一卡通”。

(三)由各地政府确定不同市民待遇与一定身份积分的对应关系,并公之于众

公安部应当制定身份积分的始评、加分、扣分、累计基本办法,建立经过主观努力可以加分、违法犯罪必定减分的机制。对博士等高学位人才,无论其现居住地在国内或国外,因为其身份积分高,经快捷审批即可取得相当于大城市、特大城市的市民待遇。在身份积分制度面前,每一个都是平等的。同时,不同城市的市民待遇又是有区别的。凡是加分必须经过本人努力,凡是扣分必须公布于众并终身记录。就全国而言,违法犯罪的扣分项目是一致的,但也应当允许各地设定不同尺度的扣分标准。例如,在人口稠密的地区,违反计划生育政策的扣分值可以明显高于人口稀少地区;财产达到一定标准的富人偷税逃税的加倍扣分。此外,还可以将捐赠行为、从事社会公益活动的行为列入加分项目。

(四)细化“以房管人”的具体内容,建立登记、检查、扣分、承担连带责任的制度体系

无论什么人、无论其是否曾经拥有城市户口,其选择居住地是自由的,其获得的待遇是受到限制的,即便是特大城市只要其身份积分达标也无条件允许其进入。但是,“人到哪里,必须到哪里居住登记”。登记手续必须简便易行,只要到当地公安派出所“刷卡”即可,公安部统管的信息平台立即将“刷卡”信息转发给相关职能部门共享。出租房未经居住登记而居住的,对当事人一律扣分;未经居住登记而容留的,对容留者扣分。凡是出租房屋的必须纳税,并向公安派出所交付治安保证金。租房者利用租房违法犯罪的,承租人负连带责任,情节严重的也要扣分。

(五)运用利益杠杆强制居住登记的实施

无论任何人只要其没有到当地公安派出所进行居住登记,逾期一段时间之后(例如 30 日),其原有的身份待遇停发。由于预想中的居民身份证已经将银行账户、社会保障、医疗防疫、车辆驾驶、缴纳税金等信息单元捆绑在公安部统管的信息平台上,未经登记也可以随时发现其行踪。对学校招收学生、企业雇用员工的,强制学校(企业)提供达到安全卫生标准的学生(员工)宿舍,并随时接受检查。个人雇用他人提供劳务的(如雇用保姆)由雇佣者为被雇佣者办理居住登记并购买综合保险。所有旅店业的入住登记与当地公安派出所联网,旅客办理入住手续视为进行居住登记。与此同时,政府各职能部门坚决取缔无证用工、无证经商、违章搭建,严格限制和管理房屋出租,盲目流入城市者将无法栖身。

(六)在全国范围内试行义务教育凭证和有条件的医保账户异地支付

实行义务教育是国家的义务,实行教育凭证它可以清晰地界定流出、流入地政府对适龄人口实行义务教育的责任。教育凭证也是流入地向中央财政结算义务教育费用的依据。流出地政府属地的孩子,因为父母外出务工,在当地没有监护人,必须随父母外去就学时,由流出地开出教育凭证。流入地政府对符合条件的民工子弟(必须以父母有稳定的工作、稳定的收入、有基本的住所为条件),凭义务教育凭证接纳民工子女就读,使他和当地居民的孩子接受同样的义务教育。由于每个人的身份证含有医保账户信息单元,在其选择医院就医时,医保账户有余额的,可以在余额范围内支付,超出部分则由本人或者亲属支付现金。

(七)把入境人口纳入居住登记范围

近年来,外国人非法入境、非法居留和非法就业问题在我国比较突出,与我国现行户籍制度只管中国人、不管外国人的弊端是有一定关系的。随着改革开放的深入,外国人与中国公民的融合格局已经形成,特别是外国人入境后分散居住,管理上的漏洞更为突出。可以预期,未来外国人在华犯罪的数量必定呈现增加趋势。建立适用于所有人的居住登记制度,将会为遏制境外人口入境犯罪起到一定作用。

村民自治中流动人口权益的保障

朱中一*

改革开放以来，中国社会发生了许多巨大的变化，其中，流动人口规模的迅速膨胀是最引人注目的现象之一。1984年国家在一定程度上放松了对农村人口进入中小城镇的控制以后，流动人口规模以前所未有的速度迅猛增加。20世纪90年代以后，人口流动的增长更是势不可挡。根据调查数据显示，我国现阶段的人口流动有这样一些明显的特征：(1)从年龄来看，流动人口主要由青壮年组成；(2)跨省流动是最常见的一种人口流动形态；(3)务工经商是流动人口外出流动的最主要原因；(4)人口流动的方向基本上是从经济欠发达地区流向经济发达地区；(5)流动人口基本上都是农民；(6)流动人口在流入地居住时间长，流动人口不流动已成了一个普遍现象。[①]就村民自治来说，其法律制度的建构和流动人口从无到有、规模从小到大的过程是同步的。如何应对流动人口对村民自治制度带来的冲击，保障1.47亿流动人口的合法权益，是村民自治制度发展完善的重要课题。

一、流动人口对村民自治制度的冲击

我国现行的许多法律制度，包括村民自治制度，都是以固定不变的户口为依据来确定公民的权利义务。对于实际上出现的居住地与户籍所在地不

---

* 朱中一：男，1975年出生，博士，苏州大学法学院讲师。

① 参见翟振武：《中国社会发展面临的新挑战——流动人口》，《甘肃社会科学》2007年第6期。

一致的情况，目前在法律层面还缺乏充分的应对。对于村民自治来说，流动人口带来两个方面的冲击。

(一)对人口流出地的村民自治的冲击

现在，欠发达地区的农民外出打工已成为他们的主要谋生手段。在我国中西部的一些省份，农村中的青壮劳力几乎全年在外打工。

在这些农村中，由于村民大多数常年不居住在本村，村委会选举常常由于无法满足过半数参加选举的要求而导致选举无效。同时，青壮劳力的离开意味着农村精英的流失，其结果是民主管理、民主决策低效。因此，在人口流失地的村庄，“留守”的村民无法凑齐足够的人数进行民主选举，缺少“精英”实现自我管理。

(二)对人口流入地的村民自治的冲击

流动人口散布在发达地区的城市和农村。值得注意的是，由于发达地区的劳动密集型企业往往分布在城郊或者农村，在这些企业中务工的外来人口也主要居住在企业附近的农村中。特别是一些城郊村、城中村以及企业较多的农村，外来人口数量十分庞大。

这些外来务工人员居住在发达地区的农村，但并不具有该地户口。对于这些流动人口，主要的问题在于他们能否参与当地的村民自治。例如，他们是否可以参与当地的村民选举活动，他们是否可以参与当地村庄的民主决策。另一个问题是，如何保证村庄不通过村规民约等形式来侵犯他们的合法权益。

上述两方面的冲击实际上是几乎所有的省份都要面对的。我国目前的村民自治制度实际上是以各省的地方性法规为直接法律依据的。由于《村组法》的规定相对较为概括、原则，缺乏可操作性，因此实践中村民自治的内容和程序主要是以各省区的人大常委会所制定的地方性法规为依据。对于各省区来讲，不仅要面对跨省的人口流动，也要面对省内的人口流动。从人口流动的实际情况来看，省区内不同县市间的人口流动也是一个常见的形态。例如，对江苏省而言，苏北和苏中地区向苏南地区流动的人口数量就是非常巨大的。因此，在省这个层级制定的地方性法规，必须同时解决流动人口对流出地和流入地村民自治带来的冲击。

二、村民自治法律规范存在的缺陷

(一)在村民选举方面，各地对流动人口选举权归属地的规定不一致，制度保障欠缺

流动人口现象出现之后，最突出的一个问题就在于，流动人口究竟在哪里参与村民选举。对此，《村组法》的原则规定并没有给予明确的回答，各省区的地方性法规对此有具体的规定，但规定的内容则有明显的不同。

就村民选举权的归属这个问题，各省区的地方性法规几乎全部把在户口所在地进行选民登记作为原则加以规定。但针对流动人口的情况，对于非本村户口的村民是否可以进行选民登记则有不同的规定。

一些省份的规定排除了非本村户口参与本村村民选举的可能性。青海、山东、新疆、内蒙古规定村民应当在户口所在地的村进行选民登记，实际上是禁止非本村村民参与村民选举。广东和河北则规定村民一般在户口所在地的村进行选民登记，尽管采取了原则性的规定方式，但由于这两个省份没有规定例外情形，因此非本村户口的村民缺乏参与本村村民选举的制度途径和保障。

大多数省区还是为非本村户口的村民参与村民选举做了特别的规定。对于非本村村民参与本村选举的情形，这些省区都分别设置了一些条件。概括起来，实质性的条件主要包括：长期居住在本村；在本村履行村民义务；没有或者不能在户籍所在地的村进行选民登记的。另外，在程序上，许多省区把是否允许非本村户口的村民参与选举的决定权交给了本村的村民，例如，浙江规定由本村的选举办法确定；上海、江苏等地则要求由村选举委员会进行确认。

从现有地方性法规的规定来看，流动人口的村民选举权利往往得不到保障。首先，各省区的规定不一致，导致某些流动人口既不能参加户口所在地的村民选举，也无法参与经常居住地的村民选举。其次，由于经济利益等原因，本村村民本能地排斥外来人口参与选举。另外，非本村村民即使参加选举，其选举权也不完整。他们所享有的选举权往往只局限于投票权，而不包括候选人提名权、参与选举组织权以及罢免权。

对于流出地的村庄来讲，大量的流动人口带来的问题是村民选举无法正常进行。按照《村组法》的规定，村委会选举必须由过半数的村民参加选

举，选举才是有效的。由于人口大量外流，很多地区的村民选举就无法满足这一要求。对此，目前的主要对策是在选举程序方面允许委托投票、邮寄投票。但是，对这些外流的村民来讲，他们在本村的选举权还是缺乏有力的保障。一来，地方性法规对委托投票、邮寄投票的规定比较严格、限制较多；二来，即使保障了投票权，选举权的其他内容也很难实现。

(二)流动人口无法参与民主决策、民主管理、民主监督

与参与居住地的村民选举相比，流动人口参与其居住地的民主决策、民主管理和民主监督更缺乏法律保障。

首先，流动人口无法参加其居住地的村民会议。根据《村组法》第 17 条的规定："村民会议由本村十八周岁以上的村民组成。"由于法律采取了绝对禁止的规定，地方性法规也无法为流动人口参与居住地村民会议提供例外规定。村民会议是村民自我管理的最高形式，涉及村民利益的重要事项必须由村民会议来决定，对村民委员会的监督也主要依托于村民会议这一组织形式。流动人口被排斥在村民会议之外，使得他们不可能参与居住地的民主决策、民主管理和民主监督。

其次，流动人口无法启动其居住地的村委会罢免程序。《村组法》第 16 条规定的罢免村委会成员的程序，是由"本村五分之一以上有选举权的村民联名"才能启动。尽管许多省份为非本村村民提供了参与选举的权利，但是对于有选举权的外来人口是否能成为罢免案的提案主体，却没有明确规定。《村组法》本身的规定，按字面理解应为本村村民，所以流动人口也无法参与提出罢免案。

再次，流动人口无法参与其居住地村规民约的协商程序。按照《村组法》第 27 条规定，驻在农村的机关、团体、部队、全民所有制企业、事业单位和非村办的集体所有制单位的人员应遵守有关村规民约。所在地的村民委员会、村民会议或者村民代表在讨论和处理同这些单位有关的问题，应当与他们协商解决。在这条规定中，有权利参与协商的主体却被《村组法》规定为"单位"。"单位"和单位内的个人是完全不同的两个概念，他们各自的利益、想法都不一致，很难推论说"单位"就一定能发挥维护和保障其内部人员利益的作用。而且，目前长期居住在城郊村、城中村的流动人口，他们所工作的企业或其他单位并不在其居住地的村庄里面。对于这些长期租住村民房屋的流动人口来讲，村规民约只能是强加于他们的外部意志。实践中也的确出现了不少损害外来人员利益的村规民约。

与此同时,流动人口由于长期居住在外地,事实上也无法参加其户口所在地村庄的民主管理、民主决策和民主监督,尽管在制度上他们的权利仍然存在。由此可见,流动人口基本上是无法实际参与流出地和流入地的村民自治。

(三)根本障碍在于陈旧的户籍管理体制和农村的集体所有制

首先,计划经济时代的户籍管理体制是束缚村民自治制度发展完善的直接因素。目前的户籍管理制度基本上还是沿用了计划经济时代的套路。这种严格控制人员流动的户籍管理体制其核心内容是限制、减少人员的随意迁徙。在计划经济时代,人力资源也是受国家计划控制的生产要素,因此,所有的人都只能根据国家的安排来登记和变更户口。非经国家同意改变居住地是不允许的。在市场经济中,人力资源是一个重要的市场要素,应当可以在全国范围内自由流动。可以说,市场经济本身直接要求赋予中国公民以自由迁徙的权利。这就不可避免地与户籍管理制度发生了冲突。我国在2003年废除了收容遣返制度,公民自由迁徙已不再会被强制遣返,但是,公民自由迁徙仍需付出较大的代价。与公民切身利益直接相关的社会保障、医疗保障、教育等公共福利的提供,都采取以户籍地为准的管理办法。公民可以自由地迁徙到别的地方居住,但这些公共福利待遇却不会跟着公民而发生变化。这就是所谓的人能走,但关系不能走的现象。在村民自治领域也同样如此,村民的权利义务基本上还是以户口为依据的,享受权利、承担义务都主要是在其户口所在地的村庄进行。当村民外出打工,成为流动人口之后,这些村庄内部的权利义务并不跟着村民居住地的变化而变化。这就是为什么流动人口始终无法参与其居住地的村民自治活动的最直接的原因。

其次,农村的集体所有制是制约流动人口参与居住地村民自治的根本因素。事实上,只要立法者愿意,即使不变革目前的户籍管理制度,法律、法规还是可以想办法让流动人口参与村民自治活动的。流动人口有限参与村民选举就是一个例证。但是,立法者却始终不愿意扩大这种参与的范围和幅度。其原因就在于,在选举、决策这些表象里面,村民自治在深层次上触及农村集体财产的使用、分配。在《村组法》第19条谈到的村民会议决定的重要事项中,除了第(1)项是村民义务和第(8)项其他事项以外,其余6项全部是关于村庄集体财产的使用、分配内容的。由于集体财产的所有者是村集体,对于村民来讲,当然不会允许非本村的村民染指。以村民选举为例,山东、广东、浙江、上海、江苏等经济发达的省、市，对居住和生活在本村的非本村村民是否参加本村的村民选举，都规定了较严格的限制性条款。这些省、市之所以这样做，正如上海市民政局在对上海市第五次村委会选举工作进行总结时所谈到的，上海市村委会选举工作的经验之一是“根据上海农村人口特点界定村民范围。由于上海农村外来人比较多，近郊的许多村外来人口超过了本地人口，因此，《上海市村民委员会选举办法》规定，村民以户籍为依据，只有户籍在本村的才能在该村进行登记”①。正是由于利益的影响，才造成了经济上的开放性与选民资格和村庄治理上的保守性共存的局面。可以说，只要村集体经济还存在，土地的农村集体所有制还存在，村民自治排斥非本村村民的情况就无法在根本上改变。

三、对　策

根据前面的分析，我们可以看到，流动人口并未在流入地获得足够的自治权利，反倒连原来的自治权利也在事实上全部丧失了。对流动人口来讲，他们通过外出打工经商所获得的经济利益可能要远大于参与村民自治所带来的利益，他们在发达地区、在城市里所享受到的公共福利也要远大于他们的家乡。这固然是流动人口放弃权利的原因，但却不能成为立法者忽略这部分公民参与基层群众自治的理由。毕竟，我国的村民自治还肩负着锻炼和培养广大农民民主意识和民主能力的重任。为此，对现有的制度需要进行必要的完善与调整。

(一)在根本上，应着手改革户籍管理体制和农村集体财产所有制

对于长期居住并且履行村民义务的流动人口，应使其获得当地的户口。目前，户籍管理制度的变法已经提到了议事日程，原有的僵化的限制流动型的户籍管理体制必然被允许自由有序流动的新制度所取代。流动人口的生活和工作都与居住地的村庄密切相关，他们的自治权利当然应在流入地得以实现为佳。因此，在户籍管理制度松动之后，流动人口可以通过“归化”为流入地村庄的村民而名正言顺地获得全部自治权利。

当然，如果保守性的经济利益仍存在，那么流入地的村庄将仍是保守和

① 乡镇论坛杂志社、民政部基层政权和社区建设司农村处：《1999年度农村基层民主政治建设资料汇编》，第583页。

排斥外来人员的。因此，对于集体经济和集体土地所有制应做必要的法律调整，使其获得更强的包容性。例如，对集体财产进行股份制改造，明确其产权归属。毫无疑问，对集体财产所有制的改造是一个巨大而复杂工程，而且还牵扯到许多其他的价值，这需要立法者统筹考量。

(二)对村民自治法律规范进行修正

在现有的制度框架下，通过以下这些技术性措施，可以对流动人口的权益进行更好的保障。

首先，不排斥流动人口获得复数村民选举权。无论是否允许非本村村民参与村民选举，所有的地方性法规都以单数选举权为原则，也就是说，对于一个村民来讲，他要么在户口所在地行使村民选举权，要么在居住地获得村民选举权，如果他要在居住地获得村民选举权，必须提交未在户口所在地参加村民选举的证明。这实际上是对公民选举权单数原则的不必要的套用。公民选举权单数原则是选举权平等原则的内容之一，即“一人一票”。假如一个公民在人民代表大会选举时能分别在两个以上的地方投票的话，就会造成公民选举权的不平等。但是，村民选举跟人大选举是两回事。村民选举是村民自治的内容之一，是村民实现民主管理的一种方式。对国家来讲，村民自治是原子式的，各村之间没有关联。因此，只要在村庄选举过程中，有选举权的村民实行“一人一票，一票一价”，就能够保证选举平等。至于一个村民是否能在两个以上的村庄参加选举，对于村庄的民主与平等并没有任何影响。

其次，投票规则由村民自己决定。目前，地方性法规都对投票规则进行了非常详细的规定。事实上，既然村民选举是自治的一项重要内容，那么就应该由村民自己来决定本村的村民选举规则。对于在外打工的村民如何参加投票等规则，可让村民自己研究决定。只要村民自己认为这个规则合乎民主即可。立法的工作主要是制定一些基本的原则，以保证选举规则不走样。

第三，流动人口参与居住地村民选举，应获得完整的选举权。立法在确认选举权归属的时候，不能只针对投票权，而应包含参与选举组织权、提名候选人权、被选举权、罢免权等。《村组法》中规定的“本村有选举权的村民”应包含参与本村选举的所有村民。

第四，村规民约的制定应征求其所约束的外来人员的意见。权力的合法性来自于被治者的同意，这是民主的基本原则之一。既然外来人员有遵守村规民约的义务，那么他们就理应获得参与制定村规民约的权利。这不但能使得村规民约更合法、合理，也能促进外来人员参与对村庄的建设。

第五，流动人口对其居住村庄的自治活动有权提出建议和意见。无论是从最初建立村民自治制度的动机来看，还是在20多年的实践中村民自治发挥的作用来看，村民自治的根本作用是通过民主管理、民主决策的方式解决农村的治安、卫生、经济发展等问题。因此，村民自治从来都不应是封闭的、保守的，而应该以开放的、积极的、面向社会大环境的思路去发展村民自治。引进外部资源，特别是吸收人才来建设社会主义新农村，是符合村民自治制度本意的。近几年，鼓励大学生任村官就反映了村民自治的这一开放姿态。同样，对于长期居住在村庄中的外来人员，也应通过协商民主的方式使他们为农村的发展献计献策。

总的来讲，在村民自治的法律制度完善中，应正视流动人口长期居住的客观现实，从而以更合理的制度鼓励、保障他们参与居住地的村民自治活动，从而更好地保障和维护他们的权益，并促进这些村庄的繁荣和发展。

论和谐社会中流动人口的权益保障

张耀东　黄永忠　王　冀*

人口流动是我国社会结构变迁中的一种客观现象。这一现象既是市场经济发展的必然趋势，则保障流动人口的合法权益，充分发挥其作用成为我们必须正视的时代课题。目前学术界对流动人口的理解尚未形成一致的观点，有的认为是短暂往返的特殊迁移人口，[①]有的认为是非正式迁移，或未经户籍管理部门许可的自发性迁移人口，还有的认为是指离开了常住户籍所在地，跨越了一定的行政辖区范围，在某一地区暂住、滞留、活动，并在一定时间内返回其常住地的人口。[②]在我国第五次人口普查中，流动人口是指离开乡、镇(区)户口登记地半年以上的人。从各种观点可以看出，尽管界定不尽相同，但有一点是一致的，即以户籍与其实际工作、居住的地点不同作为主要判断标准。从最广义上说，流动人口包括异地经商、工作(打工)的人员，异地就学的学生，出差、旅游人员等等。而从流动人员管理的角度来看，当前迫切需要进一步研究的主要是流动地点不固定的人员，具体来说就是不固定的异地工作(打工)人员。这些人群主要成分是农村和小城镇流入大中城市从事各种活动的人口，他们往往处于社会的中下层，流动性强、个体分散，相对来说比较难以掌握具体情况和进行管理，其合法权益往往也难以

* 张耀东：江苏省人民政府法制办公室副主任；黄永忠：江苏省人民政府法制办公室法制研究中心工作人员；王冀：江苏省人民政府法制办公室法制研究中心工作人员。

① 黄润龙：《流动人口的数量及其分布特征研究——以江苏省为例》，《西北人口》2006 年第 1 期。

② 汪国华：《社会转型期我国流动人口的现状及管理新构想》，《西华大学学报》(哲学社会科学版)2007 年第 1 期。

得到保障；而异地经商、就学、出差、旅游的人员往往来回比较固定，比较容易掌握情况和进行管理，其各项权益也较容易得到实现。因此本文中的流动人口主要是指异地工作（打工）的人员。

一、解决好流动人口问题与构建和谐社会

2004年9月19日，党的十六中四次全会提出“构建社会主义和谐社会”.2006年10月11日《中共中央关于构建社会主义和谐社会若干重大问题的决定》指出，要按照民主法治、公平正义、诚信友爱、充满活力、安定有序、人与自然和谐相处的总要求，以解决人民群众最关心、最直接、最现实的利益问题为重点，着力发展社会事业、促进社会公平正义、建设和谐文化、完善社会管理、增强社会创造活力，走共同富裕道路，推动社会建设与经济建设、政治建设、文化建设协调发展。“和谐社会”包括社会关系的和谐及人与自然的和谐两个方面，社会关系的和谐是构建社会主义和谐社会的重要内容；解决好流动人口的问题，有利于促进社会关系的和谐。

解决好流动人口问题，对于城市的发展，具有重要的意义。流动人口对于城市发展既有有利的一面，也存在着一些负面影响。解决好流动人口问题，发挥其积极的因素，减少消极影响，可以促进城市社会经济的和谐发展。流动人口对城市的发展作出了重大的贡献。一是流动人口的存在，有利于城市劳动力市场的建立，弥补劳动需求中的短缺现象，从而降低了人工成本，增强了产品的竞争力，有利于城市经济的成长；二是流动人口的存在，增加了对衣、食、住、行的需求，扩大了城市的消费市场，促进了城市经济的繁荣，增加了财政收入，推动了城市的建设；三是流动人口的存在，丰富了城市的人口构成，使城市呈现出多元性和丰富性，促进了地区间和城乡之间的交流和文化融合，一些原生态的地方文艺形式逐渐在城市中得到认同和流传。另一方面，流动人口对城市也产生了一些负面效应。一是由于流动人口自发性强、组织性差，难以管理和控制，加上生活环境、自身素质等原因，流动人口有时也是当地社会的不安定因素之一，产生一些社会治安问题。二是流动人口会增加城市人口的数量，加重城市基础设施和财政的负担。三是流动人口的存在一定程度上影响了城市的卫生环境。由于经济条件的制约，流动人口往往聚居于城中村以及城市的脏、乱、差区域。因此，由于经济收入低、工作不稳定等诸多原因，流动人口大多处于社会弱势地位。城市社

会要和谐发展,就必须解决好流动人口问题。

流动人口问题的解决有利于“三农问题”的解决。农村人口在流动人口的组成结构中占据了绝大多数的比重,是流动人口的主体。《中共中央国务院关于促进农民增加收入若干政策的意见》(中发〔2004〕1号)首次在中央文件中提出,进城就业的农村劳动力已经成为产业工人的重要组成部分;《中共中央国务院关于推进社会主义新农村建设的若干意见》(中发〔2006〕1号)明确要求,保障务工农民的合法权益,进一步清理和取消各种针对务工农民流动和进城就业的歧视性规定和不合理限制。将农村剩余劳动力转移作为增加农民收入的一种手段,能提高不发达地区,特别是农民的生活水平;而增加农民收入是扩大内需、促进国内经济良性发展的重要一环,也是解决三农问题的重要措施之一。相当一部分农村家庭除了最基本的农业劳动收益以外,主要的经济来源,尤其是子女上学、盖房、婚丧嫁娶等绝大部分依靠家庭成员外出务工的收益。因此改善流动人口的生存环境,增加流动人口的收入,提高流动人口的经济能力,有利于国民收入的再分配,促进三农问题的解决。同时,许多流动人口在具备一定的经济实力后,往往回到家乡创业,把先进的生产技术和管理经验从高梯度地区带到低梯度地区,加快了技术的扩散、资金的流通和信息的传播;农民流动人口的回流,能够将城市中的先进理念、生产技术、生活方式等带回农村,有助于传播现代文明、缩小城乡差别,促进城乡一体化。

因此,流动人口既是经济建设的重要力量,也是构建和谐社会的重要力量。和谐社会的主要基础就是确立包括流动人口在内的各主要社会阶层之间的和谐关系。流动人口的合法权益得不到有效的保护,和谐和稳定的社会关系以及正常的社会秩序便不可能存在;切实保障流动人口的合法权益,是实现稳定社会关系,维护社会治安秩序,促进经济发展和社会进步的前提和保证,也是保证和谐社会成功构建的基础。

二、流动人口的基本特征

(一)经济因素是促使人口流动的主要原因

异地工作(打工)人员的主体是农村剩余劳动力和不发达小城镇的流动人口,其流动主要是以谋生和就业为目的。农业生产力的不断提高造成了农村劳动力大量过剩,广大农村存在人多地少的矛盾,因各种原因导致的农民失地现象严重；加之地域经济发展不平衡，城乡差别、地域经济发展的差距不断拉大。随着社会的发展，政治上的开放减少了对流动人口的束缚，而经济发达地区的产业尤其是第三产业和劳动密集型产业的发展与集聚，城市优越的经济文化、生活环境，对流动人口具有强大的吸引力。在长三角地区主要是从相对不发达地区流向经济发达地区。因此城乡二元经济结构和经济利益驱动是造成农村富余劳动力向城镇流动的主要原因。

（二）流动人口的数量巨大，使得流动人口既有个别性，又有群体性

一方面，异地工作（打工）人员的形成是基于自发的异地流动而产生的，因而往往是零散和分散的，没有严格的组织，因此从微观上来看，其生存方式、流动目的地、每个个体都有其个别性，并无固定的模式。流动人口有的为家庭型流动，有的为单身流动，同时活动的性质与流动的目的及经济状况的不同，导致在流入地滞留落脚及居住形式不同，这些因素都构成了流动人口的不稳定性。另一方面，流动人口问题又具有一定的群体性。据2004年国家统计局统计，全国流动人口的数量达到1.4亿，在有的城镇，外来人口总数超过了当地居民的数量。由于流动人口的数量巨大，无序的个体活动，在整体上形成了一种合力，对整个社会产生了诸多影响。人口的流动既有跨省流动，也有省内的不同城市、城镇之间的流动，浙江、上海、江苏都是省外流入人口数量居全国前5位的省区市。[①]

（三）流动性强，随着节假日和季节呈周期性变化，即定期往返、季节性流动

这种周期性的人口流动在高峰期给交通运输部门造成了很大的压力。定期往返的，在时间上具有一定的规律性，特别是假期较长的假日和春节，数以千万计的流动人口纷纷返乡，假日和春节过后，他们中的绝大部分又返回工作地，形成一种“钟摆型”的人口流动方式。季节性流动主要为农村流动人口，其流动的周期与农业生产有关，即在农忙时务农，在农闲时进城打工。这些流动人口一旦完成一个阶段的工作之后往往迅速离开，或是返回原户籍地，或者迁移到其他地方继续寻找新的工作。

（四）流动人口的去向

从流动人口的去向和发展方向来看，主要分为两种情况，一是继续保持

---

① 刘玉：《中国流动人口的时空特征及其发展态势》，《中国人口、资源与环境》2008年第1期。

周期性的流动；二是逐渐成为固定人口，一部分返回原户籍地，一部分在流动目的地定居。但不论是保持流动性还是成为固定人口，就业和经济因素起着决定性的作用。一般来说，不能转变为固定人口的，经济条件往往并不富裕，文化知识和劳动技能水平往往不高，从事的主要是工作条件不好、劳动强度大的工作，如建筑工人、钟点工、饭店服务员、学徒、收废拾荒者等等。这些流动人口的工作状态大多不稳定，经常更换工作；而受制于经济条件，没有固定住房，以租住房屋或者在城市的角落搭建“城中村”、简单违建等为主，衣食住行都没有稳定的保障。

（五）合法权益保障薄弱

长期存在的城乡二元社会结构以及现行户籍制度一直倾向于保护本地城市居民利益，流动人口的合法权益保障比较薄弱。城市居民享有工作、住房、医疗保险、子女入学、社会保障等各种优惠福利待遇，而流动人口由于没有当地户籍，不能享受同等的待遇，加之我国的流动人口管理法律法规、管理体制、管理方式还存在一些不相适应的问题，一些地方在实际管理中存在重管理、轻服务的现象，对其劳动就业、居住、医疗、社会保障、子女教育、计划生育服务等工作重视不够，甚至以办证收费替代管理，对流动人口的管理偏重于预防和打击犯罪，而使管理工作流于形式，流动人口的合法权益往往难以得到有力保障。

三、当前流动人口权益保障中存在的问题

（一）经济、社会地位低，受到不平等待遇

我国户籍制度是由于历史原因形成的城乡分割的二元户籍制度，长期以来，社会成员分为农业户口和非农业户口两类，从农村进入城市务工的人员，受到户籍制度等一系列行政壁垒的阻碍，很难得到城市居民同等的待遇。由于许多基本权利如就业权、教育权、社会参与权、社会保障权、医疗服务权和公共设施与福利服务等都直接依附于户籍，而流动人口没有当地户籍，有的只有暂住证，有的甚至没有登记，成为当地的灰色人口，这就使得各种权益的保障在当地居民和流动人口之间存在天然的不平等，流动人口长期以来一直遭受着歧视性待遇；同时，过去一些政策的制定偏重于本地人口的利益，进一步拉大了流动人口和本地人口的差距，导致流动人口的经济社会地位低，在生活和工作中经常受到歧视。

(二)流动人口权利体系不完备,有关法律法规不健全

由于流动人口的大规模出现和发展是随着改革开放的进程而发展的,有关流动人口权益保障的立法较为薄弱。从立法现状来看,目前有关流动人口权利保障的立法大多是地方性规章,有些法规和规章的内容侧重管理,位阶低,内容零散,没有形成系统的权利保障体系。这样的立法现状就导致了流动人口权益保障制度的缺失,很多有关流动人口权益保障的做法尚处探索和创新阶段,缺少法律支撑。同时,引导人口合理流动、为流动人口服务、确立流动人口的权利与义务等方面的内容在有关法律文件中也不多,甚至是空白。由于没有全国性的、统一的流动人口管理法律法规,各地方性流动人口管理的有关法律文件差别很大,为相关的管理和执法带来了困难。

具体来说,在以下三个方面,当前流动人口权益保障中存在的问题较为突出。

第一,在政治权利方面,流动人口的政治权利的实现存在障碍。《全国人民代表大会常务委员会关于县级以下人民代表大会代表直接选举的若干规定》第 9 条规定:"选民在选举期间临时在外劳动、工作或者居住,不能回原选区参加选举的,经原居住地的选举委员会认可,可以书面委托有选举权的亲属或者其他选民在原选区代为投票。选民实际上已经迁居外地但是没有转出户口的,在取得原选区选民资格的证明后,可以在现居住地的选区参加选举。"尽管法律有了这样的规定,但是有关手续烦琐,可操作性不强;在实际生活中,流动人口比较关心的是生存和发展的问题,因此较少关心和参与政治活动。另一方面,流动人口的人户分离导致了因为户籍不在流入地而不具有选民资格;对于户籍地而言,由于流动人口的去向较难把握,也难以进行统计和登记,这就导致流动人口政治权利的实现在具体操作上具有一定的难度。这一问题已经引起了国家的重视,在 2008 年的全国人民代表大会上,有史以来的首批农民工代表从流动人口代表中产生。随着社会的发展和政治文明的进步,流动人口的政治权利保障将逐步得到加强。

第二,在流动人口的就业、劳动和社会保障方面,存在着诸多问题。

在现实中,城市劳动力市场存在着正式市场和非正式市场之分,不少流动人口只能在非正式市场寻找就业机会,有些歧视性的就业制度使流动人口享受不到平等的就业机会。基于在签订劳动合同时处于弱势地位,流动人口对于不能同等享受城市职工普遍享受的养老、医疗、失业、生育和工伤五大保险往往也只能接受,导致了流动人口在就业和劳动保障方面权益难以得到保证。一是流动人口的劳动条件较差，劳动安全和劳动保障方面存在问题。一方面，由于流动人口所从事的职业往往是临时性的工作，因而专业性差，自我保护意识不强；另一方面，一些单位工艺落后，设备陈旧，隐患多且防范不力，劳动安全难以保障。在发生工伤事故的时候，流动人口往往是"责任自负"，有的因工伤致残或丧失劳动能力后只能一次性得到少量费用。二是有拖欠、克扣工资的现象，过激的讨薪行为时有发生。这一方面是由于流动人口的法律意识不够；另一方面讨薪的法律成本很高，而诉讼等救济手段的经济成本和时间成本都是流动人口所难以承受的，因而救济渠道的狭窄是导致这一现象的重要原因。此外，社会救助体系就是社会保障体系的一个分支部分，是最低层次的社会保障，但目前尚未把异地工作（打工）的流动人口纳入法定的社会救助对象。1999 年 9 月 28 日颁布的《城市居民最低生活保障条例》（国务院令第 271 号）的适用对象是具有当地户籍的城市居民。

第三，流动人口子女的受教育权难以得到保障。

不少地方的教育机构对中小学学生的招生是按户口就近入学来进行的，没有当地户口就无法正常进入流入地学校就读。江苏省的流动人口子女的就学途径主要有三种：一种是缴纳借读费，进入当地公立学校就读；一种是由当地教育部门安排进入公立学校学习；第三种是少数地方仍在打工子弟学校就读。由于经济能力有限，一些交不起借读费或其他费用的流动人口子女只能在条件比较差的学校（如打工子弟学校）接受教育；出于经济条件的制约，还有一部分子女跟随其父母到处流动，没有在学校接受教育。与此同时，流动人口子女的家庭教育基本上处于自流放任状态，缺少对孩子学习的督促与辅导，影响了下一代人的整体素质。随着城乡差距的进一步拉大，城市生活条件、教育水平迅速提升，流动人口子女义务教育在就学状况中的弱势地位越发明显，并且流动人口家庭环境的脆弱性导致其子女在教育中的弱势地位，流动人口子女教育的总体状况令人担忧。

四、切实保障流动人口权益，加快构建和谐社会

解决流动人口问题的主体是政府，因此政府要积极深入贯彻科学发展观，充分发挥主导作用，落实"以人为本"理念，高度重视流动人口权益保障。发展是科学发展观的第一要义，以人为本是科学发展观的核心。这就要求

强化政府服务职能，统筹城乡发展、区域发展，从管理型政府向服务型政府转变，为流动人口创造一个公平、良好的工作和生活环境，切实保障流动人口权益。

(一)完善流动人口的有关立法，健全流动人口的权利体系

要根据流动人口的管理中出现的新情况、新问题，借鉴国外流动人口管理的经验，制定全国统一的流动人口管理的法律法规；深入研究流动人口的权利保障中存在的问题，加强新法的创设。在适当的时候应当对现行有关法律法规进行清理，对已经不适合当今经济社会发展形势的有关法规、规章进行修改，对阻碍流动人口合法权益实现的及时予以废止，从而构建完善的流动人口法律体系，明确流动人口的权利和义务，为流动人口权益的保障提供法律支撑。有关管理和执法要充分体现人文精神，在加强管理的同时，要贯彻服务理念，使有关法律法规得到有效实施，从而保证流动人口的各项权益能够得到实现，为流动人口的生存和发展创造良好的法制环境。

(二)逐步推行户籍制度改革，消除歧视，对流动人口给予平等的地位

由于我国人口众多，城市公共建设滞后，面对庞大的流动人口，城市公共设施和公共资源不堪重负；一些地方虽然统一了户籍登记，但农业和非农业的差别仍然存在。在这样的现实国情之下，短期内是难以废除户籍制度的。尽管如此，不能以此为借口，对流动人口实行歧视性待遇。因此户籍制度改革应当逐步推进，在相当长的过渡期中，应当以保障各项权益为目的和前提，完善各项制度建设，在政策上保障流动人口与城市居民在国民待遇上的一致性，对流动人口给予平等的地位，保障流动人口的合法权益。例如，对暂住证制度进行改革和创新，对在流入地长期居住，有合法的住所、工作达到一定时间的流动人口实行居住证制度，使其取得与当地居民基本相同的社会保障。

(三)在流动人口权益保障上，要抓好重点，逐步完善和推进

由于流动人口权益保障是一个系统工程，非一朝一夕就能做到尽善尽美，在当前形势之下，应当重点解决问题突出、矛盾尖锐的问题，分清主次，抓好重点，有步骤，有计划地推行。

1. 要完善选举制度，积极维护流动人口的民主政治权利。通过制度创新，切实使《全国人民代表大会常务委员会关于县级以下人民代表大会代表直接选举的若干规定》第 9 条规定具有可操作性，使流动人口选举权利真正得到落实，使流动人口具有话语权，能够表达其政治诉求，从而维护自己的合法权益。

2. 在就业方面,应当取消对流动人口有歧视性的用工规定,加大对非法职业中介机构和黑包工头的打击力度,建立规范的劳务市场,及时为流动人口提供分类劳务信息,减少其流动和就业的盲目性,保证流动人口的平等就业机会。健全培训机制,充分发挥各类培训机构的主渠道作用,引导和鼓励流动人口自主参加职业技能培训。强化流动人口的职业技能教育培训,提高流动人口的素质,通过就业前的职业培训,使流动人口具有平等的竞争能力。完善劳动合同制度,严格执行最低工资制度,建立工资保障金等制度,切实解决流动人口工资偏低和拖欠问题。加强职业安全卫生保护,依法将异地打工(工作)人员全部纳入工伤保险范围,使流动人口享有平等的劳动待遇。

3. 在社会保障方面,政府要加大投资,多渠道地改善流动人口的居住条件,改善其工作、生活的环境,丰富其文化生活。要积极为流动人口提供惠民、便捷的医疗卫生服务,可以根据流动人口不同情况,采用不同的保险制度:已经在企业正常就业的,应纳入企业养老保险、工伤保险的范围。江苏的地方性法规、规章已经把这部分人口纳入了法定社会保障的范围,并已先行把养老保险和工伤保险的范围从城镇企业职工扩大到全省所有企业、单位职工和个体工商户。对一些流动性较大的人口,可以从实际出发,让其自愿选择可以参加农村医疗保险等农村社会保险。鼓励流动人口以个人储蓄和参加商业保险的方式取得养老和医疗保障,同时应建立针对流动人口的社会救助制度,在流动人口遭遇天灾人祸时给予紧急救助,当处于失业时,给予贫困救助。[①] 江苏省整合城乡社会保障制度,落实农民养老保险关系的转移接续政策,实施了农民工“平安计划”和医疗保险专项扩面行动,2007 年全省参加基本养老、基本医疗、工伤保险的农民工分别达到 272 万人、282 万人、307 万人。

4. 关于流动人口子女的教育问题,可以建立流动人口子女登记和管理制度,对流动人口子女情况有一个具体和翔实的了解,并可以通过以下三种途径解决。第一,通过政府加大对公办学校的投入,进一步扩大公办学校招收流动人口子女入学的能力和招收比例,除了财政拨付外,通过多种途径,

① 唐政秋:《社会保障立法价值及其选择》,《湖南科技大学学报》(社会科学版)2004 年第 4 期。

吸纳社会捐助，建立帮困助学基金，帮助流动人口中的特困家庭子女完成义务教育规定的学业。第二，通过政策支持，鼓励民办学校招收流动人口子女入学就读，提高办学质量，改善教学条件，通过加强管理，保证能有合格的教师任教，保障流动人口子女接受教育的权利。第三，可以利用城市智力资源丰富的优势，动员青年志愿者，特别是高校的青年志愿者参与辅导，为流动子女的学习提供辅导和帮助。

农民工阶层的人权保护研究

张 波*

摘 要：随着中国社会的不断转型，农民工逐渐成为一个新的独立的社会阶层，但是，农民工阶层的人权现状不容乐观，突出表现在现实中发生的大量侵犯农民工权益的案件都呈现出阶层性的特点。从理论上讲，农民工阶层的人权内容包括宪法层面的平等权、生存权、发展权；民法层面的健康权、财产权和劳动法层面的工作权、社会保障权等。农民工阶层的人权保护须从法律、政策的创新、政府责任、司法救济和社会帮助等多个层面进行。

关键词：农民工 阶层 人权 保护

引 言

随着社会的不断转型，中国的社会分层越来越明显，农民工作为人数众多的一个群体，已经成为一个特殊的社会阶层，他们虽然生活、工作在城市里，但由于穿着农民的身份外衣，已处在城市社会生活的最底层，作为一个阶层，其整个阶层人权状况堪忧。在建构和谐社会的过程中，我们不能忽视这一社会贡献大而社会回报少的特殊的社会弱者阶层的人权现状和人权保护。本文尝试从人权的阶层属性出发，对农民工阶层的人权现状和人权的法律保护进行研究。

* 张波：男，1968 年出生，男，徐州师范大学法政学院副教授，上海师范大学法政学院博士研究生，主要研究方向为法学理论、司法制度等。

一、农民工人权的阶层性分析

(一)人权的阶层属性探讨

人们一般认为,人权的概念具有两个方面的意义。人权的第一种意义是人作为人而享有的与生俱来的不可剥夺的权利。它是来自每个人的人性中所具备的道德权利(moral rights),并且它的目的是保障每一个人的尊严。人权的第二种意义是法律权利(legal rights)。它是根据社会——既包括国内社会,也包括国际社会——法律产生过程而制定的。[①] 因此,所谓的人权同时具有道德属性和法律属性,是道德权利和法律权利的结合,是应然权利和实然权利的结合,世界各国人民出于对人权的道德属性和法律属性的思考,特别是出于对其道德权利属性的共识,制定并通过《世界人权宣言》,不仅体现了人权的先国家属性,也体现了人权保护的国际性特点,同时,由于地区之间的差异,欧洲、美洲、非洲等地区也制定本地区的人权公约,又强调了人权的地区性特点。最重要的是,由于意识形态的差异,一些主权国家也根据自己的国情制定自己的人权法律,使国内的人权保护获得国家的主权保障,从而使人权具有最为明显的国家性(主权性)特征。

通常我们对人权问题的探讨习惯于探讨人权的国际性、地区性、国家性和先国家性等,其中又特别强调人权的国际性和国家性,这甚至成了不同国家人权问题辩论的理论基础。在此,笔者并不想继续展开这种辩论,而是认为如果从人权的主体特点的研究出发,还可以发现人权不仅仅具有国际性、地区性、国家性和先国家的属性,也具有阶层性的特征。从人权的主体特点的角度来看,人权的主体不仅是抽象的人,也是具体的人或某一群体,一些特殊的群体或阶级或阶层的人权问题也具有自己的显著特点,他们的人权状况和法律保护问题往往也是人们关注的焦点。事实上,在这一方面,国际和国内已经出台了一系列针对特殊群体或阶层的人权保护法律文件,比如针对妇女群体经常易受歧视的现象,联合国制定了《消除对妇女一切形式歧视公约》,一些国家也制定了本国的《妇女权益保护法》;针对儿童的弱势现象,联合国制定了《儿童权利公约》,一些国家也制定了《儿童权益保护法》,

① [英]利厄·莱文:《人权:问题与答案》,香港商务印书馆1990年版,第57页。

针对少数民族或种族的人权问题,国际和国内也都制定了相应的法律予以保障,等等。那么,国际和国内为什么要制定这些法律呢?原因是这些群体是社会的弱势群体,社会要给予这些特殊弱势群体的群体性的人权以特殊保护。同样基于特殊弱势群体的人权以特殊法律保护的思考,当某一社会阶层整体人权状况出现危机时,那就应该关注特殊阶层的人权保护问题,开展人权的阶层性研究。人们研究人权,更多的不是要关注强者的人权而是要关注弱者的人权,不是要关注上流社会阶层的人权而是要关注底层社会阶层的人权,在社会出现了强者阶层和弱者阶层的划分、出现强者阶层侵犯弱者阶层的人权现象的时候,就需要我们开展人权的阶层性研究,研究不同阶层的人权现状,研究如何规制强者阶层对弱者阶层人权的侵犯,以及如何保护弱势阶层的人权。这种研究思路也符合中国人权的权利生长规律,权利发展的实质是社会正义的进步,而社会正义以主张群体权利为核心。[①] 不研究社会阶层的人权或某个群体的人权,那么其成员将是“一盘散沙”,不仅影响社会个体人权的实现,也延缓社会正义的整体进程。

(二)农民工已成为一个特殊社会弱势阶层

随着社会的发展和人们对阶级和阶层问题研究的深入,中国的社会分层问题被不可避免地提了出来。[②]中国社科院“当代中国社会结构变迁研究”课题组日前完成的《当代中国社会阶层研究报告》中,提出了以职业分类为基础,以组织资源、经济资源和文化资源的占有状况为标准来划分社会阶层的理论框架,并将社会分成十个阶层。[③]而《当代中国社会流动》报告则提出了这样一个命题:种种迹象显示,农民工已经作为一个新的社会阶层在我们的社会崛起,它被命名为“新工人阶层”。[④] 有的学者通过调查认为,农民工从其社会属性看已经成为一个阶层,具有阶层流动性强、职业低质性、社会网络复制性、生活方式疏隔化等阶层特性。其社会地位总体上处于城市社

---

① 夏勇:《走向权利的时代》,中国政法大学出版社 2000 年版,第 25 页。

② 阶层与阶级既有联系又有区别。这里的关键是要理解,社会阶层的核心内容是社会资源和社会机会在不同社会群体中的分配方式或配置方式的差异。参见郑杭生:《我国社会阶层结构新变化的几个问题》,《华中师范大学学报》(人文社科版),2002 年第 4 期。

③ 这十个社会阶层是:国家与社会管理者阶层、经理人员阶层、私营企业主阶层、专业技术人员阶层、办事人员阶层、个体工商户阶层、商业服务业员工阶层、产业工人阶层、农业劳动者阶层和城乡无业失业半失业者阶层。参见《当代中国社会阶层研究报告》,《经济参考报》2001 年 12 月 26 日。

④ 张意轩、李玲:《民工:一个新阶层的崛起》,《中国新闻周刊》2004 年第 29 期。

会的底层，是城市社会中的“佣人”阶层、“沉默”阶层、“无根”阶层和“边缘”阶层。[①] 事实的确如此，据社会调查表明，在城市社会分层体系全部100种职业的排位中，农民工居于94位，而且排在最后的10个位次职业都与农民工不无关系，[②]而职业是社会分层的一个主要参考标准，农民工所从事的职业是城里人最不愿意从事的职业，如建筑工人、矿工、保姆，等等，大量的农民工聚集在这类职业范围内，形成一个城市社会中最低的而又无法融入城市的规模人数较多的社会阶层。在城市社会分层体系中，农民工处于城市社会的最底层，从职业角度讲，他们是工人，从身份上讲，他们是农民。他们虽然从事工商业活动，却不能融入工人阶级队伍，只能以农民工的身份存在。这个阶层自形成之日起就是处于农民和工人之间的一个夹缝阶层，处境极其艰难。如果要从1982年农民工初次形成小规模民工潮开始计算，到2008年，农民工在城市流动已有26年之久。这期间发生了很多与农民工有关的社会问题，人们现在将其归结为农民工问题。[③]如果要考察国家对农民工问题的政策和法律规定，到2004年之前，国家的政策或法律的保护则模模糊糊、若隐若现，相反的，国家的政策和法律法规的限制却无时无刻不在，需要强调的是，很多限制或禁止性规定都是针对农民工阶层整体而言的。可喜的是，2004年，国家发改委等九部委联合下发了《关于进一步清理和取消针对农民跨地区就业和进城务工歧视性规定和不合理收费的通知》，开始清理和取消针对农民跨地区就业和进城务工的歧视性规定和不合理收费。2006年，国务院又专门下发了《国务院关于解决农民工问题的若干意见》(以下简称意见)的通知，不仅提出了解决农民工问题的重大现实意义和解决农民工问题的指导思想和基本原则要求，而且从具体制度和可操作的程序层面提出了全面的、系统的、针对性的解决农民工问题的方法。实际上，官方的这些做法从一定程度上认可了农民工阶层的存在。

---

① 朱力：《农民工阶层的特征和社会地位》，《南京大学学报(哲学、人文科学、社会科学版)》2003年第6期。

② 李强、唐壮：《城市农民工与城市中的非正规就业》，《社会学研究》2002年第6期。

③ 知名国情专家胡鞍钢提出“四农问题”的说法，并认为农民工问题是解决“三农问题”的核心。参见胡鞍钢：《农民工问题是解决“三农”的核心》，《当代经济(下半月)》2006年第4期。

二、农民工阶层的人权现状分析

(一)阶层歧视

随着农民工阶层的形成,农民工受歧视已经发展成一个严重的社会问题,[①]出现由个体受歧视到农民工集体受歧视的趋势和现象,呈现了明显的阶层歧视特征。以农民工遭遇的就业歧视为例,自1994年以来,一些发达城市陆续制定了对外来人口就业的行业、工种限制办法,人为地为农民工就业设置障碍。这种歧视行为的后果就是农民工在城市里只能干城里人不愿意干的最脏、最累、最苦的活儿。现在虽然中央宣布取消这些不合理的就业限制,我国也已经颁布了《中华人民共和国就业促进法》,但就业歧视的事实已经形成,就业歧视现象在短期内仍无法改变。特别需要强调的是,农民工阶层受歧视最为严重的是户籍歧视,这个阶层在职业上是工人,在身份上是农民,无法融入城市社会,而户籍歧视又是农民工遭受集体阶层性歧视的根源。由于没有城市户籍,他们的子女就学受歧视;由于没有城市户口,他们遭遇了"同工不同酬"、"同工不同时"、"同工不同权"的歧视;由于没有城市户口,农民工阶层的形象被妖魔化,成了脏、素质低、人格卑下、傻、有犯罪倾向的最合适的形象代表;由于没有城市户口,农民工成了城市警察重点盯控的群体,[②]最容易遭受警察的盘查,全国喜庆和传统节日,成了打工者担惊受怕和倒霉的日子。[③] 经过农民工多年的冲击,我国的户籍制度已经从地方开

---

① 童海保代表指出,随着进城务工农民数量的增加,农民工受歧视已经由个别现象演变为一个严重的社会问题。其中包括,经济歧视、非经济歧视、基本人权歧视、户籍歧视等方面。《"两会"纵横:运用法律武器消除歧视现象》,《法制日报》2005年3月14日。

② 2004年6月27日下午3时,佛山巡警为了应付群体事件所进行的大规模演习就是把农民工当成警方防暴的假想对象。参见邓清波:《民工怎么成了"敌人"》,《信息时报》2004年6月28日。在2003年6月18日《城市流浪乞讨人员收容遣送办法》废止之前,农民工最容易遭遇收容审查,农民工最害怕被收容审查,在北京一听说开什么会,走在街上就提心吊胆,恐怕被收容"筛沙子"。参见崔传义:《二元结构背景下的农民工权益与社会管理改革》,载邓鸿勋、陆百甫:《走出二元结构——农民就业创业研究》,中国发展出版社2004年版,第402页。

③ 韩俊、棋子、边缘人:《产业工人》;邓鸿勋、陆百甫:《走出二元结构——农民就业创业研究》,中国发展出版社2004年版。

始逐渐破冰,[①]户籍制度似乎对农民工的影响不像以前那样厉害,但是,不可否认,户籍制度仍然是农民工遭受集体阶层性歧视的罪魁祸首。

(二)低工资且无保障

中山大学社会学系副教授刘林平从1999年起就开始专心研究广东民工问题,其在接受记者采访时表示:"从全国范围来看,农民工的工资都是相对较低的。"[②]有记者调查显示,2005年广东省外来农民工月均工资仅为全省在岗职工月均工资(1675元)的54.9%,普通工人的月工资大多维持在600-800元之间。而在城镇居民收入大幅上涨的时期,珠三角地区农民工月均工资12年来只提高了68元,[③]如果扣除物价上涨因素,实际上竟是负增长![④]现在,珠江三角洲发生"民工荒"现象,工资收入低是主要原因,因为这点微薄工资使他们不得不省吃俭用,生活质量极其低下,无法融入城市生活,并成为城市里最底层的群体。不仅如此,即使是这点微薄的工资,也难以得到保障。北京青少年法律援助与研究中心在全国8个省发放农民工维权状况调查问卷和农民工维权手册各8000份,调查农民工维权典型个案17件。结果发现:在这些农民工中,48.1%的人有过出门打工但拿不到工资的经历,其中30.6%的人有100-1000元的工资没有拿到,15.7%的人有1000-5000元的工资没有拿到,1.6%的人有5000元以上的工资没有拿到。[⑤] 农民工最头疼的问题就是拖欠工资,这些人出来打工的最直接目的就是获得工资收入,没有工资他们将一无所有,无法继续生存。现在,拖欠农民工工资问题逐渐演化成为涉及社会全局的一个严重的社会问题,引起了党和政府的高度重视,目前情况虽然有所缓解,但低工资且无保障仍然存在并影响农民工阶层的生存和发展。

(三)工伤、职业病高发,工作时间长,生命健康无保证

谢泽宪是"珠江三角洲工伤研究项目小组"的主持人。她带领这个小组,在广州、深圳、佛山、中山、东莞、惠州6个城市,对38家医院、1家职业病

---

① 据2007年4月公安部的消息称:全国已有12个省、自治区、直辖市相继取消了农业户口和非农业户口的二元户口性质划分,统一了城乡户口登记制度,统称为居民户口。参见秦平:《户籍立法何妨缓行》,载《法制日报》2008年03月07日。

② 《我国五大城市民工生存状况调查》,《周末报》2005年4月13日。

③ 《我国五大城市民工生存状况调查》,《周末报》2005年4月13日。

④ 姜波:《民工工资12年仅涨68元》,《贵州都市报》2004年9月15日。

⑤ 崔丽:《农民工维权成本调查:追讨1千亿欠薪需3千亿成本》,《中国青年报》2005年6月9日。

防治医院的582位工伤者进行了问卷调查。调查显示的结果是:91.6%的工伤者是民工,73.3%的工伤者没有参加任何政治组织。谢泽宪得出一个结论:"工伤事故频发是广州民工生存状态的一个现实写照。"①国家安全生产监督管理局副局长赵铁锤在首届"全国外来工职业安全与健康权益研讨会"上透露:2007年全国死于工伤人员高达13.6万人,其中大部分是农民工,特别是在矿山开采、建筑施工、危险化学品3个农民工集中的行业,农民工死亡人数占总死亡人数的80%以上。② 著名社会保障问题研究专家、中国人民大学劳动人事学院副院长郑功成在接受记者采访时表示,普通疾病、工伤、职业病已经成为民工健康的"三大杀手"。③ 全国总工会的调查显示,深圳的多数工厂,农民工每月工作26天以上,每天的平均工时在11小时左右;他们被排斥在城市社会主流文化生活之外,没有城镇居民的户籍,分享不到城市社会的各种福利待遇。失业了,得不到失业救济;生活困难了,得不到最低生活保障;有病了,得不到应有的医疗保障;因工负伤、致残,也得不到应有照顾和抚恤;劳动安全、卫生和生活条件差,人格受到歧视,经常被收走身份证,失去人身自由,有的还被迫签下生死合同,一旦罹难,家属只能得到很少的赔偿金。④ 尽管目前党和政府已经开始重视这些问题,但是,解决农民工问题不仅需要政府的政策支持,也需要法律的强制性保障,更需要用人单位的积极配合,但这显然是一个很长的过程。

通过以上分析,笔者认为农民工的人权问题不是一个农民工的人权问题,而是一个阶层的人权问题,不是一个农民工受歧视而是一个阶层受歧视,不是一个农民工的权益缺失和维护难而是一个阶层的权益缺失和维护难。总之,由于没有城市户口,使农民工成为一个特殊的阶层,也由于没有城市户口,使得农民工面临极其严峻的生存和发展状况,只能从事城市居民不愿接受的脏、累、苦、险且工资低、时间长的工作,在就业和社会生活中面临制度性、市场性和世俗文化的多重歧视,备受诸多问题困扰。⑤因此,尽快

---

① 《我国五大城市民工生存状况调查》,《周末报》2005年4月13日。

② 董伟:《去年我国工伤死亡13.6万人,农民工占80%以上》,《中国青年报》2004年6月19日。

③ 《我国五大城市民工生存状况调查》,《周末报》2005年4月13日。

④ 《全国总工会呼吁关注民工生存状态和待遇保障》,《法制日报》2005年3月29日。

⑤ 有学者经过调查分析,认为农民工阶层至少受到八大问题的困扰:暂住证、劳动合同、五金、加班不加薪、欠薪、生命安全、黑职介、黑学校等。参见郭兴全:《农民工阶层的困境与出路》,《人文杂志》2004年第1期。

改变农民工阶层的人权现状，依法保护农民工阶层的人权是当前我国社会发展面临的一个紧迫的时代课题之一。

三、农民工阶层的人权内容分析

农民工作为自然人或公民，从应然的意义上讲，他们应该具备人的一切人权，包括道德层面的人权和法律层面的人权，但是从实然的层面来看，农民工作为一个新的社会阶层，他们的人权的权利内容并不明确，出现法定人权内容的严重缺失情况。上述一系列的数字列举和调查分析，已然揭示了这个阶层的人权现状和权利缺失和受侵的事实。因此，笔者尝试从阶层的角度出发分析农民工阶层的人权内涵。

(一)宪法层面的权利

1. 平等权

我国现行《宪法》第 33 条第 2 款对平等权作了一般性的规定，又从民族平等、男女平等、政治权利平等等方面对平等权作了具体规定，既有有关平等权的正面规定，又有有关反特权、反歧视的侧面规定。[①] 现行宪法对平等权的规定已比较进步，但其缺陷也比较明显。就农民工阶层而言，首先，没有解决户籍的差异问题，导致由于户籍身份的差异出现法律上的不平等而无法规约的情况。其次，以禁止歧视的形式表现的平等的规定太过狭窄。现行宪法歧视条款的内容仅仅是涉及民族的歧视和宗教信仰的歧视限制问题，没有涉及更广泛的主体和更广泛的事项。最后，对差别待遇的规定不完善，特别是缺乏对农民工阶层的特殊保护。建议修改宪法以完善平等权的规定，也可以先行制定特别法明确保护农民工阶层的平等权。

2. 生存权和发展权

对发展中国家而言，生存权和发展权是人权的重要内容。就生存权的要求而言，在世界范围内，生存权一般被认为是最低限度生活保障权。[②] 中国作为发展中国家，也将生存权放在重要的位置，通过经济的高速持续发

---

① 许崇德：《宪法》，中国人民大学出版社 1999 年版，第 153 页。

② 上官丕亮：《论生命权》，杨海坤：《宪法基本权利新论》，北京大学出版社 2004 年版。

展,基本解决人们的温饱问题,也基本解决了人们的生存权问题。[①] 当然,对农民工而言,虽然其生存权问题基本解决,但是其生存环境和生存质量却仍需人们继续关注,马克思所提出的异化劳动现象在社会主义初级阶段在农民工阶层的劳动过程中还普遍存在。农民工还遭受超经济的剥削,特别是一些私营企业老板不择手段攫取黑心钱,不关心农民工的生存条件,又引起社会对农民工的生存权问题的高度关注。相对于生存权而言,农民工的发展权问题同样值得人们注意,他们职业差、收入少而生活成本高、培训少而劳动时间长、缺乏长期的职业生涯规划、缺乏有效的社会保障等等,都直接影响农民工的发展,也影响了农民工的市民化进程。总之,关注农民工的发展权就是要考虑给予农民工平等的发展机会和保障待遇。

3. 受教育权

受教育本身就是一项人权,也是实现其他人权不可或缺的手段。作为一项增长才能的权利,教育是一个基本工具,在经济上和社会上处于边缘地位的成人和儿童受了教育以后,就能够脱离贫困,取得充分参与社区生活的手段。[②] 对农民工及其子女而言,接受应有的教育,也是改变他们命运的一种有效手段。依照法律的规定,农民工及其子女依法应享有受教育权的权利,然而,在实践中,由于各种因素的作用,不仅农民工自身的继续教育无法实现,其子女也无法顺利地同城市居民的子女平等地就学,自身及其子女的受教育问题也成了许多农民工的头疼问题之一。

4. 迁徙自由权

1948 年的《世界人权宣言》第 13 条规定了公民的自由迁徙权,规定人人在一国之内有自由迁徙之权,有权离去任何国家,连其本国在内,并有权归返其本国。1966 年的《公民权利与政治权利公约》第 12 条对迁徙自由做出更为详细的规定,概言之,所谓的迁徙自由权就是公民有国内自由选择居住地和出入国境的自由。然而,遗憾的是,我国不仅没有修改宪法赋予公民迁徙自由权,相反制定了城乡二元户籍制度进一步阻碍人们的自由迁徙。

---

① 国务院新闻办公室在分析中国的人权现状时曾指出,我国由于“人民的温饱问题基本解决了,人民的生存权问题也就基本解决了”。参见国务院新闻办公室:《中国的人权现状》,中央文献出版社 1991 年版,第 4 页。

② 国际人权法教程项目组:《国际人权法教程(第一卷)》,中国政法大学出版社 2002 年版,第 368 页。

对农民工阶层而言，这项权利特别重要，也正是由于缺乏迁徙自由权，使得他们处于阶层性失权的现状。废除城乡二元户籍制度，赋予农民工迁徙自由权，这是彻底解决农民工阶层人权问题的必需的、关键性的、唯一的措施。

5. 政治权利

政治权利又称参政权或政治参加的权利，是人们参与政治活动的一切权利和自由的总称。[①] 政治权利主要包括选举权、被选举权以及其他表达政治意愿的权利。政治权利对于农民工阶层来说，不是一种可有可无的权利，因为政治权利的享有和行使往往与他们的利益有关，他们追求政治参与，也是为了维护自己的政治、经济等利益，也可以说，是为了提高自己阶层在城市中的地位。但是，由于农民工的流动性和户籍等因素，农民工的政治权利的享有和行使陷入到一个两难境界。他们在农村的户籍所在地，依法享有选举权和被选举权，可以依法自由表达自己的政治意愿，然而由于他们工作在外地，户籍所在地的选举问题对他们没有任何意义，况且，回到户籍所在地参加选举，路费、误工费等经济成本太高，所以，这个阶层的人员对于参加户籍所在地的选举没有兴趣，相反，他们愿意参加职业所在地或实际居住地的选举，但是，他们的愿望却难以得到满足，由于户籍制度的存在，他们在城市中政治权利的享有和行使也被边缘化了。《中国青年报》2005 年 6 月 16 日曾报道，深圳一非户籍居民因选举权问题向法院起诉，[②]再度引发人们对农民工阶层的政治权利的关注。我国必须修改现行选举法以保护该阶层的政治权利能够顺利行使。

(二)民法层面的权利

农民工民法层面上的权利包括两个方面的内容：一个是农民工的健康权，另一个方面是指农民工的财产权。

从理论上讲，构成健康权的要素可分成两类：一类包括与“保健”有关的要素（包括治疗保健和预防保健），另一类包括与许多“健康的基本前提条件”有关的要素。可以认为，后者包括安全的饮用水、适当的卫生设备、适当

① 许崇德：《宪法》，中国人民大学出版社 1999 年版，第 157 页。

② 李桂茹：《深圳非户籍居民参选失败上诉索选民资格终败诉》，《中国青年报》2005 年 6 月16 日。

的营养、有关健康的信息、环境卫生和职业卫生。[①] 央视国际2004年12月28日曾报道，徐州市派出医疗专家为部分建设工地的民工兄弟们现场义诊。专家诊断发现，他们的总体身体健康状况不容乐观。在义诊中，专家们发现大约有三分之一的民工存在着不同程度的健康问题，这些农民工大多是青壮年，健康状况远远低于城市市民的平均水平。实际上，发生在徐州地区建筑行业的农民工的健康问题，在全国其他地方也普遍存在，而且，不仅存在于建筑行业，在煤炭开采、简单的加工制造业等行业中均普遍存在，特别是在皮鞋加工厂、皮包加工厂等这些加工企业，职业病成了危害农民工健康的头号杀手，而健康权又直接影响农民工的劳动能力，失去健康就意味着丧失或部分丧失劳动能力。法律要承认和保护农民工的人权，就必须保护农民工的健康权。

农民工的财产权可以从两个方面来分析：一是指农民工在农村的承包地；二是农民工打工所获得的劳动报酬或工资收入。就第一个方面而言，农民工由于还是农村户籍，因此，在村集体组织中依法享有土地的承包经营权，而该土地承包经营权也是农民工比较重要的不动产用益物权，这种物权对农民工比较重要，它们是农民工的最后保障。因此，土地使用权是农民工的一项重要的财产权，我国在农民工市民化的进程中，土地使用权作为一项财产权可以用来置换养老保险等。[②]但是，目前农民工在农村的土地也由于受到现行制度的约束，成了手中的“鸡肋”，很难处置。第二个方面的财产权就是农民工的工资收入，依照我国民法通则的规定，工资收入是财产所有权的取得途径之一，依法保护农民工的工资收入的水平和及时支付，就是尊重和保护农民工的财产权。

（三）劳动法层面的工作权

工作权和工作中的权利不仅是社会经济权利的核心，而且是基本人权的核心。[③] 工作权现在已成为诸多国际人权条约和各国法律明确确认并加以保护的一项人权。何谓工作权呢？一般认为，所谓的工作权（right to

---

① 国际人权法教程项目组：《国际人权法教程（第一卷）》，中国政法大学出版社2002年版，第341页。

② 现在有一些学者提出，以土地置换保障，建立起转让土地使用权和社会保障制度之间的经济联系。参见卢海元：《走进城市：农民工的社会保障》，经济管理出版社2004年版，第199页。

③ 国际人权法教程项目组：《国际人权法教程（第一卷）》，中国政法大学出版社2002年版，第299页。

work）又称劳动权，是指有劳动能力的公民得到工作并取得劳动报酬的权利。[①] 但实际上工作权是一个复杂的综合性的权利体系，可以从不同的角度进行分析：从非歧视和平等待遇的角度来看，工作权就是指平等的就业权、同工同酬权、同等保护权等；从劳动关系的角度来看，工作权包括相邻的就业选择权、劳动报酬权、休息休假权、职业培训权、劳动保护权；从劳动者特殊保障角度的来看，工作权包括相邻的组织参加工会权、社会保障权等。对农民工阶层而言，由于在劳动过程中存在着较强的"劳动异化"现象，在实践中，出现就业机会不平等，或者虽然就业平等但出现"同工不同酬"、"同工不同时"、"同工不同权"等现象，进一步挑战农民工的工作权。中国作为社会主义国家，必须重视和理顺"资本"和劳动者的关系，在"招商引资"和发展地方经济的过程中，必须重视劳动者的人权保护，重视劳动者的工作权。

作为一项基本人权，社会保障权为国际社会和各个主权国家广泛认可，并体现在许多国际性公约和各国的法律文件之中。其内容大致包括年老保障、疾病保障、伤残保障、失业保险、生育保险、死亡保险、灾难保障等。之所以将社会保障法理解为社会层面的，是指社会保障法在性质上是社会法，具有社会法的属性。从我国的立法情况来看，我国 1954 年《宪法》第 93 条规定了社会保障权，并将社会保障权赋予劳动者，后来，现行宪法扩大了社会保障权的主体，所有的公民都是社会保障权的主体，与此同时，宪法也赋予了公民行使社会保障权的条件。为了保障社会保障权的实现，我国又在一系列部门法中针对不同的社会群体，规定了具体的社会保障权，如在劳动法中规定了劳动者的社会保障权，在妇女权益保障法中规定了妇女的社会保障权，在未成年人保护法中规定了未成年人的社会保障权，在老年人权益保障法中规定了老年人权益保障权，在残疾人保障法中规定了残疾人的社会保障权等，从我国法律规定的社会保障权的情况来看，宪法中的权利主体最广泛，但却是框架式的，也是最不具有操作性的，社会保障权的实际主体只是那些社会上的弱者。[②] 农民工作为一个特殊的社会弱者阶层，其也应该是社会保障权的权利主体，但是由于农民工是一个新兴的社会阶层，现行的法律对其保护非常不充分，尚缺乏一部特别的部门法来规定和保护其社会保障

---

① 黄涧秋：《论工作权》，杨海坤：《宪法基本权利新论》，北京大学出版社 2004 年版。

② 张慧平：《论社会保障权》，杨海坤：《宪法基本权利新论》，北京大学出版社 2004 年版。

权的行使。

上述权利内容既是农民工的具体人权内容,又可以理解为农民工阶层的人权内容体系,其中宪法上的权利是基础,其他层面上的权利则是宪法上权利的具体落实。之所以这样说,因为从农民工阶层的失权情况来看,也是首先从宪法层面上的权利失去而开始的,平等权、迁徙自由权和政治权利等是农民工人权体系的基础,正是这些权利的缺失导致整个农民工人权内容的残缺不全,现实中频频发生侵害农民工的权利案件。

四、农民工阶层的人权多层次保护

(一)加快立法,完善法律保护

尽管我国已经将人权保护写入宪法,使得人权保护有了宪法依据,但是由于人权概念的抽象性和宪法的不可司法性决定宪法中的人权保护在目前仅具有一种进步性的象征意义。宪法上虽然规定了公民的平等权,但农民工却仍然受到城市居民的歧视;尽管我国早已颁布了民法通则,赋予公民的财产权,但是,公民的劳动报酬却常常被拖欠等,虽然劳动法赋予了劳动者劳动就业权、劳动休息权,但农民工的这些权利却经常性地遭受侵犯,不仅如此,农民工的社会保障权、子女的受教育权等权利依据现行法律无法给予充分的保护。总之,农民工作为一个边缘阶层,现行的诸多法律好像与他们有关,又好像与他们无关,离他们很远。之所以出现这样的一种尴尬的局面,立法不完善是一个很重要的原因。加强农民工阶层的人权保护需要在立法层面上作好以下工作:第一,制定特别法律承认农民工的权利主体资格,对农民工阶层给予特殊保护。现行法律的保护仅是一般保护,农民工阶层作为一个弱势群体,需要我们法律的特殊的、有差别的、具体的保护,需要我们制定一系列的有针对性的法律法规。这些法律包括尽快制定《中华人民共和国农民工权益保护法》和《反歧视法》等。第二,修改现行法律,这里主要是指修改《选举法》,增加农民工阶层的话语权。第三,废除1958年公布的《中华人民共和国户籍登记条例》,彻底将农民工阶层从这个制度镣铐中解放出来。可喜的是,党和政府已经注意到该问题,国务院《2003年中国人权事业的进展》白皮书披露中国正着手起草《中华人民共和国农民权益保护法》;有些地方政府如河南省开始重视保护进城务工人员的权益,并把《河南省进城务工人员权益保护办法》列入省政府规章立法计划,从2005年4月

20日开始，河南省政府法制办向社会公布《河南省进城务工人员权益保护办法》征求意见稿。[①] 当然，在完善立法过程中最重要和最核心问题是废除或修改《户口登记条例》，不啃掉这块骨头，农民工阶层将长久处于弱势阶层和弱势地位。

（二）政府保护

1. 政府应该首先需要承认农民工阶层的存在

自从“农民工”一词出现以来，对农民工的研究一直没有脱离“农民工是农民”的窠臼。[②]现在，国内有的学者认为，我国的三农问题现在变为四农问题，增加一农就是农民工。这种说法的确也很无奈，农民工来源于农民，但又不同于农民，因为他们是在城市工作，现在大部分的年轻农民工都是常年在外打工，但他们也不是正式的产业工人，因为他们具有农民的身份。事实上，只要存在城乡差别，只要存在城乡二元户籍制度，农民工必然是非工非农、亦工亦农的身份，是处于城乡之间的一个新兴的长期存在的社会阶层。但是，目前，政府等组织对此问题的认识并不统一，如中共中央2004年1号文件强调指出：“进程就业的农民工已经成为产业工人的重要组成部分。”国务院总理温家宝2004年11月10日主持召开国务院常务会议，研究2008年北京奥运会筹办工作和改善农民进城就业环境问题，既使用了农民的概念也使用了农民工的概念。实际上，农民工也想彻底实现身份的转变，从农民变为工人，从农民变为市民，但是，现行的各种制度不允许出现这种彻底的巨变，政府等组织现阶段必须承认这个阶层的存在，只有这样，这个阶层才能获得合法的主体资格，得到法律的合法保护。

2. 废除一些不合理的政策、法规，制定各项新政策保护农民工的合法权益

农民工的问题是中国社会发展必然出现的现象，但也与政府的各项歧视政策有关。50年代我国在确立计划经济体制的同时，也确立了城乡分治的制度，出现农业人口与非农业人口的身份壁垒，实行城乡人口不同的国民待遇，农民工问题就是这些不合理的政策和制度的产物。随着自由市场经济的形成，废除不合理的制度和政策已是大势所趋，可喜的是，政府已经认识到该问题，2004年国家发展改革委员会会同财政部、公安部、劳动和社会

---

① 陈辉：《河南酝酿立法保护进城农民工属中国首次》，《郑州晚报》2005年4月30日。

② 张富良：《农民工：中国的新产业工人》，《重庆社会科学》2003年第3期。

保障部、农业部、卫生部、教育部、国务院纠风办、国家人口和计划生育委员会联合下发了《关于进一步清理和取消针对农民跨地区就业和进城务工歧视性规定和不合理收费的通知》,要求除法律、行政法规规定外,各地设立的针对农民跨地区就业和进城务工的各种行政许可和非行政许可审批事项,一律取消。国务院也召开会议要求各地加快清理和取消针对农民进城就业的歧视性规定、不合理限制和乱收费。不仅如此,许多地方都建立了建筑行业农民工工资保障金制度,如河南省有 18 个省辖市都已建立了这项制度,已入库农民工工资保障金 1.5 亿元,为防范农民工工资拖欠打下了资金保障基础。① 此外,据《南方日报》2005 年 6 月 28 日报道,广东省常务副省长汤炳权近日表示,广东将打破城乡分割,实行城乡统一的户籍管理制度,鼓励农民进城镇从业,允许农民在城镇落户。② 如果各级政府真能切实实现对农民工的有效保护,农民工的人权问题必然会得到较大幅度的改变。

3. 严格执法

农民工工资被拖欠、不签劳动合同、工伤、超时工作、频频发生职业病、休假待遇得不到落实等,既是由法律不健全的原因所造成的,更重要的是由于执法不力所导致的。所以,有的学者认为对保障务工人员权益而言,我们缺少的并不是法律条款,而是严格依法办事的力度。只要政府及有关部门真正下决心使《劳动法》、《工会法》、《工伤保险条例》得到不折不扣的贯彻落实,农民工权益得不到保障的问题也就会迎刃而解。③ 这种说法的确有一定的道理,农民工的权益得不到保障的确与政府没有严格依法行政有关。2004 年 11 月 10 日,国务院总理温家宝主持召开国务院常务会议,会议部署六项工作切实维护农民工合法权益:(1)继续清理拖欠农民工工资,2008 年年底开展一次检查,督促地方和企业落实清欠计划。(2)加快清理和取消针对农民进城就业的歧视性规定、不合理限制和乱收费。(3)加大劳动监察执法力度,完善农民工劳动合同管理制度,落实最低工资制度,严厉查处拖欠克扣工资、随意延长工时、使用童工和劳动环境恶劣损害人身健康等问题。(4)改善就业服务,积极发展有组织的劳务输出,开放城市公共职业介绍机

① 陈辉:《河南酝酿立法保护进城农民工属中国首次》,《郑州晚报》2005 年 4 月 30 日。

② 《广东将实行城乡统一户籍制》,《南方日报》2005 年 6 月 28 日。

③ 谢文军:《不必专门制订〈农民工权益保护法〉》,《深圳商报》2004 年 11 月 12 日。

构，免费向农民工提供就业信息、职业指导和职业介绍服务，加强农民工职业技能培训。(5)整顿劳动力市场秩序，严厉打击职业介绍领域的各种违法犯罪活动，取缔非法职业中介机构，规范企业招用工行为。(6)以农民工集中、工伤和职业病风险程度比较高的建筑、矿山等行业作为重点，大力推进农民工工伤保险。只要地方政府能够按照中央人民政府的指示严格依法行事，农民工的人权保护现状将会发生重大变化。

(三)司法保护

从目前发生的追讨拖欠农民工工资的案件来看，我们很容易发现：当农民工的血汗钱被拖欠后，大部分民工会选择跳楼轻生威胁、找政府、找媒体、找名人等做法去维权，只有极少数民工选择通过法律途径解决工资拖欠问题。那么，农民工为什么不取打官司维护自己的合法权益呢？原因可以概括为以下几个方面：第一，打官司成本太高，支付不起诉讼费用；第二，打官司期间太长，有的官司能打一年或几年都打不完；第三，打官司程序复杂，技术性强，特别是证据要求严，而农民工处于弱者地位，搜集证据难；第四，打官司成了一些用人单位的常用的保护措施，用人单位不怕受害农民工起诉，他们常用诉讼拖垮农民工。司法机关的主要功能就是适用法律、组织并实施权利救济，维护人权。中国的司法机关在公正文明执法、加强人权保障方面也发挥了重要的作用。但是，在农民工的人权的司法保护过程中，司法机关受其被动性和程序性等性质的限制似乎无法发挥更大的保护作用，明明看到用人单位在与农民工打诉讼持久战，也感觉没有办法。笔者认为，司法机关应进一步解放思想，采取措施，加大农民工权益的保护力度。具体措施为：第一，发挥最高人民法院的司法解释功能。最高人民法院可以出台一些具体针对农民工权益保护的措施，为下级法院实施农民工权益保护提供法律依据。[①]第二，开展司法救助，为打不起官司的受害农民工减免诉讼费用。第三，在北京、广州、上海、南京等农民工比较聚集的地方开设专门的临时性的民工法庭，针对性审理侵害农民工权益案件，重塑法院在农民工心中的保护神形象。第四，开展审理“绿色通道”，快捷高效及时审结案件。熊德明是著名的“讨薪英雄”，有学者撰写文章并问到，为什么农民工不去自个儿“依

① 最高人民法院2004年出台的《关于审理建设工程施工合同纠纷案件适用法律问题的解释》明确，参与完成工程建设的农民工，如果没有按时拿到工资，可以直接起诉这项工程的发包人。法院也可以同时把工程的分包人列为被告，就是一个成功的做法。

法维权”,而是要找熊德明去走捷径呢?就是因为我们现行的法律制度还不能有效地援助弱势群体。①

(四)社会组织保护

目前,农民工的权利保护已引起了社会各界的广泛关注,在农民工人权的保护过程中,以下几个社会组织可以发挥重要作用:第一,工会组织保护。一是引导农民工加入工会,为农民工加入工会创造条件,给农民工发放工会会员证,让农民工感受到组织的存在。二是在劳动过程中开展劳动监督,防止用人单位侵犯农民工的权利,发现侵犯农民工现象要积极主动进行干预。三是积极参与和帮助受害农民工开展维权工作。第二,新闻媒体组织保护。新闻媒体在维护社会正义中的巨大作用,已为人们普遍认识,在维护农民工的人权过程中,新闻媒体可以继续发挥个案监督作用,将案情曝光。运用社会舆论的力量推动农民工的人权保护的进步。第三,发挥人权组织保护作用。人权组织包括人权研究会等机构,可以更多关注农民工阶层的人权现状,开展农民工阶层的人权调查和研究,比如,中国人权研究会就非常关注农民工的人权研究和调查,在上海和江苏开展农民工的人权问题调查,为党和政府决策提供理论支持。②第四,中国律师协会可以在维护农民工权益保护中发挥较大的作用,其主要途径就是发挥行业组织的作用,组织会员为受害农民工提供无偿法律援助,免除他们的律师费,让他们能够请得起律师,在律师的帮助下实现人权的维护和保障。

结束语

新中国成立50年多年来,我国在实现人民的生存权、发展权和经济、社会、文化权利方面取得了举世公认的成就。但是,中国是一个人口众多的发展中国家,受自然、历史和发展水平等诸多因素的制约,中国的人权正处于发展过程之中,人权状况还存在着不少有待进一步完善的地方。这些不完善的地方也体现在农民工阶层身上,在城乡户籍制度不能彻底解决之前,农民工阶层将长期存在,在稳定压倒一切的方针之下,农民工阶层的人权问题

① 陆士华:《农民工为什么不去“依法维权”》,《群言》2005年第6期。

② 其内容请参见陈振功:《上海、江苏保障农民工合法权益工作卓有成效——中国人权研究会调研报告》,《人权》2004年第5期。

将长久存在，其解决的思路也只能是渐进式的、局部式的，其中优先解决的是农民工的就业限制、拖欠农民工工资、工作环境恶劣、工伤保险等问题。总之，农民工问题是社会主义初级阶段的必然现象，保护新兴的农民工阶层的人权问题是目前我们必须关注和解决的一个重要的现实问题。

优先中央统筹的农民工养老保险模式探讨

章友德　卢驰文*

摘　要:如果农民工养老保险制度实行完全积累制,将会导致我国的养老保险制度改革走弯路,不利于工业化和城市化。若转移后的农民工养老保险采取部分积累制,转移统筹部分最多是权宜之计,绝不是根本办法。农民工养老保险优先于城镇职工实现中央统筹,组建农民工养老保险基金接受机构,农民工养老保险的经办业务仍由各地社会保险机构管理,其业务经办人员的人事关系也保持不变。采用这种模式,但必须借助先进的信息化网络系统,充分发挥用人单位和参保农民工的监督作用。

关键词:财政　农民工　完全积累制　转移　"统账结合"

一、农民工养老保险模式研究简介

我国沿海地区已经建立的农民工社会保险制度可谓五花八门。由于中央对农民工社会保险制度没有统一的设计安排,各统筹地区根据本地区的实际情况和认识水平设计出来的农民工社会保险制度各不一样。这些制度在维护农民工的社会保险利益方面存在这样那样的缺陷,尤其是不能较好地解决农民工流动就业接续社会保险关系的问题,迟早要走上整合改革之路。农民工社会保险制度整合改革目标模式是什么?

由于工伤保险和生育保险个人不缴费,虽有统筹账户但统筹层次不影响人才流动,且大部分地区没有建立农民工失业保险制度,因此,学术界对

---

* 章友德:上海政法学院社会学与社会工作系教授;卢驰文:上海政法学院社会学与社会工作系博士。

农民工社会保险模式的争论主要集中在医疗保险和养老保险方面。一般而言，医疗保险基金平衡是年度预算的，而且缴费比例远远低于养老保险，从农民工开始缴纳养老保险费到办理退休享受待遇要经过数十年的时间跨度。故农民工养老保险模式成了学术界和劳动保障系统关注的焦点。

国务院发展研究中心研究员张忠法认为，设计社保基金制度在全国范围内的流动粮票，确保外来农民工社会保障兑现。加快社会保障立法进程，强制性规定所有企事业单位对外来农民工享受最基本的工伤、医疗、生育、失业和养老等保险及住房公积金待遇，做到起点上的公平。外来农民工是我国工人阶级的一部分，要逐步解决“在哪就业，在哪参保，在哪登记，终身享受”的福利保障待遇原则。① 张忠法提出了建设农民工社会保险制度的一些指导性原则。

中国社会科学院研究员张车伟提出，农民工的流行性很强，工作稳定性也很差，要把农民工纳入社会保障体系非常困难，制度创新必须考虑农民工的特点。为此，可以考虑在全国范围内为农民工建立一个可以携带的社会保障专用账户，在这一账户中可以把基本养老、基本医疗和工伤等几项保险包括进来，在农民工从流出地到流入地或者从一个流出地到另一个流出地就业的时候可以随身携带。这个账户由地方劳动和社会保障部门进行统一管理。②

劳动和社会保障部资深研究员卢海元认为：“实行缴费确定型的完全个人账户管理的养老保险制度，农民工在转换工作时，养老金个人账户可以随同转移，比较适合农民工工作不稳定的特点。”③

劳动和社会保障部社会保险所所长何平指出：农民工认为社会保险不“保险”，关键是现行制度没有设计到足以让农民工信任的程度。比如说流动性的问题，当前实现全国联网在技术上确实达不到，但先记录在案是可以的。农民工都有身份证，他们在哪个地方参加了养老保险可以先予以记录作为凭证。政府应当给他们一个明确的承诺：农民工缴纳的“养命钱”会专款专用，到了退休年龄将其应享的权益连续计算，就可以按月领到。

---

① 张忠法：《泛珠江三角地区和西部地区农民工与经济发展问题》，《首届中国劳动论坛论文集》，2006 年 8 月。

② 张车伟：《农村劳动力转移与新农村建设》，《首届中国劳动论坛论文集》，2006 年 8 月。

③ 卢海元：《走进城市：农民工的社会保障》，经济管理出版社 2004 年版，第 109 页。

云南省劳动和社会保障厅厅长杨绍红主张:农民工养老保险模式,可由国家制定统一的政策,实行单位缴费统一、个人缴费自主、可选择参保地的原则。"如果农民工选择在输入地按照城镇企业职工基本养老保险政策参保,应在转移养老保险关系以及个人账户资金时,连同纳入统筹基金中企业缴费部分的90%一并转回输出地。"①

对于农民工养老保险模式的争论分为两个层面。第一个层面是对农民工养老保险筹资模式的分歧,具体表现为:有些专家主张农民工养老保险采取完全积累制;也有一些专家认为农民工养老保险适宜采取与城镇职工的基本养老保险模式相同的模式。如果国家推行农民工养老保险完全积累制,比较容易解决农民工就业流动性问题,但对农民工的城市化的影响如何?第二个层面是:如果农民工养老保险采取统账结合的部分积累制,那么统筹部分是否转移?分歧在于解决农民工基础养老金的问题用统筹部分资金转移办法,还是用实现中央统筹的办法。下面就这两个层面的问题进行详细分析。

二、完全积累制不适宜农民工养老保险

养老保险完全积累制确实有许多优点,但问题在于我国20世纪90年代就建立了城镇企业职工社会统筹和个人账户相结合的养老保险、医疗保险和失业保险制度,并且把城镇企业职工"统账结合"的部分积累制的社会保险模式作为机关事业单位职工社会保险制度改革的目标模式。我国正在推进统一的基本养老保险制度建设,如果农民工养老保险制度实行完全积累制,将会导致我国的养老保险制度改革走弯路,不利于工业化和城市化。

农民工在中国推进工业化的同时面临城市化的任务,一旦农民工的社会养老保险实行完全积累制,就会将农民工和城镇职工的养老保险制度割裂开来,为农民工城市化时社会保险关系的接续带来麻烦。具体来说:

第一,可能引起城镇职工户口农业化。城镇职工要享受统筹部分即基础养老金,必须满足一定的条件,社保新人要缴费满15年,社保中人缴费也要满10年。在农民工与城镇职工养老保险制度二元化的前提下,缴费难满

① 杨绍红:《为农民工流动就业创造更加宽松的环境》,《首届中国劳动论坛论文集》,2006年8月。

规定年限的城镇职工就会退出城镇职工养老保险体系，把户口转为农村户口从而转入农村养老保险体系，这样他们不仅能享受个人缴费部分，而且可以享受用人单位缴费部分。这样就导致城镇职工的社会保险管理出现混乱的局面，城镇职工农民化也是逆历史发展潮流的。

第二，如果农民工养老保险缴费比例与城镇职工完全相同，增添了农民工城市化新的制度性障碍。假设农民工养老保险缴费比例与城镇职工完全相同，农民工养老保险实行完全积累制，缴费不论多少年限，都可以享受个人缴费部分，又可以享受用人单位缴费部分，那么，即使农民工户籍城市化了，他们也未必愿意将养老保险纳入城镇职工养老保险体系。一般情况下，统账结合的养老保险待遇与完全积累制下由个人账户资金转换的养老金水平不一样，当农民工认为自己转换为城镇职工养老保险体系合算时，就会想尽办法进入城镇职工养老保险体系；从城镇职工养老保险管理的角度看，把农民工纳入城镇职工养老保险体系，就会降低城镇职工养老保险待遇水平，城镇职工就会抵制农民工进入城镇职工养老保险体系。当农民工认为留在完全积累制体系内能享受更高水平的养老金待遇时，就不愿意城市化。这两种情形都为农民工城市化增添了新的制度性壁垒。

第三，如果农民工养老保险缴费比例与城镇职工不同，违背了同工同酬的原则，不利于国家对社会保险缴费比例的管理，也不利于企业的公平竞争。社会统筹和个人账户相结合的部分积累制，在缴费比例的确定时既考虑已经离退休人员的养老金待遇水平因素，又兼顾了缴费个人退休养老待遇水平因素。而完全积累制则是强调劳动者个人不同生命周期的收入再分配，即将劳动者工作期间的部分收入转移到退休期间使用。完全积累制与部分积累制的缴费比例的测算依据不同，如果农民工与城镇职工实行不同的养老保险资金筹集制度，两种制度的缴费比例不一样，对企业的人工成本负担影响也不一样，造成企业之间不公平竞争。

第四，如果农民工养老保险缴费比例和城镇职工完全相同，且采取完全积累制，则农民工的基本养老保险基金没有共济性；况且我国已经把建立统账结合的部分积累制作为社会保险制度改革的大方向，农民工养老保险采取完全积累制也与之相背离。

三、转移统筹部分不是长久之计

本文第一部分介绍了云南省劳动和社会保障厅厅长杨绍红的主张,笔者对其观点不敢苟同。首先,“个人缴费自主”行不通。社会保险缴费必须采取强制性,即使是个人也不例外。尽管有用人单位缴费部分,然而一旦允许个人缴费自愿,很多人会放弃缴费,最终结果是影响农民工享受养老保险待遇水平,不足以保障退休农民工的基本生活。第二,“统筹基金中企业缴费部分的90%一并转回输出地”,这种做法不合理。农民工为劳动力输入地的经济发展作出了贡献,使用农民工的企业为输入地政府贡献了税收;社会保险经办机构资产购置、工作人员薪酬及办公经费本来就是由政府财政承担的。输入地政府在农民工养老保险统筹部分转移过程中克扣其中10%,不仅是无理的要求,而且会为养老保险基金的管理工作带来麻烦。第三,转移后的农民工养老保险到底是采取完全积累制还是部分积累制?如果采取完全积累制,正如前文所述,农民工养老保险完全积累制不利于农民工的城市化。如果采取部分积累制,城镇职工基本养老保险也是采取部分积累制,而且国家正在致力提高其统筹层次,最终实现全国统筹。社会养老保险制度分为现收现付制、部分积累制和完全积累制。现阶段农民工没有“社保老人”问题,因此不必选择现收现付制。而部分积累制的养老保险基金在地方统筹的情形下难以解决流动就业社会保险关系接续的问题。

有些地区采取部分积累制,并主张农民工养老保险的缴费比例低于城镇职工,如2007年10月颁布的《宁波市外来务工人员社会保险暂行办法》不仅明确规定外来工个人不缴费,而且用人单位的缴费额度也大幅度降低。据有关报道,2008年两会期间民营企业家李立新说,2007年10月宁波市出台外来务工人员“社保套餐”政策,外来工不用缴费就能享受工伤、大病医疗、养老、失业和生育保险;而用人单位缴费的额度也大幅下降。按原来社保政策,企业每月要为每人缴纳439.4元,而参加“社保套餐”后,用人单位只需缴纳178.35元。李立新还说,以前农民工参保不积极,一个主要原因是每月个人要支付100多元社保费,这对他们来说是笔不小的支出,现在不用出一分钱,农民工当然欢迎;而企业少缴钱,参保的积极性也大大提高。不难看出,李立新是个地道的企业家,对宁波市政府减轻企业的社会保险负担非常欢迎,对于企业来说,为了追求利润最好不要为职工缴纳社会保险费;但他却忘了——宁波市政府的新做法却损害了外来农民工的社会保险利益。至于农民工欢迎宁波市关于外来务工人员社会保险的新办法,根本不是农民工的心声,只是李立新的一面之词。农民工之所以退保,是因为目前农民工养老保险统筹部分资金既不能跨统筹地区转移,也未实现全国统筹,而且不能退还。农民工不缴费在退保之时仍能获得用人单位缴费划入个人账户的资金,与个人缴费退保之时也只能获得个人账户资金相比,农民工固然更高兴些,这是毋庸置疑的。但如农民工个人缴纳工资的 8%,而用人单位还要补缴费工资的 7%,而且能享受统筹部分,笔者推断农民工对于个人缴费一定更乐意。农民工对养老保险制度的欢迎与否,关键在于农民工是否可以同时享受养老保险的统筹账户资金和个人账户资金,而不是决定于个人缴费与否。笔者主张农民工养老保险采取部分积累制,且缴费比例与城镇职工的完全相同。据人民网 2008 年 1 月 9 日的报道,“劳动和社会保障部已经研究初步拟定了农民工养老保险办法,准备进一步修改完善后上报国务院审批。这一办法,有望给外来务工人员设定专门的缴费比例和转移办法”。转移后的农民工养老保险采取部分积累制,转移统筹部分最多是权宜之计,不是根本办法。因此,农民工社会养老保险实行社会统筹和个人账户相结合,就必须实现中央统筹。

四、农民工养老保险优先实现中央统筹是形势所迫

从提高社保统筹层次改革的进程来看,1998 年国务院提出企业实行省级统筹的目标是 1998 年底以前,各省、自治区、直辖市要实行企业职工基本养老保险省级统筹。但此后这项工作进展速度一直不均衡,只有少数省市如北京、上海等实现了真正意义上的省级统筹,大部分省份仍是市、县一级统筹。

劳动和社会保障部有关负责人 2008 年 1 月表示:我国力争用两年左右的时间在全国基本实现养老保险省级统筹,并积极推进做实养老保险个人账户,为将来养老保险在更大范围内的统筹做准备。这位劳动保障部的官员似乎告诉公众:农民工养老保险关系跨统筹地区接续难的问题两年后就可以解决了。笔者认为:其实没有那么简单。第一,用两年左右的时间在全国基本实现养老保险省级统筹,这个目标难以完成。提高基本养老保险统筹层次的改革,不仅涉及各级政府的财政责任变化问题,而且涉及不同地区

的养老保险待遇水平的调整问题,不是劳动保障部系统可以独立完成的。如果党中央及国务院高度重视这个问题,能够加快省级统筹的步伐,但在两年内完成这项任务,很难保证。因为国家还需要考虑社会稳定问题,在养老金水平刚性的前提下,毕竟还需要省级政府的财政支持,改革进度还取决于各省财政的状况等因素。第二,如果农民工养老保险采取完全积累制,并可以跨统筹地区实行统筹资金转移,现在就可以转移,不需要等到省级统筹后。问题的关键在于劳动力输入地政府不愿意放弃统筹资金,况且农民工养老保险不适宜采取完全积累制。第三,如果农民工养老保险采取部分积累制,即使养老保险实现了省级统筹,还是不能解决跨省就业的农民工的养老保险关系的接续问题。提高社会养老保险统筹层次的改革任务比想象的复杂得多。省内各地区经济发展水平不平衡已经拖累了养老保险统筹层次的改革,各省经济发展水平更加不平衡,可以断定:养老保险省级统筹到中央统筹需要缓冲的时间较长。假设完成全国实行养老保险省级统筹的任务还要5—10年时间,由省级统筹提高到中央统筹大概要10年时间;现在跨省流动的农民工认为享受不到社保统筹部分,则对参保采取无所谓的态度,很多农民工年轻时期外出务工,到40或50岁以后就回乡务农。跨省流动的农民工当中一部分人可能参保累计时间达不到15年,即使参保累计时间满15年也不能享受统筹部分,如此一来,贻误一代农民工的养老保险事业。据新华社2006年2月15日报道,福州市10多万参加养老保险的农民工,累计退保达4万人次。来自广东的报道称,广东东莞2005年有105万人参加职工基本养老保险,但仅一年就有40万人退保,基本都是外来务工者。据有关报道,临近春节,在珠三角,回家过年的农民工辞工退保成“潮”——有的地区农民工退保率高达95%。故农民工养老保险优先于城镇职工实现中央统筹是严峻的农民工退保形势下的明智选择。

五、农民工养老保险优先中央统筹的经办管理模式探讨

若党中央和国务院同意农民工养老保险优先实现中央统筹,那么就需要选择其经办管理模式。我们认为其经办管理模式大体分为三种:第一种,另起炉灶,组建中央到地方的农民工养老保险垂直经办管理机构,把原来经办农民工养老保险业务的工作人员从各社会保险机构划入该垂直经办管理机构。第二种,只组建农民工养老保险基金接受机构,农民工养老保险的经

办业务仍由各地社会保险机构管理,其业务经办人员的人事关系也保持不变。各地社会保险机构把收缴到的农民工养老保险费直接划入到全国统一的农民工养老保险财政账户,农民工养老保险基金接受机构负责对各地社会保险机构收缴到的农民工养老保险费账务实行稽核审查。第三种,组建农民工养老保险基金接受机构,农民工养老保险的经办业务仍由各地社会保险机构管理,其业务经办人员的人事关系由横向管理转变为垂直管理。这三种模式涉及的改革成本不同,对农民工养老保险制度的运行效率的影响也不一样。因此,在选择最佳模式之前有必要对这三种模式的利弊进行分析。

从三种模式对中央财政负担的影响来看:第一种模式,大大增加了中央政府的财政负担。原来经办农民工养老保险业务的工作人员也被划入农民工养老保险垂直经办管理机构,这些人员的薪酬福利本来由各级地方政府财政负担,转制后就变为由中央财政负担。由于农民工养老保险实现中央统筹,农民工养老保险的经办业务量会大增,还必须增加经办人员和配置管理人员。在全国范围内建立一套完整的农民工养老保险经办管理机构,所需经费均由中央财政负担,这无疑是一笔不小的开支。第二种模式,对中央财政的负担影响最小。因为只需要组建农民工养老保险基金接受机构的经费,其经办业务的人员薪酬福利仍由地方政府财政负担,也不需要另建办公大楼。而第三种模式和第二种模式相比,中央财政还需支付农民工养老保险业务经办人员的薪酬福利。

从三种模式的农民工养老保险制度运行效率看:第一种模式,农民工养老保险经办机构自成体系,内部人事管理为纵向管理,容易调动内部员工的工作积极性,有利于政策的快速贯彻执行。一般说来,各个单位既有城镇职工也有农民工,用人单位办理养老保险业务的时候,却要跑两个地方。第一种模式增加了用人单位的工作量,未必得到用人单位的欢迎。第二种模式,农民工养老保险费的收缴和待遇发放都由各地社会保险机构承担,由全国统一的农民工养老保险基金接受机构管理资金。这种模式,由于地方社会保险机构的人事权不属于垂直管理,是由地方党委政府管理,因此,有可能导致农民工养老保险费被当地政府或社会保险机构截留、挪用甚至贪污。第三种模式,由于农民工养老保险经办业务人员的薪酬福利由中央财政负担,能避免农民工养老保险费被当地政府挪用的现象,但不能排除业务经办人员发生挪用贪污现象。而且第三种模式,可能导致农民工养老保险业务经办费用紧张。社会保险机构的负责人属于横向管理体系，农民工养老保险业务经办人员属于垂直管理体系，社会保险机构的负责人借口经费紧张克扣农民工养老保险业务经办费用，没有制约规则，这种扯皮的现象也会对农民工养老保险制度的运行效率产生消极影响。

综合看来，三种模式各有利弊。从中央财政的角度看，采取第二种模式的改革成本最小；从运行的效率看，第一种模式的效率最高。笔者认为，采取第二种模式比较理想，但要借助先进的信息化网络系统充分发挥用人单位和参保农民工的监督作用。

采取第二种模式，发挥群众的监督作用，需要坚持以下几点：

首先，个人账户与统筹账户的资金数量关系要比较固定，便于推算。农民工养老保险是统筹账户和个人账户相结合，统筹账户和个人账户的缴费比例原则上与城镇职工一样，改革之初对极少数地区的缴费比例确实难以一步到位的，也要按照如下档次调整：第一档：用人单位缴费比例10%，个人缴费比例4%；第二档：用人单位缴费比例15%，个人缴费比例6%；第三档：用人单位缴费比例20%，个人缴费比例8%。用人单位缴费比例和个人缴费比例之间的比值保持固定，有利于个人账户与统筹账户资金数量关系的推算，便于将来改革统筹账户资金的分配方法。各地区缴费比例可以在3年左右的时间内调整到位；而且农民工养老保险缴费直接进入全国统一的农民工养老保险财政专户。

其次，每个农民工可以在全国范围内及时查询自己的缴费情况，每个用人单位也可以及时查询本单位的缴费情况。农民工和用人单位可以依据个人账户的缴费记录推算其对统筹账户的贡献，每个农民工都有社会保险卡，卡上记录有个人社会保险缴费情况信息等。农民工凭卡可以在全国范围内的邮局、银行、社保机构的金融信息系统上查询自己的缴费情况等。只有充分发挥用人单位和参保农民工对缴费情况的监督作用，才能减少农民工养老保险费被挪用、截留乃至贪污现象的发生。

再次，建立农民工养老保险缴费稽核审查平台。农民工对自己的缴费记录有疑问或者发现有错误，可以直接拨打稽核审查平台的咨询投诉热线。咨询投诉热线对举报的问题或咨询的问题必须调查核实情况后，给予咨询投诉者满意的答复。一旦发现资金被截留、挪用或贪污，稽核审查平台有权通过行政手段或法律手段来解决存在的问题。另一方面，稽核审查平台也要经常通过电话、网络等手段调查农民工养老保险缴费情况，督促各地用人单位、各地社会保险机构把农民工的养老保险费及时收缴上来。

第四，加快提高城镇职工养老保险统筹层次的步伐。尽快实现基本养老保险的省级统筹，使大多数基层养老保险经办机构的人事关系脱离当地政府的横向管理，转变为省级垂直管理。目前大多地区城镇企业职工基本养老保险仍为县级统筹，县级社会养老保险机构转变为省级垂直管理，基金实行收支两条线管理，能大大减少资金被挪用的现象。

第五，把城镇职工和农民工养老保险费的收缴率作为考核地方党委和政府的一个重要指标。这样，地方党委和政府就会积极支持社会保险机构，社会保险机构也不会克扣农民工养老保险业务经办经费。

跨省农民工的养老保险固然需要中央统筹，在本省或本统筹地区内的农民工的养老保险是否也需要中央统筹？笔者认为：答案是肯定的，即在本省或本统筹地区之内的农民工养老保险也要优先实现中央统筹。理由如下：第一，即使目前农民在本省或本统筹地区打工，可难保证一辈子在本省或在本统筹地区打工。即使有些农民可以保证一辈子在本省或本统筹地区打工，可毕竟不能代表所有的农民。第二，农民工养老保险优先中央统筹，目的之一是避免地方挤占或挪用农民工养老保险基金。如果在本省或本统筹地区的农民工养老保险基金仍由地方政府管理，可能照样被挤占或挪用。第三，农民工缴费工资基数普遍比较小，即使缴费比例一样，农民工人均对统筹账户的贡献比城镇职工小。而目前统筹账户的资金分配带有平均主义的色彩，提高城镇职工基本养老保险统筹层次的日程难以确定，把本省或本统筹地区的农民工纳入城镇职工基本养老保险体系，则会加重地方政府对养老保险财政兜底的责任。经济发达地区建立的农民工社会保险制度大部分都是和城镇职工有别的，是两套制度；其农民工的社会保险制度在待遇方面往往含有歧视的因素。因此，在本省或本统筹地区打工的农民工养老保险仍实行地方统筹不妥当。第四，在同一个企业，既有本地农民工又有外省来的农民工，本地农民工和外来农民工的养老保险统筹层次不同，况且各地统筹层次在不断升级，增加了用人单位和社会保险经办机构业务经办的复杂性。第五，无论是农民工还是城镇职工，其基本养老保险都将要中央统筹，城镇职工基本养老保险涉及财政体制的改革不能一挥而就，农民工养老保险与财政、人事部门的关联性少一些，也即农民工养老保险制度改革的复杂性比城镇职工小得多，故所有的农民工养老保险优先实现中央统筹，农民工无须区分本省和外省的，也无须区分本统筹地区和外统筹地区的。

如果农民工城市化了,即户口已经转为非农户口,社会保险关系如何确定?农民工户籍城镇化了,且还在户籍所在地的统筹地区工作,其养老保险的个人账户转移,统筹账户中的资金不转移;其他险种纳入城镇职工同类险种体系。因为城镇职工养老保险正在提高统筹层次,必将实行中央统筹,况且中央政府本身也承担了城镇职工社会保险的财政兜底责任。假设:农民工户籍城镇化了,但不在户籍所在地的统筹地区工作,这种情况仍作为外来人口,仍按照农民工的社会保险待遇标准享受待遇,养老保险仍实行中央统筹。《上海市外来从业人员综合保险暂行办法》就没有区分农民工和外来城镇户籍人口,外来的城镇户籍人口只要没有取得上海城镇户口,就被当做农民工对待,这种做法有一定的借鉴意义。发达地区引进人才不仅有年龄条件,还有学历条件或职称资格条件等,而有相当一部分城镇户籍人员跨统筹地区就业达不到这些条件。这些人跨统筹地区工作享受当地城镇社会保险待遇,又没有当地城镇户口,不符合条件;把这些人当农民工看待给予社会保险待遇,他们又有城镇户籍,不是农民。跨统筹地区就业的城镇户籍人员在接续社会保险关系方面处于尴尬的境地,上海市为了避免区分外来农民工和外来城镇户籍人员,干脆统称外来从业人员。农民工养老保险中央统筹为跨统筹地区就业的城镇户籍人员也提供很好的平台,因为农民工养老保险缴费比例原则上和城镇职工一样。

六、农民工养老保险优先实现中央统筹的当务之策

第一,制定垂直管理的农民工养老保险制度,建立农民工养老保险缴费稽核审查平台与缴费查询系统。

第二,长三角不同地区的政府采取不同的方式,如上海农民工养老保险实行商业化运作,凡采取商业化运作的养老保险停办新业务,对已经商业化运作的养老保险资金继续按商业化处理或转为社会保险机构运营。

第三,禁止退保。在社会养老保险方面,禁止全国各地区农民工退保,以备农民工养老保险优先实现中央统筹。《江苏省农民工权益保护办法》明确规定,江苏省户籍的参保农民工,如果工作地点在省内变动,可以采取"只转移不退保"的办法。社会保险经办机构应当按照有关规定,及时为农民工办理社保关系保留及转移接续手续,不得以各种名义拒接农民工社会保险关系。对确实无法转移、接续社会保险关系的非本省户籍农民工,可以将其

个人账户储存额一次性支付给本人，同时终止社会保险关系。江苏省政府尚可从维护本省户籍农民工利益角度出发，提出禁止本省户籍农民工退保，却允许非江苏省户籍的农民工退保。但按照我国规定，农民工退保只能拿到个人账户里的钱，占到养老保险大部分的社会统筹部分并不能退，农民工一旦退保会吃不小的亏。而且如果农民工大规模退保，养老失去保障，将影响农村家庭生活，进而影响整个农村的稳定。为何中央政府不可以在全国范围内禁止农民工退保呢？

在中央政府实施禁止退保政策之前，各地区政府可以禁止外来人员退保，以等待国家对农民工的养老保险实现全国统筹；并承诺：如果农民工到了退休年龄还没有实现全国统筹，到了退休年龄的缴费农民工也可以享受养老金待遇。这里分两种情形：在同一统筹地区累计缴费时间没有满 15 年者，可以一次性领取养老保险个人账户的资金；在同一统筹地区累计缴费时间已经满 15 年者，可以按月享受基本养老金(即基础养老金和个人账户养老金)。

第四，调整用人单位以及个人缴费比例。按照如下档次调整：第一档：用人单位缴费比例 10%，个人缴费比例 4%；第二档：用人单位缴费比例 15%，个人缴费比例 6%；第三档：用人单位缴费比例 20%，个人缴费比例 8%。用人单位缴费比例和个人缴费比例之间的比值保持固定，逐步提高，直到与城镇职工基本养老保险的缴费比例完全相同，为农民工养老保险与城镇职工基本养老保险制度并轨创造有利的条件。

第五，北京和广东农民工养老保险缴费和当地城镇企业职工相同，应该把农民工及其用人单位的养老保险资金收归中央集中管理。如果这些地区把农民工的养老保险基金已经用于支付城镇职工养老保险待遇，或挪做它用，地方财政就必须挤出一部分资金保证农民工的养老保险基金移交到中央管理。如果这些地区对农民工的养老保险基金做了专户储存或投资，基金质量完好，那么对这些地区的财政也不会产生什么影响。有大量的农民工退保，退保只能退个人账户资金，不能退统筹部分资金。没有退还的统筹账户资金也应该稽核审查清楚，并收归中央集中管理，以防止这笔资金成为地方社会保险经办机构腐败的诱因。

从上海外来从业人员综合保险制度谈流动人口社会保障问题

邱宝华*

随着经济的发展、城乡一体化的发展，城市中出现了大量的流动人口，由此导致了治安、教育、就业、卫生、安全生产等一系列社会问题。就业与社会保障是流动人口维持生存、融入城市的根本所在，因此，具有重要的现实意义。本文拟从上海市外来从业人员综合保险（以下简称综合保险）入手，研究流动人口的社会保障问题，并提出初步的建议。

一、上海市综合保险出台的背景和特点

上海是流动人口（特别是农村富余劳动力跨省市流动）就业的主要输入地之一。改革开放以来，上海的外来流动人口总量呈现快速上升趋势。有关资料表明，2000 年上海外来流动人口近 300 万人，2004 年，已突破了 500 万人。面对不断涌入的流动人口，为了解决外来流动人口中从业人员的医疗、工伤、养老等问题，上海市政府于 2002 年制定了《上海市外来从业人员综合保险暂行办法》，对外来从业人员的社会保障进行了探索和实践。

（一）建立外来从业人员综合保险制度的基本思路

1. 探索适合外来从业人员特点的保障制度

在上海务工经商的外来从业人员所从事的岗位发生工伤和疾病风险的概率相对较高。但长期以来，由于城乡分割等体制原因，他们缺乏必要的基本保障，许多外来从业人员往往因工伤或疾病而陷入困境。对这一群体，既不能将其排斥在社会保障体系之外，又不宜简单将其纳入现行城镇社会保

* 邱宝华：上海市劳动和社会保障局工作人员。

险制度，防止因为成本过高反而降低其就业竞争能力。为此，必须从他们的特点出发，为其度身定制合适的保障模式。

2. 营造公平竞争的劳动力市场环境

自从实现向劳动力市场全面过渡以来，上海一直致力于构建一个规范的劳动力市场环境，使各类群体在统一平台上实现公平的就业竞争，而外来从业人员社会保障制度的缺失，使劳动者权益保障失衡，企业用工成本不均，不符合公平竞争的劳动力市场竞争的要求。推行外来从业人员综合保险，是为在上海逐步形成趋向规范统一的劳动力市场环境打下坚实的基础。此外，随着国际竞争日趋激烈，近些年来，欧美国家提出了衡量企业社会责任的 SA8000 标准，要求企业在获取利润的同时应承担对环境和利益相关者的责任，包括劳工标准、人权、环保等九个方面，为我国劳动密集型出口企业树立了新的外贸壁垒。实施外来从业人员综合保险，保障外来从业人员的合法权益，可以有效避免欧美国家对我国劳动标准的指责，为上海企业参与全球竞争营造良好环境。

(二)外来从业人员综合保险的主要特点

外来从业人员综合保险在性质上是社会保险，由政府强制实施，不同于以自愿参加为主的商业保险。同时，在内容上，综合保险还具有以下特点：

1. 综合保险的险种包括外来从业人员最急需解决的工伤、疾病、养老等问题

外来从业人员从事的大多是“苦脏累”或者危险性高的工作，因此，最需要解决的是工伤和疾病这样即时发生的风险。2005 年 4 月又新增了日常医药费补贴项目。同时，由于我国养老保险制度尚不健全，绝大多数外来人员在户籍地大都未参加养老保险，因此综合保险也适度考虑了他们的养老待遇问题。

2. 综合保险的缴费主体是用人单位

外来从业人员不承担缴费责任。用人单位的缴费基数为上海市上年职工月社会平均工资的 60%，缴费费率面上单位为 12.5%，其中，老年补贴占 7 个百分点；外省市成建制建筑施工企业由于其是在外省市当地注册的企业，其养老保险问题可以当地解决，只享受工伤及医疗两项待遇，缴费费率为 5.5%。

3. 综合保险的支付方式是一次性支付

外来从业人员就业流动性极高，综合保险受益项目中除住院医疗外，在

工伤待遇和老年补贴的支付方式上都采用了一次性支付的办法，有别于上海本地劳动者按月支付的方式，以方便外来从业人员领取。

4. 综合保险在运作方式上进行了市场化的探索

外来从业人员来自全国各地，由上海市的政府部门到全国派驻办事机构显然不可行。因此，综合保险的制度设计是，由劳动保障部门依法进行征缴，委托商业保险公司根据政府规定的范围、条件、标准进行赔付。这一方式一来可以借助商业保险公司遍布全国的网络平台方便外来从业人员兑现相关受益项目，二来是通过引入市场化方式在提高政府工作效率上进行探索。

(三)外来从业人员综合保险的待遇标准和实施效果

外来从业人员综合保险制度建立后，在保障外来从业人员基本权益，促进经济社会协调发展等方面发挥了积极的作用。截至 2007 年底，上海市综合保险参保人数已达到 333.6 万人。

工伤方面，综合保险的工伤保险待遇，按照上海市职工的工伤待遇标准确定，由三部分组成：一是实际发生的符合国家和本市基本医疗保险规定的抢救医疗费用；二是按照发生工伤的致残等级和年龄确定的伤残补助金、伤残津贴、生活护理费和旧伤复发医疗费，最高可达 78.9 万元；三是经劳动能力鉴定机构认定应当安装辅助器具的费用。在工伤方面，外来从业人员与上海市职工的待遇保障已实现基本相同。

医疗方面，在住院医疗待遇上，起付标准为上年度本市职工年平均工资的 10%，起付线以下由外来从业人员自负，起付线以上由综合保险承担 80%、外来从业人员承担 20%。综合保险承担的最高限额根据外来从业人员参加综合保险时间的长短确定，最高为上年度全市职工年平均工资的 4 倍。2005 年 4 月，在不增加缴费成本的前提下，在综合保险中增设了每人每月 20 元的日常药费补贴项目，并为参保人员免费定制了“上海外来从业人员综合保险卡”，日常药费补贴资金每月注入卡内，参保人员可以持卡去全市 700 多家联网药房购买药品。

老年补贴方面，用人单位累计缴纳综合保险费每满 12 个月，外来从业人员可以获得一份老年补贴凭证，其额度为 12.5 个百分点中的 7 个百分点，目前一份老年补贴约合 950 元。在外来从业人员男性年满 60 周岁、女性年满 50 周岁时，可凭老年补贴凭证在居住地指定机构一次性兑现老年补贴。未到规定年龄死亡的，可由其直系亲属凭有效证件兑现。

综合保险实施后，外来从业人员上述权益得到了切实保障，同时，也促进了劳动关系的和谐。例如，综合保险实施前，由于企业恶意不支付或者客观无力支付外来务工人员医疗、工伤等待遇的纠纷一直居高不下，综合保险实施后，局面得到了根本扭转，参保企业与外来务工人员之间因工伤支付发生的劳动争议基本消失。又如，综合保险出台前，个别经济实力弱的企业因为工伤支付导致破产关闭的事例时有发生。综合保险实施后，上海没有一个参保企业因为工伤支付破产关闭。概括而言，综合保险在实践中发挥了积极的作用，得到了社会的广泛认同。

二、上海市综合保险制度的局限性

虽然上海市综合保险制度取得了显著的效果，并且为外来从业人员社会保障做了有益的探索和尝试。但是，流动人口(包括流动人口中的外来从业人员)的社会保障是一个非常复杂的问题。从上海市 6 年来的实践来看，也逐步表现出了一定的制度局限性。

(一)综合保险制度具有地域局限性

目前，我国流动人口的基本特点是在全国范围内跨地域流动、跨城乡流动。因而，从根本上看，需要在全国范围内建立统一的适合流动人口需要的社会保障制度。但是，目前我国尚无此类制度。上海市以地方立法的形式建立了综合保险制度，仅能适用于上海市行政区域内。流动人口的全国性流动与综合保险的地方属性不可避免地会产生一定的矛盾。例如，地域衔接方面，参加上海市综合保险的外省市人员，在流出上海时，无法与其他地方的社会保险制度相衔接。又如，信息采集方面，由于综合保险参保人员来自全国各地，上海市综合保险管理部门缺乏甄别、核对参保人员身份信息真实性的能力，进而造成信息失真、待遇错付等一系列问题，不利于为流动人口提供准确有效的社会保障。

(二)综合保险制度在参保对象方面具有局限性

目前，上海市外来从业人员综合保险适用于不具有上海户籍的外来人员。这些人员中，绝大多数属于外省市农村户籍，也有一小部分属于外省市城镇户籍，这些不同的群体对社会保障的要求有一定的差异，而目前综合保险对所有外来从业人员提供相同的保障，因此，可能产生不平衡。有的外省市城镇户籍人员提出要参加保障程度更高的上海市城镇社会保险。

此外,在参保对象上,综合保险在制度本意上拟将各类流动人口都纳入该保障制度,但是,由于种种原因,参加综合保险的主要是在企业就业的外来务工人员,从事自由职业、个体经商等活动的外来人员并未被纳入参保的范围。这些人员出现重大疾病、意外伤害等情况,只能依靠自身解决,缺乏应有的保障。

(三)综合保险在与其他基本社会保险衔接方面有局限性

在我国依然实行户籍制的格局下,社会保障的一些基本制度与户籍有密切联系。例如,在医疗方面,上海市城镇人口实行职工医保、居民医保,农村人口实行新型农村合作医疗。在养老方面,城镇人口实行城镇养老保险制度,农村人口实行农村社会养老保险制度。城乡人员适用不同的社会保险制度,不能相互转换和衔接。上海市外来从业人员综合保险将工伤、医疗和养老三个险种融为一体,适用对象既包括来沪就业的外地城镇人口,也包括外地农村人口,因此,难以与以户籍为主要标志的基本社会保险制度相衔接。例如,参加综合保险无法等同于外省市社会保障部门认可的缴费年限、缴费记录等等。

三、对流动人口社会保障的设想

上海市综合保险制度存在的上述局限表明,地方政府在解决流动人口社会保障方面不可避免地会受到种种客观条件的制约。因此,流动人口的社会保障问题主要应从国家层面进行考虑。2006 年初,国务院制定了《关于解决农民工问题的若干意见》,明确了做好农民工工作的指导思想、基本原则和政策措施。农民工是流动人口的主要组成部分,因此,可以国家相关政策精神构建流动人口的社会保障制度。

(一)建议构建全国统一的流动人口社会保障基本框架和信息平台

流动人口的最大特征在于其流动性,同时,由于流动人口数量庞大,并且涉及全国各地,因此,首先需要由国家统一对流动人口的社会保障予以规划设计。包括对流动人口应建立哪些险种、采用哪种缴费机制、跨地域流动时能否衔接等等。其次,需要由国家有关部门构建流动人口信息管理平台,汇集、交换、使用各省市流动人口的信息,为流动人口社会保障奠定必要的信息基础。此外,鉴于我国地域经济发展不平衡,还可授权地方政府根据国家的基本制度、基本框架因地制宜进行细化。条件成熟的地区,如长三角经济区，还可进一步在区域协同方面有所探索。

(二)建议区分情况，重点解决流动人口急需的保障项目

在户籍制度一时难以取消的情况下，应根据流动人口的客观实际，设计有针对性的社会保障项目。目前，流动人口中有相当一部分人为农民工，技能不足，如果将其简单地全部纳入城镇社会保险，势必会对他们在城市的就业造成影响。在这种情况下，需要区分情况，从流动人口最急需的养老、工伤和医疗入手解决其社会保障问题。在养老方面，目前，国家有关部门正在研究农民工养老保险。这项保险出台后，即可将流动人口中农村户籍的人员统一纳入该制度。对于流动人口中城镇户籍的人员，居住较长时间的，可以逐步纳入流入地城镇养老保险体系。在工伤方面，流动人口中的务工人员可纳入现行的工伤保险，与城镇人口的工伤保险并轨。在医疗方面，可将流动人口纳入基本医疗，提供适当的医疗保障。

(三)建议明确城乡社会保险的制度衔接

在对流动人口分类设置社会保险的基础上，着眼于城乡发展的趋势，建立城乡社会保险的衔接机制。例如，参加过农村社会保险或者农民工养老保险的人员，因城市建设失去土地或者在城市居住满一定年限，应通过一定的方式，允许其将原来参加的农保或者农民工保险转换为城保，并明确转换条件、待遇支付等规则，从而使不同的社会保险制度之间可以相互衔接，顺应流动人口的社会保障需要。

“第二代农民工犯罪”：概念辨析与解释模型

吴鹏森*

摘　要：第二代农民工犯罪问题是一个日益引起犯罪学和社会学高度关注的课题。但要对其进行科学的研究，必须进行概念辨析，形成操作性定义，并对第二代农民工犯罪为什么高于第一代农民工作出基本的理论假设，据以建构理论解释模型。只有这样才能形成进一步研究的科学基础。

关键词：第二代农民工犯罪　概念辨析　解释模型

近年来，一个新的话题在犯罪学界、社会学界悄然出现并不断被人提起，这就是第二代农民工的犯罪问题。那么，第二代农民工犯罪到底是一个什么样的概念？它与第一代农民工犯罪有何不同？为什么各界都非常关注第二代农民工犯罪问题？目前学术界的研究还比较薄弱，视线仍然局限于媒体报道和专家解读，仅有的几项调查还停留在最一般的简单描述阶段，缺乏更高层次的理论研究。

本文根据以往的一些研究资料，试图从理论上对第二代农民工犯罪问题进行初步的概念辨析与理论解释，期望能够为进一步研究第二代农民工犯罪问题提供一点参考。

一、“第二代农民工犯罪”的概念辨析

要研究第二代农民工犯罪问题，首先要明确什么是“第二代农民工”？为什么要称之为“第二代农民工”？“第二代农民工”包括哪些人？这是我们

* 吴鹏森：上海政法学院社会学与社会工作系教授。

研究第二代农民工的犯罪问题必须要解决的问题。

1."第二代农民工"的名称辨析

关于"第二代农民工"的名称,媒体和学术界有许多不同的称谓。如"新生代农民工"、"80 后农民工"、"外来人员第二代"、"农民工第二代"等等。这些不同称谓都在某种程度上反映了"第二代农民工"的某种社会特征,但总体上说,都还不如"第二代农民工"的称谓严谨。

首先,我们来看"新生代农民工"。这是一些学者提出的并得到某些媒体肯定的提法。① 这一提法的优点是突出了"新"字,表明他们是与以前的农民工不同的一个群体;但是,问题也出在这个"新"字上,"新生代农民工"不可能永远是"新"的,不要若干年,人们就会发现他们将由新变旧,为"更新的一代"所代替。虽然在我国台湾曾经出现过新人类、新新人类的说法,但这毕竟是一种媒体语言,不符合科学概念的要求。

其次,我们来看"80 后农民工"。这是一些媒体喜欢的说法。② 显然,80 后的说法除了具有媒体效应外,并不符合这一代农民工的实际情况。因为 20 世纪 80 年代出生的农民工只是新一代农民工的一部分而非全部。

"外来人员第二代"是一个更加模糊的概念。虽然早期的外来人员,几乎就是进城的农民工,但后来随着社会的发展,外来人员已经成为一个内涵非常宽泛的概念。今天的城市外来人员主要是指没有本地户籍的外来常住人口,包括外来的农民工,也包括从其他城镇流动到本地的打工者,和虽然来自农村但经过大学阶段的学习后流动到全国各个城市的外来大学生就业者,甚至也包括那些从海外和国外进入的"外来人员"。从更广泛的意义上说,一个城市的新移民,即使具有城市户口,在许多市民的眼中,仍然将其视为"外来人员"。显然,由于"外来人员"概念的模糊性,用"外来人员第二代"来称谓"第二代农民工"是不准确的。

至于"农民工第二代"的提法,在内涵上已经与本文所说的"第二代农民

① 参见林彭、余飞、张东霞:《"新生代农民工"犯罪问题研究》,《中国青年研究》2008 年第 2 期;李长健、唐欢庆:《新生代农民工犯罪的文化社会学研究》,《南方人物周刊 · 新生代民工的梦与痛》,http://www.sina.com.cn 2005 年 10 月 18 日;《中国新闻周刊:"新生代"外来工调查:城市壁垒中回不去的一代》http://news.tom.com 2005 年 12 月 01 日;刘杰、邹英:《新生代农民工自我身份认同困境的社会学分析》,2007 年中国社会学年会论文,湖南社会学网,2008 年 2 月 4 日。

② 李茜、白杰、段毅刚、赵建伟:《聚焦天津 80 后"新生代农民工"调查研究》,来源:人民网 · 天津视窗 2007 年 7 月 17 日;《80 后农民工:从农村走进城市的新生代》,中国农业网 2007 年 7 月 16 日。

工”几无区别,但从汉语构词上讲,“第二代农民工”的提法比“农民工第二代”的提法更合要求。

2.“第二代农民工”的概念内涵

“第二代农民工”是指哪些人?有的指“80后”,有的指16—26周岁、来自外省市且户籍在农村的人员①,有的指父母双方或一方为农民工(另一方在农村务农)的少年儿童②。这些界定有的是从出生年月来确认的,有的是从父母身份来确认的。这都是有道理的,但存在标准不统一,要求过宽或过窄的问题。

我们这里所讨论的第二代农民工可以有广义与狭义两个概念。作为狭义的第二代农民工,必须具备以下两个要素:(1)必须进入劳动年龄阶段,即必须是16周岁以上,更严格地说,他们还必须有过在城市打工的经历;(2)必须是第二代,即其父母有过进城打工的经历。

作为广义的第二代农民工概念,主要强调年龄因素,即在社会学意义上,他们属于“第二代”。他们的父母未必一定要有进城打工的经历,但他们必须是在这一时期成长起来的。之所以提出广义的第二代农民工概念,主要是研究的需要,因为我们在进行实证研究过程中,很难弄清楚其父母一代是否有进城打工的经历。同时,也考虑到作为一代人,最关键的因素不在于家庭背景,而在于他们成长的时代背景和社会环境。有了广义的“第二代农民工”概念,在处理统计资料上要相对容易得多。

另一个问题是,作为“代”,到底指多少年?人们通常说年代,一般指10年,如70年代、80年代,所谓“80后农民工”就与此有关。但在社会学意义上,人们通常所说的“代”,是“世代”而非“年代”,它是从父母与子女的世代继替关系出发确定的,一般为20年左右。

综合考虑以上因素,我们将“第二代农民工”界定为1978年以后出生的,大约在1992年以后进城的“城市农民工”。目前他们的年龄大约在30周岁至16周岁之间,年龄最小的“民工”应该在1992年出生,1992年以后出生的农村青少年有的也已进城打工,但他们在理论上仍属“童工”范畴。

之所以要以1978年为界,除了上述理由以外,还有几点考虑:一是这一

---

① 林彭、余飞、张东霞:《“新生代农民工”犯罪问题研究》,《中国青年研究》2008年第2期。

② 应培礼、肫宏海:《关于农民工第二代犯罪问题的若干思考》,《青少年犯罪问题》2007年第5期。

年是中国改革开放的元年,1978 年后出生意味着他们是改革开放以后出生的新一代。二是中国农民进城主要是 1984 年以后,即农村改革的制度化能量释放基本完成后发生的。1978 年出生的孩子此时大约 6 岁,刚刚进小学。他们正好是在父母进城后进入学校读书,是在父母进城了的家庭环境中成长起来的,也就是所谓"留守儿童"。三是 1978 年后出生的农村青少年对于改革以前的农村旧体制既无具体的生活经历,也无这方面的集体记忆,这是第二代农民工在许多方面不同于第一代农民工的重要社会历史背景。

3."第二代农民工"的人口规模

第二代农民工在进城农民工中的比重有多大?根据各种统计数据来看,第二代农民工目前大约占全部进城农民工的 55%左右。据劳动和社会保障部 2005 年 8 月完成的相关调研报告,中国农民工的平均年龄为 29 岁,其中 16—25 岁,占 45%,30 岁以内占 61%。[①] 根据上海市外来流动人口普查资料,2003 年,上海市外来人口的年龄结构分别为:20 岁以下占 21.3%,20—29 岁占 32.8%,两者合计占 54.1%。[②] 我们由此断定第二代农民工的比例大约占全部农民工的 55%是可以成立的。根据各方面资料,目前我国从农业和农村转移出来的劳动力已经超过 2 亿人,如果 30 岁以下的第二代农民工按 55%计算,则其总数已达到 1.1 亿人。

4."第二代农民工犯罪"的概念

明确了"第二代农民工"的概念,我们就可以进一步明确"第二代农民工犯罪"的概念。根据以上讨论,我们可以将"第二代农民工犯罪"的概念界定为"1978 年以后出生的,目前已经进城的农民工所进行的犯罪"。有了这样一个操作性定义,我们就可以对相关资料进行处理,并开展比较科学的实证研究。

二、"第二代农民工犯罪"的现状与特点

由于概念的不清晰,特别是没有可操作性的定义,再加上研究方法的混乱,目前所见到的有关第二代农民工犯罪的研究,不仅数量少,而且不规范,

---

① 汝信、陆学艺、李培林主编:《2006 年中国社会形势分析与预测》,社会科学文献出版社 2005 年版,第 333 页。

② 李友梅主编:《上海社会结构变迁十五年》,上海大学出版社 2008 年版,第 58 页。

资料缺乏可比性,从而使这些研究的科学价值大打折扣。但是,这些研究又是非常宝贵的,因为它毕竟是目前所能见到的能够说明第二代农民工犯罪状况的仅有基础。这里根据这些研究,对我国城市第二代农民工犯罪的现状与特点做初步的描述。

(一)第二代农民工的犯罪现状

要对第二代农民工犯罪与第一代农民工犯罪进行科学的比较,首先必须要有对两者比较系统的研究资料,而这恰恰是今天中国犯罪学界最缺乏的。因此,我们几乎无法进行这种比较。本文只能通过相关资料进行粗线条的对比分析。据上海市青浦区有关部门2004年的调查,不满16岁的外来务工人员子弟参与刑事作案的人数,已占到当地未成年人犯罪的62%。在深圳,未成年人犯罪中,85%是外省市来深务工人员,14%是广东省内非深圳户籍人员。在东莞市两级法院2003年至2004年7月所受理的案件中,外地户籍的未成年人犯罪案件涉及749人,其中外地来莞未成年人占95%以上。① 据天津市有关部门的调查,2000年以来,天津外来人口犯罪呈不断上升之势。2000—2003年,外来人口犯罪的件数与人数占总比均不到30%,但到2004年,一跃上升到35.5%,2005年以后,进一步上升到39%。在外来犯罪人员中,年龄在18—35岁之间的犯罪人数始终在70%以上。② 据上海市监狱系统对在押抢劫犯的调查资料,35岁以下的青年人占91.9%,其中年龄在18—25岁的占54%,26—35岁占27.7%,18岁以下占10.2%。③ 在上海监狱服刑的外省籍人员中,35岁以下的青年人占74.2%,其中年龄在18—25岁的占25.9%,26—35岁的占47.1%,这一比例比上海籍服刑人员高29.4%。④ 在上海市闵行区有关部门的调查中,外来人口犯罪中,35岁以下的涉案人员占87.36%,其中18—25岁的涉案人员占46.35%,25—35岁的

---

① 以上资料均转引自应培礼、腌宏海:《关于农民工第二代犯罪问题的若干思考》,《青少年犯罪研究》2007年第5期。

② 刘津慧:《天津市外来人口犯罪分析报告》,《天津市政法管理干部学院学报》2006年第4期。

③ 上海市监狱管理局课题组:《上海市监狱系统在押抢劫犯调研报告》,《中国监狱学刊》2007年第6期。

④ 上海市监狱管理局课题组:《关于上海市监狱系统外省籍服刑人员的调研报告》,《中国监狱学刊》2007年第1期。

涉案人员占32.32%,未满18岁的未成年人占8.69%。①

所有这些已有的研究成果,都向我们表明了一点,这就是在外来人员犯罪中,35岁以下的青年占绝大多数。但是,我们需要的是30岁以下的进城农民工的犯罪比率。为此,我们将上述有关资料进行简单地处理,以26—35岁年龄段的比例的一半作为26—30岁的比例。这样,我们就得出30岁以下的"第二代农民工"犯罪的比例。在上海监狱服刑的外省籍人员中,30岁以下的大约占50.7%,在闵行区有关部门的调查中,外来人口犯罪中,30岁以下的涉案人员大约为71.2%。②

有了"第二代农民工"的犯罪比率,还并不等于他们的犯罪率就一定高于"第一代农民工"。要证明这一判断,必须要掌握各个城市进城农民工中,30岁以下年龄段的人口数在整个进城农民工总数中的比例,并与30岁以下年龄段的犯罪人员数进行比较。如果"第二代农民工"的犯罪率确实高于"第一代农民工"的犯罪率,我们才能得出结论:第二代农民工的犯罪情况比他们父辈的犯罪情况更严重。根据国务院研究室发布的《中国农民工调研报告》的资料,目前我国农民工平均年龄为28.6岁,其中16—30岁的占61%。据上海市外来流动人口普查资料,2000年,上海流动人口的年龄构成中,20岁以下占20.3%,20—29岁占36.6%。2003年,这一构成变成21.3%、32.8%。③ 由此我们可认定,上海外来流动人口中,30岁以下的外来流动人口比例大约为55%。将这一比例与在押服刑人员的同年龄段人口比例(50.7%、71.2%)进行比较,则会发现,就上海的情况来看,所谓"第二代农民工的犯罪率"从监狱在押服刑人员来看,并不比第一代农民工高,但如果从闵行区的涉案人员调查数据看,则第二代农民工的犯罪率要大大高于"第一代农民工的犯罪率"。④

(二)第二代农民工犯罪的特点

许多研究都发现,第二代农民工的犯罪与第一代农民工的犯罪有一定差别,呈现出自己的特点。但是,有些研究所概括的特点很难令人信服。如

---

① 上海市闵行区人民检察院课题组:《降低外来人员犯罪率的路径选择》,《中国监狱学刊》2007年第6期。

② 这样的处理并不科学。但在目前情况下,我们只能这样,以得出初步的结论,为进一步研究奠定一个基础。

③ 李友梅主编:《上海社会结构变迁十五年》,上海大学出版社2008年版,第53、58页。

④ 这里要注意的是,"外来人员"概念与"进城农民工"概念还有很大区别。

有的文章提出,新生代农民工犯罪的一个特点是文化程度比较低,显然是不符合实际的,就整体而言,第二代农民工的文化程度要高于第一代农民工。因此,我们需要发现的第二代农民工的犯罪特点应该是具有个性化的,明显不同于第一代农民工的犯罪特点。这里,我们根据相关研究资料进行重新梳理,将第二代农民工犯罪的特点概括为以下三点:

第一,胆子更大,手段更狠。无论是第一代农民工,还是第二代农民工,侵犯财产罪都比较突出。但是,第二代农民工与第一代农民工相比,其侵财的方式有很大变化,采取抢劫、抢夺方式的直接犯罪比例超过了过去比较突出的盗窃犯罪。在上海的监狱系统在押抢劫犯中,外来人员占75%左右,35岁以下的人员占抢劫犯总数的91.9%。[①] 据2005年的调查,在上海监狱系统在押服刑人员中,犯抢劫罪者最多,占30.7%,其次才是盗窃罪(25%)和其他犯罪。这与以前的犯罪服刑人员中盗窃犯罪为主(如1998年占53.4%)有了很大的不同。[②] 虽然这与上海的人防、物防、技防的改善不无关系,但与犯罪主体的变化和胆大妄为也有重要关系。如在抢劫犯中,拦路抢劫位居第一,占33.7%,有半数抢劫犯对被害人实施了暴力。[③]

第二,没有预谋,说干就干。在上海监狱系统2005年对监狱在押服刑人员的调查中,发现作案前没有预谋的占75.87%,两个人以上共同作案的占62.84%。[④] 很多人本无作案意图或动机,但受同乡和朋友的鼓动,立即改变想法,跟着就干。占70%以上的抢劫犯在作案时根本没有特定目标,主要是随机选择,在未成年抢劫犯中更是高达80%以上。[⑤]

第三,非侵财性犯罪日益增多。许多研究表明,在外来人口犯罪中,侵犯公民人身权利、民主权利的犯罪有所增长,如伤害、强奸、杀人、聚众斗殴等与过去相比明显增多。

---

① 上海市闵行区人民检察院课题组:《降低外来人员犯罪率的路径选择》,《中国监狱学刊》2007年第6期。

② 上海市监狱管理局课题组:《关于上海市监狱系统外省籍服刑人员的调研报告》,《中国监狱学刊》2007年第1期。

③ 上海市监狱管理局课题组:《上海市监狱系统在押抢劫犯调研报告》,《中国监狱学刊》2007年第6期。

④ 上海市监狱管理局课题组:《关于上海市监狱系统外省籍服刑人员的调研报告》,《中国监狱学刊》2007年第1期。

⑤ 上海市监狱管理局课题组:《上海市监狱系统在押抢劫犯调研报告》,《中国监狱学刊》2007年第6期。

三、对“第二代农民工犯罪”的理论解释

第二代农民工的犯罪率为什么高于第一代农民工的犯罪率？人们从直接的生活经验中，可能就会得出多种有价值的结论。但是，要进行科学研究，必须要提出具有学术价值的理论解释。这种理论解释虽然仍然是一种理论假设，但它是进行实证研究必需的一个研究环节。为此，本文给出的理论解释是:个人与其社会结构的解体是农民进城后出现高犯罪率的主要原因，但社会化机制缺损和社会参照群体的转换才是第二代农民工犯罪率高于第一代农民工犯罪率的主要原因。

首先，个人与原有社会结构的解体，是农民进城后出现高犯罪率的主要原因。由于进城，农民在家乡所承载的全部社会结构彻底解体，主体社会结构对个人所发挥的控制功能完全失灵，另一方面，由于城市社会体系的拒绝，使得进城农民无法融入城市社会，不能嵌入城市主流社会结构之中，不得不在同类群体的互动中建立临时性社会结构，从而逐步形成了进城农民工特有的社会结构和价值文化，这是我国进城农民工犯罪率普遍高于城市市民的基本原因。这些宏观背景因素在第二代农民工的犯罪过程中仍然起着非常重要的作用。进城农民工居住空间的流动性、身份地位的模糊性、经济地位的窘迫性以及社会安全网与社会救助体系的缺失，是导致部分进城农民走向犯罪的重要原因。

但是，社会参照群体的转换与社会化机制的缺损才是第二代农民工犯罪率高于第一代农民工犯罪率的根本原因。人都是在与他人的参照中认识自己的。第一代农民工的思维参照系是未进城的农民和自己未进城时的生活状况，因此，尽管他们在城市也遭遇种种社会歧视，但他们可以通过与家乡同龄人的比较得到心理上的满足。第二代农民工则与之不同，他们的思维方式和价值观念都已完全不同于父辈。他们的参照群体是城市中的同龄人。无论是实际生活中感受到的社会歧视，还是社会比较中形成的不公平社会心理，都对他们的世界观、价值观和人生观产生巨大的消极影响。

第二代农民工大体上可以分为两类:一类是被滞留农村的“留守儿童”;一类是在城市出生或成长起来的“城中村儿童”。所谓“留守儿童”是我国和平时期出现的大规模的“背井离乡”、“妻离子散”这种特殊的人道灾难的主要受害者，他们面临的最大问题是社会化机制的缺损，家庭对于许多留守儿

童来说,是有名无实的,缺少家庭这个最关键的社会化机构,人的社会化过程必然会出现各种问题。在城市长大的农民工子女对于自己的户籍所在地已经没有"记忆",对于自己无法摆脱户籍制度的束缚更加痛恨,他们的思维方式和价值观念已经完全不同于父辈。

社会化机制的缺损和社会参照群体的转换,导致与第一代农民工相比,第二代农民工有两个显著特点:一是缺乏责任意识,他们中的绝大部分不是为了养家糊口而到城市打工,在他们身上没有了父辈要养家糊口的责任和压力;二是缺乏回归意识,他们不再像父辈那样,总觉得自己最终要回归故乡。由于参照群体的转换,他们不再以家乡为参照系,从而决定了他们对城市的态度完全不同于父辈。虽然他们对于自己能否成为"城里人"缺乏信心,但他们绝不会轻易回到农村。

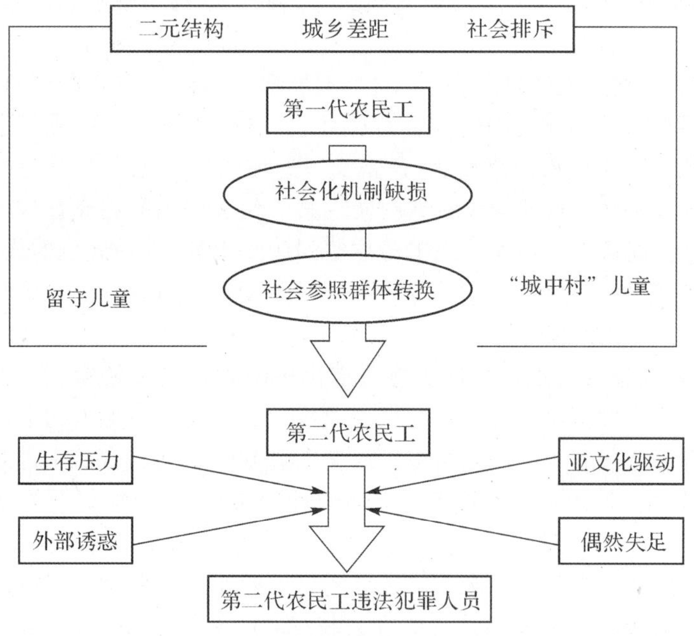

在这种"留城无望、回乡不甘"的社会心理环境下,一些第二代进城农民工便感到人生绝望,并导致世界观、人生观、价值观的扭曲,如果再遇上生存困境、外部诱惑、亚文化驱动等等因素,就会导致其中一部分人最终走向犯罪。

当然,所有这些,都还是一种理论假设,要使理论假设变成科学的理论结构,必须要有科学的实证研究来验证。这正是我们以后要做的事情。

专题研究

流动人口与户籍制度的冲突与协调

——以浙江省义乌市为视角

高洪宾　陈成建*

流动人口是工业化、城市化进程的一个特殊群体，党和国家领导人历来对此非常重视。党的十四届三中全会首次把农民工跨地区流动写入重要文献。十七大报告指出，解决好农业、农村、农民问题，事关全面建设小康社会大局，必须始终作为全党工作的重中之重。流动人口不仅是一个经济问题，更是一个社会问题，是构建和谐社会的重大政治问题。以浙江省义乌市为例，2007 年度登记外来人口 1071320 人(不包括日流量为 20 万人次的临时来义采购商和外籍人员)，同期本地常住人口为 716285 人，比例为 1.5∶1。流动人口的快速增长，为义乌市经济、社会发展做出了重大贡献，但透过流动人口的种种现象，反映出现阶段各层次的社会矛盾，凸显出一些制度性的问题，特别是以户籍为基础的一系列社会现象，应当引起高度重视。

一、何谓"流动人口"?

流动人口目前缺少统一、权威的定义。学术界有不同的观点。第一种意见认为，"流动人口指户籍登记地未发生变化的流动人口"[①]。该学者还认为，"流动人口的定义是：户籍不在本地，但已在本地居住半年以上的人口"[②]。第三种意见认为，"流动人口属于人口迁移的范畴，其实质是在中国

* 高洪宾：中国广厦集团顾问；陈成建：浙江省义乌市人民法院法官。

① 周皓：《中国人口迁移的家庭变化趋势及影响因素分析》，《人口研究》2004 年第 11 期。

② 周皓：《流动儿童的归属与权利》，柯兰君、李汉林主编：《都市里的村民——中国大城市的流动人口》，中央编译出版社 2001 年版，第 177 页。

户籍管理制度中由迁移人口派生出来的，即户籍地与现在居住地不一致的迁移人口”[①]。第四种意见认为，“流动人口是相对于在某地固定居住人口而言的，是指离开户籍所在地而在外地从事各种活动的人口，或者说是居住在流入地而没有本地户口的人口”[②]。

上述定义从不同的角度进行分析，特别是着眼于户籍地和现居住地分离的特征，具有一定的合理性，但第一种意见有循环论证的嫌疑；第二种意见从户籍地和时间角度分析，在特征上进一步深入，但作为定义，还不全面；第三种意见与人口迁移相联系，比其他观点有所拓展，但迁移是改变户籍地理位置的变化，把流动人口划入人口迁移的范畴，科学性值得商榷。上述定义不能准确地揭示流动人口的本质特征，作为定义，有待进一步论证。

哲学上，特征指与其他事物比较中显示出来的特殊征象和标志。对概念的思考，应透过现象看本质，抓住其本质特征，表述要求严谨、用词恰当、意义明确，遵循“下定义不漏要点”的原则。

之所以称为流动人口，原因在于流动性。但多大空间、多长时间的人户分离才算流动人口，取决于比较对象。流动人口的参照物，有常住人口和本地人口。常住人口看在本地的居住时间，本地人口看是否有本地户籍。流动人口还与迁移人口相关，要分析流动人口的概念，还要明确人口迁移的内容。“传统上，把有户籍变动的居住地变化叫做迁移，而把没有户籍变动的居住地变化叫做流动。”[③]“根据国际人口学会IUSSP组织编写的《多种语言人口学辞典》：人口迁移就是人口在两个地区之间的地理流动或者空间流动，这种流动通常会涉及永久性居住地由迁出地到迁入地的变化。这种迁移被称为永久性迁移，它不同于其他形式的、不涉及永久性居住地变化的人口移动。”[④]

对流动人口的定义，有三个基本尺度，即户籍尺度、空间尺度和时间尺度。

一是在户籍上，流动人口是不涉及户籍变化的、临时性的户籍地和居住

① 邱子色、谢平、周方亮：《人口流动对经济社会发展的影响——以湖北省咸宁市为例》，《人口学刊》2004年第1期。

② 焦建全：《流动人口的权利视角》，《人口与经济》2002年第3期。

③ 蔡昉、林毅夫：《中国经济》，中国财政经济出版社2003年版，第56页。

④ 邬沧萍主编：《人口学学科体系研究》，中国人民大学出版社2006年版，第231页。

地分离的自然流动的人口。他们离开了户籍所在地，生活在流入地，但没有流入地户籍。流动人口与农民工有区别，不仅有农民的流动，也包括居民的流动，人户分离的农民工属于流动人口，但流动人口不全是农民工；农民工也不全部属于流动人口，工作在户籍地的就不是流动人口。十一届全国人大一次会议记者招待会上，劳动和社会保障部部长田成平透露，据有关部门统计，农民工在全国已经超过2亿人，其中离开了本乡本土到城市做工的约1.2亿人。

二是在空间上，他们的户籍地和居住地分离，根据流动的空间距离，有省际、县际流动，甚至乡际的流动，主要是农村向城市流动，也包括农村之间、城市之间以及城市向农村的流动。所以说，《中华人民共和国人口与计划生育法》中，“流动人口的计划生育工作由其户籍所在地和现居住地的人民政府共同负责管理，以现居住地为主”的规定，具有一定的合理性。

三是在时间上，有临时流动、短期流动、长期流动。流动是一个相对的概念，不是绝对的，在流入地可能停留几天、几个月或者几年。最高人民法院《关于适用中华人民共和国〈民事诉讼法〉若干问题的意见》第5条规定，公民的经常居住地是指公民离开住所地至起诉时已连续居住一年以上的地方。在2000年的第五次全国人口普查时，把人口在目的地居住半年及以上的作为一个统计口径。根据第五次人口普查资料，全国大约有一亿多农村人口在城市居住半年以上。参照上述两项时间标准，对流动人口的把握，以半年为标准比较合适。

因此，研究流动人口内涵和外延，以上述三个尺度为标准，归纳为：流动人口指在流入地无户籍，但居住半年以上的人口。该定义体现出人户分离的主要特点，也考虑了时间、空间因素，因而比较科学。

二、义乌流动人口的状况

2007年，义乌市流动人口总量比上年增加117955人，增长幅度为12.37％。流动人口的增量总是伴随着义乌经济的发展而变化，在一定程度上，前者反映了后者的需要，后者是前者的结果。2001年至2007年流动人口年均增长率为14.51％。流动人口的增长与义乌市场成交额增长保持一致。义乌推行兴商建市战略，经济围绕市场转，城市围绕市场建，产业围绕市场育，市场成交额是义乌经济的风向标，较为准确地反映了社会经济的总体状况。从2001年到2007年,义乌市场成交额由211.97亿元上升到348.37亿元,年均增长率为8.63%。

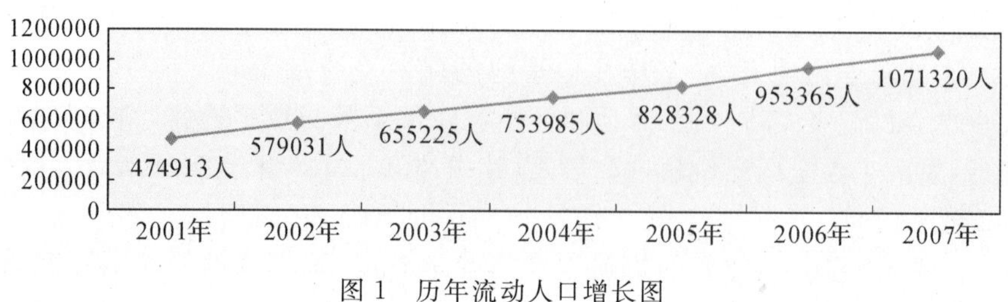

图1 历年流动人口增长图

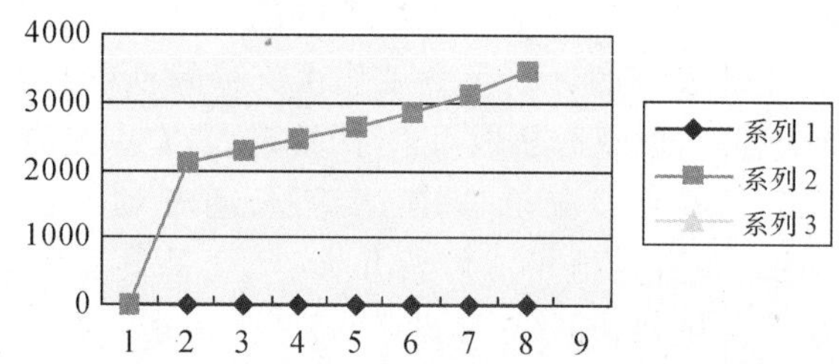

图2 2001年至2007年义乌市场成交量增长图(千万元)

较大规模的城乡人口流动是二元结构背景下经济发展的必然规律,也是走向现代经济的必经之路。改革开放以来,发生在中国的人口流动与改革和现代化建设的政策紧密地联系在一起,也融合了经济全球化的国际背景。流动人口在义乌逐年增加,有流出地和流入地两方面的原因。流出地经济发展水平低,收入不高,不足以维持家庭生活,农村大量剩余劳动力无法消化,对人口的流动有推力。流入地方面,义乌经济发达,良好的经济运行质量和发展环境,使企业的生产规模不断扩大,劳动力的需求也明显上升。义乌围绕推进工业化、国际化、城乡一体化,2007年实现地区生产总值420亿元,同比上升15.7%,财政一般预算收入58.88亿元。市场经营面积达260万平方米,商位58000余个。义乌强劲的经济发展势头对流动人口有拉力。另外,义乌对外地人不排斥,文化包容度高,对流动人口有吸引力。中国小商品城40%的商位掌握在外地人手中,另外还有10%—15%的外地租赁经营者。政府出台与此有关政策,促进外地人口本地化,给他们与本地人口同等的市民待遇,能安心在当地发展。

在外来人口管理方面,推行"外来人口本地化"政策,在全国率先将"外来打工者"改称为"外来建设者"，以"新义乌人"平等对待；在管理机构上，把外来人口管理办公室改设为新义乌人工作委员会，强调用开放、包容、平等的理念善待他们，积极为流动人口排忧解难。每年组织开展"十佳外来建设者"和"优秀外来建设者"评选活动，鼓励他们为义乌建设作贡献。在全国首开外来职工参与人大代表、政协委员选举和担任人民陪审员先河，目前外来人口中有镇级人大代表65名，市级人大代表11名。以外来人员为服务主体的职工维权法律服务受到胡锦涛总书记的肯定，并在全国推广。

义乌的流动人口，主要有以下特点：

(一)男多女少青壮年多

流动人口中，男性多于女性，年龄段以18岁至35岁为主。2007年的数据是：男性583949人，占54.51%；女性487371人，占45.49%，男女比例为119.82∶100。从2004年以来的数据体现出男女比例一直相对保持在55∶45左右。与务工及经商职业相适应，流动人口主要以青壮年为主，18岁至35岁年龄段的达764217人，占71.33%。

表1　历年流动人口男女比例汇总表

年　份	男　性	所占比例(%)	女　性	所占比例(%)
2004年	411346	54.56	342639	45.44
2005年	459914	55.52	368414	44.48
2006年	524850	55.05	428515	44.95
2007年	583949	54.51	487371	45.49

表2　流动人口各年龄段性别比例构成状况汇总表

年龄段	流动人口数	所占比例(%)	男　性	所占比例(%)	女　性	所占比例(%)
18周岁以下	62401	5.82	30043	2.80	32358	3.02
18—35周岁	764217	71.33	417084	38.93	347133	32.40
36—49周岁	218798	20.42	118773	11.09	100025	9.34
50—55周岁	18171	1.70	12314	1.15	5857	0.55
55周岁以上	7733	0.72	5735	0.54	1998	0.19
合　计	1071320	100	583949	54.51	487371	45.49

(二)省外的多省内的少

“劳动力流动不仅是一个人口在空间的再分布过程,而且还反映了地区经济的发展。”①据第五次全国人口普查结果显示,人口省内流动的占65%,跨省流动的占35%,其中15岁到35岁人口占全部流动人口的80%以上。义乌市流动人口以外省为主,流出地分布广泛,包括所有的省、市、自治区。来自省外的流动人口975299人,占91.04%,来自省内的流动人口96021人,占8.96%。经济发达地区就业机会多,收入高,吸引力大,是决定人口流动方向的主要因素。流动的总体特征是西部流入东部、不发达地区流向发达地区。省外的流动人口以江西、贵州、河南、安徽等经济相对不发达的省份居多;省内的流动人口以金华、温州、衢州等地区居多,金华占有天时、地利,温州人起步早,在义乌市场经商或者从事服务业为主,而衢州人务工的占多数。人数增加较多的省份有:贵州、江西、河南、湖南。这是因为义乌企业发展良好,收入稳定,工资基本有保障,许多外地职工亲带亲、邻带邻,因此出现部分省份人数快速增长。

表3 部分流动人口来源地表

省　份	2007年 流动人口数	2006年 流动人口数	增减人数	增减比例(%)
江　西	231873	215688	16185	7.50
贵　州	140831	119483	21348	17.87
河　南	138397	123408	14989	12.15
安　徽	135842	127584	8258	6.47
浙　江	96021	87034	8987	10.33
湖　南	80653	70565	10088	14.30

(三)聚居地呈现四多四少

从流动人口空间分布看,有以下特点:

一是居住在中心城区的少,城郊结合部的多。目前城区实有人口为884851人,其中常住人口274670人,流动人口610181人。城区流动人口超过常住人口的2倍。流动人口主要集中在城区范围,从城区到农村呈现两头

① 朱农:《中国劳动力流动与“三农”问题》,武汉大学出版社2005年版,第35页。

小中间大的特点。城郊结合部由于交通便利、生活费用相对低廉、管理相对松懈等因素，租住着大量的流动人口；生活在中心城区的主要是工商业者、市场经营户等高收入群体。

二是工作在劳动密集型企业的多，高科技企业的少。从微观看，流动人口的数量与一定的生产方式和社会经济发展相联系，即与劳动密集型的企业发展密切相关。义乌块状经济特征明显，涌现出袜子、服装、无缝内衣、工艺品、饰品、五金、化妆品等优势行业，企业的发展势头强劲。流动人口的分布与工业企业的分布基本一致，工业企业多的乡镇流动人口聚居多，企业少的乡镇则流入少。城区由于分布着各专业市场，而且城区四个街道拥有1000万元以上的规模企业311家，占全市的47.6%，流动人口的接纳度高。城区流动人口占全市流动人口的56.96%。

三是分布农村集镇的多，边缘山区的少。由于农村的生产成本低，中小企业向农村流动，流动人口也有向农村聚居的发展态势，农村的流动人口增幅明显，增长率为11.69%，但主要集中在发展条件好的集镇。廿三里街道、苏溪镇、佛堂镇三个经济发达集镇流动人口分别为89724人、70298人、63080人，占全市总流动人口的18.52%，占非城区流动人口的48.4%。山区赤岸镇年营业额1000万元以上的企业只有7家，占全市653家的1.1%，相应的流动人口人数也最少，只有8892人，不到全市流动人口的1%，并且2007年比2006年下降约12%。

表4　部分镇、街道流动人口分布情况表

单　位	2007年流动人口数	所占比例(%)	2006年流动人口数	所占比例(%)	增减比例(%)
稠城街道	218543	20.40	184179	19.32	18.66
稠江街道	125839	11.75	117588	12.33	7.02
江东街道	140277	13.09	137980	14.47	1.66
北苑街道	125522	11.72	119119	12.49	5.38
赤岸镇	8892	0.83	10096	1.06	－11.93
苏溪镇	70298	6.56	65693	6.89	7.01

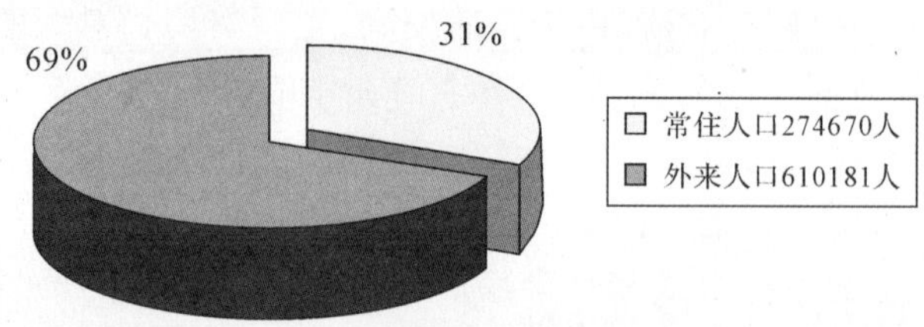

图3　城区人口构成比例图

四是沾亲带故的多,无亲无故的少。流动人口总体上表现为以春节为中轴点的年度流动为主,有相当数量的暂住人口有相对稳定的工作和收入,生活比较稳定。同一地区县(市)、乡镇、村暂住人口居住相对集中,有按照不同户籍地集中居住的特点,呈现以血缘、同乡、朋友等关系结伴而来的趋势,在一些区域甚至形成了某个籍贯人员大量聚居的现象。如江东街道下傅村(城郊结合部)居住了江西省贵溪市4360人,大陈镇大陈一村有江西籍7596人,主要是德兴、上饶等县市人口,安徽省定远县流动人口在苏溪镇比较集中。从一个侧面反映了我国熟人社会的国情。

表5　部分镇、街道外来建设者集中居住地分布表

单　位	主要居住地	户籍省县	人　数
稠城街道	向阳社区	浙江苍南县	1449
江东街道	下傅村	江西贵溪市	4360
苏溪镇	新院村	安徽定远县	2977
	蒋宅村	安徽定远县	1155
	胡宅村	安徽定远县	2725
大陈镇	大陈一村	江西乐平市	1645
		江西上饶县	1626
		江西德兴市	2197
		江西玉山县	890
		江西弋阳县	728
		江西铅山县	510

三、流动人口与户籍制度的冲突

我国现行的户籍制度,有国家管理上的历史渊源,历史性地看,曾经起过积极作用。但由于“二元结构”的存在，户籍不仅是户口管理上的身份证明，而且还具有经济和社会待遇相联系功能。户籍制度“最早的建立，是一种治安管理、人口管理的根据，但它后来却变成了整个中国社会福利和社会权利的一个基础，农民和城市居民通过户籍制度完全分开，城里人享有医疗保险、社会保障、教育等各种各样的权利，农民则完全按照农村那一套来”①。流动人口是人户分离的人员，与户籍关系密切，与户籍制度存在一定的冲突，集中体现在公共服务非均等化的体制与公平正义的冲突上。“基本公共服务均等化关系到公民的生存权、劳动权、受教育权等基本权利的实现与否及其实现程度，可以说是一个社会公平正义问题，是民权问题，最终是基本人权问题。”②目前，流动人口在最低生活保障、基本医疗、义务教育、就业等方面存在着不公平的待遇，附加和隐藏在户籍背后的各种利益和制度，是问题之根本所在。大规模的劳动力转移与城市现存的政策发生冲突，主要表现在：

(一)自身素质与科技发展的冲突

流动人口以务工为主，有 918956 人，占 85.78%；经商的 36645 人，占 3.42%。与城市劳动力教育程度相比，流动人口文化程度普遍较低，初中文化程度有 959542 人，占 89.57%。约 90%为初中学历的现状，与以打工为主体的从业特点相适应，说明人口素质与市场需求有一个平衡问题，不是学历越高，需求越大，这是市场机制在人口分布中自我配置、自然协调的结果。

表 6　流动人口文化程度构成状况汇总表

文化程度	2007 年 流动人口数	所占比例(%)	2006 年 流动人口数	所占比例(%)
小学及以下	67681	6.32	55678	5.84
初　中	959542	89.57	865811	90.82
高　中	33623	3.14	25533	2.68
大　专	6624	0.62	3291	0.35
本　科	3608	0.34	2854	0.30
研究生及以上	242	0.02	198	0.02
合　计	1071320	100	953365	100

① 魏城：《中国农民工调查》，法律出版社 2008 年版，第 112 页。

② 阳建勋：《基本公共服务均等化之经济法路径》，《法学》2008 年第 5 期。

现代化工业以科技为基础,与早期工人以劳动力为生所不同的是,技术技能的重要性日益凸显。劳动者受教育程度和专业技能水平的高低,对其就业竞争能力和能否获得高报酬岗位有重要作用。无论从事哪个职业,都需要基本工作技能、营销技能、管理知识等方面的积累。从近年来“民工荒”所反映出来的趋势看,目前缺乏的不是纯体力劳动者,而是有一技之长的技术工人。流动人口中,低学历多高学历少,大专以上的学历只占0.67%,小学及以下的占5.84%,主体为初中生,说明流动人员的自身素质参差不齐,劳动力素质偏低,缺乏专业技术。这种局面与越来越快的科学技术发展、工业质量提升之间存在矛盾,流动人口素质亟待提高与城市化存在冲突。

(二)劳有所得与拖欠工资的冲突

以户籍制度为基础的城乡二元制结构使城市劳动力市场就业不平等,流动人口工资水平整体偏低,存在同工不同酬、拖欠乃至拒付工资现象。虽然浙江省采取了一系列措施,如开展清欠农民工工资的春雨行动等,但收取押金,拖欠、克扣工资等问题仍然未根本解决。规模企业中,薪水发放已步入正轨渠道,但在不签劳动合同的小企业、小作坊以及层层转包的建筑行业中,欠薪现象仍然存在。2007年义乌市仲裁机构处理的177件劳动合同纠纷中,拖欠工资类案件为91起,占51.4%。2007年浙江省农民工工资支付专项检查活动中,各级劳动保障部门为1.9万名农民工追回工资2471.9万元。

劳动合同对于保障流动人口权益的重要性是不言而喻的,但由于多种原因,流动人口存在书面劳动合同签订率不高、签订合同形式不规范、合同不恰当地限制劳动者权益或增加劳动者的义务的现象。2007年义乌市劳动仲裁机构受理的276起劳动争议案件中,劳动者能提供书面劳动合同的仅23人,占8.3%。2007年,义乌法院受理没有劳动合同的事实劳动关系纠纷48件,其中涉及流动人口的37件,占77.1%。实际上,劳动合同的保护是双面的,既保护劳动者,也保护企业的利益。从企业角度,因为举证责任的分配,在没有劳动合同的情况下,法院会作出有利于劳动者的判决,职工违反合同时,企业可以依据合同向法院起诉,保护自己的合法权益。

(三)劳有所保、病有所医与社保制度的冲突

流动人员虽然生活在城市,但户口没有落实在城市,即使进了城,城市人与外地人(特别是农村人口)仍然存在鸿沟。城市社会保险已经涵盖了养老、医疗、失业、工伤等几乎社会全部层面,而农村则没有建立基本的失业、工伤、养老等保险制度。在农村劳动力转移过程中，外来流动人口则更处于社会保障的真空地带。与二元户籍制度相对应，城市社会保障体系在事实上将大部分流动人口拒之门外，无法做到老有所养、病有所医。

对社会保障问题，雇主认为投保增加成本，积极性不高。流动人口则由于工作不稳定，收入相对较低，对基本的社会保障不了解，甚至漠不关心，有的虽然知道保险的意义，但由于流动性大，如养老保险这种数十年以后的事，积极性不高。基本养老险要连续交纳 15 年的保费才可以享受退休金待遇，流动人员有短视行为，认为只有拿到手的钱才是最实在的。因此，不投保的比例居高不下，不愿意投保，甚至投保后也纷纷退保。如 2006 年义乌市流动人口投保养老险和工伤险的分别为 4.42 万人和 12.41 万人，分别占同期流动人口 953365 人的 5.6％和 13％。

工伤是流动人口面临的一个巨大风险。《工伤保险条例》保障受工伤或患职业病的职工获得医疗救助和经济补偿，起到分散用工企业风险的作用。国务院要求从 2004 年 1 月 1 日起在全国范围内实施《工伤保险条例》，未参加工伤保险的，由用人单位按照工伤保险规定的标准支付费用。但对不参加工伤保险的企业或者雇主的处罚措施的威慑力不高，不足以促使其不敢不投保，更不用说主动投保了。按照目前的制度，不参加工伤保险的，如果未发生工伤事故，逃避了交纳保费的义务，如果发生工伤事故，只要按照工伤保险规定的标准支付费用就可以。2007 年，义乌市劳动主管机关共认定工伤 1959 人次，其中 86％是流动人口；2007 年劳动仲裁庭仲裁工伤补偿纠纷 99 件，占仲裁机构处理的 177 件劳动合同纠纷中的 55.93％，其中外地人为 89 人，占仲裁工伤补偿纠纷的 89.9％。

(四)学有所教和教育体制的冲突

以户籍为基础的一些制度安排与人口流动的现实不协调，除了就业、社会保障、医疗等方面的差距外，现阶段还缺乏为所有人提供同等水平教育机会的经济条件。优势教育资源发展不平衡的现状在短时期内无法根本改变，在子女教育上，对流动人口来说，在城市入学依然存在不少的困难。许多流动人口子弟，或在户籍地成为留守儿童，或出高额借读费在流入地公办学校接受教育，或在流入地民办的民工子弟学校求学。公办学校借读费不是一般的流动人口能够负担，民工子弟学校的条件、教学质量无法与公办学校相比。在学有所教的问题上，流动人口子女教育最突出的是入学机会的不均等。

由于以上各种原因,流动人口难以融入城市,既不是城市人,又不是农村人,属于被边缘化的特殊人群。流动人口缺乏利益代言人,少数人采取偏激的手段,导致城市的违法行为上升,这也是流动人口与市民冲突的反映。资料显示,2007 年义乌市外来人口犯罪 2985 人,占全部犯罪人员的 82.12%。

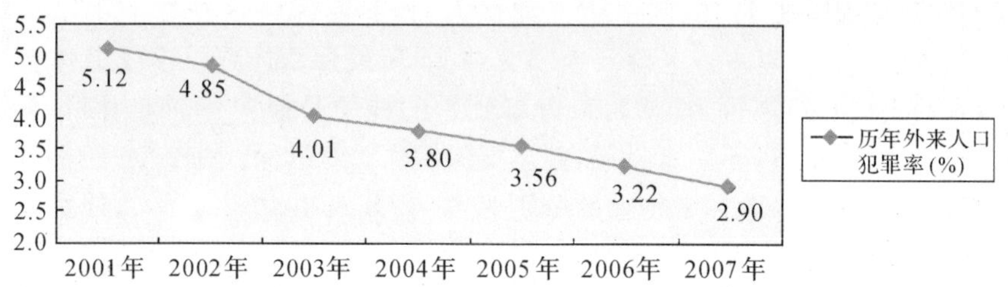

图 4 历年外来人口犯罪人员占登记的外来人口比例图

虽然总体上外来人口犯罪率连续 6 年呈下降趋势,但占犯罪总量的比例依然很大。如义乌法院 2007 年审理盗窃罪案件 815 件,计 1316 人,其中 2 人以上犯罪的 273 件,纯义乌籍犯罪的 77 件 143 人,参与到外地人犯罪中的义乌人 76 人,义乌籍犯罪合计 219 人,占 16.6%,外地人 1097 人,占 83.4%。

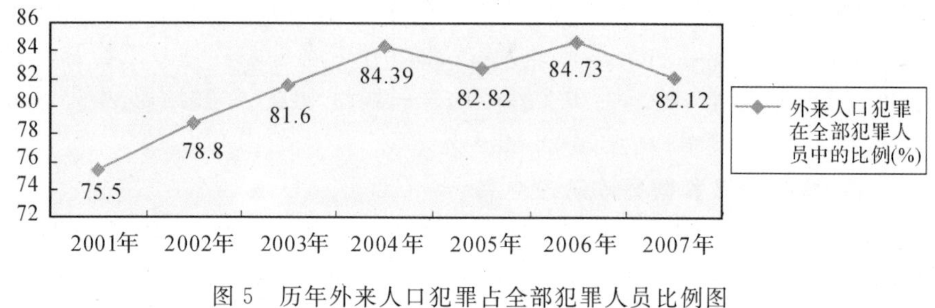

图 5 历年外来人口犯罪占全部犯罪人员比例图

四、户籍制度改革的构想

“户籍制度指通过各级权力机构对其所辖范围内的户口进行调查、登记、申报,并按一定原则进行立户、分类、划等和编制,以此作为掌握人口信息、征收税役、分配资源和维护秩序的基础。它是一项涉及政治、经济、军事、文化教育和法律的综合性的社会制度。”①

户籍制度不是我国特有的现象，日本称之为户籍管理，瑞典称为人口登记，法国为民事登记。国外着重于人口出生、死亡、婚姻等事项的登记，我国的户籍把人们分为农业户口和居民户口，还具有按照不同的户籍实行不同的福利待遇的功能，使他们享有不同的权利和待遇，更使流动人口处于尴尬的局面。户籍制度有其合理性，关键是如何发挥其合理的功能，最大程度地减少其不合理的因素，问题在于依附于户籍制度上的利益。

户籍改革的总体目标是，改变户籍的二元结构，建立以居住地登记户口为基本方式，以合法固定住所和相对稳定职业或者生活来源为入户条件，以信息化管理为基本手段的新型户籍制度。其基本路径有三：因地制宜，大城市、中小城市和小城镇区别对待；先急后缓，当务之急是完善登记和保障制度；逐步推进，弱化户籍利益保障流动自由。

（一）因地制宜，体现大中小城市及城镇差别对待

结合国外经验和我国的实际情况，在户籍改革中，要坚持因地制宜、区别对待的原则，特大城市、中小城市和小城镇采取不同的改革措施，这是由大中小城市及城镇的不同特点所决定的。

1. 加快小城镇户籍改革

没有农村人口向城市的迁移，就没有城市化。而城市化的道路不是一成不变的。国际上，亚洲国家一般采用居民户口管理等行政措施，来限制人口流入城市。日本通过改革农民的生活状况和加速非都市地区的工业发展，来限制城市人口的猛增。非洲国家如尼日利亚、坦桑尼亚，通过发展新城镇，减轻大城市的人口压力，实现人口的合理分布。② 在韩国，通过新农村促进运动，在农村创造大量的就业机会，经过数十年，成为高度城市化的国家。

我国是一个地域差异很大的国家，应当区别不同具体情况，采取不同的户籍改革措施，促进城市化。我国城乡人口流动的主要特征之一，是从农民到农民工，然后从农民工到市民的过程。改革开放后，乡镇企业的蓬勃发展，浙江、江苏、广东等省形成了特色的块状经济，如浙江诸暨大唐的袜业、

---

① 周春芬：《转型时期中国农民的不平等待遇透析》，社会科学文献出版社 2006 年版，第 193 页。

② 晓田：《国外对流动人口的管理》，《检察风云》2004 年第 3 期。

义乌大陈的衬衫、广东中山古镇的灯饰等等,产业集群的发展和小城镇的发展相结合,扩大了农村劳动力的转移。加快发展小城镇,是实现农村劳动力转移的重要途径。

在我国,1998 年十五届三中全会提出,发展小城镇是带动农村经济和社会发展的一个大战略。小城镇正式纳入国家城市化的总体规划。“十五”规划中,“积极稳妥地推进城镇化”被列入基本的发展战略。2001 年国务院批转的《公安部关于推进小城镇户籍管理制度改革的意见》实施后,在小城镇入户的基本条件为有稳定的生活来源和合法住所,户籍改革的步伐加快。如山东省逐步建立以居住地划分城镇户口和农村户口的户籍登记制度,彻底放开县以下小城镇户籍管理政策,实行以居住地登记户口的制度。

城市人口集聚是经济集聚发展的必然结果,农民的市民化是农村农业社会向城市工业社会转变的要求。小城镇位于城市和农村之间,成本低,见效快,符合从小城镇到中等城市再到大城市的城市发展一般规律,以小城镇为代表的农村自发型的城市化,已经成为我国城市化或者说户籍制度改革的重要组成部分。

2. 重点推行中小城市户籍改革

城市在区域经济中的地位是不言而喻的,城市化水平,无论对于一个县、省,甚至一个国家,都是衡量其综合实力和竞争力的重要指标。城市化和发达程度互为因果,从世界范围看,经济发达的国家城市化水平高,反之亦然。我国的城市化水平还不高,城市的布局不平衡,城市化水平落后于经济发展的水平。

按照城市发展规律,中等城市是小城镇和大城市之间的桥梁,中等城市具有城市的规模效益,同时,既可以避免大城市急剧膨胀所带来的弊端,又能克服小城镇发展的不经济问题。中等城市是城市规划中需要优先发展的类型,在户籍制度改革中具有最重要的地位。

在户籍改革中,一些中等城市,包括部分大城市,大幅度降低城市的入户条件。吸引农村人口向城市人口转变,循序渐进地推进户籍改革。如 2006 年西安市取消农业户口,建立城乡一体户籍管理制度,拥有“西安居民户口”的人口在社会保障、基础教育、就业等方面享受到同等的待遇。

3. 合理进行大城市户籍改革

大城市中,对于普通的大城市,可以参照中等城市的思路,适当放宽入户的条件;但对于以上海、北京等为代表的特大城市,则采取另外的措施。

学者认为，户籍制度改革涉及多方利益，但利益分配主体主要还是中央政府、城市管理者、市民、农民四方博弈的结果。中央政府是强制性的，具有说一不二的谈判能力；城市管理者的倾向是复杂的，既希望促进城市发展，又不希望增加城市社会保障的压力；农民最不具有谈判能力；市民的谈判力量是决定性的。大城市比小城市拥有更多的福利和更多的既得利益，由于市民的谈判能力强，在事前就已经通过博弈把户籍改革制度否定了。[①]

大城市的急剧膨胀，在国际上有经验和教训。同为发展中国家的巴西，城市化的特点是大城市化，圣保罗、里约热内卢在20世纪80年代人口就超过1000万。由于就业机会严重不足、公共政策不够完善，城市规划、建房用地、基础设施等没有考虑到低收入人群的要求，城市贫民窟从而形成。[②] 国外的经验告诉我们，城市化不能自动解决流动人口的问题。如果大量农村人口涌向城市，城市的教育、就业、衣食住行等基础配套设施以及社会保障方面都会难以承受。因此，对普通劳动力的准入提高门槛，仅仅对特殊人才开绿灯。在特大城市，考虑到城市承受能力、社会管理能力、财政支出能力、公共服务能力等因素，户籍控制越来越严格。如上海在2004年对符合条件的外来人口发放相当于蓝印户口的居住证，但目前该制度基本上停止。

综上，根据“控制大城市，合理发展中等城市，积极发展小城镇”的城市发展战略，在户籍改革中，以小城镇、小城市为主阵地，重点发展中等城市和部分大城市，严格控制特大城市人口的总量，强调城市带、城镇群的作用，促进大、中、小城市以及小城镇协调发展。

(二)突出重点，先急后缓，完善登记与保障制度

解决流动人口的问题触及城乡二元结构、城市化、市场化等多层次环节，要根本上解决还有资金、体制等诸多制约因素，只能结合实际，多管齐下，有重点、有步骤地解决，当务之急是完善流动人口的登记和社会保障制度。

1. 完善人口的登记功能

(1)健全人口的户籍登记。流动人口的市民化，与制度安排密切相关，有效的制度有助于流动人口的管理效益的最大化，登记作为人口管理的基础手段，可以发挥更多的作用。“恢复户籍制度的本来面目，消减户籍制度

① 贺振华：《户籍制度改革：一个合作博弈框架内的分析》，《人口与经济》2003年第3期。

② 韩俊、崔传义、赵阳：《巴西城市化过程中的贫民窟问题及其对我国的启示》，邓鸿勋、陆百甫主编：《走出二元结构——农民工、城镇化与新农村建设》，中国发展出版社2006年版，第257—259页。

的利益分配功能,让户籍制度朝着公平公正方向是大势所趋。最初,户籍的功能很简单。户口由公安部门或者基层政权组织实施管理,以行政区域为单位,登记造册,发放证件,主要用于统计人口、维护治安等。”①

国外户口管理的功能主要在于人口变动情况的登记。如美国对国内人口的自由流动不加限制,但重视对流动人口的管理,其措施主要是实行社会安全号码制度。外来人口到该城市居住必须向该市申请1个社会安全号码,这相当于中国城市的身份证。你如果要在该市就业,就向该市递交你的社会安全号码。城市所有居民的社会安全号码都输入电脑。② 参考国外的户籍管理着重于登记的功能,我国今后宜建立以经常居住地登记为口径的户籍制度,使户口成为人口登记、信息统计和居民身份证明的手段,逐渐与其他非户籍利益脱钩。

(2)强化流动人口的居住登记。公安部1985年颁布了《关于城镇暂住人口管理的暂行规定》,规定城市、城镇人口暂住时间拟超过三个月,年龄16周岁以上的,须申领暂住证。它标志着全国统一的暂住证制度的形成。暂住证反映了公民在某个地方暂时居住的事实,义乌市把对流动人口的服务和管理有效结合,以暂住证登记为契机,提高人性化服务。目前,流动人口就业要提供身份证,到派出所办理暂住证,材料齐全的当场可以办妥,收取5元的工本费,以暂住证的形式,使其能够在义乌较长时期内居住,对符合条件的流动人口,提供三年期限的暂住证。平衡本地人和外地人的利益,把暂住证与就业培训、社会保障、子女教育等挂钩,以暂住证为基础,使流动人口享受到市民同等的待遇。

据新华社报道,浙江省嘉兴市2007年开始探索“居住证”制度,设置红色的《临时居住证》、绿色的《居住证》和《专业员工居住证》,让外来务工者享受子女入学、社保等同城待遇。持《居住证》的人除了可以享受免费就业培训、社保同城待遇、免费计生服务外,其子女减半交纳借读费、可以参加城乡合作医疗保险、可以报考当地高中和中等专业学校。持《专业员工居住证》人员的子女到公立学校就学免收借读费,还可以申请廉租房或者申购小户型经济适用房,持证10年以上可申请享受最低生活保障。流动人口的权利保障,目前没有固定的路径,还在摸索中。嘉兴市以居住证代替户籍的部分功

---

① 刘传江、徐建玲等:《中国农民工市民化进程研究》,人民出版社2008年版,第108页。

② 晓田:《国外对流动人口的管理》,《检察风云》2004年第3期。

能,把身份权利转变为居民权利,人在权利在,人走无权利的模式,是流动人口迈向身份平等的一个有效途径。

(3)规范流动人口的移民登记。义乌市在流动人口的权益保障和户籍准入方面,较好地与登记手段相结合。义乌作为全国闻名的商贸城市,党委政府高度重视流动人口问题,蓬勃发展的经济又提供了财政支持,在流动人口管理中实行的是与商贸发达现状相适应的制度、促进外地人口本地化,流动人口权益市民化,体现在吸引流动人口入籍、强化流动人口服务上。降低流动人口在义乌入户的门槛和居住成本,采取措施改变流而不迁的状况,允许有定居意愿和一定能力的人在义乌入户。

义乌市人民政府2000年初出台了《建立新型户籍制度 加快人口聚集的若干规定》(义政〔2000〕1号),改革户籍制度。改革的原则是,建立以居住地申报户口,以职业划分人口结构的新型户籍制度。改革的重点是全面推进农村人口城镇化,外地人口本地化。除了投资移民、人才移民外,特别规定了劳务移民,具备条件的人员及其配偶、未婚子女可登记为本地城镇户口:年龄40周岁以下、具有高中以上文化程度、规划建设区内拥有合法固定住所、建筑面积人均10平方米以上、具有稳定的收入、在规划建设区内务工经商达3年以上,且近3年无违法犯罪记录、身体健康。该文件对合法固定住所予以放宽解释,包括现在居住单位公房内的机关企事业单位(包括私营企业)的职工;租住房屋2年以上的企业职工和个体工商户等。

山东省的户籍改革中,放宽城市的入户条件,凡在城市有合法固定住所并实际居住一定年限,有稳定职业或者生活来源的省内外公民及其共同居住的直系亲属,准许在城市落户。

2. 强化社会保障体系

流动人口的问题不是简单的户籍本地化,只有进入流入地的劳动者在社会保险、生活方式等方面都融入城市,才有具有真正的意义。而社会保障是政府调节收入分配、维护社会公平正义的重要手段。社会保障制度使流动人口养老、工伤、失业等问题得到较好的解决,设计时要考虑到流动人口的从业特点、危害程度、自身需求,采取区别对待、循序渐进的方式,有重点、有步骤地推进社会保险。

(1)强化劳保方面的社会保障。十七大报告指出,加快发展社会事业,全面改善人民生活。覆盖城乡居民的社会保障体系基本建立,人人享有基本生活保障。国内比较有特色的是广东模式,“把农民工直接纳入现行城镇职工基本社会保险体系,主要参加养老、医疗和工伤三项基本社会保险,多数不参加失业保险和生育保险;允许农民工享受养老待遇"①。与基本养老保险相比,工伤保险、职业病保险尤为必要。工伤、职业病虽然发病率不高,但如果没有保险,一旦发生事故,对流动人口影响较大,将使整个家庭陷入困境,甚至危及生命。工伤保险也是最易实行的保险,要优先解决,使其能无条件享受工伤、职业病补偿待遇。

在社会保险方面,义乌把流动人口视为新义乌人,直接纳入现行城镇职工基本社会保险体系。2007年义乌市政府与各乡镇签订工伤保险扩面责任书,要求企业上报职工花名册,劳动监察大队对未按时报送花名册的企业进行专项检查。在扬州,通过社会力量帮助、提高社保财政投入的方式解决外来人员的社会保险投保率低的问题。广东省在2000年就明确规定包括外来人员在内的全部职工,均应参加社会养老和工伤保险。

新《劳动法》规定用人单位必须与劳动者签订劳动合同,工伤保险费率不高,不需要个人负担,这些都是有利因素。工伤保险、医疗保险中的职业病、大病保险全面铺开的条件已经成熟。劳动主管部门日常检查中,结合企业花名册和暂住证登记提供的数据,以劳动合同和工伤保险为重点进行监督,督促用工单位落实流动人口的社保登记和缴费义务,针对流动的特点,在各险种中工伤保险首先做到全覆盖,在医疗保险框架内,优先解决大病医疗保险和职业病保险。

(2)建立统筹一体的养老保险。十七大报告指出,完善失业、工伤、生育保险制度。提高统筹层次,建设全国统一的社会保险关系转付办法。对流动人口而言,养老保险有两个障碍,一是享受同等待遇,一是跨区域统筹。对于同等待遇问题,深圳市进行了很好的探索。2007年,该市取消养老保险户籍限制,只要累计缴费满15年,并达到法定退休年龄,就可以在深圳退休,按月领取养老金。

养老保险跨统筹区域转移是全国养老保险全覆盖的难点。浙江省十一届人大常委会第四次会议通过了《关于修改〈浙江省职工基本养老保险条例〉的规定》,从2008年10月1日起,各地对省内职工养老保险关系转移不得设置条件,职工养老保险在浙江省内可以"自由漫游"。

---

① 刘传江、徐建玲等:《中国农民工市民化进程研究》,人民出版社2008年版,第222页。

鉴于流动人口流动性大的特点，建议学习国外经验，推行公民保险卡制度，通过银行或者其他渠道，为每个公民设置一个保险卡，建立全国统一的数据库。同时《中华人民共和国居民身份证法》明确了身份证在人们日常生活中的法律地位，是最基本也是最有效的证明身份的证件。颁发第二代身份证的目的之一，是建立全国统一的数字化身份系统，尽快建设计算机联网查询功能，适应现代化、信息化的发展趋势。在社会保险方面，整合身份证和户籍两种制度，发挥信息承载功能，用公民身份证号码作为社会保障卡的号码，以唯一不变的保险卡为基础，使之成为"全国通用粮票"，无论人员到哪里，该号码保持不变，以顺应人员流动的形势，改变目前流动人口投保率不高的局面。

在全国养老保险统筹转移条件不允许的情况下，可以先进行省内统筹，然后推广到经济比较发达的若干省份，如长三角地区作为一个融合的经济体，率先联网统筹，根据技术发展的情况，最终实现全国的跨地区转移。

(3)保障流动人口就业和教育权。义乌采取为流动人口着想的服务性措施，通过多种途径保障外来建设者在社会保障、医疗、就业、子女上学、劳动保护等方面享有市民待遇，让外来建设者融入"第二故乡"。以暂住证登记为契机，免费提供服务手册，提高就业技能、安全防范技能和自我保护能力。在流动人口的职业培训方面，对获得高级、中级、初级职业证书的流动人口分别给予1000元、600元和300元的培训补助，获得专业证书的也给予一定的补助。流动人口子女教育最大的问题不在学费上，而在身份上，因为他们没有当地的户籍。外来建设者子女入学问题上，实施"同在阳光下"入学计划，对"父母双方或者其他法定监护人在暂住地已经取得暂住证并居住一年以上，有固定住所和工作单位；与用人单位签订1年以上劳动合同或者取得义乌市工商执照的"外来建设者的子女，享受义乌市学生同等免费义务教育待遇。通过公办学校、利用闲置校舍创办公办民助学校、外来建设者子弟学校的方式，2007年，解决了35000多名外来建设者子女的就学问题，比上学年增加31%。

(三)逐步推进，保障流动自由弱化户籍利益

《世界人权宣言》第13条第1款规定："人人在各国境内自由迁徙和居住。"我国1951年宪法规定了公民有迁徙自由的权利，但1975年宪法取消了关于迁徙自由的条款。虽然出于对迁徙自由的重要性的考虑，世界上多数国家已经接受这项权利，并多以宪法的形式所确认，但我国目前恢复迁徙自由还不现实。

1. 流动自由与迁徙自由

人口迁徙与一般的人口流动存在差别，前者发生永久性居住地和户籍的改变，人口流动则不发生户籍改变的效果。经济的发展、工业化、城市化需要人口的集聚，但由于我国的客观情况——人口达13亿之巨，东部和西部地区经济发展不平衡，即使在同一省份，各地区的发展也不平衡，公民素质、教育文化水平、基础设施等都有差距，如果允许迁徙自由，必然发生人口急剧向部分地区积聚，使该部分地区的教育、就业、管理等方面的压力骤然增加，造成社会问题。这种局面可以从城市重点学校学区房的房价上升的趋势得以预见。

户籍改革要立足当前，着眼长远，必须与社会的可承受程度相结合。在现阶段，我国的户籍制度还有存在的合理性，取消它，不仅没有必要，也不现实。换言之，迁移自由作为一项基本人权，是今后努力的方向。但现阶段的国情不允许谋求户籍地变化的人口无障碍地自由聚散，恢复迁徙自由的条件尚不具备。

2. 户籍管理和户籍利益

户籍制度是国际上通行的人口管理政策。在欧洲，丹麦是最早实行人号管理的国家，登记内容包括公民的姓名、出生年月、性别、婚姻状况、纳税情况、监护人等。在亚洲，泰国实行的是事后迁移政策，规定对符合居住条件及居住期超过6个月的居民，其居住地有关部门可为其办理户籍登记，承认其居住地户籍。泰国的户籍管理采用的是市场经济原则和法律效力，它的作用是让不能在某城市，特别是大城市生存（包括经济收入、住房等）的公民，按市场法则去选择适合自己经济水平的城市居住。

诚如学者指出："户籍制度本身也许无所谓好坏，重要的是附着在户籍上的种种不公平待遇。"①公平正义是和谐社会的基本要素之一，而制度的公平公正更是社会和谐的基础。在一定意义上，与其说改革户籍制度，不如说是改革现有的社会福利制度，实质上是建构地位平等、权利一致的新市民制度的过程。当前，迫切需要解决的是，捆绑在户籍制度上的计划经济时代的一些附属权益和权利，消除流动人口与城市居民在就业、住房、子女教育、劳

① 《让劳动者平等就业》，http://business.sohu.com/200504030/n225413666.shtml，2005年4月30日。

动保障、医疗保险、退伍安置、公务员录用、交通事故损害赔偿等方面的差别性待遇。改革的制度取向，是学习国外的管理经验，让户籍制度回复到原来人口登记的最初功能，通过就业制度、社会保险制度、财政制度、教育制度等综合措施，消减户口的含金量，使户口失去特殊福利含义，只具有标志居住地的意义，实现城乡人口的平等权利。首先是就业方面实现同工同酬，其次是不歧视的社会保险制度，第三是教育制度，第四是政治经济和社会权益。

流动人口融入城市的核心是权利的市民化。在完善户籍制度的进程中，以市场和法制的手段调节公民迁移方向，着重点不仅仅在于身份的变化，而在于保护新入籍的人能够在社会保险、就业、子女入学等方面与本地人享有同等的待遇和保障。

3. 流动自由与权益保障

流动自由，意味着劳动力可以根据自己的意愿选择工作的城市，由于没有该城市的户籍，流动人口的权益保障尤其重要。十七大报告指出，规范和协调劳动关系，完善和落实国家对农民工的改革，依法维护劳动者权益。义乌在权益保障方面，建立网络化的劳动保障体系，劳动部门的监察与仲裁、工会职工法律维权、法律援助以及法院司法保护四位一体的外来建设者权益保护模式。劳动者权益有三个救济途径：

(1)行政救济措施。行政措施是最便捷的救济途径，劳动行政执法部门对劳动关系进行检查、协调，处置劳动违法行为，妥善处理劳动争议。如开展由劳动保障部门牵头，与公安、工商、卫生、建设等部门及工会组织联合开展的企业劳动用工情况检查、外来建设者劳动保障权益专项检查，保障工资等基础性收入能及时到位。建立建筑施工企业工资支付月检查和月报制度，将企业列入欠薪保障金制度的范围。强化劳动纠纷的处理，维护外来建设者的合法权益。义乌市总工会的职工法律维权机构，以“代职工要说的话，办职工要做的事，保职工应有的权，争职工应得的利”为宗旨，通过免费为当事人写法律文书、出庭仲裁代理、诉讼代理等方式，维护职工的合法权利。

(2)司法救济措施。司法救济是对流动人口权益最权威、最有效的救济途径。人民法院对流动人口的维权诉讼，开辟绿色通道，在程序上做到优先立案，优先审理，优先执行。对拖欠农民工工资的纠纷，缓交诉讼费。只要是法律援助的诉讼，不再审查当事人是否提供经济困难的材料，如义乌市法律援助中心 2007 年办理涉及流动人口的法律援助民事纠纷 197 件，主要集中在交通事故、劳动争议和劳动报酬纠纷方面,直接给予诉讼费缓交。审理阶段,由专门的合议庭进行审判,尽可能地给予劳动者以最大程度的保护,2007年审理的83个劳动争议纠纷中,实体问题得以解决的调解和撤诉的纠纷58个,劳动者的合法权益均受到维护。在执行阶段,对流动人口劳动报酬等纠纷,优先确定承办人安排执行,情况紧急的即时执行;并针对部分雇主下落不明无法执行的情况,利用春节前夕、节假日等有利时机,突击开展专项执行活动;对于确实无法执行的案件,通过司法救济基金,给予一定的困难补助,缓解申请人生活困难,以解燃眉之急。

台州市流动人口服务管理机制调研报告

齐玉水*

根据市委、市政府的要求，2007 年 4 月以来，台州市综治办牵头开展了为期一个月的流动人口服务管理机制专题调研活动。调研期间，调研组听取了 9 个职能部门的有关工作情况介绍，分别在玉环县、温岭市和路桥区召开基层干部座谈会、企业主座谈会、流动人口代表座谈会，并进行问卷调查和实地考察，走访市建设规划局、市财政（地税）局、市人事局等相关职能部门，外出学习考察了北京市丰台区、河北省石家庄市、广东省广州市和湖南省衡阳市流动人口和出租房屋管理的工作经验。现将有关情况综合如下：

一、台州市流动人口的基本情况和特点

（一）流动人口增幅迅速，对经济社会发展影响日趋明显

随着我市经济的快速发展，流动人口大量涌入，呈现出了快速增长的趋势。据公安部门统计，2000 年全市流动人口总数为 564128 人，2006 年底达到 1480290 人，平均年增长 23.22%。流动人口大幅增多的势头，对我市经济社会发展产生了深刻的影响。一方面，为我市提供了充足劳动力，带动了各个层次产业的快速发展，创造了大量的社会财富；另一方面，导致住房、医疗、教育等公共资源供应紧张，社会建设和社会管理的压力不断增大。特别是，流动人口成为我市违法犯罪的主要群体，出现了黑恶犯罪、赌毒犯罪等相互交织的新特点，出租房屋重特大火灾事故时有发生，严重影响了社会治安秩序和人民群众的安全感。据公安部门统计，2006 年全市抓获的各类刑

---

* 齐玉水：台州市委政法委工作人员。

事作案人员中,外来人员占66.19%。

(二)自然构成不平衡,整体素质相对偏低

从性别结构看,以男性为主。其中,男性占60.62%,女性占39.38%。从年龄结构看,以青壮年为主。其中,16—40岁占84%,平均年龄为28.6岁。从整体素质看,流动人口的文化素质和生产技能普遍较低。据劳动部门统计,在我市就业的流动人口中初中及其以下文化程度的占81%;没有受过技术培训的占76.4%。

(三)适应我市经济特点,分布比较集中

与我市民营经济和劳动密集型产业发达的特点相一致,我市流动人口从事的职业大多为第二、三产业。据劳动部门对温岭市太平、大溪、石塘、滨海四个街道(乡镇)的抽样调查显示:流动人口从事第一产业占6.46%,第二产业占61.12%,第三产业占32.4%。受台州区域经济社会发展不平衡性的影响,温岭、路桥、黄岩、玉环、椒江等县(市、区)的流动人口相对较多,占全市的83.8%。

(四)省外流入为主,来源地相对固定

据公安部门统计,2006年,属外省籍的流动人口占91.72%,其中,四川的22.7万、安徽的19.2万、湖北的15.3万、贵州的14.2万、江西的13.7万、河南的13.6万,来自这六个省的流动人口占到全市流动人口总量的66.71%。

(五)长期居住为主,"流动人口不流动"现象突出

据对玉环县清港镇实地调查,该镇双郑村有出租房1205间,近几年来承租人变动的只有10%左右;该镇山北村新民小区租住的流动人口有2200多人,租住人员相对固定。

二、台州市流动人口服务管理工作的现状

(一)主要成效

市委、市政府一直高度重视流动人口管理服务工作。2006年,市"两办"专门出台了《关于进一步加强流动人口管理服务工作的实施意见》(台市委办〔2006〕64号),全市流动人口管理服务工作得到进一步的规范和提高。各地各有关部门结合工作实际,在流动人口管理工作上进行了积极探索,取得了明显成效。在治安管理上,流动人口分层次管理、集中规模住宿管理和出

租房屋星级管理、旅馆式管理、委托管理等做法被誉为“台州模式”。在劳动就业上，实行就业服务、政策咨询和就业信息服务、公共职介服务机构的职介服务、职业指导培训等“四个免费”服务。在计划生育管理服务上，创建了具有台州特色的“重点管理、重心下移、健全网络、创新机制、综合治理、优质服务”的流动人口计生工作新机制。在流动儿童入学方面，据教育部门统计，外来民工子女在我市接受义务教育的有10余万人，入学率达到100%。在社会保障上，市政府把扩大养老保险、工伤保险、医疗保险和住房公积金制度覆盖工作作为一项重要工作来抓，积极推进社会保障覆盖面。在户籍管理上，早在2002年，就出台了《关于进一步改革户籍管理制度加快市区人口集聚的意见》(台市委办〔2002〕39号)，规定外来人员只要初中以上文化，在市区经商或务工两年以上，有合法固定住所、稳定职业或生活来源的就可在台州市区落户。

(二)存在的主要问题

一是传统的防范式管理的工作理念没有从根本上得到转变，歧视、限制现象突出。一些地方、部门和少数干部没有充分认识到流动人口对我市经济社会发展的积极作用，没有看到流动人口中的主流是好的，片面强调流动人口带来的负面影响，在开展具体工作时，仍坚持传统的防范式管理，往往是歧视多于尊重，限制多于保护，管理多于服务。

二是现行管理机制导致一些部门各自为政，工作没有形成合力。目前，我市负责流动人口管理的组织协调机构是市综治委流动人口管理领导小组及其办公室(设在市公安局)，开展的工作是以治安为主的防范式管理。这样的管理机制存在明显局限性，领导小组及其办公室很难协调各地各部门的工作，实际上采取的还是公安、计生、房管、工商、税务等部门对流动人口、出租房屋分散行使管理职能的方式，形成了有限权力和无限责任的矛盾。因此，出现了条块关系理不顺、责权利分不清，职能部门各自为政、履职不力、没有合力的粗放型管理局面。

三是没有建立统一的综合信息平台，导致流动人口和出租房屋底数不清、情况不明。(1)网络不互通，统计口径不一致。全市没有建立统一的流动人口和出租房屋服务管理综合信息平台，各部门根据不同的统计口径和统计对象自行采集信息，且相互之间的信息不互通、资源不共享，如公安机关虽有比较全面的暂住人口信息，但因工作性质特殊不能与其他部门共享。(2)流动人口漏管较多。我市流动人口治安管理中的登记率和“人户一致”

率,约为80%和70%,有较大数量的流动人口游离在职能部门的管理之外,而且重复登记、人走未及时注销等情况较为突出,底数不清。(3)出租房屋没有准确的统计数据。房屋租赁登记备案制度执行不力,房管部门对个人出租房屋不登记的行为缺乏有效的制约措施,导致目前我市出租房屋管理基本上处于失控状态。这样,既导致全市没有完整、统一的流动人口和出租房屋信息,又造成重复劳动、资源浪费,影响了服务管理工作的效能。

四是流动人口服务管理专项经费没有足额到位,专管员"专而不管"。经费方面:目前市、县(市、区)两级财政没有单列流动人口服务管理工作的专项经费,各县(市、区)基本上将流动人口管理经费以公安业务经费的形式下拨给当地公安部门。专管员作用发挥方面:一是虽然全市各地已建立流动人口专管员队伍2300人,但离以500∶1的要求配备流动人口专管员还有差距,难以满足现实的工作需要;二是各地的流动人口基本上归公安派出所管理、使用,普遍存在移用、占用的现象。经费、人员保障不够到位,直接影响了我市流动人口服务管理工作的实效。

五是流动人口服务保障措施没有落实到位,权益维护工作任重道远。突出表现在:一是居住条件普遍较差。据公安部门统计,全市60%以上的流动人口居住在出租房、工棚、窝棚内。为降低生活成本,大部分流动人口租住在城郊结合部、城中村、工业区周边租金比较低的老房子、违章搭建的临时房或"房中房",有的甚至租住在车房、地下室,居住面积狭小,卫生设施差,用电、用气、用火安全得不到保障。二是劳动保障水平不高。流动人口大多从事的是脏、重、累、险、毒等工作,并且工作时间无保障,劳动合同签订率低,卫生保健、劳动保护、安全生产等措施普遍缺乏。三是克扣拖欠工资现象仍有存在。劳动部门调查数据显示,有16.1%的农民工认为工资偶尔被拖欠,有0.8%的农民工认为工资经常被拖欠。四是各类社会保险不到位。目前,全市只有三分之二的流动人口就业人员参加工伤保险,20%流动人口参加企业基本养老保险,2%流动人口就业人员参加医疗保险,参加女职工生育保险的流动人口不到1万人。五是流动人口子女教育处于低水平状态。民办的民工子弟学校师资力量弱、教学质量低、管理不规范的情况突出,各种安全隐患依然存在。

三、值得借鉴的“丰台模式”和“广州模式”

(一)“丰台模式”

丰台区是北京市流动人口管理体制改革和工作机制创新最早的地方之一,“丰台模式”可以说是北京市流动人口管理工作经验的典型。在管理体制上,从2003年开始,丰台区就把流动人口管理工作小组办公室从公安部门剥离出来,正式列编成立独立机构(2008年年初北京市成立流动人口与出租房屋管理委员会及其办公室以后,丰台区管理机构也相应进行了调整和更名)。主要职责是:组织研究并整合全市流动人口和出租房屋管理与服务的相关政策;统一指导并综合协调各区县、各部门有关流动人口和出租房屋管理与服务工作;对各区县、各部门有关流动人口和出租房屋管理与服务工作的落实情况进行督促检查。组建了三级专管网络和管理队伍。其中,区流管办有专职管理人员5名,22个街乡(镇)流管办有专职人员50人,243个社区(村)流管站有合同制专管员401人,71个村有兼职协管员305人。在工作机制上,建立了“条专块统、以块牵条、专群结合、以专带群”的“十六字流管工作机制”,创建了社区(村)干部与专管员、协管员队伍的工作融合机制和社区警务站带动流管站开展工作的模式。同时实施职能部门委托放权,将流动人口登记、出租房屋税收征管、出租房屋租赁备案等工作委托给流管站,多种形式做好流动人口的服务管理工作。在出租房屋管理上,探索出了出租房屋契约化管理模式,即:遵循以房管人,以管人保稳定、促发展的思路,指导社区和村依据法律程序、民主程序,制定出租房屋租赁公约,依托居(村)民自治,对出租房主和流动人口进行自我教育、自我管理、自我服务和自我约束,及时将一些违规违法的流动人口屏蔽在辖区之外,实现了出租房屋契约化管理与依法管理的有机结合。在经费保障上,采取财政保障与出租房屋征税相结合的方式解决。丰台区出租房屋契约化管理的做法得到了在京有关专家学者的高度肯定,认为是“一种制度创新,与和谐社会的创建要求逻辑相符”,北京市已在全市范围进行了推广。

(二)“广州模式”

“广州模式”的实质也是“以房管人”。广州市按照“党委领导、政府牵头、各负其责、统一管理”的要求,建立以市长为组长的流动人口和出租房屋管理工作领导小组,下设办公室,由分管副市长兼任办公室主任。同时在市政府办公厅设立出租房屋管理处,配备了5名专职人员,具体是协调国土房管、公安、计生、税务、规划、城管、工商等部门发挥职能作用,加强出租房屋管理工作。区、县也建立了相应的工作机构。在街道(镇)建立出租房屋管理服务中心,为事业单位,按不少于3人的标准配备人员。街道(镇)按照每100—120间出租房屋配1名管理员的标准建立出租房屋管理员队伍。目前,广州市有近8000名出租房屋管理员。出租房屋管理员对责任区内的出租房进行不间断巡查,及时通过信息网络登记更新承租人变动信息。出租房屋管理员由街(镇)按市出租房屋管理处制定的条件直接招聘,并负责管理、培训和支付工资福利。经费保障有力,仅2006年,广州全市共征收出租房屋税款6.7亿,其中市留成的85%全部拨到区(县),作为流动人口和出租房屋管理的专项经费,保证了足额够用。

无论是"丰台模式"还是"广州模式",都体现了五个方面的转变:一是由以社会控制为主的治安管理型向城市统筹规划、综合管理模式的转变;二是由重管理轻服务向管理服务并重、寓管理于服务之中模式的转变;三是由户籍人口与暂住人口双轨制管理向社会实有人口管理服务模式的转变;四是由职能部门管理为主向以完善社区管理服务体系为主的属地管理模式的转变;五是由政府管理为主向政府依法行政、社区依法自治、基层组织广泛参与的社会化管理服务模式的转变。这五个方面的转变,是新时期流动人口服务管理工作发展的必然趋势,值得我们学习和借鉴。

四、台州市流动人口服务管理工作的指导思想和原则

流动人口增多,是发展社会主义市场经济的必然,是城市化的趋势,是一个长期的社会现象。在目前我国对人口跨区域流动还没有一部完整的法律予以规范的情况下,我们应该准确把握流动人口服务管理工作的特点和发展趋势,学习和借鉴外地的先进经验和做法,牢固树立流动人口是台州的建设者也是新市民,是管理对象更是服务对象和依靠对象的理念,切实把流动人口服务管理工作作为全局性工作的一项重要内容,作为深化"平安台州"与"和谐台州"建设的突破口,摆到党委、政府中心工作的层面来抓。

(一)指导思想

根据中央和省委的有关精神,结合新时期流动人口服务管理工作的发展趋势,我市流动人口服务管理工作的指导思想是:坚持以邓小平理论和

“三个代表”重要思想为指导，以科学发展观为统领，全面贯彻“公平对待、合理引导、完善管理、搞好服务”的要求，树立流动人口平等待遇的思想理念，以“管得住、服务好”为目标，以改革管理体制为根本，以创新工作机制为重点，以基层力量为依托，以提高信息化水平为支撑，努力构筑与台州经济社会发展水平相适应、与现有的政策法律相符合的流动人口服务管理体制，促进流动人口同本地居民共建共享、和谐相处，全面推进“平安台州”与“和谐台州”建设。

(二)指导原则

贯彻上述指导思想，在工作中必须遵循以下五条原则：

一是坚持服务与管理相结合的原则。为流动人口提供全面、优质、高效的服务，是以人为本思想在实际工作中的体现；做好流动人口管理工作，是加强整个社会管理的重要内容。要把流动人口作为台州新居民来平等对待，坚决克服“只管理不服务”和“只服务不管理”两种极端思想，努力做到服务与管理并重。

二是坚持依法管理与依靠群众相结合的原则。依法管理是法治建设的基本要求，依靠群众是我们一切工作取得成功的基础。依法管理与依靠群众相结合，走的就是专群结合，法治与自治相结合的路子。在流动人口服务管理的具体实践中，有关职能部门必须依法行政、依法管理，既要杜绝越权和滥用职权现象的发生，又要防止出现有法不依、放任不管的现象；要充分调动村居、社区等基层组织的积极性，发挥其在流动人口服务管理方面情况熟悉、接触面广、信息灵通的优势，引导其依法建立村规民约、社区居民公约等开展自治管理，确保流动人口和出租房屋管理和服务措施落实在基层一线。

三是坚持“属地管理”与“谁主管、谁负责”相结合的原则。“属地管理”，就是要求各级党委、政府将流动人口服务管理工作纳入本地经济社会发展的总体规划，落实责任，落实措施，落实保障，确保流动人口服务管理工作取得实效。“谁主管、谁负责”，就是要求职能部门明确责任，积极履职，主动抓好职责范围内的流动人口服务管理工作。同时，“谁主管谁负责”包含了“谁出租谁负责”、“谁经营谁负责”、“谁用工谁负责”等要求，要求全面落实“业主责任制”，共同做好流动人口服务管理工作。

四是坚持工作创新与强化基层基础相结合的原则。既要坚持与时俱进，认真研究新形势下流动人口服务管理工作的特点和规律，用改革的思路和创新的举措,加快突破长期影响和制约流动人口服务管理工作的体制性障碍、机制性束缚和保障性困扰,同时又要继续完善在实践中得到证明的各种好的做法,做好总结提升工作。

五是坚持试点引路与全面推进相结合的原则。试点引路是我市流动人口服务管理体制改革和机制创新取得成功的关键。要选择一至两个有条件的县(市、区)进行试点,在试点取得成功经验的基础上,再在全市全面推开。

五、加强流动人口服务管理工作的对策建议

(一)创新服务管理体制,建立四级组织网络,着力提高流动人口服务管理工作的水平和能力

创新流动人口服务管理体制,必须建立健全党委领导、政府负责、社会协同、公众参与的工作格局,实现以公安部门治安为主的防范式管理向政府主导的服务型管理的转变。建议市委、市政府成立流动人口服务管理委员会,作为市委、市政府的议事协调机构,主任由市委分管副书记或常务副市长担任,委员由市委、市政府相关领导担任,负责全市流动人口服务管理的组织领导和协调工作。委员会下设办公室,作为常设办事机构,负责委员会的日常事务,履行组织、指导、协调、督查、考核等工作职责。该机构可设在市政府办公室,由市府办增设一个职能处室具体负责委员会办公室的日常事务。该机构设在市政府办公室有利于对各地各部门工作的协调;与市综治办合署则有一定的工作基础,可以利用现有综治资源和网络。办公室建立联席会议制度,成员由涉及流动人口和出租房屋服务管理的各职能部门负责人组成。县(市、区)可参照市里建立相应的组织机构。乡镇(街道)一级建立流动人口服务管理中心,配备相应的专门工作人员,参与综治工作中心集中办公。主要职责是为流动人口提供登记办证、用工介绍、教育培训、计划生育、法律咨询、维护权益等"一站式"服务。流动人口服务管理中心下面建立专管员队伍,调整现有管理格局,将隶属公安派出所管理、使用的专管员,以及计生、劳动、安监等部门的专门工作人员一并整合,由乡镇(街道)服务管理中心实行统一管理。人员配备原则上按省里规定的500∶1的比例进行配备,人数不足的,由乡镇(街道)服务管理中心实行招聘录用。村、社区建立流动人口服务管理站,专管员人数由乡镇(街道)服务管理中心核拨,同时在村、社区干部中物色一定数量的流动人口协管员,配合专管员共同开

展工作。要充分发挥基层协管员的作用，将工作任务落实到村居，尽量减少专管员的人数。

对专管员管理应实行定岗定责，建立健全岗位责任制和目标管理考核制度，使专管员的工资福利与工作绩效挂钩。专管员的工作职责至少要包含以下五项：(1)根据公安、房管、税务、计生等部门委托，按照服务管理中心的安排，做好流动人口和出租房屋的登记及发证工作，切实掌握各类底数；(2)检查、督促有关业主落实安全防范责任制；(3)落实计划生育责任，发现违反政策怀孕和生育的人员，及时通报计生部门；(4)做好流动人口和出租房主的法制宣传教育，协助查处违反规定的出租房主，督促出租房主按时缴交有关税费；(5)掌握流动人口和出租房屋的违法犯罪情况，及时报告有关部门。建立专管员队伍并不意味着职能部门责任的减轻，各部门要积极履行工作职责，经常对受托部门的管理过程进行指导、检查和监督。当专管员在管理中遇到出租房屋不登记、非法出租、偷税漏税甚至抗税经多次告知仍然不改等难题时，委托部门要及时采取联合执法行动，保障流动人口服务管理中心正常行使管理职能。

(二)深化户籍制度改革，降低流动人口在我市落户的门槛，积极探索“居住证”制度

一是继续深化户籍制度改革。按照省委、省政府《关于进一步加强和改进对农村进城务工人员服务和管理的若干意见》(浙委〔2006〕10号)精神，逐步取消农业户口、非农业户口的性质划分，实行统一登记为浙江居民户口的新型户籍制度，保障省内农村进城务工人员与城镇居民享受同等待遇。二是进一步放宽落户条件。对在我市有固定合法住所和稳定职业或生活来源的人员及其共同居住生活的亲属，继续按照市委办、市府办《关于进一步改革户籍管理制度加快市区人口集聚的意见》(试行)(台市委办〔2002〕39号)要求，进一步放宽条件、简化手续，及时办理落户手续。三是积极探索“居住证”制度。对各类引进人才，以及在我市有房产、有正当职业或其他合法居住资格者，在我市持续居住一年以上且无不良行为记录的，又不愿在我市落户或不符合落户条件的，可由本人申请办理居住证。对持有居住证的流动人口实行统一的规范化户籍管理，并在社保、就业、教育、卫生、居住等方面，给予市民待遇。这样，就可以把申领居住证与流动人口的日常生活紧密联系一起，使申领居住证在不实施直接强制的条件下变为自愿而自然的行为。

(三)加快建设流动人口服务管理综合信息平台,切实做到资源共享,着力提升流动人口服务管理工作的效能

针对流动人口信息不对称、信息交流不畅通的现状,抓紧建设包括综治、公安、房管、税务、计生、劳动、教育、工商等部门信息在内的市、县(市、区)、乡镇(街道)、村(社区、企业)四级联网的流动人口和出租房屋服务管理综合信息平台,开发设计集信息采集、传递、处理、跟踪反馈、任务完成评价、信息整理归档于一体的应用软件,实现四级管理组织网络和部门之间信息互通和资源共享,提高信息资源的利用率,提升工作效率和服务管理水平。全市综合信息平台(中央处理器)设在市流动人口服务管理委员会办公室,各相关部门、县(市、区)流动人口服务管理委员会办公室设立服务器,乡镇(街道)服务管理中心及有条件的村居、社区、企业综治工作站为终端用户。流动人口和出租房屋基础数据,由各终端用户负责录入和更新。

(四)转变政府职能,充分发挥自治组织作用,积极探索具有台州特色的出租房屋契约化管理新路子

要借鉴北京市丰台区的做法,结合台州实际,先抓试点,在取得经验的基础上再全面推行,实现"以房管人"。出租房屋契约化管理的具体内容和方法:一是制定并通过公约。乡镇(街道)引导和指导居(村)委会结合本地区实际起草《房屋租赁公约》,规定准租、禁租情况及居(村)委会、出租人、承租人等各方权利和义务等内容,在广泛征求意见的基础上,依照《居民委员会组织法》、《村民委员会组织法》规定的程序,召开居(村)民代表大会表决通过公约,赋予公约以合法地位。二是对照公约开展检查。由居(村)委会组织力量对本地区出租房屋进行排查、登记,对符合公约中安全卫生等准租规定的出租房屋进行审核确认,发放出租"标识牌"。对不符合规定的要求限期整改。三是监督房主与流动人口签订房屋租赁合同。一方面防止房主侵犯流动人口(承租人)权益,另一方面,依法对流动人口进行必要的住处登记,为公安、计生、房管等部门提供基础性数据。四是自治性约束和制裁。对不按公约出租的房屋,要求整改而不予整改或整改后仍不达标的,由居(村)委会按照公约约定的约束措施进行自治制裁。五是依法管理。对自治制裁仍不见效的重点违约户,由乡镇(街道)流动人口服务管理中心协调各有关执法部门开展联合执法,依法进行处罚。居(村)出租房屋契约化管理的具体事务,由社区(村)流动人口服务管理站负责。这样,政府既能从繁琐的具体事务中解脱出来,又能体现领导、协调、监督的职能,实现政府以人为本、服务为主的价值取向;既能体现政府的依法管理,又可增设公民个人的自律防线和基层自治组织的自管防线,有效地将不利于社区环境的人员和行业“屏蔽”在社区之外。

(五)依法开展出租房屋税收行政征管工作,弥补财政投入不足,为流动人口服务管理工作提供有力的经费保障

流动人口服务管理是一项社会公共事务,总的要求是建立以财政保障为主,出租房屋税收为辅的经费保障机制。一方面,要加大财政投入力度,各地要按登记流动人口人均40元的标准将流动人口服务管理经费纳入同级财政预算;另一方面,要启动出租房屋税收征管工作。市财政(地税)局要认真总结我市椒江区、玉环县等地开展出租房屋税收征管工作的经验,借鉴广州等地的成功做法,按照《浙江省个人出租房产税收征收管理暂行办法》的规定,结合我市实际,抓紧出台具体的出租房产税收征收管理规定,并在广泛宣传发动,试点成熟的基础上,在全市范围内推开。对个人出租用于住宅的自有房产,为方便计算和征收,可按房租的4%左右的综合税费征收率征税。税务部门可根据实际将征收工作委托给乡镇(街道)服务管理中心代征。各级财政部门要按照“取之于民,用之于民”的要求,将出租房屋税收地方留成部分,全部返还用于流动人口和出租房屋服务管理工作。

(六)落实权益保障措施,着力解决影响流动人口切身利益的突出问题,在实践中努力推进共建共享

着重解决以下六方面问题:一是逐步完善社会保险制度。强势推进工伤保险,深入实施农民工“平安计划”,把工伤保险扩面的重点放在农民工上,确保工伤劳动者依法享受工伤保险待遇。研究建立适应农民工大病住院医疗保险制度,建立针对农民工的大病医疗费用部分社会统筹的保障机制,由个人缴费与地方财政的一定支持构成。积极推行有区别的社会养老保险制度,对拥有固定职业且已在城镇就业较长时间的农民工,将其纳入城镇职工养老保险体系;对无稳定职业且流动性较大的农民工,则可以设计一种过渡性方案,比如制定不同档次的缴费率供其自愿选择,且规定凡招用农民工的企业必须为农民工缴纳相应档次的基本养老保险费。二是依法规范劳动管理,切实解决工资拖欠和工资偏低问题。用人单位必须严格按照《劳动法》规定,与劳动者签订劳动合同,建立权责明确的劳动关系。要进一步贯彻落实《浙江省企业工资支付管理办法》,严格执行最低工资标准,积极推行工资集体协商办法,建立健全欠薪应急周转金、建筑企业工资支付保证金以及工资支付情况监控等制度，积极推行工资集体协商办法，加大解决拖欠农民工工资问题的力度，确保流动人口工资待遇的落实。三是稳步推进廉租公寓建设。要将流动人口廉租公寓建设纳入相关城镇居住体系建设规划和工业园区配套设施建设规划，积极鼓励社会资本进入廉租公寓建设领域，同时对廉租公寓建设予以补助，给予土地供给、城镇建设配套费减免等方面的优惠，不断扩大廉租公寓建设面，努力改善流动人口居住条件。招用流动人口较多的企业，要建设员工集体宿舍。四是妥善解决流动人口子女义务教育问题。按照以公办学校接纳为主、民办民工子弟学校接纳为辅的原则，充分发挥全日制公办中小学在解决民工子女义务教育过程中的主渠道作用，同时将民工子弟学校纳入本地区教育事业规划，对办得较好的民工子弟学校积极鼓励、大力支持、正确引导，并给予优惠政策和财力支持，同时落实符合条件的外来民工子女与本地居民享受同等义务教育待遇，促进教育公平。五是完善维权保障机制。要依法保障农民工享有民主选举、民主决策、民主管理、民主监督等民主政治权利，逐步扩大流动人口中党代表、人大代表和政协委员的比例。畅通流动人口的利益诉求渠道，及时帮助解决实际困难。努力探索和推广维护农民工合法权益的有效方法和手段，充分发挥工会等组织对维护农民工合法权益的监督作用，着力解决流动人口权益受侵害问题。进一步落实和完善便民措施，及时为农民工提供法律咨询和法律援助。采取多种形式加强对流动人口的法制宣传教育，不断提高他们的法律素质。六是不断丰富流动人口的精神文化生活。要广泛动员和组织流动人口参与社区文化和广场文化等各种文体活动，逐步将基层文化俱乐部、文体活动中心、图书馆等设施向流动人口开放，引导和鼓励企业建设集教育、娱乐、生活于一体的综合性活动场所，努力使流动人口“闲有所娱”，营造有利于流动人口社会融合的良好环境。

后记：根据此次调研成果，台州市委、市政府于 2008 年 2 月 26 日出台了《中共台州市委 台州市政府关于进一步加强和改进流动人口服务管理工作的若干意见》（台市委〔2008〕8 号），并建立了市流动人口服务管理办公室，作为常设办事机构。目前，台州市所辖 9 个县（市、区），有 6 个县（市、区）建立了流动人口服务管理局。

嘉兴市创新流动人口服务管理体制机制的实践与思考

宋家聪　杨　敏*

近年来，随着经济社会的迅速发展和改革开放的深入，越来越多的外地人来嘉兴打工、兴业，且呈逐年增多趋势：2000年为15万人，2003年为64万人，2004年为120万人，2005年为130万人，2006年为165万人，2007—2008年为178万人。而近年来嘉兴市的常住人口数量平均在336万人左右。目前，流动人口与常住人口之比为0.53比1，也就是说，在嘉兴居住的3个人中，至少有一名是外地人。2007年底的统计表明，嘉兴市已成为全省11个地（级）市中外来人口密度最高的城市。从登记情况看，嘉兴市流动人口主要来自四川、安徽、江西、河南、贵州等中西部地区，其中男性占53.5%，女性占46.5%，15至49岁的青壮年占85.42%；这部分人学历偏低，初中及以下的占87.9%。绝大多数从事一线操作和服务岗位的工作。

外来人口的大量涌入，在促进区域经济发展的同时，也给当地的社会治安、劳动就业、社会公共服务等带来了巨大的压力。近年来全市刑事犯罪的发案中，外来人口所占的比率在70%—80%之间徘徊。因而，解决外来人口剧增带来的治安压力，是加强流动人口服务管理工作的历史起点。近年来，嘉兴市综治委、政法委和嘉兴市委、市政府先后对流动人口服务管理工作进行探索实践，取得了初步的经验。

* 宋家聪：嘉兴市委政法委副书记；杨敏：嘉兴市委政法委政治部主任。

一、嘉兴市加强流动人口服务管理工作的实践历程

嘉兴市探索加强流动人口服务管理工作主要经历了三个阶段:

(一)强化管理控制阶段(2000—2003年)

2000年前后,市综治委和市委政法委从减少犯罪的目的出发,开始着手加强流动人口治安管理工作的调研与探索。2002年6月,市委办、市政府办转发了市综治委办公室《关于进一步加强流动人口治安管理工作的若干意见》,各县(市、区)相继推出了工作举措,着力加强流动人口的治安管理。到2003年底,全市流动人口治安管理工作网络、体系实现了全覆盖,形成了"党政领导,综治牵头,公安为主,计生、劳动保障等部门积极参与"的工作格局。这一格局的主要标志是:市、县两级综治委(办)为流动人口管理服务的领导协调机构,管理服务办公室设在公安局的治安部门,以治安管理为主要手段,实战平台设在乡镇一级,一般以基层公安派出所为流动人口管理服务的主平台,有的乡镇(街道)专门设立了流动人口管理服务中心(简称"流管中心"),在流动人口相对集聚的村(社区)设立管理站,除抓好暂住证登记、查验外,公安部门推出了"以房管人"的措施,规定了房东的治安管理职责,并适时组织民警、协警力量,对违规住宿人员进行集中清理整治,同时,计生、劳动保障等部门也派专人参加到乡镇"流管中心"中来,开展查验办证、劳动稽查。从实践情况看,这种突出管理、以防范和控制为主要手段的流动人口管理服务工作,在预防和减少流动人口犯罪、减少计划外生育、非法使用童工等方面收到了比较明显的成效。

(二)深化教育服务阶段(2004—2006年)

2004年,省综治委和省委政法委确定嘉兴、宁波、温州三地在全省先行开展流动人口服务管理调研试点工作,对加强流动人口服务管理的探索研究提出了新的要求。在党中央"执政为民"和"以人为本"的理论思想指引下,市综治委、市委政法委领导及时转变观念,把加强流动人口服务管理的基点定位在突出教育服务上,坚持服务与管理并重,积极探索"寓管理于服务,在服务中体现管理"的新路子。我们通过调研发现,全市流动人口中,约有三分之二的人在民营企业务工,而多数民营企业在对外来务工人员的思想政治教育、法制教育等方面未能履行好相应的社会责任,民工中暴露的不安定因素相对较多。为了充分发挥民营企业在服务和教育外来人员上的作

用，市综治委于2004年底，在所辖的平湖市选择了3种不同类型(科技型、人力型、外资型)企业进行试点，探索在民营企业中建立综治工作机制。2005年7月，在平湖景兴集团召开全市加强民企综治工作现场会，会议明确：在全市200人以上的规模民营企业全部建立综治工作室(站)，配备专(兼)职工作人员，承担企业治安保卫、矛盾化解、安全生产、职工教育、权益保障等职能。同时，规定由乡镇党委、政府与企业签订综治目标管理责任书，落实“谁经营、谁负责”的企业治安法人代表责任制，每年组织考核。这一举措有效提升了外来务工人员的综合素质，减少了各类社会矛盾。近两年，全市企业杜绝了重大不稳定事件的发生。同时，大量的规模以上企业通过建“员工公寓”、“民工党员之家”、“姐妹谈心室”等举措，增强了凝聚力和向心力，提高了对流动人口服务管理的水平。2006年5月，全省社会治安综合治理工作会议在嘉兴召开，推广了嘉兴市“综治进民企”的经验。中央综治委副主任、综治办主任陈冀平出席会议，肯定嘉兴的这一做法“具有导向性和示范性”。

(三)创新体制机制阶段(2006年至今)

党的构建社会主义和谐社会理论的提出，特别是2006年国务院、省委省政府相继出台的《关于解决农民工问题的若干意见》、《关于进一步加强和改进对农村进城务工人员服务和管理的若干意见》，直接催生了嘉兴市流动人口服务管理新举措——建立流动人口服务管理专门机构。市委、市政府领导在学习讨论国务院《关于解决农民工问题的若干意见》时认识和体会到，农民工问题从根本上讲不是社会治安问题，而是公共服务与管理问题。必须顺应时代发展的要求，努力为到嘉兴打工、兴业的流动人口提供优质的公共服务和良好的管理。按照国务院《若干意见》的要求，市委、市政府决定由市咨询委牵头抓好流动人口服务管理工作调研，从更高层次、更广阔的视野上研究探索流动人口在长三角地区的生存规律和服务管理途径。通过深入调研，并在省委、省政府的大力支持和指导下，市委、市政府于2006年11月份出台了《关于加强嘉兴新居民服务管理工作的若干意见(试行)》(嘉委〔2006〕35号文件)，确定从关爱流动人口出发，将流动人口称为“新居民”，成立由市政府主要领导任组长，市委、市政府分管领导任副组长，各有关部门为成员单位的嘉兴市新居民服务管理工作领导小组，下设办公室，统筹协调全市的流动人口服务管理工作。决定设立嘉兴市新居民事务局，与领导小组办公室两块牌子、一套班子，作为常设机构，具体负责流动人口服务管理工作的组织、协调、指导和综合管理。2007年9月25日，嘉兴市新居民事务局正式挂牌运作,成为全国第一家地市级流动人口常设服务管理机构(属监督类事业单位)。当年底,嘉兴市所辖的7个县(市、区)和经济开发区全部成立了新居民事务局,街道、镇也相应成立了事务所,村、社区、规模企业设立工作站(点),并按照500比1的要求充实流动人口服务管理队伍。至此,全市健全了市、县、镇三级流动人口服务管理组织网络,形成了政府主导的流动人口服务管理新体制、新机制。

二、新的流动人口服务管理体制机制的优势分析

嘉兴市现行的流动人口服务管理框架体系,即建立流动人口服务管理专门机构——新居民事务局的做法,经过半年多时间的运作,已被证明为具有实践意义的创新之举。

(一)工作理念上的变革和创新

在当前编制机构偏紧的情况下,能够下决心建立这样一个专属局,专事流动人口服务管理工作,一方面充分体现了市委、市政府高度重视流动人口服务管理工作,另一方面充分体现了市委、市政府对流动人口服务管理施政理念的变化。即:不再以治安管理对象的角色对待流动人口,而以公共服务和公共管理对象来善待流动人口。在工作理念上已从排斥防范向和谐相处转变,从被动服务向主动服务转变。这种突出"政府主导"的服务管理方式,充分体现了"民本思想",把大量涌入的外来人口作为本地发展的重要力量,尽可能让他们享受同城待遇,充分尊重他们的人权,消除和最大限度地减少歧视,增强流动人口对本地的认同感和在本地生活的荣誉感。政府的这种做法,不但教育了本地居民克服对流动人口不信任和拒绝的心态,也缓解了一部分相对低层外来人口长期承受着的生活压力带来的紧张、焦虑、压抑等情绪,使他们的社会满足感和公平感增强,能较好地融入当地社会,与本地人和谐相处。

(二)体制的变革和创新

将原先相对松散的、以宏观协调为主要手段的市、县两级流动人口服务管理办公室改革为现在的流动人口服务管理专门机构和实体机构设置,从实践来看,好处十分明显:首先是理顺了领导和协调关系。我市流动人口数量巨大,有的县(区)、镇流动人口数量已超过当地居民,面对如此广大的服务群体,政府应当设置明确的服务主体(或代理人)。而新居民事务局的出

现，无疑是恰当地填补了这一空白，让流动人口有了归属感。在未设立专门机构时，遇有涉及流动人口的政策措施出台、重大工作任务下达，一般由相关部门或条线各自分别承担组织协调工作，没有一个归口部门来统筹，也缺乏统一的考核。从流动人口角度看，由于县级以上都没有专门的服务管理机构，遇有政策咨询、利益诉求反映和权益保障求助等，也不易找到合适的部门。设立新居民事务局后，这一问题迎刃而解，流动人口遇到困难、反映问题，第一时间就想到新居民事务局。其次是整合了社会公共服务资源。流动人口服务管理工作面宽、内容广泛，专业性、综合性也十分强。前两年，对流动人口服务管理工作，由各个条线自抓，多从业务角度出发，就业务抓业务，服务的内容相对比较单一。市新居民事务局成立时，从公安、计生、劳动等相关部门抽调 7 名，军转干部 1 名，专兼职局长 6 名，驾驶员等共计 16 名，从编制上增加人员不多，但这个独立的部门能潜心研究流动人口服务管理政策措施，不断探索服务管理新举措、新办法，对政府部署安排流动人口服务管理工作做到了早参谋、早策划、及时协调、集中精力组织，使政府统筹协调流动人口服务管理工作的力度明显加大。如半年多来，在市新居民局统筹协调下，全市主流媒体对市委、市政府加强流动人口服务管理政策宣传的密度和饱和度达到历史最高点，加强流动人口的服务管理已成为各级党委、政府的共识，各级、各部门把加强流动人口服务管理工作作为贯彻落实党的十七大精神的重要实践，作为推进经济社会又好又快发展的必然选择，作为实现社会和谐的重要举措。再如，在推进新居民居住环境改善、规范新居民子女就学、抓好新居民的维权工作、集中组织新居民群体开展文化娱乐生活等，有了新居民事务局，马上变得方便、有力。目前，市、县两级新居民事务局下设流动人口服务管理成员单位，使机关各相关部门参与服务流动人口的针对性、实效性更加明显。其三是有效提升了服务保障水平。专门机构的综合协调可发挥规模效应，其能力不能低估。市新居民事务局成立半年多来成效初显：在就业服务方面，市政府投资 3500 万元，改建扩建了占地面积 23400 平方米、建筑面积 17900 平方米的市级人力资源中心市场，实行全天候服务，目前日均进场达 2000 余人。镇新居民事务所建设联网招工信息视频，在整体上形成规模效应。在社会保障方面，大力推行养老保险、失业保险、生育保险、工伤保险、大病医疗保险等五大保险制度实施，其中工伤保险 2008 年底实现了全覆盖，生育保险参保企业达 9248 家。就业人员已参加养老保险的占 35%，参加医疗保险的占 25%，参加失业保险的占 20%。

市委、市政府已作出安排,每年以20%的力度推进,力争三年达到90%以上。同时,与太平洋保险公司合作开展新居民商业保险作为补充。通过政府、企业、个人等几个一点,一年交50元保费可享受意外身故保险30000元,残疾保险30000元,医疗保险2000元。在原体制下,这些都是难以想象的。

(三)工作机制上的创新

首先,在制度设计层面有所创新发展。在目前户籍的根本性改革还有一个过程的情况下,嘉兴以新居住证为抓手,进行了制度创新,吸引人才来嘉兴创业,这种探索对嘉兴的可持续发展是有积极作用的。目前已发居住证72万张。居住证的好处,从当前看,首先是心理上的,与原来的暂住证不一样,没有歧视和排外的意思;第二是吸引人才,让较高素质的人流动进来;第三是享受权益的界定,分层次享受。一般领居住证满15年可以落户。其次,坚持以乡镇综治工作中心为依托和指导、充分依靠基层公安派出所力量加强流动人口治安管理,是我们从实践中发现的行之有效的工作举措,也是我市新居民事务局成立后总结出的宝贵经验。实践证明:流动人口服务管理在基层一定要有触角,有公安派出所的积极参与才能取得较佳的效能。所以我们在创新体制的同时,继续保留了原来行之有效的一系列传统做法,继续加强基层基础工作。由于我们坚持了这一条,在注重服务的同时,并没有放松治安管理工作,实现了服务、管理工作的“双赢”。2007年,全市抓获流动人口违法犯罪嫌疑人占违法犯罪嫌疑人总数和流动人口总数的比率同比分别下降0.83%和0.2‰。人民群众安全感进一步增强,在每年一度的平安考核中,嘉兴市已连续三年荣获浙江省委、省政府授予的省级“平安市”称号。

三、流动人口服务管理工作面临的问题与思考

流动人口服务管理工作是一项带有全局性、复杂性的系统工程,目前我们所做的工作、进行的探索还处在十分浮浅的层次,有不少现实问题需要我们认真面对和解决。

(一)机构模式问题

据了解,浙江省有四种模式:一是嘉兴模式,政府专门成立直属局。二是宁波模式。政府办公室中专设一个处。三是杭州模式。放在政法委(综治办)。四是仍然放在公安局。从目前实践看,由于还没有作过综合评估,

也不能肯定哪种模式最好。"嘉兴模式"目前也只是我们自己体会到好。我们认为,流动人口管理是一项综合性的系统工程,是政府的一项重要职责。必须从理念、思路上确立政府主抓的观念,成立专门行政机构,主管此项工作。省、地市、县(市、区)、乡镇(街道)都应建立相应机构,形成网络,特别是省里应当建立相应的主管机构,最好是省政府下的主管局,以加强对流动人口服务管理工作的业务指导。

(二)职能定位问题

新居民事务局既承担面上的组织、协调、指导、督查等宏观职能,又赋予实质性的具体任务。各级综治、公安、劳动、计生、教育等涉及流动人口管理的政府职能部门根据各自职责,按照分工负责、互相配合的原则做好流动人口服务管理工作。应避免专门机构成为大而空的议事机构,走换汤不换药的老路。要按事定职,不能按人(新居民)定职,避免新居民机构成为一个第二政府。其职能定位还需要认真研究、确定。

(三)法律地位问题

加强流动人口服务管理工作是一项创新的工作,一定要解放思想,有所突破,打破部门利益,出台专门地方性法规,就政府行政机构主管流动人口予以立法确认。规定相应的内设机构、人员编制、工作职责以及法律赋予的其他职权和责任。如人口的信息采集、居住证的登记与发放及相应的行政处罚。避免因主体问题而违法行政。我们在实践中也遇到一些法律问题,比如,原来在公安管辖时协管员上门登记比较方便,现在个别地方与公安脱钩后,曾出现协管员上门被打的事件。

(四)财政负担问题

如户籍居民参加城乡合作医疗保险、基层公共卫生服务费、健康体检费,省财政每年每人分别下拨配套经费10元、5元、5元,但负担流动人口参加类似项目中央和省财政没有配套资金。诸如此类问题,我们常会遇到。比如中央财政对贫困地区教育有补贴,但这部分人在流入地就学,当地政府仍然要承担这部分人子女的教育费用。可以粗略地打个比方,按照50万学生计,每个学生每年仅需当地财政负担200元,合计就是一个亿。对于流动人口数量较大的地区会带来较大的财政压力,需要全国一盘棋、全省一盘棋统筹解决。比如,有人提出发教育券的方法就比较好:中央对贫困地区教育补贴费可以以发教育券的方法,按人发给,贫困地区人员来当地打工上学,向就学地提交教育券,提供教育资源的地方凭教育券向中央财政报销,实现转移支付。

（五）文化融合问题

本地人与流动人口之间最大的差异是思想和文化的差异。从我们多次统计和调研的情况看，在嘉兴的流动人口中，属于白领阶层的人员不到8%，绝大多数从事重体力工作，这些人经济和社会地位较低，真正使他们做到“来者有其尊、劳者有其得、工者有其居、优者有其荣，与本地居民和谐相处，共谋发展”，可能需要一至几代人的努力。需要相关部门认真研究，从长计议，提出解决办法。

县级区域流动人口管理服务的基本经验及其启示

——以绍兴县为例*

唐明良　陈柳裕**

一、引　言

流动人口①一般是指户籍未作变动的临时性移动人口，其主体是从农村进入城市（城镇）的务工农民及子女亲属，同时也包括一些具有城镇户口等其他户籍身份的流动人员。正如列宁所言，大机器工业必然造成人口的流动性。人口流动迁移是近代历史演进的一种必然规律，它对经济社会的影响积极，特别对流入地的贡献显著。据统计，我国改革开放30年来，劳动力流动对GDP的贡献率达21%。而浙江省的统计数据则显示，由流动人口创造的国民生产总值，每年约占浙江国民生产总值的15%左右。与此同时，流

---

* 本文系陈柳裕博士主持的"公安绍兴经验研究"（中共绍兴县委政法委、绍兴县公安局委托课题）的前期成果之一，成稿于2007年11月。原题为《"公安绍兴经验"个案研究——绍兴县流动人口管理服务的基本经验及其启示》。

** 唐明良：男，1981年出生，浙江省社会科学院法学研究所研究人员，浙江大学光华法学院在读博士研究生；陈柳裕：男，1968年出生，法学博士，浙江省社会科学院法学研究所所长、研究员，中共浙江省委建设"法治浙江"专家委员会委员，浙江省人民政府咨询委员会委员。

① 除"流动人口"这一称谓外，理论上和实践中尚有"外来人口"、"暂住人口"等词汇指称这一群体。本报告之所以主要采用"流动人口"这一称谓，是因为在课题组看来，与"外来人口"一词相对应的是"本地人口"或者"户籍人口"，故使用"外来人口"一词，客观上会让人产生两者不可同日而语的误解；而"暂住人口"一词则是一个纯粹的公安行政管理术语。但鉴于目前在统计口径和行政管理环节仍大量沿用"外来人口"、"暂住人口"这两个词汇，报告仍予以部分沿用。

动人口的急剧增加,也带来了社会治安、计划生育、劳动就业、社会保障、城市建设、村镇规划、环境卫生等诸多方面的新情况、新问题。可以说,不断增加的流动人口对我国社会各领域都产生了深远影响,对现行社会管理体制更是提出了挑战。

绍兴县是全国首批24个历史文化名城之一,也是浙江省首批小康县之一,更是全国商贸市场大县和全国农村综合经济实力十强县之一。其市场繁荣、经济发达、百姓富裕,人口流动和集聚是一种自然而正常的经济社会生活现象。特别是在其大力实施"提升工业化、推进城市化、融入国际化、加快信息化"的进程中,流动人口数量更是急剧增加,这在为绍兴经济社会发展提供重要力量的同时也带来了突出的社会问题。基于此,绍兴县委、县政府以及流动人口管理服务部门坚持以"三个代表"重要思想和科学发展观为指导,按照构建和谐社会的总体要求,在省委、省政府和上级部门的正确领导下,秉承以人为本的理念,在继续通过制度创新巩固公安机关基层基础工作的基础上,推行"党委政府抓保障、综合(牵头)部门抓协调、职能部门抓专项、村居企业抓基础"的流动人口管理服务大格局,使得流动人口的管理服务工作上了一个新的台阶。据统计,2002年至2006年,在绍兴县的流动人口犯罪人数占全部在绍流动人口总数的比例基本上稳定在3.8‰左右,而2007年1至11月,这一比例锐减为2.58‰(见图1),这较为充分地说明了绍兴县流动人口管理服务工作的成效。

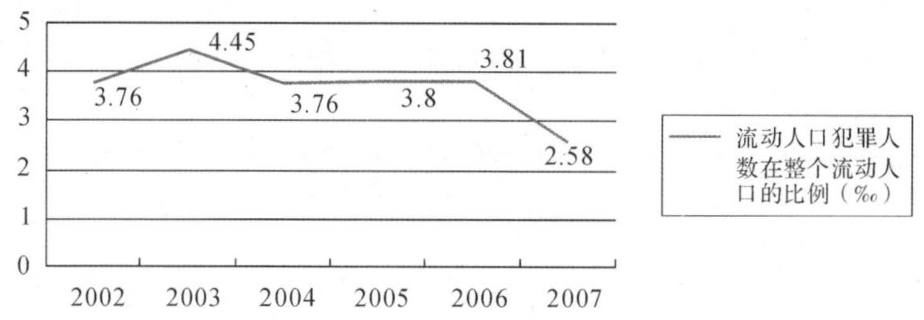

图1 2002—2007年绍兴县流动人口犯罪数占在绍流动人口总数的比例示意图

加强流动人口管理服务工作的过程中,绍兴县在管理服务理念、制度创新和具体运作层面,均形成了被实践证明为行之有效的丰富经验。这些基本经验,不仅对流动人口管理本身,而且对和谐社会的构建、对大维稳格局的形成、对政府社会管理职能的履行及其方式转变等方面均产生了有益的启迪。

二、绍兴县流动人口管理服务创新的基本背景

在对绍兴县流动人口管理服务工作的制度创新和基本经验展开介绍之前，我们有必要了解实施制度创新的基本背景，以解决为什么要创新、创新面对的是什么，以及围绕什么进行创新等问题。这一基本背景既包括制度创新的实施对象——绍兴县流动人口本身的状况，也包括实施制度创新前的宏观制度背景。

（一）绍兴县流动人口基本状况

1. 登记流动人口数量逐年激增，需管理的群体规模扩张

近年来，绍兴县外来人口网上登记数量呈激增之势。按外来人口年报的统计，2000 年 7 月 1 日至 2001 年 6 月 30 日，绍兴县外来人口网上登记数为 49274 名，2001 年 7 月 1 日至 2002 年 6 月 30 日为 82328 名，往后各期的外来人口网上登记数分别为 165512 名、223691 名、257469 名，2005 年 7 月 1 日至 2006 年 6 月 30 日的外来人口网上登记数达到 358472 名。2007 年 1 至 11 月份，绍兴县共登记外来人口 567335 人，与 2006 年全年登记总数相比，增加了 58%。从 2001 年至 2007 年 1 至 11 月份的登记数字来看，绍兴县登记流动人口数量的年增长率在 50%至 100%之间。[①] 登记流动人口数量之庞大，增速之迅猛，一方面说明近年来绍兴县加强流动人口登记管理和信息警务建设的成效，另一方面也说明了流动人口管理服务的难度所在。

2. 流动人口的户籍、职业结构日趋复杂，异质性更加明显

从来源地来看，绍兴县的流动人口主要来自安徽、四川、贵州、河南、江西、湖南、重庆、湖北、广西等省市以及浙江省内的其他地区。以上 10 个省市的在绍兴县的流动人口数均超过 10000 人，最多的是安徽，占总流动人口的 22%；其次是四川，占总数的 20%。

除本国的流动人口外，近年来，来绍兴县的外籍流动人口亦不断增加。

---

① 就整个浙江省而言，从 1995 年以来，浙江流入的人口总量平均每年以约 20%左右的速度递增。2005 年以后，增幅趋缓，年均增幅为 14.9%。浙江是一个人口流入大省，登记的流动人口总量已连续 7 年位居全国第二，而绍兴的流动人口登记数增长速度却还高于全省平均增速。就绝对数而言，2006 年 12 月 30 日，浙江流动人口总量为 1545.3 万人，绍兴市 99.7 万人，绍兴县同期登记流动人口为 358472 名，分别约占全省的 2.3%和全市的 35.96%。

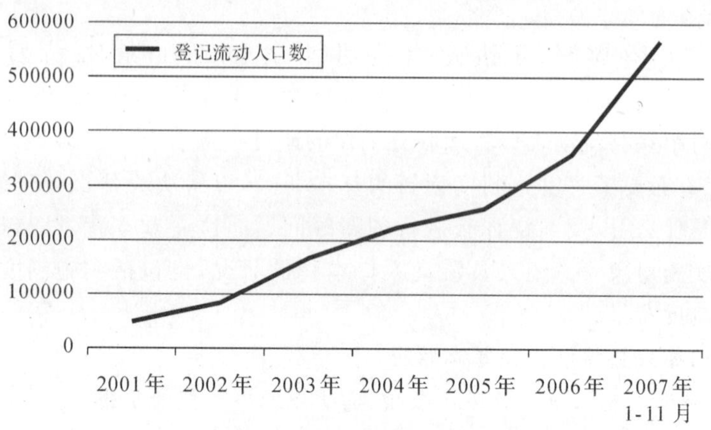

图2 2001—2007年绍兴县登记流动人口数变化示意图

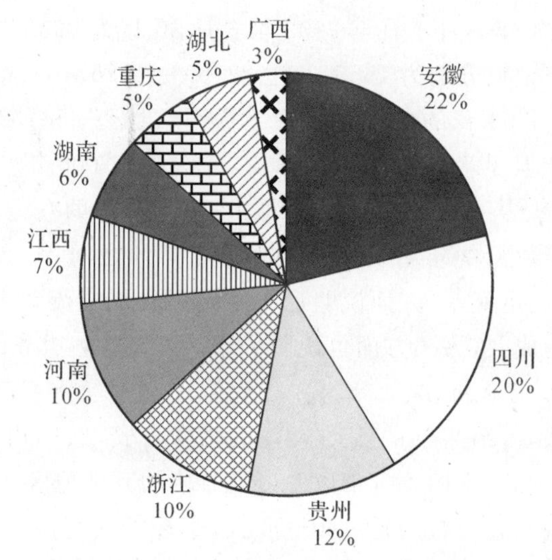

图3 2007年绍兴县流动人口主要来源地分布示意图

中国轻纺城客商云集,外籍人员较多。特别是近年来,中东穆斯林和新疆维吾尔族人进一步增多,达到1000余名。同时,随着绍兴对外贸易的发展,境外机构成倍增长,到2007年5月底,全县已有340家国(境)外代表机构,境外人员特别是印度和巴基斯坦人员大幅增加。据不完全统计,在绍兴县流动的外籍人员目前已达7000余人。

从职业结构来看，目前登记的绍兴县流动人口中，务工人员 200233 人，占 55.48%；经商人员 13467 人，占 3.73%；务农人员 8720 人，占 2.41%；服务行业从业人员 2728 人，占 0.75%；职业不明人员 129586 人，占 35.91%。

流动人口来源地结构和职业结构的分殊，使得流动人口不仅与流入地社区居民相差很大，而且其内部也存在较强的异质性，在生活习惯、价值观念、宗教信仰与社会习俗等方面往往大相径庭。流动人口脱离了熟悉的共同体生活，来到他们陌生的社会，人际关系随之发生了根本性变化：不仅自我约束和相互约束严重弱化，而且组织性和一体化也不断减弱，因此，将流动人口这一群体进行有效整合就变得十分困难。

3. 高危流动人口原籍地较为集中，地区化特点明显

从 2004 年至 2006 年，绍兴县共抓获外来人口犯罪人员 3760 名。这 3760 名外来人口犯罪人员主要集中在贵州、安徽、四川、重庆四个省市（图 4），而其中：贵州籍的外来人员基本上来自于贵州省大方县、织金县、六枝特区、盘县；安徽籍外来人员基本上来自于安徽省的阜阳县；四川籍的外来人员基本上来自于四川省的筠连县；重庆籍的外来人员基本上来自于重庆市的江津市、涪陵区。从 2006 年一年的数据来看，抓获的流动人口犯罪嫌疑人所属地区中排在前五位的分别是：安徽省的阜阳县（100 人），四川省的筠连县（61 人），贵州省的六盘水市（52 人）、大方县（51 人）、织金县（35 人）。

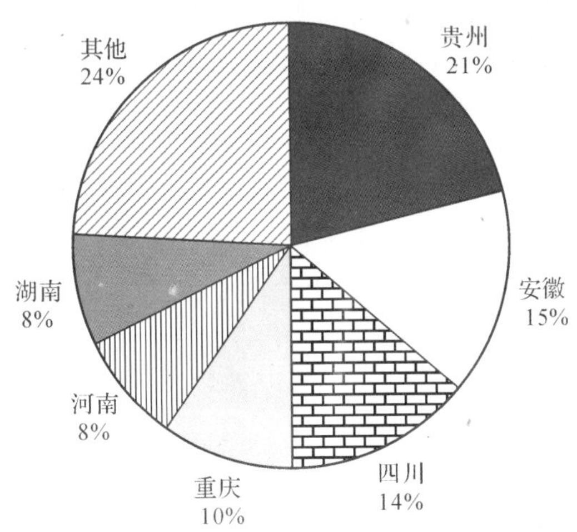

图 4　绍兴县流动人口犯罪人员主要来源地分布示意图

由于流动人口往往老乡意识较为浓厚,在一部分案犯帮、教、带下,某一地区人员进行特定违法犯罪行为很容易形成气候,地区性特点非常明显。比如,2006 年绍兴县公安局共抓获涉毒类犯罪嫌疑人 73 人,主要来自四川省(32 人)、贵州省(27 人),共占全部涉毒类犯罪嫌疑人数的 80.8%。

(二)流动人口管理服务的宏观制度背景

新中国成立以来,我国流动人口的管理模式经历了一个自由放任式管理→疏散式管理→严格控制式管理→防范式管理的演变过程,最终形成了现行的防范型管理模式。防范型管理模式尽管在近年来有所改观,但总体上仍在各地沿用,这构成了流动人口管理服务创新的基本制度背景。

1. 防范型管理模式下,管理主体较为单一,缺乏部门联动

流动人口分布在社会的各行各业,管理工作不仅涉及社会治安,同时还涉及城市管理、交通运输、工商劳务、计划生育等各个方面。但在实际工作中,部门单位间的协作难度较大,往往是公安机关孤军作战,其他部门各自为政,用人单位独立门户,实质上就是各部门对外来流动人口管理未达成共识,各级党委、政府也没有真正将流动人口纳入社会治安综合治理的框架。此外,在政府部门之外,社会化的管理主体暂付阙如。

2. 防范型管理模式下,管理方式基本上以"卡证式"的静态管理为主

在防范型管理模式下,流动人口管理工作主要以登记、办证、收费为特征,管理方式体现为重强制手段、轻服务引导,重行政命令、轻群众参与,比较多地采取"以收助管,以罚促管",总体上呈现为以本、表、册或证为载体的静态管理。而流动人口管理的难点无疑在于"动"上。外来流动人口离开原户籍所在地,其中一部分四处流荡,下落不明,脱离管理。在城镇众多的外来流动人口中,无固定住址、无固定职业的占有较大比例,他们活动无规律,流动频繁,难以清查登记、难以调查核实、难以管理控制。一部分流动人口虽然已经进入登记管理的范畴,但由于职业、生活等因素的随时变动,造成管理落空。尤其是一些外来流动人口中的高危人群,流动性更大,排查和管控更难。这些都对防范型模式下的静态管理提出了挑战。

3. 防范型管理模式下,强调防控,服务理念匮乏

这一点与上述第 2 点密切相关,流动人口防范型管理模式强调的是"防范",注重限制与控制,注重治安管理与整治打击,因此它的定位基点在于政府部门对流动人口的规范整顿,并没有从整体上树立以人为本的意识和服务意识。政府机关屡次加强管理的目的往往不是为了改善"外地人"的生活

处境，而是为防范其对城市和城市居民可能造成的危害。

4. 近年来国家相关制度、政策的变动更向防范型管理模式提出挑战

随着法治化进程的推进，国家法层面在流动人口管理方面取消或者修正了一些重要的制度。近几年影响比较深远的制度变革包括：2002 年，全国各地相继取消流动人口收费项目，管理要求提高，进而导致经费来源减少；《中华人民共和国行政许可法》出台后，公安机关在全国范围内取消了暂住证的办理；《城市流浪乞讨人员收容遣送办法》的废止；租赁房屋治安核准制度的取消；大面积集中清查手段的停用。这些制度变革一方面是法治进步的表现，另一方面确实也在客观上使得以往公安机关在流动人口管理方面的一些行之有效的手段被不断非法化，公安机关在流动人口管理方面所面临的问题更趋突出，原有的防范型管理模式亟待改革和完善。

三、绍兴县流动人口管理服务制度创新的基本经验与重要举措

（一）将流动人口管理服务纳入综治范畴，既倚重公安，又跳出公安，形成齐抓共管的大管控格局

要想突破外来流动人口管理服务的瓶颈，首先要整合管理资源，努力实现由公安机关一家唱“独角戏”的单一型管理向政府“大管控”的整合型管理转变。基于这一思路，绍兴县通过一系列的制度创新和措施保障将流动人口管理服务工作切实纳入社会综合治理的范畴，确立了“党委政府抓保障、综合（牵头）部门抓协调、职能部门抓专项、村居企业抓基础”的大管控格局。

绍兴县、乡镇（街道）两级党委政府对流动人口管理服务的保障作用主要体现在三个方面：一是保障经费落实，支持和督促县财政按每登记发证一名流动人口 15 元的标准，按月划拨给县外来人口管理服务办公室；支持和督促各镇街财政以每登记发证一名流动人口 15 元的标准配套流动人口管理服务工作专项经费，主要用于专管员工资、办公费用以及村级流动人口管理服务工作经费补贴。二是保障人员落实，督促和保障各乡镇（街道）按 800∶1 的比例配备外来人口专管员（每登记发证 800 名外来人口配备一名专管员），督促各村居按 800∶1 的比例建立兼管员队伍。三是由各镇（街道）、开发区把外来人口管理服务工作纳入经济社会发展规划，加强领导、明确职责。

针对流动人口管理服务各相关职能部门各自为政的弊端，绍兴县在两

级党委政府的充分保障下成立了流动人口专管机构。县委县政府专门成立以县委副书记为组长的外来人口管理服务工作领导小组,下设外来人口管理服务工作办公室,归口政法委,负责全县外来人口管理服务工作的指导、协调、检查、考核。各镇也成立了以分管政法副书记为组长的外来人口管理服务工作办公室,各镇(街道)的外来人口管理服务工作办公室主任由综治工作中心主任或专职副主任兼任,从而将其切实纳入综治管道。县外来人口管理服务工作办公室工作人员从县机关职能部门抽调。在外来人口管理服务工作办公室的具体工作方式上,县镇两级外来人口管理服务工作办公室均实行以公安为主,其他部门参与的联合办公方式。通过建立联席会议制度,健全和创新定期检查考核、定期书面通报、定期会议协调等机制,采取督查反馈、考核奖励等有效措施,保证外来人口管理服务工作的正常开展。

显然,专管机构的作用主要限于综合协调和牵头,具体的管理工作大部分得依赖于相应的专业职能部门。公安、劳动、教育、计生、建设、工商、地税、财政、司法、卫生等21个职能部门根据各自承担的职责任务,抓好专项工作。而所谓村居企业抓基础,则是建立由村企负责人牵头的管理服务登记站,做好全员登记、造册、查验、发证、出租房屋清查整顿及有关信息反馈等基础性工作。①

在完成以上四个层面的制度创新后,绍兴县委、县政府真正将外来流动人口纳入了社会治安综合治理框架。县镇两级组织网络(外来人口管理服务工作办公室、专管员、协管员队伍)、公安计生等21个机关部门、镇街(外来人口管理服务工作纳入镇街岗位责任制考核内容)齐抓共管的大管控格局迅速形成。利用现有制度资源基本解决了流动人口管理服务中人、财、物缺乏,管理力量薄弱以及管理主体多元化且各自为政等诸多体制性问题。

(二)创新理念,充分认识到服务是管理的基础,管理与服务并重,将管理寓于服务之中

随着流动人口管理工作的日趋复杂和宏观制度背景的变化,绍兴县的流动人口管理者们越来越意识到:单纯地强调管理或仅仅殚精竭虑地调整、完善管理方案,只是一种治标不治本的工作思路,不能从根本上堵塞现实中存在的管理漏洞。因此,在流动人口管理中需要积极地创新理念,形成"情

---

① 村居企业在流动人口管理服务工作中的制度创新及其功能将在以下相应板块中展开,此处不赘。

系流动人口、权护流动人口、利归流动人口”的良好氛围，从而达致“寓服务于管理，在管理中强化服务，在服务时优化管理”的良性循环状态。

基于这一认识，绍兴县在理念创新和制度创新上进行了以下探索。

1. 创新理念，加强教育，强调以人为本

针对外来人口素质参差不齐，加上社会地位、生活习惯、语言表达的差异，本地人对外地人相对排斥，局部地方一度出现歧视外来人员的现象，绍兴县委、县政府审时度势，从转变理念和工作思路入手，通过评选“十佳外来创业人员”，介绍外来建设者事迹，开展外来创业者书画比赛，吸纳优秀外来人员参政议政等途径，宣传外来人员在绍兴县各项建设事业中的重要作用，教育引导广大干部群众坚持以人为本，强调用开放、包容、亲民的心态，善待外来人员。在理念教育之下，广大干部群众对外来人口逐步由“反感”变为“理解”，由更多地强调管理变为更多地注重服务，从而奠定了本地人和外地人之间有机融合的社会心理基础。

除了理念上的转变、教育和统一思想外，绍兴县委、县政府更意识到，坚持以人为本理念要求流动人口管理层面更多地依靠“人”，要从“人”的需求出发制定各项政策，使外来人口在就业、居住、劳动保障、计划生育、义务教育、卫生防疫、证照办理、科技申报、专业技术职务任职资格评定等方面享受与本地人员同等的待遇，并切实保护流动人口的合法权益。因此，在以人为本服务理念的具体落实措施上，绍兴县着重抓了优化公共服务水平和落实待遇保障两个重点环节。

2. 多元主体联动，优化公共服务水平

在绍兴县外来人口管理服务工作领导小组、外来人口管理服务工作办公室的综合协调下，各职能部门以及其他公共服务主体积极联动，优化公共服务水平：一是优化就业环境，积极提供就业服务。取消农村劳动力进入城镇就业的限制性政策，建立城乡统一的劳动力市场；推行公安、劳动、计生三部门“一站式”办证服务，提供求职登记、择业指导、职业介绍“三免费”服务；提供就业服务，2002 年以来累计推出 2 万多个就业岗位，介绍就业成功 1 万多人。从图 5 可以看出，推荐就业成功的数量占推出岗位数的比例呈逐年上升趋势，特别是 2007 年，这一比例高达 96%。二是组合多种力量，改善居住条件。绍兴县通过出台各种政策意见，采取“企业为主、社会补充”的做法，以“三个一批”为导向，即“政府主导建造一批，村企力量建造一批，闲置厂房

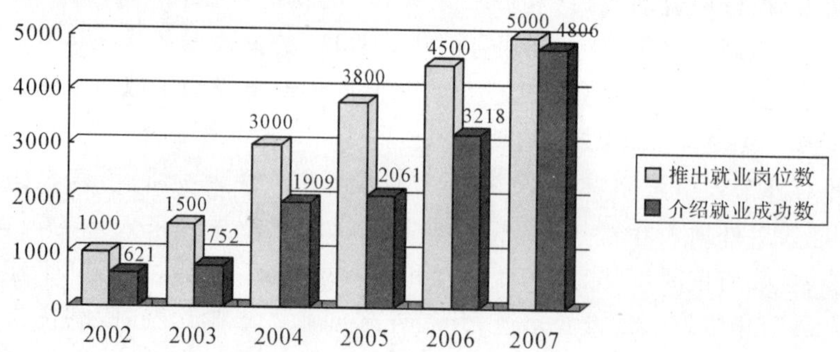

图 5　2002—2007 年绍兴县为流动人口推出就业岗位数和介绍就业成功数对比图

改建一批”①,累计建造外来人口公寓房 80 多万平方米,供 15 万流动人口居住,占整个流动人口的 26.8%,换言之,每 4 名流动人口中便有 1 人入住统一建造的公寓房。三是创造条件,强化多层次的教育培训。建立外来人口就业培训中心,对成年人进行思想道德、法律法规、劳动技能培训;严格履行浙江省人民政府“把流动人口子女纳入当地招生计划,实行‘同城待遇’,根据公办学校接纳为主,民办民工子弟学校接纳为辅的原则,充分发挥全日制公办中小学解决流动人口子女义务教育的主渠道作用”的要求,在全县中小学均向外来人员子女开放的基础上,出台优惠政策,创办 13 所民工子弟学校,现有 2.54 万外来人员子女在绍兴县就学,其中 1.8 万名在公办学校插班,其余在民工子女学校就读(参见图 6、图 7);劳动、工会单办或者合办的外来务工人员各类培训班 200 余起 ,参加培训 10100 人次,培训合格率 95.16%,其中,9149 名获得各类职业技能证书。四是计卫合作,提供卫生服务。计生、卫生等部门每年两次为外来育龄妇女查孕、查环、查病,无偿提供避孕药物、工具及计生宣传资料,为 7 岁以下外来儿童接种计划免疫疫苗。免费为 4100 例外来育龄妇女实施计划生育四项措施,免费为 10 万外来育龄

① “三个一批”的具体表现是集居式管理的“三管齐下”:首先,督促企业负好管理责任,推广舒美特公司、永通集团、华宇集团等企业的先进经验,规定外来职工达 50 人以上的企业,必须为职工提供宿舍或就近代为租赁宿舍;外来职工较多的企业,新建厂房必须同步规划建设职工宿舍。其次,指导盘活存量闲置房产。推广齐贤镇的“四海园”小区管理模式,指导和扶持社会力量利用闲置厂房等改建外来人口住宅小区,实行市场化运作、规范化管理。再次,政府主导兴建统一的外来人口公寓。外来人口公寓由镇(街道)或村级经济合作社等集体组织投资兴建,建设用地采行政划拨,县属部分规费及服务费免收或减半收取,鼓励企业或个人参股投资。

妇女查孕、查环、查病，提供避孕药物、工具，发放计划生育救助金 20 多万。五是提供文体服务，丰富流动人口文化生活。举办外来务工人员卡拉 OK 比赛、外来创业者书画大赛、外来创业者看柯桥、千名外来职工乐柯桥、开放县图书馆等等丰富多彩的活动。

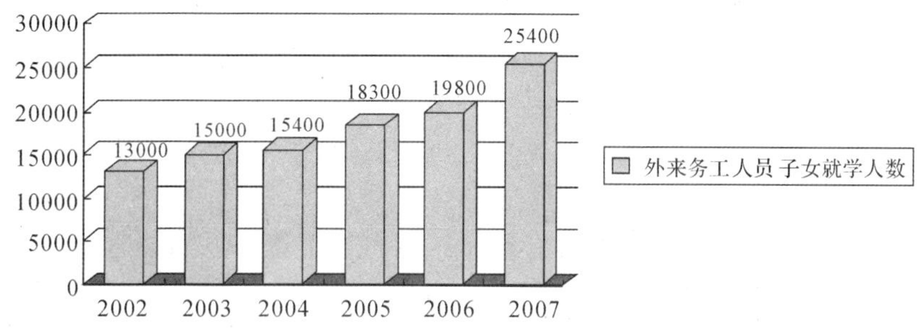

图 6　2002—2007 年绍兴县外来人员子女入学数变化示意图

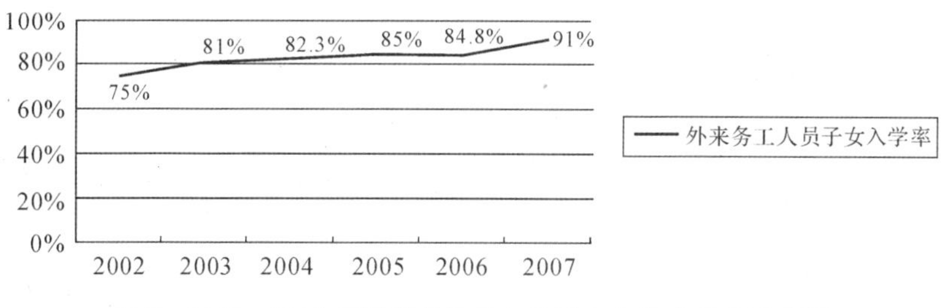

图 7　2002—2007 年绍兴县外来人员子女入学率变化示意图

3. 破除歧视，落实待遇保障和维权机制

落实待遇保障是秉承以人为本服务理念、破除歧视的重要载体，为此，绍兴县积极落实流动人口的政治待遇和经济待遇保障。在政治待遇上，积极引导流动人口参政议政。截至 2007 年年底，全县共有 14 名外来人员当选为人大代表，14 名当选为政协委员，4 人获得县长奖励基金，1 名当选为县级劳模，1 人获得全国“五一”劳动奖章并当选为省级劳模。在工资待遇上，出台了《企业欠薪预警处置办法》、《规范企业工资支付管理办法》等，建立了“工资支付应急周转金制度”和“工资支付保障金制度”，保障外来职工工资按时按实支付。在社会养老保险和工伤保险上，做到全覆盖，切实解除了外来人员的后顾之忧。

待遇保障落实之后，如果没有相应的维权机制，流动人口的合法权益仍有被侵犯之虞。因此，绍兴县还在建立流动人口维权机制方面狠下工夫。在县本级建立维权服务中心，开通投诉维权热线的基础上，开辟“流动人口网上之家”论坛，做好网上咨询、网上投诉、网上服务等工作。自论坛建立以来，影响力和社会效果不断扩大，流动人口累计在论坛上投诉147条，有关部门则及时处理网上投诉，在法定职责范围内的合理要求全部予以解决。镇一级建立劳保所，为外来职工维权提供帮助。司法行政部门建立由多名律师参加的法律援助团。县人民法院则开通诉讼绿色通道，无偿为外来人员提供法律援助。此外，全县对外来职工在仲裁解决等方面也与本地人员实行同等待遇。

事实上，以上服务措施的创新和落实，不仅有助于形成流动人口与户籍人口“发展空间共存、生活资源共享、社会责任共担、经济繁荣共创”的新局面，而且能够真正切实地将管理寓于服务之中，极大地提高管理效率。以提供居住服务为例，通过实施“三个一批”的流动人口公寓房建设思路，可以推进流动人口集中住宿、集中管理，进而可以委托由用工单位或出租房屋的所有人负责，对入住人员实行一人一档、一人一卡的统一登记管理，大大提高了管理效能。

（三）多层次推进“社会化”管理

“警力有限、民力无边”，流动人口管理服务工作不能也无法仅仅依靠“体制内”的力量。因此，绍兴县积极转变观念，树立“有限管理”、“政府购买服务”的管理服务理念，多层次地推进流动人口管理服务工作的社会化。

1. 推行专业化管理，组建综合管理队伍

面对庞大而又不断流动的外来人员，仅靠社区民警根本无法管好，必须采取市场经济的方式培养职业的社会管理者。因此，绍兴县由政府牵头，组织公安、工商、城管、计生、民政、劳动等部门，在外来流动人口聚集（达50人以上）的村居及大型企业设立流动人口管理服务站，全县服务站总数达674个。将教育、公安、地税、计生、文化、劳动保障等方面的公共服务，通过服务站落实到社区的每一名流动人口。在此基础上，建立专管员制度和协管员制度，各镇街按800∶1的比例配备外来人口专管员，明确为镇街临时聘用人员，实行一年一聘的劳动合同制，并引入一年淘汰制度、招考充实制度。专管员的工作模式是招聘后由派出所管理使用，驻村（居、社区）开展工作，主要职责是做好外来人口的登记查验、信息的采集报送。各村居建立兼管员队伍，数量按外来人口500∶1的要求配备，协助专管员工作。目前，绍兴全县专管员计442人,兼管员计872人。

以专管员和兼管员为主体的社会管理工作者提供管理工作的重要信息,发现管理中的漏洞,解决了民警眼看不到、腿跑不到的问题,弥补了治安管理的时空漏洞,真正体现了"专群结合、依靠群众"的根本方针,做到了"用社会的人、管社会的事"。由于社会管理工作者时时刻刻与群众生活在一起,视野宽、信息灵、反应快,加之市场化手段的刺激,使流动人口的管理、服务功能得到了有效提升。同时,社会管理工作者的工作,也使得社区民警从大量的流动人口登记、信息录入等繁杂工作中解脱出来,把主要精力投入到重点检查、发函调查、网上比对、信息研判等更高层次的管理工作上,并从中识别、发现高危人员,锁定高危人员,落实监控措施,提高外来流动人口管理的针对性和实效性。

在这样一支专业化、社会化的综合管理队伍基础上,绍兴县正积极探索以"1234"为主要内容的村级综治工作站运行机制:一个站("一村两委"领导下的综治工作站);两个组织(治保委员会和调解委员会);三支队伍(护村护厂队、义务消防队和外来人口管理队);四大员(维稳信息员、法制宣传员、人民调解员、矫正帮教员)。"1234"村级综治工作站运行机制的建立健全必将进一步提高绍兴县外来人员管理服务工作的专业化和综合化水平。

2. 注重源头社会力量的运用,实现源头维稳

在流动人口源头管理上,绍兴县主要抓了两种社会力量。一是出租房东。出租房屋作为流动人口的主要落脚点,是流动人口管理的重要内容,管好了出租房屋,也就是抓住了流动人口管理的牛鼻子。特别是国务院作出取消治安许可核准制度,公安部实行备案登记后,一部分房东误认为其不再需要承担治安责任,履行治安义务的意识明显减弱,甚至对民警、户口协管员的检查产生抵触情绪,客观上造成了出租私房领域刑事案件多发,特别是白闯、夜盗案件日趋增多的态势。针对这一点,绍兴县通过"三个一"切实抓住"出租房东"这根牛鼻子,即"发放一本登记簿、发出一封公开信、下达一项处罚指标"。一本登记簿,即向每位房东发放一本《暂住人口出租房屋登记簿》,由房东填写出租房的基本信息、承租人的基本情况;一封公开信,即告知房东应尽的义务以及违反规定要受到的处罚;一项处罚指标,即对违法房东的处罚指标,通过加大对违法房东的处罚,提高房东管理承租人的积极性。据统计,2007年1至10月份共收到出租房房东登记簿计39564本,处罚出租房东共1654人。

二是业主。绍兴县要求企业把好“三关”,即职工招收登记关、居住在单位内部的外来职工办证关、外来人口《暂住证》查验关。与此同时,深入推进“综治进民企”工作,坚持“谁用工、谁负责”的原则,通过签订综治责任状、治安协议书等形式、指导、督促民营企业落实对本单位外地员工管理的主体责任,把流动人口管理服务的责任有效落实到用工单位。

3. 通过多种形式探索和推广流动人口自主管理模式

探索流动人口自主管理模式有助于实现“以外管外”,为公安机关开展人口管理、信息登记和治安巡逻等提供良好的基础。绍兴县在培育流动人口自主管理模式方面,积极探索方式方法、及时总结成败原因,初步形成了一些典型模式和经验。马鞍镇天马公司的外来职工调解员制度便是典型的一例。该制度模型的运作机制包括以下三者:一是按籍设区选人,并引进激励制度。在选人上,设置多道程序把关:首先根据本单位外来职工的籍贯分布情况,将外来职工按不同来源地分成7个小组;其次是由车间主任在外来职工中进行初选,根据其工作表现、自身能力,结合民意,从每个小组推出2个候选人,然后提交公司领导层综合衡量筛选,决定每个小组1名调解员的最终人选。为提高外来职工调解员的工作积极性,公司引进激励制度:在经济上,给予他们带班长或车间主任级待遇;在政治上,赋予他们公司职工代表的身份。二是采用网络化运作机制,并提高调解员的工作能力。外来职工调解员产生后,不是孤立地进行工作,而是构成上下联动的组织网络。公司设立外来职工调解委员会,负责人在这7个调解员中产生,外来职工调解委员会隶属于公司调解委员会,业务上接受镇综治工作中心指导。同时,公司将调解员基本情况报镇调处中心备案,由镇调处中心定期对他们进行业务培训,以提高他们的法律水平和业务水平。三是明确职责,以外管外。公司明确了外来职工调解员的工作职责,主要包括三项:信息沟通、协助管理和调解纠纷。通过这三项职能的履行,不少矛盾纠纷在萌芽之时即能得以有效遏制和解决。

以往的流动人口管理实践表明,影响流动人口管理效能的突出因素就是沟通障碍。警民若无法沟通,很多实际工作就无法开展。关系不协调,还可能引发群众的不合作心态甚至抵触情绪。基于此,绍兴县公安局与人口流出地公安机关积极建立友好协作机制,聘请流出地公安民警到流入地协助管理当地流动人口。例如,自2003年始从新疆维吾尔自治区外聘3名维吾尔族民警,主要协助开展来自新疆维吾尔自治区的流入人员的管理服务工作，以此充分发挥老乡民警地缘相同、人缘相熟、习俗相近、语言相通的优势，有效促成了本地与外地居民之间的和谐相处，睦邻友好，提高了社会管理的质量和水平。这一成功经验，得到了中共中央政治局常委、原政治局委员、中央书记处书记、国务委员、公安部长周永康等领导的充分肯定。

此外，结合开展平安创建活动，充分发挥基层党团组织、城乡治保会、单位保卫组织、调委会、保安队、治安联防队等群防群治队伍的作用。在此基础上策划的以“1234”为主要内容的村级综治工作站运行机制（前已介绍）正是此种自主管理模式的集大成。

4. 进一步培育流动人口自治组织，推行多元化承包管理模式

从以上基本经验和举措可以看出，绍兴县流动人口社会化管理主要立足于既有的基层组织资源的挖掘。事实上，绍兴县一班人已经意识到，流动人口社会化管理机制可以往更深远的方向发展。

一是积极培育各类流动人口自治组织。在当前政府对流动人口的管理和服务难以到位的情况下，积极培育流动人口自治组织无疑具有很强的现实意义。很显然，当前对于来源分散、流动性强且数量日益增加的流动人口，政府的管理和服务存在着诸多不足，难以有效地保障其合法权益。因此，流动人口迫切需要除政府以外的社会支持系统。近年来，浙江瑞安、江苏无锡等地出现的流动人口自治组织，不仅能够为流动人口提供各种服务，较好地保障其合法权益，而且能充分发挥自我管理、自我组织、自我约束的功能，既可分担政府职能部门的部分管理功能，减轻政府的负担，又能及时化解许多矛盾纠纷，在维护地方治安等方面效果十分明显。流动人口自治组织可成为流动人口的自律自助组织和美好精神家园，成为流动人口内心世界变化的“温度计”和情感寄托的“舒缓器”，可以发挥调节社会矛盾、满足多元需求、和谐人际关系、维护社会公平的作用，成为维护社会和谐稳定的“润滑剂”和“助推器”。[①] 因此，应当给予流动人口自治组织更大的作用空间与便利。在具体的表现形式上，流动人口自治组织以“流动人口协会”、“外来工之家”等载体出现。绍兴正积极研究，拟出台政策，创造各方面条件，培育和扶持“流动人口协会”等自治组织。

---

① 参见危旭芳：《民间组织：流动人口管理的第三种力量》，《羊城晚报》，2006 年 8 月 6 日。

二是更多地探索和引进流动人口治安承包责任制等市场化方式。谋划在出租房屋量大面广、流动人口集聚、治安复杂的村或社区实施以流动人口、出租房屋管理为主,集安全防范、情况信息收集、一般纠纷调处为一体的综合性治安承包责任制。承包人与村(社区)、派出所签订协议,确定承包管理方式、目标、期限、承包保证金和考核结算、奖励激励方式,实行责任契约化。考核以出租房屋登记备案率、流动人口登记领证率、刑事案件发案率、抓获违法犯罪嫌疑人、纠纷调解、情报信息和队伍建设等十项为标准,并具体细化评分标准,实行月考和年考。

三是进一步顺应世界警务改革潮流,扎实推进社区警务战略。社区警务是国外警察部门在一心追求警察机械化、专业化后,进行理性反思和实践探索而总结得出的现代警务战略。其核心是加强警察的服务职能,通过与社区群众建立密切的关系来共同维护社区的安全和社会治安。在流动人口管理服务中,绍兴县拟进一步切实贯彻实施社区警务战略,以居住的社区为着力点,加强与流动人口之间的沟通交流。这不仅要求公安机关在警力安排上给予倾斜,而且对民警的工作理念、工作方式和方法提出了全新的要求。

(四)以信息化、动态化、精准化为导向,着力提高流动人口治安管理的效能

在20世纪80年代以前,由于人口流动量较小,村居等基层组织对外来人口容易掌握和控制,因此,当时我国人口管理的准确度和管理效果在世界上是名列前茅的。随着经济和社会生活的发展,外来人口流动的频繁性和居住地的隐蔽性逐渐成为社会治安管理的难点。以前那种通过对流动人口进行登记、发证以及依托村居等基层组织对流动人口进行掌控的静态管理模式已受到严重挑战,无法对流动人口实施有效管控,达不到及时发现和打击外来流动人口犯罪的目的。面对这一挑战,绍兴县改变传统的静态式和粗放型管理模式,秉承“信息主导警务”的理念,坚持动态管理,努力实现打击与控制的精确化。

1. 推进流动人口管理信息化、做大做强数据库,加强信息研判,以情报信息主导警务工作

绍兴县通过充分挖掘和利用各种资源,抓住住宿点、务工点、活动点等关节点,建立外来人员主动登记、民警协管员上门登记、社区物业登记、社区居委登记、旅馆登记、单位登记的全方位、社会化信息采集机制。在这一信

息采集机制支撑下，以上级公安机关统一推广的信息系统数据库为基础，建立实战型数据库体系，并做到暂住人口、出租房屋、旅馆业三大信息系统的同步推进和关联互通。

与此同时，绍兴县公安局还对公安机关比对追逃信息库，以及有助于破案工作的税务、工商、社保、信息产业、房产、劳动就业等各类社会数据中有关流动人口的姓名、身份证号、户籍地、现住址、工作处所、照片等信息进行整合。此外，绍兴正在积极探索建立外来人口信息交换共享机制，加强与输出较多的安徽、四川、湖南等地之间的交流合作，建立外来人员信息交换机制和平台，逐步实现信息资源与县镇村三级、与输出地区的多方共享。

在做大做强数据库的基础上，绍兴县公安机关加强对信息的提炼、整合、浓缩和研判，对收集到的大量基础信息进行汇总、提炼和整合，也就是对基础信息进行再加工，使大量的原始基础信息变为高质的具有实战价值的基础信息，并将研判工作的成果纳入相应的岗位绩效评价体系。通过对信息的一系列分析研判，可以主动发现有用线索，为实施分类管理和精确化防控打击打好基础。

通过以上一系列制度创新和重要举措，绍兴县在流动人口信息化管理方面做到了“三高”，即“高数量采集外来流动人口信息、高强度应用外来流动人口信息、高难度研判外来流动人口信息”。

针对流动人口流入地和流出地信息严重不对称的特点，绍兴县拟在信息交流沟通机制等方面继续推进：一是探索 IC 卡管理制度。各地的流动人口管理大都是“属地管理”，即以流入地管理为主，流出地有信息通报协查的责任，这种管理方式无法对流动人口的流动过程进行管理。为此，拟借助现代信息技术，与主要流出地加强协作，通过电子信息卡建立“全程跟踪”的管理模式，规定流动人口应随身携带一张 IC 卡。该卡应包含流动人口的身份、健康及婚育状况、暂住地、就业情况、是否有违法记录等各种信息。流动人口每到一地办理暂住登记时，一并将个人全部流动信息转入当地暂住人口管理信息系统。二是继续探索和加强人口流入地与流出地之间的信息交流制度。充分利用信息网络，加强信息沟通，协调公民的户籍所在地、实际居住地、经常活动地三者之间的管理活动。加快已经建立的绍兴与外地劳动力信息网之间的融合，加强各地对外来民工需求与聘用的宏观信息交流，加强与流出地之间劳务信息的协作，减少人口流动管理服务的盲目性。

2. 在流动人口信息采集、例行检查等环节实施动态化跟踪管理,提高信息准确率,加强打击防控精准化

如前所述,流动人口管理的难点就难在"动"上。外来流动人口在工作和生活状态上经常呈现出三个"无",无固定住址、无固定职业、活动无规律。这三个"无"导致其流动性非常显著,定点管控难度非常大。针对流动人口管理中的这一特征,绍兴县在对流动人口加强信息化管理,做大做强数据库的基础上,实施动态跟踪管理,不断完善丰富数据库信息,提高信息准确率:一是对登记的外来流动人口,在将其信息及时录入微机后,加强跟踪调查,并及时变更相关信息,做到"人来即登记,人走即注销",真正实现外来流动人口的动态管理。二是加强"人户一致"检查。实践中,有些地方的公安部门往往只注重暂住人口信息的采集,而忽视人户一致的情况,如一些流动人口到了另一个辖区,但是他的暂住证没有及时变更。这样一来,有些信息虽然已经采集,但不能体现信息真正有用的价值,有时根据暂住人口信息抓捕违法犯罪人员时,就会出现该暂住人员已经不知所踪的情况。因此,绍兴县推行"人户一致"管理考核制度,要求民警既要注意暂住人口信息采集量,更要注重信息的准确性。具体地,以社区警务为载体,运用基础普查、入户调查等多种形式,变来人登记为上门登记,全面排查社区内流动人口和出租房屋的底数,做到底数清情况明。

此外,针对流动人口"两抢"案件频发的问题,绍兴县公安局还在一些敏感区域安装电子监控视频探头。每年安装的电子监控视频探头有大幅增长,有效地推进了治安管理的动态化和精准化。如图 8 所示。

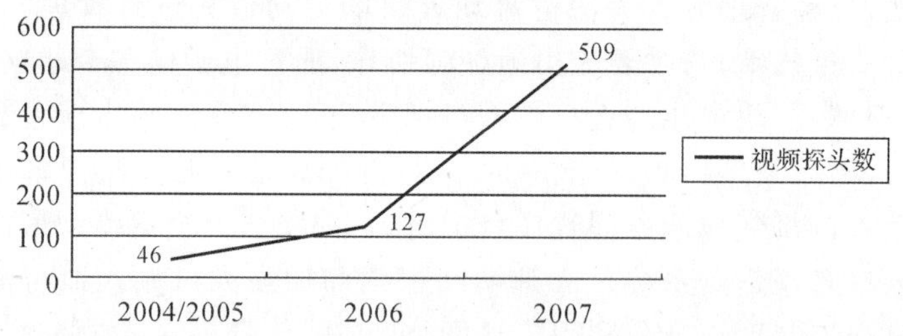

图 8　2004—2007 年绍兴县公安局安装的电子监控视频探头数量示意图

3. 在实施信息化、动态化管理的基础上,进行分类管理,突出高危人口,大力提高管控效能

一个基础扎实、动态更新的流动人口数据库可以衍生出许多价值。绍

兴县便充分认识到这一本质，利用暂住人口违法犯罪劣迹警示系统，正确分离流动人口管理中的重点——高危人口。具体的分离方法：一是根据暂住人口违法犯罪劣迹警示系统分离，由派出所按不同类型下发给不同人员，其中刑侦对象、重点人口、工作对象等通知相关民警，其他高危人口每周由派出所列出名单给专管员；二是在日常工作中发现高危人口并根据分类及时提供给派出所，由派出所落实给相关人员；三是根据发案作案特点，有效分离高危人口，由责任人员落实。

对于被分离出来的高危人口，绍兴县公安机关采用"四三二"管理模式进行管理，使得流动人口管理更具针对性。所谓"四三二"管理模式，即"四类高危人口、三查制度、打击与控制两个目的"。

四类高危人口系指：一是刑嫌对象——由刑侦民警管控，主要方法是秘密监控，达到"信息、线索、证据、打击"的侦破案件目的。该类人员数控制在高危人口数的3%—5%。二是重点人口——由责任区民警管控，主要方法是公开管理，达到"信息、管理、控制"的控制发案目的。此类人数控制在高危人口数的10%—15%。三是工作对象——主要是流动人口中的五种监管对象，由责任区民警管控。四是可疑人员——有可能违法犯罪的高危人口或者来自于高危地区的人员，由专管员进行管控。

对这四类人实行"三查一控"，达到打击与控制两个目的。三查即查"人"、查"物"、查"出租房"。具体查核内容由《绍兴县公安局流动人口"三查一控"工作规范》(绍县公〔2007〕6号)进行了规范而详尽的规定。一控主要是"三查"后确定为高危人口的，责任区民警要按照《高危人口管控实施意见》的规定，建立台账，落实管控措施。根据《绍兴县公安局流动人口"三查一控"工作规范》的规定，三查一控的工作要求包括：(1)抓获的各类违法犯罪嫌疑人，办案单位要在采取强制措施、执行处罚决定或释放前，完成"三查"工作措施；(2)盘查后需要进一步落实工作措施的人员，派出所责任区民警必须在5个工作日内落实"三查"工作措施；(3)信息系统提示的人员，派出所责任区民警必须在5个工作日内落实"三查"工作措施；(4)"三查"后需要落实管控措施的，责任区民警必须在5个工作日内，落实各项管控措施。总体上说，此种"四三二"管理模式使得有限的警力充分发挥于重点领域，真正做到了"好钢用在刀刃上"，并且还可以根据需要灵活地调整管理层次，从而极大地提高了管理的效能。

综上，绍兴县在流动人口管理中坚持的信息化、动态化以及分类管理思

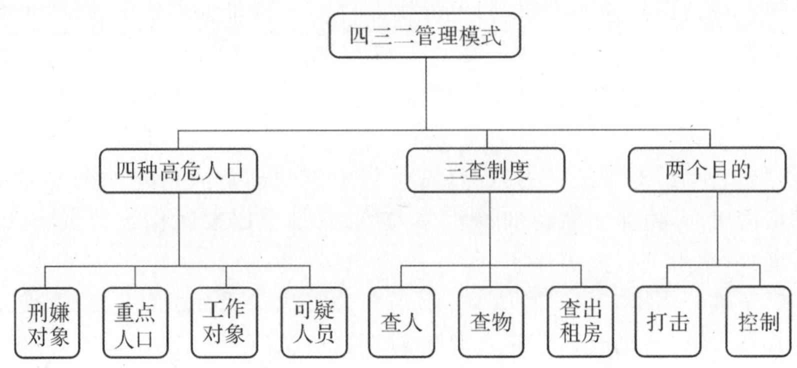

图 9 绍兴县公安局"四三二"管理模式示意图

想打破了单纯以登记、发证代替管控的粗放型、低层次做法,立足精耕细作,提升管控效能,努力实现了由粗放型量管到精确型质控的转变。正是因为流动人口治安管理中的信息化、动态化和精准化导向,使得绍兴县公安局通过流动人口治安管理破获了大量的刑事案件。据统计,自 2002 年以来,绍兴县公安局通过流动人口治安管理破获的各类刑事案件占整个刑事案件的比例逐年增高,见表 1。

表 1 2002—2007 年绍兴县公安局通过流动人口治安管理破获各类刑事案件数占全部刑事案件数的比例简表

年度	通过流动人口治安管理破获的刑事案件占全部刑事案件数的比例(%)
2002	21
2003	36
2004	43
2005	51
2006	64

(五)落实考核,责任倒查,确保制度创新的落实率

"政策和路线确定之后,起决定作用的就是干部。"绍兴县公安局一班人充分认识到,要确保以上有关流动人口管理服务工作方面的制度创新得以落实,必须实施严格的考核制度,落实责任,以充分调动广大民警和在编职工的工作积极性、主动性。为此,绍兴县公安局在充分调研的基础上,于 2007 年 3 月出台了《绍兴县绩效考评办法》(绍县公〔2007〕18 号),并根据该考评办法确定的考评原则与方法，出台若干考评细则，包括：《绍兴县公安局机关岗位绩效考评细则》(绍县公〔2007〕19号)、《绍兴县公安局派出所业务工作岗位绩效考评细则》(绍县公〔2007〕20号)、《绍兴县公安局队伍建设绩效考评细则》(绍县公〔2007〕21号)等。在考评办法及其考评细则中，将暂住人口管理作为业务工作的重要指标，并具体到考核某项制度的落实情况。

——在对基础基层科的机关岗位绩效考评细则中，将"暂住人口"管理一项赋值50分，占总分的三分之一。考核内容为：(1)加强对暂住人口、出租房屋的管理工作，每月开展一次暂住人口、出租房屋的检查考核工作；(2)加强对高危人员管控工作的考核检查工作，加强对村居暂住人口终端系统的推广应用工作；(3)每季对暂住人口管理情况、上网情况、出租房屋登记情况等进行综合分析。具体评分细则为：对暂住人口、出租房屋考核每少一次扣3分；对高危人员管控工作的检查指导工作不力，被上级业务部门批评的，每次扣1—2分；通过暂住人口信息，直接抓获逃犯，每名加0.5分；村级暂住人口终端系统因维护、管理不到位造成后果的，每次扣1分；在上级打防控考核中被扣分的，扣除相应分数；综合分析研判每少一期扣0.5分。通过这一考评细则的设置，确保了"人户一致"检查、高危人口管理、流动人口信息平台建设和应用等制度的落实。

——在对看守所、戒毒所、拘留所的机关岗位绩效考评细则中，设"暂口核对"一项，赋值10分，考核内容为："将每月对入监人犯进行暂住情况(暂住地点、暂住时间、有否领证等)核对，报基础科。"具体评分细则为：未核对的，每少一人扣0.1分。这一考评细则建立了看守所、戒毒所、拘留所与基础基层科之间的信息交流机制，对基础基层科的信息平台建设以及信息分析、研判、应用产生了积极影响。

——在对派出所的业务工作岗位绩效考评细则中，"暂住人口管理"一项占18分(整个"基础工作"共占23分)。其考核内容为：(1)暂住人口网上登记率达到90%(7.2分)；(2)出租房屋网上登记率达到95%(2.7分)；(3)暂住人口"人户一致"率达到75%(2.7分)；(4)高危人口列管数(即将高危人口单列并予以管理的人数)达到外来人口登记数的1%及"三查一控"落实情况(2.7分)；(5)完成县局下达的对违法房东、业主处罚指标(2.7分)；(6)落实对责任民警以及专管员的考核和责任倒查(倒扣分)；(7)被打击处理的流动人口中，事先被列为高危人员的比例达到20%(倒扣分)。通过这些考核内容的实施，保证了"人户一致"检查制度、暂住人口登记制度、高危人口“三查一控”制度的落实,并有效动员了社会力量。

除公安机关的考核外,绍兴县流动人口管理服务的其他有关部门也出台了考核制度,以保证各自的政策落实。例如:县外来人口管理服务办公室、县计生委均将检查的分数作为考核各自下属部门工作业绩的依据;县外来人口管理服务办公室还将分数作为划拨给各镇街外来人口专项资金的计算系数。各镇(街道)、开发区的外来人口管理服务工作被列入县委县政府岗位责任制考核体系。各镇(街道)、开发区和相关部门也建立对村居社区、企业以及下属单位相应的岗位责任制考核制度。

综上所述,绍兴县通过制度创新及其保障机制,在新时期实现了流动人口管理服务的“五个转变”:(1)管理服务主体上,由公安机关的独家管理向各部门、各社会力量齐抓共管转变;(2)管理服务内容上,由单一的治安管理向服务、管理、教育、维权全方位转变;(3)管理服务方式上,由一般的传统管理向规范化、社会化、人本化、制度化、信息化管理转变;(4)管理服务形态上,由静态型的管理向动态型管理转变;(5)管理服务要素上,由简单的对人管理向与流动人口相关诸要素管理转变,积极拓展流动人口管理服务工作的覆盖面和管理服务工作的内涵。这“五个转变”构成绍兴县流动人口管理服务制度创新的基本经验、基本要素。它们不仅对当前流动人口管理服务工作积累了诸多经验和启示,也在更宏观的视角上,为基层政府行政改革的推进提供了可贵的启示。

四、绍兴县流动人口管理服务基本经验的若干启示

如前所述,绍兴县流动人口管理服务基本经验的启示是多方面的。这些基本经验对于流动人口管理工作具体细节上的启示已在前一部分充分展开,此处不再赘述。意义更为重要的问题还在于,从流动人口管理服务这一个案出发,其思想、经验以及具体措施对整个基层政府的行政改革有着怎样的智识贡献。

(一)基层政府及其部门具体工作的展开应以构建和谐社会的理念高屋建瓴,具备大视野,立足大格局

从绍兴经验可以明显地发现,其在流动人口管理服务上的诸多制度创新及其落实均肇源于县委县政府真正切实地将流动人口管理服务纳入综治范畴并予以制度保障。从外来人口管理服务办公室的组建、专管员/协管员

队伍的建设、流动人口公共服务水平的提高、待遇和维权保障的落实到社会力量的广泛动员、信息警务的深入推行等，无一不得益于综治框架下的联动机制。事实上，不仅是流动人口管理服务，整个“公安绍兴经验”的核心“两高一低”（经济高增长、群众高收入、刑事发案低）现象的成就亦得益于县委县政府以“建立大维稳工作格局、构建和谐社会”的高度所进行的若干决策。这些都提醒我们：基层政府及其部门所面对的事务往往具有扁平化的网状结构，如果能高屋建瓴地立足于大格局，则事半功倍；相反，“头痛医头、脚痛医脚”的蹩脚方案则会让管理服务力不从心甚至南辕北辙。

（二）落实科学发展观、坚持以人为本是我们所有工作的轴心

胡锦涛同志在党的十七大报告中指出：“科学发展观，第一要义是发展，核心是以人为本……必须坚持以人为本。全心全意为人民服务是党的根本宗旨，党的一切奋斗和工作都是为了造福人民。要始终把实现好、维护好、发展好最广大人民的根本利益作为党和国家一切工作的出发点和落脚点，尊重人民主体地位，发挥人民首创精神，保障人民各项权益，走共同富裕道路，促进人的全面发展，做到发展为了人民、发展依靠人民、发展成果由人民共享。”这一论述精辟地概括了以人为本理念在一切工作中的重要作用及其丰富内涵。绍兴县流动人口管理服务工作的基本经验中始终闪耀着以人为本理念的光芒：一是通过各种制度和形式实现好、维护好、发展好广大流动人口的利益；二是通过提升公共服务水平，使得经济社会发展成果惠及于广大流动人口，实现了发展成果由人民共享；三是在专管兼管队伍搭建、社会化力量的运用、自主管理的推广等环节中，紧紧依靠人民的力量进行制度落实和制度创新，实现了发展依靠人民。可见，绍兴县在流动人口管理中将“发展为了人民、发展依靠人民、发展成果由人民共享”三者很好地统一起来，将以人为本的理念和精髓贯穿于具体工作的每一个细节，由此得到人民特别是广大流动人口的首肯，开创了流动人口管理服务工作的新局面。这正深刻印证了：十七大报告中关于以人为本理念的重要论断，应当成为我们一切工作的出发点和落脚点。

（三）在工业化、城市化、国际化、信息化的背景下紧紧抓住制度创新这个关键，实现政府管理从粗放型管制到精耕细作的转变

从前一板块的介绍中，我们不难看出，在绍兴流动人口管理服务工作的推进进程中，制度创新是贯穿始终的关键词。外来人口管理服务办公室的联合办公机制、“三个一批”的流动人口统一公寓房建设机制、专管员和协管员配合运作机制、以"1234"为主要内容的村级综治工作站运行机制、针对出租房东的"三个一"机制、外来职工调解员制度、外来人口信息交换共享机制、高危人口"四三二"管理模式、"人户一致"检查制度、"三查一控"制度和网格化的考核机制等等均带有较强的创新性,在实际工作中发挥了重要作用,使流动人口管理服务从传统的静态卡证式管理向动态式的多元管理突破。

在工业化、城市化、国际化、信息化的背景下,创新型国家的建设是时代的迫切要求和主旋律。中共浙江省委书记赵洪祝在浙江省十二次党代会上的报告中提出坚定不移地走创业富民、创新强省之路,用改革的办法破除体制障碍,用创新的举措破解发展难题。全面推进经济体制、政治体制、文化体制和社会体制改革,全面加强理论创新、体制创新、科技创新、文化创新和其他各方面的创新。在"两创"的概念体系中,体制和制度创新是其中的重要组成部分,同时也是其他方面创新的后盾和保障。因此,政府管理应当充分贯彻创新理念,绍兴流动人口管理服务的经验与举措已经为我们提供了生动的实例,也进一步启发政府管理创新之路。

(四)基层政府在履行社会管理、公共服务职能时应当将充分利用强势政府的制度资源与积极探索社会化管理机制有机结合起来

根据国务院《全面推进依法行政实施纲要》的定位,我国的各级政府主要负有经济调节、市场监管、社会管理和公共服务等四个方面的职能。流动人口管理服务主要涉及社会管理和公共服务两大职能。绍兴流动人口管理服务的基本经验和重要举措对我们进一步把握履行社会管理/公共服务职能的制度资源及其协调问题提供了重要启示。

我国的制度变迁是政府主导型的制度变迁,政府不仅在政治力量的对比中处于绝对的优势地位,而且还拥有很大的资源配置能力,能够通过行政、经济和法律手段约束非政府主体的行为。故有所谓的"强势政府"之说。在流动人口管理服务的实践中,从本报告第二部分的介绍不难看出,绍兴县充分利用了"强势政府"下的资源动员能力,在人员、财物、体制方面进行有效的制度供给,保证了制度创新的落实。

但是,原有的片面利用强势政府资源的管理模式显然存在着诸多不足。如果政府一如计划经济年代那样包揽一切事务,就会直接导致机构膨胀和效率低下。因此,20 世纪 90 年代,理论界和实务界提出了"小政府、大社会"的社会公共管理模式,即政府在转变职能中缩减行政权能,主要对社会整体发展进行目标管理和政策调控，在社会管理重心下移的同时，将本应由社会承担的职能交还给各类社会组织，使其在社会管理中发挥更大的作用。以流动人口管理服务为例，从其社会管理体制来看，传统的社会管理建构在“单位制”基础之上，单位组织及其单位体制实质上是一种组织化的治理方式，单位组织兼具行政管理与福利分配职能，而国家正是通过各单位组织对整个社会进行管理与控制。随着社会主义市场经济体制的确立，“单位制”开始解体，原来由单位承担的社会职能如职工医疗、子女教育、社会保障等逐渐回归社会，劳动者与单位之间的关系发生了根本变化，由完全的依赖关系或依附关系转变为工作上的契约关系，“单位人”开始向“社会人”转变。在此社会背景下，日益增加的流动人口不仅没有单位组织的依托，缺乏组织化力量的保障，而且形成了原有社会管理体制中的管理盲区。因此，在利用强势政府的协调能力的基础上，发展各种社会化的管理模式便显得非常重要，而一如前述，绍兴县在这方面也给我们提供了诸多启示和经验：

一是充分利用既有的基层组织网络资源。基层组织既包括社区、流动人口协管员队伍、用工单位、社会组织等，也包含基层党团组织、城乡治保会、单位保卫组织、调委会、保安队、治安联防队等群防群治队伍。

二是强化源头力量的自我管理，实施多中心治理。政府对于社会公共事务的管理，比较有效的方式是多中心治理。在多中心治理中，政府权威应该支持各种层次的社会组织、群体、个人提高自身的自治能力。

三是探索市场化、民营化的承包模式。即改变以往流动人口管理由公安机关专门管理的单一模式，以承包制为主线，将对流动人口的管理以不同的形式承包给不同的单位或个人，实行多元化管理。

综合上述，绍兴流动人口管理服务经验对于政府职能履行方式的启示可以用胡锦涛同志的一句话作为总结提炼：“各级政府要进一步完善社会管理和公共服务的职能，改善公共服务质量，提高依法管理社会的能力和水平，推动建立政府调控机制同社会协调机制互联、政府行政功能同社会自治功能互补、政府管理力量同社会调节力量互动的社会管理网络，形成对全社会进行有效覆盖和全面管理的体系。”

（五）基层政府在履行政府职能时的制度创新往往是在大的体制弊病无法根除情况下的突破，在根本意义上，还有赖于大的制度变革

众所周知，我们国家的立法权由中央和省级、较大市享有，因此，市以下的各级基层政府的政策创制权相当有限，许多制度创新往往是在既有的政策框架下进行的修补，无法在根本上解决问题。以流动人口管理服务为例，绍兴县所进行的诸多制度创新可以解决其中的许多问题和矛盾，但城乡二元的户籍管理制度之存在，使得问题本身无法获得根本解决。故而，要在根本意义上解决流动人口管理服务中的问题，须在更高的层面上改革现有的户籍管理制度。

改革户籍制度，有利于流动人口与常住人口在身份和社会地位上实现平等，实现二元社会结构向一元社会结构的转变。为此，建议从我国国情出发，逐步放开户籍制度 从中小城市开始首先实行自由迁移的户籍制度，逐步、有条件地推广到一些大城市，对在大城市居住一定年限（可视城市规模、经济发展水平和城市容量而定），有稳定职业的农村劳动力，可以让他们取得城市居民资格，享受城市居民的同等“国民待遇”。从长远的发展方向看，我国将逐步废除现行的城乡隔离的户籍制度，改户籍制度为人口登记制度，保障公民的自由迁移权。同时，各地必须结合本地经济社会发展的实际，制定、完善有关流动人口劳动就业、居住、教育、社会参与、社会保障和公共服务方面的政策、法规，逐步加大流动人口权益保障的力度。

具体地，就浙江而言，改革户籍制度，破除流动人口管理服务瓶颈的切入点主要包括以下三项：一是在全省范围内取消农业户口、非农业户口的户口性质划分，实现本省籍城乡居民的身份平等。实施此项制度改革的实质是通过调整城乡识别标识，使有关行政制度的执行与户口性质相分离，还户口以本来面目。同时，通过户改先行形成的政策“倒逼”机制，逐步推进就业、社保、教育、计生等与户口性质相关行政制度的配套改革。总的改革思路是“户改先行、配套跟进、量力而行、逐步到位”。二是建立以合法固定住所为基本条件的户口迁移制度。就浙江而言，经过多年的户籍管理制度改革，全省的户口迁移政策除杭州市市区对亲属投靠和购房落户政策略有限制外，已经比较宽松。今后可以进一步放宽城镇地区落户的条件。三是逐步取消暂住证制度，实行居住证制度。现行的暂住证制度已不能适应社会发展形势，也不能满足流动人口管理服务工作的需要。从发展趋势来看，将流动人口纳入实有人口属地管理，实行居住证制度，增加居住证社会服务与社会保障功能，使之成为流动人口在流入地就业、居住、生活的必备证件，有利于流动人口的服务、保护和权益保障，这是户籍制度改革和社会管理的发展方向。

附:绍兴县流动人口管理服务制度创新一览表

编号	制度创新的基本背景	制度创新的核心思想	制度创新的重要举措
第一组	公安一家唱"独角戏"的单一型管理模式,其他相关部门各自为政,管理力量薄弱。	将流动人口管理服务纳入综治范畴,形成联动的大管控维稳格局,即"党委政府抓保障、综合(牵头)部门抓协调、职能部门抓专项、村居企业抓基础"。	1. 由党委政府支持和督促县财政、乡镇街财政以每口15元的标准下拨专项资金。
			2. 由党委政府督促和保障各镇街、村居按800:1的比例配备专、兼管员队伍。
			3. 各镇(街道)、开发区把外来人口管理服务工作纳入经济社会发展规划。
			4. 建立由副书记领衔的两级外来人口管理服务工作领导小组及其办公室。
			5. 外来人口管理服务工作的工作模式创新(以公安为主的联合办公、联席会议制度等等)。
			6. 公安、劳动等21个职能部门狠抓专项。
			7. 建立健全由村企负责人牵头的管理服务登记站。
第二组	在流动人口管理上,单纯地强调管理或仅仅殚精竭虑地调整、完善管理方案,仅仅停留于治标不治本的工作思路,不能从根本上堵塞现实中存在的管理漏洞。	积极创新理念,充分认识到服务是管理的基础,管理与服务并重,寓管理于服务之中,形成"情系流动人口、权护流动人口、利归流动人口"的良好氛围。着重以"优化公共服务水平"和"落实待遇保障"两大抓手落实服务理念。	8. 通过各种外来人口主题活动吸引外来人口参与,提高流动人口地位。
			9. 切实加强理念教育,教育引导广大干部群众坚持以人为本,以开放、包容、亲民的心态,善待外来人员。
			10. 取消农村劳动力进入城镇就业的限制性政策,建立城乡统一的劳动力市场,优化流动人口就业环境。
			11. 提供求职登记、择业指导、职业介绍"三免费"服务。
			12. 累计推出7万多个就业岗位,介绍就业成功2万多人。
			13. 推行"三个一批"制度,累计建造外来人口公寓房60多万平方米,供10余万流动人口居住。
			14. 在开放全县中小学的基础上,出台优惠政策,创办12所民工子弟学校,现有2.54万外来民工子女在绍兴县就学。
			15. 引入计卫合作模式,着重为妇女儿童提供卫生服务。

续表

编号	制度创新的基本背景	制度创新的核心思想	制度创新的重要举措
第二组			16. 积极引导流动人口参政议政,落实政治待遇。
			17. 建立"工资支付应急周转金制度"和"工资支付保障金制度",保障外来职工工资按时按实支付。
			18. 对流动人口实行社会养老保险和工伤保险全覆盖。
			19. 开辟"流动人口网上之家"论坛,做好网上咨询、网上投诉、网上服务等维权工作。
第三组	强调以体制内的各种力量对流动人口加强管理和控制,忽视社会化管理。对"警力有限、民力无边"的理念认识不足。	树立"有限管理"、"政府购买服务"的管理服务理念,注重源头维稳,多层次推进流动人口管理服务工作的社会化。以社会化管理模式弥补治安管理的时空漏洞,真正体现"专群结合、依靠群众"的根本方针,做到"用社会的人、管社会的事"。	20. 积极探索以"1234"为主要内容的村级综治工作站运行机制。
			21. 对出租房东实行"发放一本登记簿、发出一封公开信、下达一项处罚指标"的"三个一"制度。
			22. 要求企业把好"三关",即职工招收登记关、居住在单位内部的外来职工办证关、外来人口《暂住证》查验关。
			23. 深入推进"综治进民企"工作,坚持"谁用工、谁负责"的原则,通过签订综治责任状、治安协议书等形式,指导、督促民营企业落实对本单位外地员工管理的主体责任。
			24. 通过在企业建立外来职工调解员制度等,加强和推进自主管理模式。
			25. 结合开展平安创建活动,充分发挥基层党团组织、城乡治保会、单位保卫组织、调委会、保安队、治安联防队等群防群治队伍的作用。
			26. 创造各方面条件,培育和扶持"流动人口协会"等自治组织。
			27. 在流动人口治安形势复杂区域,通过市场化方式,建立集安全防范、情况信息收集、一般纠纷调处为一体的综合性治安承包责任制。
			28. 切实贯彻实施社区警务战略,以居住的社区为着力点,加强与流动人口之间的沟通交流。

续表

编号	制度创新的基本背景	制度创新的核心思想	制度创新的重要举措
第四组	通过对流动人口进行登记、发证以及依托村居等基层组织对流动人口进行掌控的静态管理模式受到严重挑战，无法对流动人口实施有效管控，达不到及时发现和打击外来流动人口犯罪的目的。	以信息化、动态化、精准化为导向，即秉承“信息主导警务”的理念，坚持动态管理，努力实现打击与控制的精确化。通过“三化”，着力提高流动人口治安管理的效能。	29. 建立外来人员主动登记、民警协管员上门登记、社区物业登记、社区居委会登记、旅馆登记、单位登记的全方位、社会化信息采集机制。
			30. 在多元化信息采集机制基础上由公安局建立实战型数据库体系。
			31. 积极探索建立外来人口信息交换共享机制。
			32. 加强信息分析和研判，努力实现“三高”——“高数量采集外来流动人口信息、高强度应用外来流动人口信息、高难度研判外来流动人口信息”。
			33. 建立健全“人户一致”检查制度，实现流动人口的动态跟踪管理。
			34. 对流动人口中的高危人员实行“四三二”管理模式。

外省籍民工犯罪及遏制对策

浙江省法学会监狱法学研究会课题组*

摘　要:民工是城市中的特殊群体,他们在城市建设和发展中扮演着非常重要的角色。但由于他们的素质、所处的地位以及社会管理的体制机制等问题,或因劳资纠纷、或困于生计、或产生贪欲,民工犯罪问题非常突出,并以侵财型、伤害型、团伙型、低龄化为主要特征。预防和减少民工犯罪,必须改善民工的社会地位和生存状况。要加强社会公平建设,落实民工社会保障制度,建立有效的民工管理机制,加强对犯罪民工的教育改造,做好衔接帮教工作。

关键词:农民工　籍贯　犯罪原因　体制机制　预防控制

一、研究的背景和方法

随着市场经济和城市化的发展,大批农村“剩余劳动力”自发地涌入城市打工谋生。他们是城市中普通而又日益庞大的一个特殊群体,因他们是农民户口,却从事着非农产业的工作,他们生活在城市,但又不能完全地融入城市生活,人们统称其为“农民工”(简称民工)。作为城市的基层劳动者,他们为城市建设作出特殊贡献的同时,由于他们的素质、所处的地位以及社会管理的体制机制等问题,使得他们的处境相当艰难,由此引发了一系列的社会问题,特别是滋生出的犯罪问题给社会治安增添了新的不和谐因素,已引起了社会的广泛关注。2004 年 1 月 17 日浙江在线网站报道:“杭城民工

* 浙江省法学会监狱法学研究会课题组组长:俞振华;副组长:马卫国、陈振华;成员:罗振旺、程鸿忠、叶美德。

犯罪占了刑事案件的七成。”[①]有学者在研究后认为：“城市已无法像20年前那样，关起城门享受安宁。”[②]

当前，民工犯罪成为一个沉重的社会话题已是不争的事实，这可在近10年来监狱押犯持续高位攀升和外省籍比例呈逐年上升中得到印证。以浙江省为例，全省监狱系统1995年底在押外省籍罪犯为6400人，占押犯总数50890人的12.58%，2007年押犯总数猛增至100013人，其中，外省籍罪犯58572人，占押犯总数的58.56%，外省籍罪犯的实际增加数已经超过在押罪犯总量的实际增加数，若近几年不向外省区调遣以外省籍为主的罪犯回原籍改造，实际比例还要高一些。外省籍罪犯中多数以务工人员为主。随着第二代民工（或称新生代民工）的陆续增多，由于他们特殊的成长背景，酿出的治安问题乃至犯罪问题势必更加突出。[③] 分析研究外省籍民工犯罪的原因和特点，对推进社会治安综合治理和社会主义和谐社会的建设具有重要的现实意义。

本研究以浙江JH监狱在押外省籍民工罪犯为调研对象，该监为特大型监狱，2008年3月底，押犯总数12662人，其中外省籍罪犯7289人，占押犯总数的57.6%（同期全省为59.25%），具有一定的代表性。采取问卷调查、阅档、访谈等方法收集背景资料，问卷内容包括罪犯的年龄、籍贯、文化程度；犯罪的时间、地点、罪行；犯罪的动机、原因；对民工管理、民工的权益保障以及改造过程中希望监狱能够加强的建议等。共发放问卷3800份，收回有效问卷3570份，回收率94%。定性与定量相结合，分析研究外省籍民工犯罪的特点、原因，并提出加强外来民工管理、遏制外来民工犯罪的若干对策。

---

① 廖育奎、金振东：《去年杭城民工犯罪占刑事案件的七成》，www.zjol.com.cn.

② 徐楠：《农民工犯罪新趋向》，《南方周末》2004年1月8日。

③ 1984年以后，国家放宽了对农民进城的限制，允许农民到城市落户，大规模的“民工潮”出现于20世纪90年代，随父母进城或进城后出生的民工子女，逐渐成长为新的劳动力。提出“新生代农民工”概念的中国社会科学院研究员王春光认为：“新生代农民工的心理期望高于父辈，耐受能力却低于父辈，如果他们的教育得不到保证，无法通过自身的努力改善境遇，那就是积累性、世代性的边缘化，最后可能酿成的，是比他们的父辈更强的反社会情绪。”引自徐楠：《农民工犯罪新趋向》，《南方周末》2004年1月8日。

二、外省籍民工罪犯的问卷调查概况

(一)外省籍民工罪犯的基本情况调查

表 1　外省籍民工罪犯的地域分布和个体基本情况

<table>
<tr><td rowspan="3">籍贯</td><td>贵州</td><td>湖北</td><td>四川</td><td>安徽</td><td colspan="2">湖南</td><td>江西</td><td>重庆</td><td>河南</td><td>其他</td></tr>
<tr><td>1574</td><td>654</td><td>645</td><td>628</td><td colspan="2">545</td><td>524</td><td>409</td><td>342</td><td>689</td></tr>
<tr><td>26.2%</td><td>10.9%</td><td>10.7%</td><td>10.4%</td><td colspan="2">9.1%</td><td>8.7%</td><td>6.8%</td><td>5.7%</td><td>11.5%</td></tr>
<tr><td rowspan="3">年龄</td><td>≤20</td><td>21—35</td><td>36—50</td><td>≥51</td><td rowspan="3">文化程度</td><td>文盲</td><td>小学</td><td>初中</td><td>高中</td><td>大专</td></tr>
<tr><td>309</td><td>2784</td><td>448</td><td>29</td><td>80</td><td>1302</td><td>1960</td><td>214</td><td>141</td></tr>
<tr><td>8.7%</td><td>78.0%</td><td>12.5%</td><td>1.2%</td><td>2.2%</td><td>36.5%</td><td>54.9%</td><td>6.0%</td><td>0.4%</td></tr>
<tr><td rowspan="3">婚姻状况</td><td>已婚</td><td>未婚</td><td>离异</td><td>有子女</td><td rowspan="3">前科情况</td><td rowspan="2">人数</td><td>服刑</td><td>劳教</td><td>拘留</td><td>收审</td></tr>
<tr><td>849</td><td>2298</td><td>139</td><td>232</td><td>437</td><td>133</td><td>202</td><td>77</td></tr>
<tr><td>25.8%</td><td>69.9%</td><td>4.2%</td><td>—</td><td>合计</td><td colspan="4">849</td></tr>
</table>

从表 1 可以看出：(1)在押外省籍民工罪犯主要集中在西南地区和中部的一些省份，其中贵州籍占四分之一以上，其他依次为湖北、四川、安徽、湖南、江西、重庆、河南，8 省(市)占民工罪犯总数的 88.5%，与这些地区在浙打工人数多存在相应的关系。(2)民工罪犯以青年为主，最多集中在 21—35 岁之间，占总数的 78%。尤其值得注意的是，20 岁以下的民工罪犯已接近 10%，这些民工多数随父母打工长大或在打工地出生，有着特殊的成长经历。(3)民工罪犯以初中以下学历占绝大多数(93.6%)，实际上初中文化中还有相当部分在初一或初二辍学的，可见民工的文化素质是非常贫乏的。(4)民工罪犯多数是单身身份，已婚的仅占 25%，未婚或离异的占 75%，有子女的则更少。游离于家庭之外的“自由”身份，更使他们无所顾忌，极易犯罪或重新犯罪。问卷调查中有 849 人自报曾有前科。其中服刑 437 人，劳动教养 133 人，行政拘留 202 人，收容审查 77 人。

表 2　外省籍民工外出打工的想法和途径

<table>
<tr><td rowspan="3">外出打工的原因</td><td>老家经济落后
想外出挣钱养家</td><td>通过打工锻炼
以后回家创业</td><td>通过打工寻求
更好的发展机会</td><td>离开农村
做一个城里人</td></tr>
<tr><td>1265</td><td>804</td><td>882</td><td>245</td></tr>
<tr><td>39.6%</td><td>25.2%</td><td>27.6</td><td>7.7%</td></tr>
</table>

续表

寻找工作的途径	亲友、老乡介绍	职业中介机构	人才交流中心	自己随便找
	1180	385	239	1432
	36.5%	11.9%	7.4%	44.2%
外出时的同行	自己一个人	同乡同学朋友	父母亲属	夫妻相伴
	1039	1068	859	326
	31.6%	32.4	26.1%	9.9%

从表2中可以看出:(1)多数民工进城务工都有一个良好的愿望。外出挣钱,改变家庭经济状况的占39.6%;通过打工锻炼,以后回家创业的占25.2%;为自己寻求更好的发展机会的占27.6%;真正想通过打工离开农村,做一个城里人的仅占7.7%,且多数为第二代民工,反映出农村人的本分和善良。(2)民工外出务工多数以血缘、地缘、亲缘关系为纽带,与父母同行、夫妻相伴或与同乡同学朋友一起的占70%左右,自己一个人外出的仅占有31%。在犯罪活动中,"三缘"关系会很自然地形成松散的或紧密的团伙关系。(3)民工寻找工作的途径,主要是自己随便找或通过亲友、老乡介绍,通过职业中介机构或人才交流中心介绍的不到20%。与金华团市委的调查结果基本相当。①

(二)外省籍民工犯罪的类型和犯罪原因调查

表3　外省籍民工犯罪的类型构成

罪名	盗窃	抢劫(夺)	涉毒	故意伤害	聚众斗殴	寻衅滋事	强奸	敲诈勒索	绑架拘禁	其他
人数	1052	1193	364	325	121	90	61	55	40	251
%	29.6	33.6	10.2	9.1	3.4	2.5	1.7	1.5	1.1	7.1

表3说明外省籍民工犯罪主要以侵财型和暴力型为主,两种类型占总数的80%以上,其次是涉毒犯罪和强奸犯罪,分别为10%和1.7%,这类犯罪所具有的社会危害,更容易激起民愤。

① 通过亲友、老乡介绍的45.6%,通过职业中介机构介绍的13.3%,通过人才交流中心介绍的11.3%,自己找的22.4%。引自刘小娟:《外来务工青年关心的问题和期盼》,《金华日报》2008年4月22日。

表 4　外省籍民工犯罪的目标对象和地点

目标对象	公有财产设施	私人财产	普通公民人身	针对老板	针对陌生人	比较熟悉的人	不确定
	193	1056	395	289	458	150	714
	5.9%	32.4%	12.1%	8.9%	14.1%	4.6%	21.9%
作案地点	住宅区	娱乐场所	建筑工地	街头巷尾	出租车上	车站码头	不确定
	808	477	124	791	68	90	906
	24.8%	14.6%	3.8%	24.2%	2.1%	2.8%	27.8%

从表 4 中可看出:外省籍民工犯罪的目标对象主要是公民的私人财产,并针对陌生人;作案的地点主要是居民住宅区和街头巷尾,其次是娱乐场所。这与他们所犯罪行主要是偷窃、抢劫及其他暴力型有关。

表 5　外省籍民工犯罪的预谋与团伙性

计划性	事前有预谋	事前无预谋	有明确目标	无明确目标	盲目随从	别人怂恿
	336	808	278	904	502	606
	9.8%	23.5%	8.1%	26.3%	14.6%	17.6%
团伙性	单独作案	2—4 人	5—9 人	10 人以上		
	599	1838	621	191		
	18.4%	56.6%	19.1%	5.9%		

表 5 说明:外省籍民工犯罪大多事前无预谋、无明确目标,2—4 人共同作案的占 56.6%,单独作案的仅占 18.4%,值得注意的是 5—9 人甚至 10 人以上共同作案的已占 20%以上,多数民工从众心理非常突出,一人产生犯罪意图,总想找同乡帮忙,或为了朋友义气、老乡情面,或在别人引诱、怂恿下,因盲目随从而犯罪。

对犯罪原因项的调查,尽管由于犯罪原因的复杂和答题设计的困难,不可能做到全面和具体,在设计的 11 个选项中,比较集中的依次是:“生活无着落,弄点钱物,维持生计”占 26.1%;“找不到工作,无所事事,寻找刺激”占 14.8%;“打工辛苦,挣钱不多,心理不平衡,因而见财起心”占 10.2%;“聚更多的钱用于更高档的娱乐生活”占 9.6%;“找工作时受到人格歧视”占 6.2%。5 项之和达 67%。虽然目前媒体报道和现实生活中一些老板存在克扣、拖欠民工工资的行为,但“老板拖欠工资,将老板的产品、原材料偷出变卖”和“老板拖欠工资,讨要又遭拒绝,对老板进行报复”两个选项之和仅占

3.8%,反映出民工在城市中所处的弱势地位和实际生存状况。

(三)外省籍民工需求的调查

尽管需求是因人而异,各式各样的,但在“保障农民工权益制度建设”、“加强民工管理”和“服刑过程中希望监狱能够加强的方面”三个问题18个选项的问卷调查中,比较集中地反映出外省籍民工对改善生存环境的渴望。

在“农民工进城务工,为城市建设作出了重要贡献,你认为在保障农民工权益的制度建设上应着重加强的是”这一问题中,选择“创造与城市居民同等的就业机会”的占36.2%,“落实劳动保障制度”的占32.7%,“建立农民工救助救济制度”的占14.3%,“解决子女的读书问题”的占12.7%。

在“你认为对农民工管理上应在哪些方面加强”问题中,选择“建立民工互助协会,维护民工合法权益或在发生困难时互相帮助”的占35.2%,“加强民工的法制宣传、警示教育”的占23.7%,“开辟民工夜校,提高民工的文化技能”的占17.6%,“纳入居住地社区管理”的占10.5%,“向民工开放文化娱乐场所”的占9.8%。

在“服刑过程中希望监狱在哪些方面进一步加强”问题中,选择“文化教育、技能培训”的占26.4%,“提高生活水平”的占15.0%,“多开展文娱体育活动,调节心情”的占14.7%,“心理疏导”的占14.2%,“法制和服刑教育”的占12.9%。

(四)外省籍民工犯罪的特点

根据问卷调查和以上分析,外省籍民工犯罪的特点主要集中在以下方面:

1. 犯罪类型的多元化

外来民工犯罪类型虽然以侵犯财产罪为主,其中以盗窃、抢劫占绝大多数,但不容忽视的是目前已发展到包括涉毒、涉枪、涉黑在内的所有犯罪领域,不严加治理,必将造成越来越重的危害。

2. 犯罪的团伙意识突出

乡土观念和血缘亲属关系以及相同的境遇、类似的生活等,容易形成一种群体意识和向心力,极易形成诸如盗窃团伙、抢劫团伙、贩毒团伙等各种犯罪团伙。团伙成员互相影响和鼓励,或为了某种利益和哥们义气,聚众斗殴;或结成帮伙后,沆瀣一气,妄图形成独霸一方的黑恶势力与当地抗衡。

3. 犯罪目标的随机性和盲目性

外地民工由于没有稳定的工作,常常居无定所,或无工作可做,或寻找刺激,或抱着碰运气的心理,有的游荡于街头巷尾、车站码头,有的整天泡在娱乐场所,有的在居民区乱窜,为的是寻找犯罪目标,捕捉犯罪时机。因此作案目标相当随意,既可见财起心,也可见色起心,有的最初可能是入室盗窃,发现有人后可能发展为抢劫,也可能进一步发展为故意伤害甚至故意杀人。

4. 犯罪成员的低龄化趋势明显

外省籍民工本身以青年人居多,特别是随父母打工在城市里长大,或在打工地出生的民工子女。他们或由于父母忙于打工,疏于管理、教育缺失,或因教育体制问题,初中毕业或辍学后,一方面因年龄小找不到合适的工作和得到较为满意的报酬,另一方面,他们与父辈相比,已有了较为现代的消费观念,他们以有城市户口的同龄人为参照物进行横向比较,比父辈有了更强烈的不满意感,他们中的一些人可能会更加激进,诉求更加简单,因而犯罪更具有突发性和暴力性。

三、外省籍民工犯罪的原因解读

外来民工犯罪日益增多,引起全社会的广泛关注,人们在分析其原因时说法颇多,理由各异。曾有学者总结出十大原因:(1)法律意识淡薄;(2)生活无保障;(3)劳资矛盾作祟;(4)盲目攀比心理;(5)被歧视感严重;(6)自我控制能力差;(7)合法权益受损;(8)性压抑成痛楚;(9)社会管理不善;(10)过客心态不眷恋。[①] 通过调查,笔者认为导致外来民工犯罪持续高发的原因在以下几个方面。

(一)社会环境因素

1. 户籍制度的屏障

户籍不仅是一种身份的体现,而且是对资源、利益享有权的确认,承载了就业、教育、经济、医疗等许多公民权益的事务。我国长期以来实行的城乡二元经济社会结构,反映出城乡二元身份地位和二元用工制度,所维持的利益分配机制也倾向于城市居民,社会不具备每个劳动者及其各个社会群体利益均等的现实条件。市民和农民是两个社会经济地位不同的阶层,同

---

① 闵征:《2006 年度中国犯罪学研究综述》,《犯罪与改造研究》2007 年第 1 期。

样的劳动，得不到同样的报酬，造成了城乡居民某种身份上的不平等，造成了对源于乡村人们潜在的人格歧视。同样，在子女的教育上，民工子女即使花上很大一笔借读费也很难在城市上学，近年来，虽然在一些城市创办了民工子弟学校，或采取种种措施，促使公办学校接纳民工子女上学，但也只有小学和初中阶段，初中毕业后，只能回原籍上高中，其中不少孩子从小跟父母打工长大，有的更是在打工地出生，原籍又没什么亲人，只能选择辍学，混迹于城市社会。这种身份地位的不平等，使民工们产生强烈的“相对被剥夺感”，因而感到社会的不公。

2. 城乡文化的冲突

从文化角度而言，任何人的行为都有一定的文化背景，乡村和城市历来具有两种不同的文化。当经济相对落后的农村人进入经济相对繁荣的城市后，本身角色的变化和生活内容的改变，必然发生文化背景的变化。然而，城乡两种文化规范之间的差距，极易形成激烈的冲突。乡村的人们习惯于“日出而作、日落而息”的生活习惯和历经生活磨炼建立起来的“熟人”社会，心理上存在互相依赖的归属感，彼此之间也会有一种切身的责任感和道义感，他们的文化心理特征深深地打上了乡土秩序的烙印，并在乡土秩序中获取生存资源。进入城市后，犹如进入了“一个充满了陌生人的社会”，由陌生而产生不信任感，既有与城里人交往时茫然失措、无所适从的感觉，又有对城市文化生活的追求和向往，甚而模仿。一方面是城市通过各种形式表现出来的体制机制将他们拒之于城市文化之外，另一方面由于自身的素质和经济条件等限制又不能完全融入，处于“亦城亦乡、非城非乡”的边缘状态，心理压力和生存危机大大加重。在失落、碰撞、冲突的情境下，极易产生对社会和他人的仇视和不满的增长，进而滋生违法犯罪。曾有学者把这类犯罪的根源归结为乡土秩序在城市中的失落，是乡土秩序失落的某种衍生反应。①

3. 保障机制的缺损

在社会保障体制还不很完善的情况下，社会保障体系更注重有城市户口的劳动者，大批外来民工往往成为被“遗忘”的角落而很少顾及。随着《劳动法》、《就业促进法》、《劳动合同法》的先后颁布实施，这种情况在一定程度

① 乡土秩序是基层农业社会中人们相互之间稳定的联系以及周而复始、反复进行的交往方式的总体。引自卫磊：《乡土秩序的失落——对流动人口犯罪的社会学思考》，www.okfw.com.

上有所改观,如工伤保险、养老保险等权利在相关法律中得到了肯定,并在一些城市中开始了办理,但失业保险、失业救济等社会保障的关键内容没有改变。外来民工实际上是城市中最不稳定、最容易失业的劳动者,因为他们无论在城市里某个单位或企业工作多少年,都只能是临时工,无论是否签订过劳动合同,随时都有被清退的可能。他们常常被以解决下岗职工再就业为由成批地清退。在《劳动合同法》颁布后实施前,由于对无固定期限劳动合同的"误读",更引发了用人单位的多米诺效应,裁员浪潮一浪高过一浪,有的动员员工自愿辞职,工龄归零,再重新签订劳动合同;有的将已用了八九年的员工先转到劳务派遣公司,再派遣回公司工作;有的大量辞退临近10年的员工。民工经常处于失业或半失业状态,强烈的需求与现实生活的冲突与反差,使民工中的一部分人容易走上犯罪的道路。

(二)个体素质因素

1. 文化技能低劣

文化素质是个体素质的基础。外来民工大多来自于中西部经济相对落后地区的农村,受教育程度普遍较低,上述调查中,犯罪者文化程度在初中以下的占93.6%,还有诸多的文盲或半文盲。低文化素质,不可能对整个社会进行比较系统的了解,同时,受家乡地缘文化、风俗习惯的影响,形成了与经济发达地区文化价值观念的差异,加之法律知识的匮乏,他们判断是非曲直、善恶美丑,往往以在家乡形成的道德观念和生活习惯作为标准。衡量标准的错位,使他们常常处于矛盾和困惑状态之中,极易受不良文化和不良行为的诱导。低文化素质也往往使他们进城后找不到工作,或即使找到了一份工作,因本身尢多大技能,收入不高而生活无可靠保障,在紧张、烦躁不安的压力下,容易产生一种"相对挫折感",一旦感到改变贫困境地的出路渺茫,很容易会铤而走险,为寻求利益上的补偿而走上犯罪的歧途。

2. 社会心理失衡

收入差距过大,贫富悬殊,将引发严重的社会心理失衡,其突出表现为相互盲目攀比。经济原因是外来民工犯罪的主要原因和根本动力。当数以万计的民工怀着对美好生活的向往从农村流入城市,挣钱成为他们最直接和最迫切的需求,但现实并没有他们想象的那样美好,他们所从事的往往是城里人不愿染指的"苦、脏、累、毒、危"等类工作,干活最苦,收入却不高且缺乏劳动保障。同时,民工进城,感受到了城乡、工农之间的悬殊差别,深感不公平和不合理,却无法和无力改变这种现实,渴望在城里发展,迅速致富,过上城里人的生活，但目前的体制机制和自身的素质等又很难找到机会而得以实现。加之在社会转型期，少数不法分子投机钻营，一夜暴富，也给正在试图摆脱贫困的民工以强烈的刺激，不公平感和自卑感伴随而生。面对城市中专为富翁阶层设置的诸如私立学校、高收费诊所、贵族俱乐部等高档消费场所逐渐建立，追求高消费成为部分民工的苦恼。强烈的需求和现实的反差，使他们心理难以平衡，为得到补偿，这些人往往会通过非法手段来实现，这将使侵财型犯罪迅速增加，并促使针对社会的、带有报复性或发泄性的暴力型犯罪的增长。

3. 承受能力脆弱

在社会交往中，每个人都在社会系统中扮演着不同的角色，当人们在参与或分配系统中难以得到各自角色相应的报偿时，容易产生越轨行为。民工作为城市结构的新生组成部分，他们不仅是生存意义上的融入城市，更有在自我认同、生存方式、价值观等方面都融入城市的愿望，但现实生活中，他们却或多或少地受到来自各方面的排斥和歧视，屡屡受挫，使这些民工群体存在较为强烈的不公平感，导致自卑、怨恨、厌世等不良心理，进而萌发报复社会的犯罪行为。在问卷调查中，一位田姓服刑人员(26 岁，湖南人，小学文化，抢劫罪，5 年 6 个月刑期)曾写道："城市的生活灯红酒绿、花花世界，但这是需要金钱支撑的，自己没有一技之长，很难找到工作，就算找到了，工资也低得可怜，连生活都无法保障，何谈养家糊口，在家时心里还能平衡过日子，对照别人的种种和自己的差距，真的有一种想死的感觉。"试想，连"死"的感觉都有了，还能期望他顾及其他吗？正是由于这种沉重的心理压力，再与外界不良的刺激和诱惑相结合，导致了民工犯罪的日益增加。

(三)直接诱发因素

从理论上讲，一个人并非天生就是一个罪犯，其犯罪倾向是在外界环境因素的压力和内在因素的驱使下逐渐形成的。并且这种犯罪倾向是否能最终实施还要看有无适当的条件和机会，这种条件和机会是个体从事一定的活动时所遇到的，具有独特的即时性的因素，如果缺少了它，再强烈的犯罪倾向也不可能付诸实施。正如著名的犯罪学家贝卡利亚所言："人之所以犯罪，并不是因为他要犯罪，而是由于他处在一定的物质和社会条件之下，罪恶的种子得以在这种条件下发芽、生长。"对于进城的民工来说，绝大多数是想找一份合适的工作，通过劳动致富，而不是企图通过犯罪来实现的。他们的犯罪除部分确实由贪欲膨胀、经不起诱惑引起外，大多都具有直接的诱发因素，或因劳资纠纷，或困于生计，或因家人生病急需用钱，或家庭变故等特殊情况。

1. 劳资纠纷

2000 年 1 月 30 日上海《新民晚报》有三条关于劳资纠纷引起犯罪的报道：一个因老板拖欠多年工资多次催要未果，最后将老板夫妇杀死；一个为要工资直接从老板身上抢劫了 6500 元；几个民工为了索要 5 万元工资而绑架了个体户老板。[①] 事实上，民工的合法权益在城市里受到侵害的情况是层出不穷的，各类新闻媒体所披露的只是冰山一角。较为多见的侵害情况是受雇过程（如扣押身份证、收取押金等）和工资结算（克扣、拖欠等）。尽管绝大多数民工会选择忍气吞声的方式委曲求全，也可能有少数民工会依法抗争或求助于合适的法律手段，但总有少数忍耐力不强或法律知识匮乏的民工，在遇到合法权益被严重侵害时会采取极端方式，其中不乏以犯罪手段来进行"自救式"维护。如：拿不到工资的民工纠集一帮亲属或同乡去老板那里讨工钱，遭拒绝时可能发生砸东西和打架斗殴的行为；以暴力对拖欠工资的老板及其家属进行直接报复，发生绑架、非法拘禁、抢劫、故意伤害、故意杀人等恶性案件；拿不到工资的民工将企业的产品、原料、工具等偷出变卖；也可能因长期拿不到工资，导致民工考虑通过其他非法手段获取钱财，间接引发出其他犯罪。

2. 困于生计

饥寒起盗心、贪欲生歹念。2001 年 2 月 14 日《人民日报》曾刊登过一篇典型的因困于生计引发的抢劫案。[②] 案犯之一的岳兴军是河南南阳一名 20 岁的普通农民，因堂叔岳中山的一封信，带着家里东挪西借的 1500 元钱来到安徽省合肥市某公司，交了 1200 元押金后成为公司的推销员，其实他的工作就是写信招人，每招到一个人会有 200 元，招不到人就分文没有。靠着同乡吃住一起，互相接济，勉强度过一段日子，等到大家吃完了米，用完了钱，犯罪的念头油然而生。2000 年 4 月 13 日晚 11 时多，岳兴军、岳中山、赵占其等 5 人来到合肥市琥珀山庄黑池坝风景区，抢走了一对情侣 300 多元现金和一部手机，抢劫中双方发生冲突，他们为了脱身，把这对情侣推入水中，导致两人因溺水身亡。主犯岳兴军、赵占其被执行枪决，主犯岳中山因犯罪时不

---

① 引自姚守国：《民工犯罪的特点和原因分析》，www. sdlawyer. org. cn.

② 引自张艺文、焦福伦、许秀芳：《一起民工犯罪案的透视》，《人民日报》2001 年 2 月 14 日。

满18岁被判无期徒刑,另两名案犯分别被判处无期徒刑和10年有期徒刑。多数农民工出门打工之前,带有很大的盲目性,往往听信同乡的介绍,或者在根本就不作任何了解的情况下,带上很少的钱作为路费和短期生活费,就来到完全陌生的城市,由于素质偏低、适应城市生存能力不强,或获取工作机会短缺,在没有生活保障的情况下不得不沦为城市中的贫困群体。事实上,除盗窃外,如抢劫、抢夺及故意伤害等案件,也常发生于生活处于困境或报复性冲动的情境之下。

3. 激情犯罪

2005年1月8日晚,浙江大学城市学院女大学生吴晶晶参加完英语六级考试,乘坐勾海峰的出租车回家。双方因服务态度、车费等问题发生口角,勾海峰盛怒之下用双手掐住被害人颈部,又用座位布套上的绳子勒其颈部,确认对方死亡后,运至杭州市经济开发区抛到一窨井内藏匿,终致吴晶晶因溺水并压迫颈部而机械性窒息死亡。表面上看,勾海峰因发生口角就置吴于死地,手段极其残忍,但内在传递的是一个严重的心理问题。据调查,勾海峰当时正由于工作上的冲突(全是夜间开车)和家庭不和,处于仇恨情绪的萌芽状态,吴晶晶对其服务态度的不满和对计价收费的怀疑,把他的情绪推上了愤怒的极端,发生口角是整个事件的起因和导火索。勾海峰杀人属于心态极不理智时导致的激情犯罪。[①] 一句不文明的言语或一个不礼貌的举止,也往往会成为存在这样那样心理问题的外地民工犯罪的直接诱因。

四、遏制外来民工犯罪的对策思考

城市外来民工犯罪是一种复杂的现象,其发生、发展都是由多方面因素综合作用的结果,反映了农民的生存状态、社会的基本秩序及有关的控制机制等一系列重大问题。解决和遏制民工犯罪问题,从根本上,要依赖于社会经济的发展,实现城乡一体化,使民工能正常地融入都市的社会生活。但就目前社会经济发展的整体水平和民工犯罪高发案率的现状,笔者认为,应从制度、管理和矫正三个方面落实具体的防控措施。

---

① 陈群、唐旭峰:《可惜吴晶晶,残忍勾海峰》,《钱江晚报》2005年2月19日。

(一)制度层面的防控对策

1. 制定流动人口管理法规

流动人口的增多是经济、社会发展到一定阶段的重要特征。在我国这样一个发展中的大国，由于历史和现实的各种原因，经济发展不平衡，地区之间差距较大，大量农村剩余劳动力跨地区进城务工是一种必然现象，并将在一个相当长时期内存在，其中出现的一些盲目和无序状态也是难免的，但不能放任自流，应加强民工管理的法规和制度建设。就目前的法制建设来看，虽然有《劳动法》、《劳动合同法》、《治安管理处罚法》和国务院颁布的《流动人口计划生育管理办法》、中央社会治安综合治理委员会《关于加强流动人口管理工作的意见》等法律、法规和规章的调整，但内容分散、规定较少，各级地方政府制定的规章、制度、办法也不可能达到一致，总体上外来民工管理还缺乏系统配套的法律依据。应由国务院牵头制定出流动人员的户籍管理、劳动就业、权利义务、权益保障、计划生育及部门责任等为一体的综合性的管理法规，各级地方政府根据统一的管理法规制定具体的实施细则，真正使对外来民工的管理有法可依、有章可循。

2. 落实劳动保障制度

劳动权是指有劳动能力的人获得劳动机会和适当劳动条件的权利。劳动权的行使是人们赖以生存的基础，也是行使其他权利的物质前提。根据中国有8亿农民的现实，除积极调整农业产业结构，发展农村经济，教育和引导农民群众立足农村，通过自己的双手勤劳致富外，对于进城务工的农民，要切实落实劳动保障制度，尽可能地确保与城市居民同等的就业机会和同等的劳动报酬，特别是要加强对外来民工的劳动执法和监察制度的落实，加重对侵害民工合法权益的用人单位和直接责任人员的制裁处罚力度，保证外来民工有相对稳定的工作岗位和经济收入，从而保护其个人的尊严与价值的物质基础，以减少犯罪。

3. 建立救援救济制度

没有权利的救济，基本人权的保障往往会落空。人对未来有希望，才能将心安定下来，社会也才会安宁。目前不少地方只要民工在城里有住房或在城里打工并签订劳动合同的，就可以缴纳养老保险、医疗保险等，这体现了社会的进步。但目前外来民工大多居无定所，常处于失业半失业状态，而且失业保险、失业救济等制度尚未涉及到民工群体。因此，一是要将外来民工纳入城镇社会保障体系，既可为外来民工解决工伤、疾病、养老等现实问题，又可让他们真正感觉到“自己就是城市里的一分子”，自觉以城里人的标准要求自己，推动和谐社会的建设。二是要贯彻落实法律援助制度，保障民工获得法律救济的权利。针对当前外来民工合法权益受到侵害的普遍性和因经济困难无力维护的状况，应当制定外来民工法律救济的配套办法，让那些权益受到侵害，受经济困难制约，正义难以伸张的外来民工享有与城市居民同等的法律救济权，打得起官司，打得赢官司，帮助他们及时维护合法权益。

（二）管理层面的防控对策

1. 营造关爱氛围

城市外来民工是一个典型的由经济和社会造就的弱势群体。[①] 对于外来民工的管理要贯彻平等思想，营造关爱的氛围。尽管民工总量的扩张，引致城市环境和公用设施承受更大的压力，并给城市社会秩序和社会治安带来更加严峻的挑战。但应该看到：近些年来，我国经济的飞速发展、城市的日益繁荣离不开外来民工付出的汗水；他们中的大多数人相对于较低的生活待遇，能够甘于贫苦、勤勤恳恳、遵纪守法，违法犯罪的毕竟是少数。同时还应该看到，城市里的当地人对外来民工往往采取一种不信任和歧视的态度，正是这种猜疑和排斥成了外来民工不易融入当地社会的一大阻力。因此，城市人应当更新观念，摒弃歧视、排斥心理，诚信对待外来民工，努力消减外来民工对城市的逆反心理。可以欣慰的是，目前已有部分省市开展优秀农民工评选和表彰活动，并陆续有外来民工作为人大代表参与民主管理的报道。在我们调查的杭州、温州、绍兴、义乌等城市，人们已经改变了过去对外来务工人员诸如“打工仔（妹）”、“外地人”、“农民工”等传统叫法，改称为“杭州新市民”、“新温州人”、“新绍兴人”、“新义乌人”等。这不仅仅是简单的称谓改变，而是观念的更新，正是这一观念的更新，使外来民工的主人翁意识得到极大增强。

2. 提高管理服务能力

针对外来民工普遍素质偏低和进城具有盲目性等特点，政府各部门要通力合作，加强管理，做好服务工作。一是要建立“输出有组织，输入有管理”的衔接机制。输出地要对外出务工人员建立预测、跟踪制度，引导有序、

① 郭锐：《农民工犯罪的原因分析及对策研究》，www. ttadd. com.

有目的输出;输入地要完善用工信息发布、户籍登记管理、从业状态登记等制度,有效加强对外来民工的管理。二是履行职能,强化责任。各政府部门要按照社会治安综合治理"谁主管谁负责"的原则,切实履行各自在流动人口管理工作中的职责,对外来民工实行多层次管理、全方位服务。三是因地因人制宜,推行多种有效管理模式。如建立"民工公寓"等的形式,使散居的外来民工集中居住;对出租房屋的,根据承租人的复杂程度和出租人与管理机关的配合程度实行星级管理,依据星级高低落实不同的管理措施;对外来民工可以根据其工作情况、收入情况、居住情况和有无前科、劣迹等进行分层次管理,确定放心层、关注层、隐患层等进行分别管理。四是严格制度,加大检查、监督力度,最大限度地消除管理死角。对不按规定申报、领取相关证件或有意逃避登记、不办证、办假证的行为,要进行批评教育或依法处理,对有违法犯罪行为的,要严厉打击。

3. 注重文化引导

文化能控制一个人的行为,但文化风俗的转变是一个长久而复杂的过程。关键是要做好教育和引导。针对外来民工文化生活枯燥,90%以上的民工在工作之余只是与老乡或同事逛街游荡、看录像、打扑克、喝酒睡觉的状况,要特别注重引导文化意识的转变。如在电视、广播中开辟民工喜爱的栏目,宣传法制、法规和政策,宣传外来民工中奉公守法、勤劳致富的典型,进行城市风俗习惯教育或传播科技知识和职业技能,使他们在法制、道德、城市生活知识等方面都受到教育。同时,要加强民工集中居住区的文化阵地建设,丰富外来民工的精神文化生活,如开办民工夜校,举办种类技术培训,免费向民工开放图书室、阅览室等。让外来民工的文化融入城市文化,预防民工犯罪亚文化的滋生和蔓延。近年来,杭州、宁波、金华等地开展的"与外来者共舞"、"我们都是兄弟姐妹"、"同享一片蓝天"、"第一故乡、第二故乡都是创业之乡"活动以及开放广场电影夜市等,都是值得借鉴的一些做法。

4. 切实解决实际困难

多数外来民工身处异乡,远离亲人,相对缺少关爱和保障。因此,管理部门和用工部门要强化服务和保护意识,使外来民工能切身感受到第二故乡的温暖。一是劳动、工商、计生、工会等部门和组织要定期对企业用工情况进行检查,查有无违反规定用工,有无拖欠、克扣工资及劳动时间、劳动保护情况等。二是各级政府和教育部门要关注外来民工子女受教育的权利,采取措施切实解决外来民工子女的就学难问题，不仅要解决九年制义务教育，还要考虑在初中毕业后的继续升学问题。三是积极查处侵害民工权益的案件，特别是欠薪案件、工伤案件的处理。曾有报道，许多外地民工不知有工伤保险，“一只右手从腕部被齐齐切断，业主只用1万元就把他打发了”①。这种遭遇并非个例。四是建立外来民工救助基金，以救助那些因意外情况丧失劳动能力或暂时陷入困境的人员。

(三)矫正层面的防控对策

1. 注重心理疏导

“贫困本身不会产生犯罪，但因贫困而产生的不满则可能引发犯罪。”外来民工从农村来到城市，以合同工、临时工的身份从事城里人不愿干的累活、重活、脏活、险活，与城市居民相比，衣、食、住、行都处于较低水平，且合法的权益常常受到侵害，当他们看到当地居民工作轻松、挣钱又多、家境富裕、家人团聚，不禁会产生一种自卑、失落以及压抑感，产生严重的心理失衡，从而导致部分民工不惜以身试法，触犯刑律，构成犯罪。对民工犯罪问题，仅仅强调严厉打击并不是最好的办法，正如大禹治水，宜疏不宜堵。要关注他们在城市化改革中的心理承受和发泄方式，充分发挥心理卫生协会、心理咨询机构、心理矫正人员的积极作用，为外来民工提供相应的心理诉求渠道，必要时进行心理危机干预，促使他们有一个良好的心态和平常心来对待工作、生活中的不如意。

2. 落实法律同城待遇

2008年全国社会治安综合治理工作会议，对刑事司法领域如何贯彻宽严相济刑事司法政策，实现对外来人员的平等保护，提出了明确的要求：要牢固树立公平对待的理念，坚决纠正一切有损流动人口人格尊严和公民权利的歧视性做法，牢固树立依法保护的原则，坚决惩处侵犯流动人口合法权益的各种违法犯罪行为。一是发挥社会大调解机制的作用，利用民调网络，注意跟踪民工问题，定期分析，及时掌握民工中矛盾的主要动向，并加以妥善解决，努力将矛盾消灭在萌芽状态。二是贯彻宽缓化刑事司法政策。目前，宽缓化刑事司法政策在外来人员身上没有得到应有的体现，在办理外来人员犯罪案件中，存在诉前羁押率高、被作相对不起诉的少、捕后被判轻刑

① 张海浜、吴江平:《打工青年的手指价值几何》,《金华日报》2008年5月30日。

比例高但获缓刑几率极低等问题。[①] 这种习惯做法，其实是一种司法惰性，既有悖于司法公正，又容易造成嫌疑人在看守所内交叉感染，还会使部分人自暴自弃，破罐子破摔，达不到应有的法律效果和社会效果。因此，在司法领域应认真思考并不断探索宽缓化刑事司法政策在外来人员犯罪中的实现方式和途径。2007 年浙江省瑞安市检察院首开全国之先河，推出“法律同城待遇”，尝试轻微刑事犯罪的不捕机制，由社区安排适当的劳动，或进入社区矫正基地进行社区矫正。[②] 这不仅在外来人员 1550 万的浙江具有法治意义，在全国也具有借鉴和推广价值。

3. 提升教育改造质量

监狱工作以改造人为宗旨，不仅要矫治罪犯的错误思想、不良的人格和行为，还要帮助他们提高适应社会的能力，实现回归社会后能与社会和谐相处、合法生存，不再危害社会。目前，浙江监狱押犯中近 60％为外省籍民工，他们中近 16％曾经服刑或受过劳动教养处分，有些只有 20 多岁的年龄却已经是二进宫了。针对外省籍民工罪犯的特点，监狱要构建以培养生存能力为核心的新型教育体系，着力提升教育改造质量。一是在加强法制、道德、认罪服法教育的基础上，针对外省籍民工罪犯文化普遍较低的状况，要注重他们文化程度的提高，利用监狱的教育资源，开展不同层次的文化教育。二是加强心理咨询和危机干预。外省籍民工犯罪多数是由于对城乡贫富差距产生心理失衡造成的，加上现行司法实践对外来民工“从重”的普遍做法，更使他们产生抗逆心理。监狱民警在日常管理中要关注民工罪犯的心理变化，对一些存在心理问题的民工罪犯，要及时进行心理咨询，必要时进行心理危机干预。三是强化劳动改造的教育功能，坚持“因人施教”、“学有所长”的原则，根据罪犯个体的兴趣和今后的择业意向，开展以“上岗培训为基础、技术等级培训为重点、实用技术培训为辅助、劳动技能竞赛为激发载体”的

---

① 张利兆：《对外来人员也要贯彻宽缓化刑事司法政策》，www.jcrb.com.

② 胡铁笛、林文：《民工轻微犯罪可取保候审，瑞安在全国首创外来人员“法律同城待遇”》，《温州晚报》2007 年 5 月 9 日。不捕的主要因素：犯罪事实单一、清楚，证据收集到位，嫌疑人属初犯、偶犯；犯罪性质、情节轻微，法定刑在 3 年以下，涉及的罪名主要是故意伤害、交通肇事以及其他过失犯罪；嫌疑人必须有真诚的悔罪表现，对自己的行为有正确认识，坦白交代问题，自觉接受司法机关裁判；嫌疑人已经赔偿被害人的经济损失，或者需要赔偿数额不大，在嫌疑人可承受的范围内；在瑞安有相对固定的工作单位或住址，未成年人犯罪的，应有亲属在瑞安工作或居住；有符合法律规定的担保人。

技术培训体系，让他们在改造中增强劳动观念，学会一技之长，并初步形成市场意识、竞争意识，为回归社会后的就业谋生打下基础。

4. 做好衔接帮教工作

监狱与社会各部门相互密切配合，各尽其职，共同做好刑释人员的衔接帮教工作，对于巩固刑罚功能，预防和减少重新犯罪有着最直接、最明显的成效。据我们对即将刑释的外省籍民工罪犯的调查，95％的人表示刑释后不愿意回原籍，而是继续在浙江打工谋生。这一情况给做好衔接帮教工作增加了“如何衔接、与谁衔接”等新的难题。为此，一是监狱要积极改革，探索实行罪犯劳动以货币工资形式的报酬制度，为刑释后提供短期生活保险或创业基金。二是监狱要对即将刑释的外来民工罪犯进行危险性（或称再犯可能性）评估。评估可结合年龄结构，原判罪名、刑期，心理状况，改造表现，家庭生活状况等进行，评出有无危险性倾向及其危险等级。三是根据危险性评估结果分类做好衔接帮教工作，请进来、走出去，及时向安帮部门通报危险罪犯的危险性质、危险因素、危险程度等。对有重度或中度危险的，应由户籍所在地安帮部门派人接回，到原籍公安机关报到；对有轻度危险的，由原用工单位所在地安帮部门派人或亲属接回，到居住地公安机关报到。四是各地司法部门和安帮部门要在“接”字上下工夫，在“帮”字上做文章，在“安”字上用气力。抓好“提前介入、回归接茬、帮教服务、扶持就业”四个环节，切实做好刑释人员的接茬帮教工作，努力减少重新犯罪，促进社会的和谐。

流动人口犯罪强制措施适用的现实困境与前景展望

冯晓音*

摘　要:在长三角地区,流动人口犯罪占城市犯罪总量的50%以上。由于其流动性,司法机关在适用强制措施时不得不以逮捕为主,造成部分涉嫌轻微犯罪的流动人口无法适用取保候审等非羁押措施。为解决这一问题,可以借鉴欧美国家保释制度的成功经验。在近期内,司法机关可以对流动人员有条件地适用取保候审措施。从长远看,应当更新观念,重构非羁押措施的执行机构,建立风险评估和异地保障制度,加强社会控制配套措施建设,加强弃保脱逃的刑事责任追究。

关键词:流动人口　强制措施　权利保障

随着我国社会生产力高速发展和城市化进程迅速推进,大量农村剩余劳动力不断涌入经济相对发达的长三角地区城市。[①]流动人口在为流入地经济注入活力的同时,也对当地刑事犯罪的攀升产生了一定的影响。在长三角地区,流动人口犯罪甚至达到城市犯罪总量的50%以上,成为该地区最为显著的社会治安问题之一。在对流动人口犯罪的司法处遇问题上,尤其是强制措施适用问题上,流入地司法机关陷入了困境。从应然状态看,无论犯罪嫌疑人来自哪里,并不应当成为影响对其司法处遇的因素。无论是程序性的诉讼权利还是实体上的定罪量刑,流动人口应当享有和本地居民一样的非歧视待遇。然而实践中,由于这一群体的流动性所带来的诉讼

---

* 冯晓音:女,1975年生,杭州市人民检察院研究室助理检察员,法学硕士。

① 以笔者所在的杭州市为例,截至2006年底,杭州市户籍人口为666.31万人,暂住人口为245.33万人。《杭州年鉴》的统计口径将在杭州市居住1个月以上的非户籍人口归类为暂住人口,概念上与流动人口比较接近。(资料来源:《杭州年鉴2007年》,方志出版社2007年版,第458页。)

风险，司法机关在对其使用强制措施时不得不进行区别对待，对流动人口犯罪采用“构罪即捕”原则的相当普遍。诚然，这种做法有着现实的无奈，但作为社会重要管理手段的刑事司法如果无动于衷，不仅有违“法律面前，人人平等”的原则，而且将在司法层面上产生新的不和谐因素。

一、现象：流动人口犯罪适用强制措施以逮捕为主

在长三角经济相对发达地区，流动人口犯罪在犯罪总量中所占的比例逐渐上升，对人口流入地社会治安造成很大的威胁。在适用强制措施方面，以逮捕为主。笔者将以杭州市为例，对流动人口犯罪及强制措施适用情况做一简要展示。

（一）2005—2007年杭州市流动人口犯罪及强制措施适用基本情况

1. 流动人口犯罪情况

（1）流动人口犯罪在普通刑事犯罪[①]总量中所占的比例

表1　流动人口犯罪在普通刑事犯罪总量中所占比例情况表

年份	提请批准逮捕		受理审查起诉	提起公诉	
	总数(件/人)	流动人口	总数	总数	流动人口
2005	7038/10832	7109	8746/13746	7963/12309	6894
2006	6969/11082	7317	8363/14181	7662/12570	6994
2007	7480/12142	8227	8706/15862	8046/14406	8303

根据近三年来提起公诉的数据，流动人口占被告人总数的半数以上，三年来分别为56%、55.6%、57.6%。且流动人口犯罪的绝对数不断上升，2007年被提起公诉的流动人口较2005年上升17.0%，上升幅度高于三年来被告人总数的增幅(14.6%)。

① 由于流动人口较少涉及职务犯罪，因此本文只统计了流动人口普通刑事犯罪的情况，不包括贪污贿赂、渎职侵权等职务犯罪。

(2)流动人口犯罪的类型分布

表2 2007年提起公诉的流动人口犯罪类型分布情况表

类别	罪名	人数	比例
危害公共安全 332人4.00%	交通肇事	229	2.76
	其他	103	1.24
侵犯人身权利 885人10.66%	杀人	75	0.90
	故意伤害	364	4.38
	强奸	104	1.25
	绑架	36	0.43
	非法拘禁	180	2.17
	非法入侵住宅	101	1.22
	其他	25	0.30
侵犯财产权利 5269人63.46%	盗窃	3790	45.65
	抢劫	887	10.68
	诈骗	175	2.11
	抢夺	185	2.23
	敲诈勒索	174	2.10
	其他	58	0.70
妨害社会管理秩序 1690人20.35%	聚众斗殴	205	2.47
	寻衅滋事	323	3.89
	赌博	321	3.87
	走私、贩卖、运输、制造毒品	411	4.95
	其他	430	5.18
破坏社会主义市场经济秩序 127人1.53%		127	1.53

从流动人口涉嫌犯罪的类型和罪名看,较多地涉及危害公共安全,侵犯人身权利、财产权利以及妨害社会管理秩序的犯罪。这些犯罪直接影响公民的人身、财产安全,对流入地的社会治安状况、群众安全感的影响较大。

2. 流动人口犯罪的强制措施适用情况

(1)逮捕的数量、比例

表 3　2005—2007 年逮捕的数量、比例比较表

年份	提请逮捕	本地人口 流动人口	逮捕人数	本地人口 流动人口	逮捕率(%)	本地人口 流动人口
2005	7038/10832	3723	10343	3475	95.5	93.3
		7109		6868		96.6
2006	6969/11082	3765	10498	3455	94.7	91.8
		7317		7043		96.3
2007	7480/12142	3915	11567	3597	95.3	91.9
		8227		7970		96.9

根据数据统计，2005—2007 年，杭州市普通刑事犯罪的逮捕率基本维持在 95%左右。将户籍人口和流动人口进行对比，流动人口犯罪逮捕率高于户籍人口，且两者逮捕率之差额逐年提高。2005 年，流动人口逮捕率比本地人口高出 3.3 个百分点，2006 年两者差额为 4.5 个百分点，2007 年为 5 个百分点。

笔者对 2007 年杭州市提起公诉的流动人员盗窃案件进行了统计，盗窃金额为 2000—2500 元的共 375 件/533 人，其中被采取逮捕措施的为 362 件 512 人。而盗窃金额刚刚达到 2000 元的公诉案件中，68 名被告人被采取逮捕措施。事后，该 68 人中 2 人被不起诉，1 人被判处罚金，2 人被判处拘役缓刑，其余均被判处拘役和三年以下有期徒刑缓刑。

(2)定罪不捕①情况

从定罪不捕的情况看，近三年来流动人口犯罪嫌疑人定罪不捕的比例逐年上升，但仍然远远低于本地人口。2007 年，本地人口与流动人口的定罪不捕率之差额近 50 个百分点。

表 4　2005—2007 年罪不捕的数量、比例比较表

年份	定罪不捕总数(件/人)	流动人口	不捕率(%)	本地人口	不捕率(%)
2005	103/135	28	20.7	107	79.3
2006	127/229	49	21.4	180	78.6
2007	126/252	64	25.4	188	74.6

① 统计口径中的定罪不捕指检察机关认为犯罪嫌疑人已涉嫌犯罪，但不符合逮捕的必要性条件，因此做出不予逮捕决定。严格地说，这一称谓并不符合无罪推定原则。为了便于表述，笔者姑且沿用这一称谓。

(3)流动人口逮捕后的处理情况

表5 2005—2007年流动人口逮捕后的处理情况比较表

年份	起诉	不起诉	管制	拘役	拘役缓刑	有期徒刑	有期缓刑
2005	6623	14	0	1014	11	5401	135
2006	6687	26	2	860	8	5252	154
2007	7888	18	2	945	16	6388	179

(二)流动人口高逮捕率带来的后果

1. 造成诉讼权利的不平等

对涉嫌轻微犯罪的犯罪嫌疑人，如果主体是本地人，侦查机关可能会直接采用取保候审的强制措施，即使侦查机关提请检察机关批准逮捕，检察机关也会对逮捕的必要性进行严格的审查，可能会做出不批准逮捕的决定。如果犯罪嫌疑人是流动人员，为了防止诉讼风险，检察机关一般会批准侦查机关对其采用逮捕措施。这样就造成了本地、流动人口轻微犯罪适用强制措施的不平等。

2. 造成诉讼结果的不平等

由于对本地、流动人员采取强制措施的不同，可能产生同罪不同罚现象，影响司法的公信力。例如刚刚达到盗窃罪起刑点[①]的外地犯罪嫌疑人，在侦查阶段经过1个月的刑事拘留，逮捕后的侦查期为2个月，审查起诉阶段办案期限为1个月，审判阶段办案期限为1个月，法院判决时犯罪嫌疑人一般已被羁押了5个月左右，法院一般会根据几经羁押的情况量刑，而对盗窃同样数额、情节基本相同的本地犯罪嫌疑人，往往由于适用取保候审的强制措施，可以被判处拘役、有期徒刑并适用缓刑。

3. 不利于对部分流动犯罪嫌疑人的教育、感化和挽救

首先，对于部分涉嫌轻微犯罪的流动人员，由于羁押期限的存在，法院一般会根据审前羁押的时间，判处相应的拘役、有期徒刑的刑罚。如一些盗窃案件，法院往往根据审前羁押时间来确定宣告刑，一般判决生效后不久，对被告人的刑罚也就执行完毕了。刑罚对其几乎起不到什么威慑和教育的作用。其次，将一些涉嫌轻微犯罪的流动人员羁押在看守所，可能会使他们

① 浙江省规定的盗窃罪数额较大的起点是2000元。

受到"交叉感染"。尤其是一些初犯、偶犯以及青少年,极有可能在羁押过程中成为传授犯罪方法或教唆犯罪对象,不利于其真诚悔罪和认真改造。

二、困境:司法机关无奈的选择

对流动人口犯罪基本适用逮捕强制措施,其主要目的是为了保障诉讼的顺利进行,防范采用取保候审措施后因犯罪嫌疑人的流动性而带来的串供、脱保等诉讼风险。而这一做法的问题在于将本应由国家投入的司法成本转嫁给了部分涉嫌轻微犯罪的流动人员,以牺牲其人身自由的代价节约了司法成本。各地司法机关早已意识到了这一问题,并且试图做出改变。[①]但是,囿于当前的司法环境、诉讼制度和配套措施,这一问题目前还无法取得实质性进展。

(一)司法机关面对巨大的社会压力

人员流入地公众对于打击犯罪的要求更甚于对保障人权的追求,使司法机关承受巨大的舆论压力。根据笔者所在的杭州市人民检察院的统计,2007年流动人口占被告人总数的57.6%。在杭州市经济发达、流动人口密集的萧山等区,流动人口犯罪比例甚至高达80%以上。面对流动人口犯罪高发的状况,人员流入地公众的反应相当强烈,要求司法机关从严打处。2005年10月底,国家统计局组织进行的第五次全国群众安全感抽样调查的结果表明:对于违法犯罪活动的打击力度,被调查人认为打击"有力"的占42.5%;认为"不太有力"的占48%;认为"不力"的占9.5%;认为"不太有力"和"不力"的比例合计超过五成。[②] 很多民众出于对自身人身和财产安全的考虑,对打击犯罪的要求高于对保障人权的追求,默许甚或支持对外来犯罪嫌疑人采取审前羁押措施。在这种公众的要求之下,司法机关背负了巨大的压力。从保障人权的角度对涉嫌犯罪的流动人员使用取保候审措施,会招来本地居民"打击不力"的质疑。

---

① 浙江省人民检察院、杭州市人民检察院都曾在规范性文件中规定了平等办理流动人口犯罪的原则,杭州地区一些检察院还常对一些外来犯罪嫌疑人采用取保候审措施。

② 周伟、邵尔希:《释放还是羁押——扩大使用取保候审的困难与选择》,《现代法学》第29卷第1期。

(二)大部分流动人员不具备适用非羁押措施的条件

根据笔者的统计,在杭州的外省籍刑事犯罪嫌疑人,以外来务工者居多,大多来自较为边远的经济欠发达地区,且大多因为经济困难而进行犯罪。他们中的多数,在犯罪地无固定工作,无固定住所,甚至没有生活来源,既没有符合保证人条件的保证人为其申请取保候审,又无经济能力交纳保证金。保证金、保证人的缺失,使流动人口涉嫌犯罪时无法适用取保候审等非羁押措施。

(三)适用非羁押措施将带来巨大的诉讼风险

在现有的社会控制手段下,外来人口可以轻易在各地之间流动,并通过流动来逃避自己的法律责任,从而使后续的刑事诉讼因犯罪嫌疑人的缺席而无法正常进行。一旦发生犯罪嫌疑人弃保脱逃,可能产生新的犯罪,对社会造成新的危险;侦查机关为了将其抓获归案,往往需耗费更大的人力、物力和财力,所资源消耗将大大高于羁押,且追逃的难度极大。为了规避这种风险,司法人员只能对流动人口犯罪大面积适用逮捕措施。

三、借鉴:国外保释制度的经验

在国外的刑事司法制度中,有与我国取保候审制度表现形式相似但又有本质区别的保释制度。笔者认为,我们不妨适当借鉴国外保释制度的经验。

(一)保释和取保候审的比较

保释和取保候审都不是刑事诉讼中的必经程序,而是对符合条件的犯罪嫌疑人、被告人有条件地不剥夺其人身自由的制度。两者的外在表现形式有所类似,主要表现在:(1)申请适用的主体相同,根据各国法律规定,有权申请适用保释或取保候审的主体都是犯罪嫌疑人、被告人及其法定代理人、近亲属以及辩护律师;(2)对被检控者不实施羁押;(3)都要求不被羁押者提供必要的保证或担保;(4)都要求被检控者必须遵照司法令状指定的时间、地点听候审讯和审判,不得以任何形式毁灭证据或干扰证人作证,不得有危害被害人人身及财产安全的行为。

但是,保释制度在实质上不同于取保候审,两者的区别在于:(1)建立的理念基础和价值取向不同。我国刑事诉讼法将取保候审定位于强制措施,是国家权力而非公民的自然权利,折射出国家本位主义理念,目的是保障刑事诉讼顺利进行;保释制度以保障被检控者的人身自由和安全为价值取向,定位于犯罪嫌疑人、被告人的自然权利,体现人权保障、无罪推定、权力制衡理念。(2)决定机关不同,我国公、检、法机关均有权作出取保候审决定,且不受其他机关制约;国外羁押权或保释决定权统一由治安法院或地方法院的法官行使。(3)权利救济及监督机制不同。我国取保候审制度没有设置救济途径,犯罪嫌疑人、被告人无权对取保候审的决定不服;保释制度有一系列的救济制度如听证和上诉等。

(二)西方国家人口流动性很大,为何还能大面积适用保释制度?

当前我国对流动人口犯罪取保候审适用率过低、逮捕率过高的心理原因主要是司法机关和民众都担心一旦对流动人员采取取保候审,可能造成弃保逃脱或犯新罪。而放眼采用保释制度的欧美各国,其人口的流动性、流动的自由程度不低于我国,而弃保率并不高。例如英国,被保释者不出庭率一般稳定在12%左右。[①] 其控制手段值得我们借鉴。

欧美弃保率较低的主要原因有:第一,法官审查保释案之前,审前服务机构已经完成了对嫌疑人的调查和风险评估,其个人资讯及是否可能逃避审判的评估为法官提供了基本信息,以便法官作出准确的判断。第二,公民个人资料信息库等科技手段对缉拿逃脱者提供了有效的途径。美国多年来建立的个人信息库能够为警方提供快捷的情报和电子追踪手段。对一些逃脱可能性大的被保释者,法官可以决定附条件的释放,包括戴电子手镯、电话追踪等,以便监控其行动。第三,对金融流通领域的监控能够强化社会控制能力。个人社保、个人信用卡消费方式和完备的银行金融系统都为发现和缉拿嫌疑犯提供了硬件和软件。[②] 第四,保释服务和监督教育机构为降低脱保率和再犯新罪率作出了努力。一方面,这些机构是保释的服务组织,减轻了法院和追诉机构的负担。另一方面,这些机构还承担教育帮助有犯罪行为的人回归社会,承担社会工作的任务。例如英国,建立了覆盖全国大多数地方的保释情报组(Bail Information Sehemes),由缓刑机构管理,为王室检察院输送经过确证的情报,特别是关于被告的社区关系的情报。研究表

① Davis Evans:《保释:英格兰和威尔士现行法和实践概览》,陈卫东主编:《保释制度与取保候审》,中国检察出版社2003年版,第26页。

② 周伟:《社会控制能力:司法改革的物质基础》,崔敏:《刑事诉讼与证据运用》(第1卷),中国人民公安大学出版社2005年版,第362页。

明,保释情报组织成功地减少了王室检察院建议适用羁押候审的案件量。[①]第五,相应的人力、物力和财力支持。欧美保释服务和监督机构基本由国家提供比较充足的经费,以保证人员的数量和素质、工作硬件和软件能满足需要。如美国康涅迪克州 2005 年保释服务机构的预算为 300 万美元,纽约市保释服务机构为 800 万美元,而华盛顿特区的保释服务机构则得到联邦政府拨给的 4000 万美元。[②]

四、前景展望:建立流动人口犯罪强制措施平等适用制度

(一)近期:有条件地适用取保候审措施

笔者认为,在现行司法条件下,不具备对流动人口犯罪大面积采用取保候审措施的现实可能性。但司法机关可以对某些符合条件的流动人口犯罪采用取保候审措施。对符合取保候审条件的外地犯罪嫌疑人,如果居住地在本省范围内,一般应当准许,关键是需要被告人居住地的公安机关采取有效措施,加大执行力度,保证执行的效果。对户籍在外省的犯罪嫌疑人,可以区分不同情况进行处理,对于可能判处管制、拘役或者独立适用附加刑的轻罪案件,犯罪嫌疑人有工作单位或有劳务关系,在本地有较固定的住所,可以适用取保候审,并要求其工作单位不得终止其工作劳务关系;犯罪嫌疑人如无工作单位,但其亲友有职业并有固定住所的,应当同意其亲友申请取保候审。其他情况则一般不得适用取保候审措施。实践中,检察机关应当要求公安机关在报捕时必须提供该犯罪嫌疑人是否具有取保候审条件、不采用逮捕措施是否可能妨碍诉讼顺利进行等相关说明材料。只有不具备取保候审、监视居住条件的犯罪嫌疑人,才适用逮捕措施。

同时,对采取取保候审措施的流动人员应加强法制教育,说明取保候审的含义、性质以及相应的权利义务和违反义务应承担的责任。然后,由犯罪嫌疑人、被告人说出其对取保候审制度的理解,不当之处司法人员及时予以纠正,直至被取保人理解为止。在提供保证人的情况下,司法人员还应使保证人了解取保候审的含义、性质、被取保人的法律义务和责任,以及保证人

---

① 麦高伟、杰弗里·威尔逊:《英国刑事司法程序》,姚永吉等译,法律出版社 2003 年版,第 122 页。

② 周伟、邵尔希:《释放还是羁押——扩大使用取保候审的困难与选择》,《现代法学》第 29 卷第 1 期。

自身的法律义务和责任。通过调整保证人的利益关系来促使其积极对被保证人进行教育和劝解，及时打消被保证人逃避法律处罚的想法。对于不按时到庭接受审判的被告人，法官应视情节决定逮捕，并可以在判决时从重处罚。同时对于保证人违反规定，不履行或者怠于履行保证义务，致使被告人不能及时到案的，依照有关规定严格追究保证人的相关责任。

(二)远景：建立强制措施平等适用制度

1. 观念更新：打击犯罪与保障人权并重

司法人员应该更新诉讼理念，强化维权意识，全面贯彻落实宽严相济刑事司法政策。在适用刑事强制措施时既要注重维护社会秩序，又要重视对犯罪嫌疑人的权利保障，务必做到实体与程序、打击与保护并重，使之取得良好的法律效果和社会效果。在对流动人口适用强制措施时，应重点考虑不羁押能否防止“社会危险性”(这包括逃跑、干扰证人、候审期间再次犯罪、被伤害等方面)。如果确定“社会危险性”非常微小，就应当充分考虑嫌疑人取保候审的可能性。同时，对犯罪嫌疑人应平等地适用法律，不因其户籍、地域不同而有所差别。外地人轻微犯罪后若能提供保证人或保证金的应与本地人一样给予取保候审。

2. 机构设置：建立专门的非羁押措施的执行机构

目前刑事诉讼中的非羁押措施由公安机关执行，实践中，公安机关受人力、物力的限制，对非羁押的犯罪嫌疑人的控制力较弱。为改变这一状况，可以将取保候审执行工作从公安机关日常工作职能中剥离出来，建立隶属于司法行政机关的专门社区执行机构，统一负责取保候审、监视居住等非羁押措施的执行和监督，使这项工作专业化、正规化。

3. 诉讼制度：建立诉讼风险评估和异地保证人制度

首先，应当建立流动人口犯罪嫌疑人诉讼风险评估制度。在具体的制度设计方面，应当注意评估方式的程序化，并做到评估内容的层次性。在实践中，各机关在对适用取保候审进行风险评估时，考虑的主要因素就是有无继续犯罪的人身危险性、会不会逃避追诉、会不会妨害作证。同时，评估指标应当定量化。应当进一步完善风险评估指标的设定，使之逐步定量化、规范化。减少对“逮捕必要”条件和取保候审条件把握的随意性。风险评估可以由具有自制的社会中介机构、服务机构做出，为公安机关、司法机关决定适用何种强制措施提供依据。

其次，建立异地保证人制度。针对司法实践中，取保候审因犯罪嫌疑人既无法提供保证金又无法提供“固定”保证人,而影响了取保候审措施对刑事诉讼的保障作用,使逮捕措施的适用面临巨大压力的现状,检察机关可以与公安机关共同探索,允许外来人口中的犯罪嫌疑人提供其户籍地或常住地的保证人,既方便犯罪嫌疑人提供证人,也有利检察机关监督保证人履行保证义务,从而有效保证犯罪嫌疑人遵守取保候审的有关规定和刑事诉讼不因为犯罪嫌疑人的“流动”而无法正常进行。公安机关现有的户籍管理网络也为这一制度的实施提供了技术平台的雏形。

4. 配套措施:加强社会监管和控制能力

通过设置若干配套措施加强社会控制能力。监管措施具体可以包括:(1)在取保候审的监管中可以建立一种相对限制人身自由的措施,例如国外的保释拘留所、保释旅馆,也可以将我国现在的监视居住改造为取保候审的方式之一;(2)通过电子化的装置控制,例如采用电子手镯、电子监视器等设备对被取保候审的人进行监控,一旦被取保候审人离开某一区域范围,执行机构立即能够得到报警信息;(3)通过附设特定的义务来对特定事项进行限制,例如扣押证件、限制离开某一地区等;(4)定期报告;(5)协调社区共管机制,例如街道办事处、居民(村民)委员会或者专门的社会组织参与监管等;(6)个人资料、金融记录联网;(7)加强取保候审期间的检查评估,了解被取保候审人在取保期间的风险值有无变化,对风险增加的犯罪嫌疑人即变更强制措施。

5. 刑法保障:扩大“脱逃罪”的主体范围

对于逃跑的被取保候审的犯罪嫌疑人、被告人,现行法律没有规定明确的刑事上的不利后果,这很容易导致取保的犯罪嫌疑人、被告人弃保逃跑,无所顾虑。笔者认为,可以借鉴其他国家和地区的经验,将被取保候审人弃保逃跑的行为规定为潜逃罪、脱保罪,或考虑修改《刑法》脱逃罪的主体范围,将脱逃罪的主体扩大到被取保候审的人。

苏州地区外来人员犯罪现状及犯罪原因的调查和研究

张晓东　张　乐*

一、引　言

"苏州自古以来就有'人间天堂'的美誉。在新的历史条件下,'天堂城市'的标准是什么?我们认为,这个城市的百姓要有富裕感,要有安全感,同时还要有非常良好的生活环境,这样才能算得上'天堂'。实际上这就是中央提出的和谐社会的要求。为此,我们一直在努力。"苏州市委副书记、市长阎立接受中央电视台专访时如是说。

经济快速发展必然导致外来人员的增加(外来人员指苏州地区以外的人员)。许多城市对外来人员十分敏感,一个城市不同群体能否相互融合,对城市的平安、和谐十分重要。目前,苏州的户籍人口624万人,外来务工者、投资者将近500万人。外来人口对苏州的经济发展作出了巨大贡献,因此,在苏州,他们被亲切地称为"新苏州人"。然而,近年来,随着苏州工业化、城市化的快速推进,城市人口急剧增加,带来了社会治安的巨大压力,刑事案件发案数呈高发态势,逐年大幅上升。据统计,苏州市两级检察机关批准逮捕的犯罪嫌疑人数已连续几年居江苏省首位,占全省的五分之一。而其中,外来人员涉嫌犯罪的比例亦逐年上升。分析近10年来苏州市的刑事案件,作案人员经历了以本地人为主、本地人与外来人员各占一半,到现在外来人员占85%以上的演变过程。

苏州是一个开放型的城市,是外来人员涌入规模大的城市之一。一方

* 张晓东:苏州市人民检察院副检察长;张乐:苏州市人民检察院侦查监督处副处长。

面，经济的高速发展、劳动力的巨大需求、富裕地区的吸引力，使各种层次的外来人员大量涌入苏州；另一方面，刑事案件的高发与涉案外来人员比例的逐年上升，使许多影响治安的因素又都与外来人口大量增加相关。因此，对于外来人员大量涌入而引发的城市各种社会问题如何正确认识并妥善解决，是东部沿海发达地区共同面临的重要任务与时代课题。

我们在对苏州地区近年来外来人员犯罪情况进行调研后，力图从犯罪现状入手，进而分析、研究犯罪的原因，并提出有针对性的预防对策，以供决策者参考。

二、苏州地区外来人员犯罪的现状与特点

2003 年，苏州市两级检察机关共审查逮捕犯罪嫌疑人 7166 人，其中属非苏州籍（地级市，下同）的外来人员 5303 人，占 74%。2004 年，苏州市两级检察机关共审查逮捕犯罪嫌疑人 9116 人，其中外来人员 7530 人，占 82.6%。2005 年，苏州市两级检察机关共审查逮捕犯罪嫌疑人 10225 人，其中外来人员 8656 人，占 84.5%。2006 年，苏州市两级检察机关共审查逮捕犯罪嫌疑人 10609 人，其中外来人员 9262 人，占 87.3%。2007 年，苏州市两级检察机关共审查逮捕犯罪嫌疑人 11536 人，其中外来人员 10152 人，占 88%。

上述数据表明，外来人员在整个涉案人员中的比例逐年上升，且占绝对多数。在个别地区外来涉案人员所占的比例达到了 90%以上，如苏州工业园区、高新区、常熟市。在有些犯罪类型中外来人员占的比例更大，如据市公安机关统计，2006 年 1－6 月所破获的 24 起盗窃、破坏电力设施案件的作案人员均为外来人员。由此可见，苏州高发的刑事案件与外来人员的大量涌入有很大的关联，而且刑事案件高发的态势尚未得到有效的遏制，每年仍以 10%的比例在增长。

2007 年，我们就外来人员犯罪的具体情况进行了调查，1－11 月，外来人员犯罪有 9820 人。调查资料显示，苏州地区外来人员犯罪呈现以下特点：

(1)从犯罪外来人员在苏居住、工作状况分析，所调查的 11 个月中，属居无定所、流窜作案的 3142 人，占 32%；在苏居留一年以内的有 4222 人，占 43%；居住一年以上、有一定工作的有 2455 人，占 25%。

(2)从犯罪类型上看，以侵财型犯罪为主，有 7777 人，比例高达 79.2%，

其中尤以盗窃、抢劫为主，有 4290 人，比例达到 55%；其次是伤害型犯罪，有 1935 人，占外来人员犯罪人数的 19.7%。

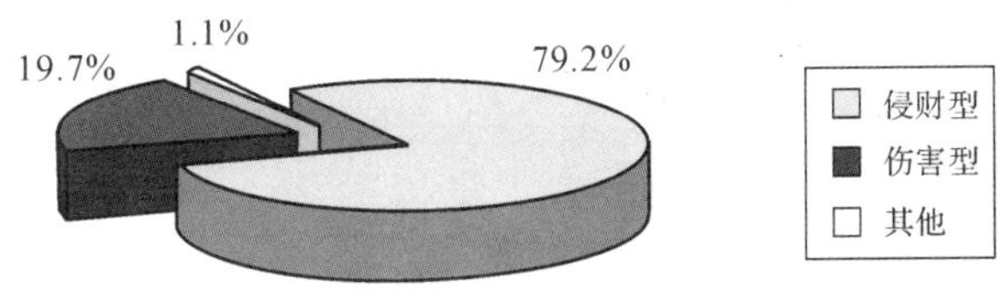

外来人员犯罪类型比例图

(3)从作案手段看，犯罪的暴力性不断加强。杀人、伤害、强奸等暴力犯罪案件增多，犯罪手段表现出恶劣、凶残的特征，而且往往不计后果。2007 年，外来人员犯杀人、故意伤害、强奸、抢劫四类暴力犯罪的就有 2651 人，占外来人员犯罪的 27%，比上年同期增长 10%。批捕的重、特大案犯有 1907 人，与上年同期相比增长 35%。

(4)结伙、团伙犯罪比例增大，犯罪节奏加快且连续作案。外来人员犯罪中，结伙、团伙犯罪的 2809 人，占 28.6%，与上年同比增加 10%。从结伙方式看，主要有两种，一是由乡谊、血缘联结的老乡、宗族等成员组成；二是由共同的犯罪动机异地间结伙。

(5)犯罪的随意性、流动性强。外来人员来苏后，很少一部分有条件住旅馆或市区租房，大部分以城乡结合部的农民出租房、建筑工地工棚作为栖身之地，有的甚至寄宿于老乡处，今天在甲地、明天到乙地，哪儿有活干就去哪儿。因此，一旦利益驱动、犯意产生，不特定的盗窃、抢劫、抢夺、强奸、寻衅滋事等犯罪的犯罪目标便趋向随机、盲目。

(6)外来人员犯罪团伙作案中表现出“专业性”、“智能化”的特点，有向犯罪集团发展的趋势，有的还带有一定恶势力、黑社会色彩。如吴中区检察院办理的邵余荣等 11 人黑恶势力案件(均系外来人员)，涉及罪名众多，有组织、领导、参加黑社会性质组织，故意伤害，寻衅滋事，聚众斗殴，非法拘禁，非法买卖枪支，非法持有枪支罪。相城区检察院办理的洪京等 12 人组织、领导、参加黑社会性质组织案，该组织以垄断阳澄湖镇周边地区的螃蟹托运市场和地下赌场为目的，招收无业人员为打手，明确分工，统一住宿，统一配备作案工具、交通工具、通讯工具，统一着装，每月发放生活费，肆意殴打他人，称霸一方，当地群众民愤极大。吴江市检察院审查批捕的印九良、刘新武犯罪团伙案，印九良等人以开办元华织造公司为掩护，组织了众多的外来人员,非法持有枪支、开设赌场、放高利贷,在当地是“知名”人物,可以帮人“出气”,寻衅滋事、聚众斗殴,无所顾忌。沧浪区检察院办理的刘应章及其同伙利用城乡结合部管理的混乱,以“城管”的身份自居。每天强行向友联二村菜场的菜贩收取“卫生费”,若不交,轻则谩骂,不让其摆摊,重则拳脚相加,强行抢菜。姜林、汪建宏等 6 人均为外来无业人员,生活拮据,经商量后决定向老乡索要“保护费”来解决生计。于是,6 人结伙在昆山市的玉山镇、开发区、陆家镇等地,以收取“保护费”名义,采用暴力或以暴力相威胁的手段,劫取或强拿硬要十几位老乡的财物。

(7)苏州地区外来人员犯罪的主体呈现以下特点:A、外来人员中的犯罪人年纪轻、文化素质低、男多女少。年龄主要集中在 18—40 岁之间;性别以男性居多;学历大多为初中以下;籍贯主要集中在山东、河南、安徽、四川、贵州、苏北等地。B、外来人员犯罪人中大多无业、无正常工作,在上述统计的 2007 年 1—11 月中,无业人员 5931 人,占同期外来人员犯罪总数的 60.4%。C、外来人员犯罪中流窜犯占有一定的比例,使得外来人员犯罪表现出一定的职业化特点。在 2007 年 1—6 月的统计中,仅侵财型犯罪中外来人员属惯犯、职业性犯罪的就有 369 人。如四川籍付光超、江明勇,贵州籍丁华飞三人,每人均有两次以上的盗窃前科,勾结成以盗窃为生的职业团伙,流窜至张家港市金港镇,携带撬棒、插片,连续在村民家中撬门入室行窃,盗窃财物价值 2 万多元人民币。再如犯罪嫌疑人舒建峰,以盗窃为生,于 2006 年 12 月至 2007 年 1 月间,先后在苏州市永林新村、永林二区、东环新村等地,入室盗窃作案 14 起,共窃得人民币、外币等财物总价值 10 万多元。沧浪区院办理的邹某等人职业团伙盗窃案,8 名犯罪嫌疑人盗窃电动自行车及电瓶的次数多达 90 余次,在市民中造成了恶劣的影响。

三、苏州地区外来人员犯罪的原因

鉴于苏州地区刑事案件中涉案外来人员数量越来越多、所占比例越来越高的现状,探究他们走上犯罪道路的原因已成必要。我们对 2007 年 4—9 月这 6 个月中办理的 4926 名外来犯罪人员为何会去犯罪逐一作了讯问,以了解他们犯罪的原动力。通过整理、归纳,可以分为如下几类情形,见表 1、表 2。

表 1　外来人员犯罪原因调查数据统计表

侵财型犯罪　　3901 人(占总数的 79.19%)					
无正常工作生活贫困窘　迫	有正常工作贪财起意	贪图享乐好逸恶劳	惯犯职业性犯罪	迫于威胁、引诱性犯罪	其　他
1717	703	944	148	59	330
占 44%	占 18%	占 24.2%	占 3.8%	占 1.5%	占 8.5%

表 2　外来人员犯罪原因调查数据统计表(续表 1)

伤害型犯罪　　972 人(占总数的 19.73%)						
因私人琐事纠纷	因侵财引发犯罪	欺行霸市鱼肉乡里	报复社会型犯罪	涉黑团伙型犯罪	寻衅滋事	其　他
463	93	19	5	11	136	245
占 47.6%	占 9.6%	占 2.0%	占 0.5%	占 1.1%	占 14%	占 25.2%

从上述统计数据可以看出导致外来人员犯罪的一些主客观因素。在4926 名人员中，属于无正常工作、生活贫困窘迫的有 1717 人，占总数的44%；属于有正常工作，但贪财起意或贪图享乐、好逸恶劳的共有 1647 人，占总数的 42.2%。这三类人员是当前外来犯罪人员中人数、比例最多的。我们认为，其根本原因是我国社会主义初级阶段的主要矛盾即人们日益增长的物质文化需要同落后的社会生产力之间的矛盾。改革开放以来，经济的快速发展，尤其是东部沿海地区经济的高速发展，进一步拉开了东西部之间的差距、城乡之间的差距，全社会的贫富差距在扩大。由于大多数外来人员来自于贫困地区、来自于农村山区，文化层次低，致使许多外来人员在这所城市中所从事的工作、所得到的待遇与本地人形成了巨大的反差，也就不可避免地存在着差异和不公平的现象，存在着心理上的不平衡，由此而形成的人与人之间关系的不协调甚至是冲突在所难免。经济原因成为犯罪的一个根本性动力，这也是苏州地区的外来人员犯罪主要是以侵财型犯罪为主的原因。同时，从上述统计数据中，我们也可以看出，苏州地区外来人员犯罪中带有主动侵犯人身权利的暴力性犯罪所占比例还相对不高，尤其是影响社会层面上的涉黑、报复社会方面的犯罪只占总数的 0.3%，寻衅滋事的占 2.8%。这说明苏州地区的社会治安环境还是比较好的，人们的心理安全指数较高。

在对上述统计数据进行初步分析后,我们仍想从犯罪的主客观方面作进一步探究,以寻找对策,达到遏制犯罪的目的。

(一)主观原因

1. 外来人员犯罪与自身素质不适应现代社会要求有关

在调查中我们发现,文化因素对外来人员犯罪的影响主要表现为两个方面:

一方面是他们的学历教育、生存技能与人才济济的现代都市要求差距很大。不满20岁的王某某初中毕业后就从贫困的河南老家来苏打工,由于文化水平较低和缺乏生存技能等的限制,小小年纪只能靠干体力活挣钱养活自己,还经常面临失业的尴尬。2007年五一节前,失业的王某某到一个公园里闲逛,当他走到一个假山后边看到一对正在谈恋爱的青年男女旁边放着一个鼓鼓的皮包,便趁其不备抓起皮包就跑,结果没跑几步即被抓获。事后,他痛心地说:"我本想到苏州多挣点钱,但一没技术二没学历,三天两头没活干,钱没挣着还换来个坐班房的下场。"

另一方面是他们的生活观念、处世行为与现代都市人差距很大,判断是非曲折、美善恶丑,往往以在家乡形成的道德观念和生活习惯作为标准,缺乏应有的法律常识,法制观念淡薄,有些人甚至根本不懂法。遇到外界刺激或自感失意时,往往不理性,易冲动。如有的外来打工者在发生劳务或债务纠纷后,采取绑架、盗窃、抢劫等手段索取自认为自己应得的劳动报酬或债务,认为合情合理。

应该说,外来人员在离开家乡外出打工时,他们怀着的是以努力劳动换取美好生活的良好愿望。但由于绝大多数外来人员文化素质较低,缺乏专业技能,而经济发达地区也非遍地"黄金",相反就业形势严峻,绝大多数外来人员生活在社会最低层。低收入或长期找不到工作,衣食住行等基本的生存问题得不到解决,在某种程度上也催生了违法犯罪。以侵财犯罪为例(见表1),外来无业人员犯罪比例极高,生活贫困窘迫和好逸恶劳是两大主要原因。一个是没有工作,没有收入,不能维持生计;另一个是工作辛苦,收入少,甚至是辞去工作走上犯罪道路。有的犯罪嫌疑人则是两个原因兼而有之,比较而言,前者更为可怜,后者更为可恶,但两者有一个共同点,那就是即使没有工作也不愿返回家乡从事农活,于是,在强烈的"挣钱"欲望下,违法犯罪成为继续生存的途径,这就是是非观念的转变过程。尤其是当多名犯罪嫌疑人在一起时,甚至是相互交流,偷、抢等违法犯罪行为已经不再是一种耻辱,而成为增加收入的手段。大部分人在犯罪后没有感到后悔或一种犯罪耻辱感。

2. 外来人员犯罪与其不健康的心态有关

有些外来人员来苏后不能很快融入都市生活,心理上常笼罩着一种外乡人受歧视、受排斥的感觉,其极端心理在特定场合易诱发犯罪。主要表现在三个方面:

一是极强的防卫心理。防卫心理过强,容易放大自己的遭遇并采取偏激做法。外来人员在苏州往往人生地不熟,陌生就自然会产生不信任心理和防卫心理,一些人由于产生了过强的防卫心理,精神高度紧张,一旦与人发生纠纷或摩擦,便难以承受,往往使用暴力进行抗拒或报复。如:安徽来苏打工的陈某某,其在打工期间与一位常熟姑娘相识并确立恋爱关系,随着交往的加深,姑娘感觉到他性格偏激难以相处,便提出分手。失恋本是人生中很正常的事,但陈某某却无论如何不能接受,他觉得姑娘和她的家人是看不起自己外地人的身份,是嫌弃自己,感到自尊心严重受挫,便多次恐吓要挟对方,后在“努力”无望的情况下,用浓硫酸将对方毁容,把自己送进了牢房。

二是过分的忍让求安心理。一些外来人员的处世准则就是事事以忍求安,有些人甚至遭到抢劫、强奸都不敢报案,成为受欺辱和犯罪分子的加害对象。他们不是或不懂得通过正常途径和法律手段保护自己的合法权益,而是采取忍气吞声的态度,当其忍耐达到极限仍不能“求安”,便动用武力进行自我解脱。如有些打工者干活后拿不到钱,陷入生活无着、走投无路的境地,便铤而走险,要么绑架,要么杀人越货。

三是无度的放纵结伙心理。外来人员大多远离家乡和亲友,脱离了家庭的束缚,以往在家乡要是偷了别人什么东西可能一辈子在村子里抬不起头,而在城市这样一个陌生人的社会,伴随着人情淡薄的是对隐私权的保护。因此,在繁华的都市易产生侥幸放纵心理,顾及社会舆论的心理负担较小,行为往往不计后果。同时,他们信奉的是“在家靠父母,在外靠朋友”的古训,一旦为了共同的利益,他们中的有些人或以同乡、宗族,或以朋友为同盟,拉帮结伙进行违法犯罪活动。如:胡某某孤身一人走南闯北,经常变换居住点,自以为没有人认识自己,作案后可以远走高飞,一走了之,于是便肆无忌惮地实施盗窃,后其胆子越来越大,竟将在苏的几个老乡发展为盗窃团伙和贩卖淫秽光盘一条龙组织,从中获取暴利。

3. 外来人员犯罪与其生存、生理的状况和需求有关，行为缺乏指引

外来人口中存在的性别比例失调、年龄结构失衡、生理需求难以满足等特有的生理因素，是诱发外来人口犯罪的原因之一。外来打工者中青壮年男性居多，他们精力充沛，虽想努力融入都市生活，但由于各方面条件限制，外来人员的身份、从事的职业又影响着他们的爱情、婚姻、家庭等需求，因而大多以老乡、亲戚、血缘为纽带工作生活在一起，多数从事笨重的体力劳动或者劳动密集型、服务性工作，处于城市生活的边缘，对城市文化有一定程度的抵触。同时他们又离开了原有的生活环境，失去父母、亲友等对其生活行为的约束，又没有或无法被同化进城市文化之中，使得他们在一定程度上没有确定的行为模式可循，处于一种无所适从的迷茫和失措状态，促使他们易产生反社会的违法犯罪行为。

（二）客观原因

通过考察外来人员犯罪案件，可以发现管理等方面存在的不完善是造成其犯罪的客观原因，主要表现为：

1. 管理失控

建立在计划经济基础上的户籍管理制度，对市场经济所引发的城市流动人口管理显得捉襟见肘，而新的适应市场经济需要的人口管理制度又没有完全建立起来，这是外来人员管理上的一个瓶颈。这使我们对外来人员无法做到底数清，何时来何时走无法完全掌握，尤其是经常流动的无业人员，他们在这所城市中做什么、如何生存更是无从掌握。从现行的外来人员管理规定来看，我们主要是采取暂住证制度和集宿制，虽然法律界对这两项制度是否符合宪法精神有不同意见，而且它还留着计划经济模式的浓浓痕迹，对因市场经济大潮引发的全国性人口大流动显得力不从心，但它毕竟是当前在实行的城市对外来人员管理的主要制度。由于先天不足，无法完全适应对外来人员的管理职能，因此，我们感到在对外来人员日常管理工作中存在着不到位或管理混乱的现象，从表象上反映出：

第一，办理暂住证缺乏有效监督。在外来人员管理制度上有外来人员要办理暂住证的要求，但在实践中，相当一部分外来人员没办暂住证，从而使得有些外来人员不在管理视线内，一定程度上助长了其连续作案的气焰。

第二，管理部门或用工单位与外来人员原籍缺乏有效沟通，使得外来人员离开原本熟悉的社会环境，失去家庭对其的约束后，行动变得放纵，从而在某些契机下走上违法犯罪的道路。

第三，外来人员租赁房屋管理失控。外来人员无须审批就可租住当地居民的房屋，房东只是收钱，一般对租房人干什么不会干预，加之没有相关部门管的漏洞，为外来人员违法犯罪提供了便利的条件。而且还经常变换住处，躲避政府执法部门的打击。

2. 需求失衡

外来人员大多来自穷乡僻壤，他们出于养家糊口的目的，不惜小小年纪就辍学外出打工挣钱，有着很强的致富欲望，但繁华都市往往青睐高学历和好技能，因此文化水平低又缺乏基本技能和生活经验的人在苏挣钱很不容易，致使一些外来人员在城市生活和工作经常受挫，这时城市需求与自身欲望的矛盾冲突促使有些人产生受歧视感，诱发不同程度的认同危机和心理危机，从而成为潜在的犯罪动因，当这种危机达到一定程度时就会导致犯罪产生。

3. 外来人员犯罪与雇主的侵权行为有关

在调查中我们发现，有些外来人员合法权益被侵害问题严重，大多体现在劳动权益、人身权利保护方面。主要是劳资纠纷引发的事件，一是追讨未果而采用非法手段解决问题，犯罪类型主要是非法拘禁和盗窃老板财物。二是因拖欠工资而间接引发犯罪，如因长期拿不到报酬，导致使用其他非法手段获取钱财。这些犯罪在节日前以及家人生病、家庭变故等特殊情况下极易发生。

四、遏制外来人员犯罪的对策建议

近年来，我市各级党委、政府和有关部门把外来人员管理和服务工作作为创建“平安苏州”，实现“两个率先”的一项重要任务，使其逐步适应经济社会的发展要求。据统计，2007 年 1 月至 8 月公安部门共登记外来人员 433 万余人。目前，我市已建成 3300 多处外来人员集宿区(点)，吸引了 150 多万外来人员入住。同时，我市已建成以市、区(县)、街道(乡镇)为主体的三级公共职业介绍机构网络，现有职业介绍机构 166 个。全市各地公办学校吸纳外来人员子女 8 万人入学，全市经教育部门批准的民工子弟学校有 137 所。应该充分肯定我市外来人员管理和服务工作取得的成绩。但我们本次调查得出了这样一组数据：江苏省五分之一的刑事案件在苏州；苏州高发的刑事案件中近 85％为外来人员犯罪；外来人员犯罪中 70％为无业人员，43％为在苏居无定所或居留一年以下的人员;外来人员犯罪中近80%为侵财型犯罪。如何遏制外来人员犯罪,我们认为,应有针对性地加强以下工作:

1. 加强对外来人员管理中的信息共享与沟通

第一,应建立人员流动的信息化管理系统,强化异地劳动协作,可建立起"谁用工、谁教育、谁负责"的制度,保证人员流入的目的性、计划性。随着"十一五"规划的实施,苏州经济增长方式的改变,变工业制造为工业创新,提高了对人才、务工者的要求,也加大了外来人员务工、就业的难度,实际上是对外来人员盲目流入的限制。如何优化人员流动,保证优秀人才、急需人才准确及时地流入到所需要的岗位上,保证进苏人员的质量和满足城市各项建设事业发展的目的,建立人员流动的信息化管理系统和制度很有必要。

第二,有关部门应加强和输出地的联系,民政、公安等部门应按照职能分工,密切配合,相互支持,一方面要掌握外来人员原籍情况,做好疏导、沟通和救助、遣送工作,努力使外来人员原籍对外出人员情况随时掌握。另一方面努力建立与外来人员输出地联手职业培训计划,为外来人员减少盲流广开就业渠道创造条件。

2. 建立外来人员服务体系

第一,加强法制宣传教育,切实为外来人员提供法律服务。在外来人员聚居地的居委会、村民委员会和社区,有针对性地对外来人员进行法制教育,并可尝试专门针对外来人员建立法律服务站,促使外来人员提高法律意识,自觉遵守市民行为规范。2005年6月免费开放的苏州葑门街道联青村新苏州人服务中心,就是一个很好的示范。租住在联青村的外来人员总数约有1万多人,该服务中心建筑面积达1800平方米,是目前市区规模最大、设施最全的为新苏州人提供法律援助、流动管理、医疗卫生、学习培训、计划生育、娱乐健身等全方位服务的活动阵地。

第二,借鉴保险条款尝试建立外来人员救助基金,使得外来人员一旦失去经济来源或因伤残、疾病等意外情况丧失劳动能力,而陷入绝境时,能得到有效的救助,从而不致为了生存,发生诸如一些人被迫沦为乞丐或铤而走险走上违法犯罪道路的情况。目前,太原、西安、北京、广州等大城市正在通过人大、政协委员提案,讨论制定相应的地方政策,值得我们借鉴。

第三,以服务促管理、变限制为疏导。尝试建造由政府引导,以市场为主体的外来务工者集宿区,为外来人员提供方便、廉价、周全的服务。这样做一方面使外来务工者受益,另一方面使管理更加有效。目前,苏州已通过政府引导，多方参与，加快集宿区建设。集宿小区里，生活、娱乐、服务等设施也比较齐全。2005 年全市外来务工者的集宿率超过了 50%，取得了较好的效果。

第四，有关部门应为广开外来人员就业渠道创造条件，一方面通过创建外来人员学校，切实提高外来人员的生活技能和文化水平，增强其就业优势；另一方面通过定向推荐为外来人员创造就业机会。

第五，切实规范业主行为，维护外来人员合法权益。有关部门对雇用外来人员的单位要进行严格管理，加强劳动监督力度，适当提高最低工资标准，并严格执行，杜绝拖欠、克扣外来人员工资现象，对超时工作、克扣工资等现象要严肃批评，严重的要运用法律手段。

3. 开创综合治理格局，科学管理出租屋

据市房管局统计：到 2004 年底，外来人员个人租房住的有 145.7 万，占 44.83%，用工单位提供住房的有 118.6 万，占 36.49%，住在工地的 38.3 万，占 11.78%，投亲靠友等的 22.4 万，占 6.89%。面对这样一个居留结构，如何有效防止外来人员犯罪，管理好出租屋显得十分必要。

第一，形成科学的管理机制。政府牵头，公安为主，房管、劳动、卫生、工商、税务、建设、城管、中介机构等部门齐抓共管。政府在宏观上发挥监督协调作用成立或完善相关机构，明确部门的管理职责，实现出租屋管理信息共享，落实管理责任制。

第二，加强租赁中介机构的管理，完善预警网。工商部门应定时对中介机构进行严格审核；建立、完善房屋中介登记、汇报制度，统一中介收费标准；公安机关在政府的协调下，与工商、房产等部门加强沟通合作，责任区民警、社区管理人员等应主动与中介机构联系，收集有关房屋租赁信息，掌握出租屋的租赁动态变化。

总之，有关部门在管理方式上实现由管理到服务的转变，做好对外来人员的心理疏导和法制教育工作，安排好他们在苏的生活；苏州市民以平等的眼光看待外来人员，关心他们的需求，才能从根本上加强和改善对外来人员的综合治理，消除社会隐患，预防犯罪发生。

4. 坚决打击，发挥专门机关和法律的震慑力

在管理的基础上，注重警民结合，推行社区警制。加强警力，改进装备，建立快速反应机制。司法机关、各行政执法机关可针对辖区内的违法犯罪特点，开展清查行动、专项行动等，通过打击震慑犯罪。

第一，外来人员犯罪中侵犯财产犯罪案件多，具有严重的社会危害性，因此，应有针对地加强预防工作：

(1)针对盗窃犯罪主要集中发生在住宅小区和车站等公共场所这一特点，应加强住宅小区和车站等公共场所的社会治安治理工作。小区物业管理的不规范，给犯罪分子以可乘之机，一些犯罪分子有的在夜间入户盗窃，有的竟在白天盗窃车辆等财物，给人民群众的人身安全和财产安全带来严重威胁。车站旅客流量较大，外地人较多，人员流动性大，易给扒窃者以可乘之机。为此，公安派出所、基层组织、小区物业管理部门应加强对盗窃易发区域的治安管理，对进入小区的陌生人，实行登记制度，对可疑人员应严格盘查，坚持夜间巡逻制度，实行群防群治，让居民有一个安全的生活空间。

(2)针对抢劫犯罪主要发生在城区街道、乡镇公路、僻静处的特点，应加强城区主要街道路口和乡镇公路主要线路的巡逻工作。抢劫犯罪大多是一种突发性犯罪，主要发生在夜间城区的偏僻路段和乡镇一些公路上，侵犯的对象主要是夜间下班人员、外地出差人员等。为此，在教育群众加强自我防范意识的同时，公安机关应会同基层组织有重点地在犯罪多发路段开展治安专项整治工作。

第二，加强外来人员的排查工作，打击地方黑恶势力。

敲诈勒索犯罪案件和绑架等犯罪案件，大多有本地恶势力与外地在逃人员相互勾结作案的特点。本地人熟悉周围人员的家庭经济情况和住址环境，外地人具体实施犯罪，作案后可立即逃脱，这给公安部门的查处带来了困难。为此，公安派出所和基层组织应加强对外来人员的排查工作，加大对地方恶势力的打击力度，使犯罪分子无藏身之所，无立足之地，以预防和减少此类犯罪的发生。苏州工业园区公安分局已完成人口核查等 7 项基础调查，17 万外来人员档案一清二楚。同时，还深入开展了“惊雷”、“天网”集中清查行动，精心部署打击“两抢一盗”专项斗争，有力保障了园区社会治安稳定。

总之，积极研究应对外来人员高犯罪率的问题已成为当前加强社会治安综合治理，创建“平安苏州”，构建和谐社会所面临的最紧迫、最突出的重大问题。这是一项包括对外来人员的接纳引导、社会救济、集宿管理、劳资维权以及人权的无差别保护等社会管理与服务在内的复杂的系统工程。苏州全市检察机关将从维护公平正义的高度出发，在侦查监督、引导侦查取证、审查逮捕、审查起诉、立案监督、审判监督、执行监督等环节上，积极探索应对流动人口的执法机制，着力纠正刑事执法中对外来人员的歧视性做法，同时亦保障依法惩处外来人员犯罪的诉讼活动顺利进行。

结束语

进入21世纪，苏州外来人员以井喷之势猛增。2000年，外来人口为86万；2001年达到105万；2002年则为170万；到2003年，为259万；2004年，达到326万；2006年是420万；2007年已是近500万，这还不包括没有登记在册的。苏州已成为工业总产值过万亿的全国第二大工业城市，对劳动力的需求也达到了前所未有的程度。据劳动部门统计，苏州每年新增的用工中有三分之二是外来人员。

资本、机会，以势不可挡的引力，吸附着源源而来的劳动力。他们像潮水般奔来，像蚂蚁筑巢般越聚越多。他们是流动的一群，工作的不稳定带来心理的不稳定。在生活环境上，已发生从农村到城市的彻底改变，但他们身上背负的贫富差距、城乡差别还在。远离了亲人，远离了支撑他们生活的文化背景，原先的生活方式、社会结构已颠覆，可从物质生活到精神生活的重建却艰难万分。

外来人员在迁徙中改变自己，更在流动中改变这座城市。这座城市在不断发展、不断进步、更加繁荣的同时，大量的治安问题也困扰着我们。也许我们单单考察外来人员的犯罪比例意义并不是很大，因为在苏州发生的刑事案件中，外来人员虽然占有很高的比例，但与将近500万的"新苏州人"相比，涉嫌犯罪的外来人员就不是高比例了，还不到0.25%。但是，在这所城市中发生的大量治安事件，高发的刑事案件，又恰恰与外来人员相关，因为治安问题的背后，反映的是深层次的社会问题。因此，管理好这座城市，管理好这座城市中不断增加的外来人员是一个大课题。而减少、遏制外来人员犯罪，使苏州的治安环境、投资环境、人居环境更好，达到人与自然和谐相处境界，同样是一个系统工程，这不是哪一个单位、哪一个部门能独立完成的，需要体制、机制的支撑，需要全社会的共同努力。

《苏州市经济适度人口容量研究报告》有一条好建议：公正宽容地接受外来人口。对新苏州人要更多地给予创造天地，给予人性关怀，给予主体地位，给予文化认同，尤其是这些"给予"不仅仅要给予知识移民、财富移民、海外移民，还应当给予那些最普通的劳动力移民。

当每一个"新苏州人"的自强意识都确立了,当"新苏州人"当之无愧站立起来了,当"新苏州人"同样成为苏州城市竞争力的一部分的时候,苏州的和谐程度将会攀上一个更高的台阶。同样,把握好了"外来人员"向"新苏州人"移民的问题,苏州"两个率先"也会更加稳健,更加快捷。

扼制大中城市流动人口违法犯罪策略初探

——从南京市鼓楼区流动人口调查统计得到的启示

王昆远*

近年来，流动人口违法犯罪案件逐年递增，流动人口犯罪已成为大中城市刑事案件上升的首要因素。为深入了解掌握城区流动人口的现状特点，最近，笔者单位委托城调队抽样调查了南京市鼓楼区辖区内1000名流动人口，通过对抽样调查和近年来市、区流动人口登记统计以及本区政法部门有关流动人口犯罪特点的综合分析、研究，笔者认为，流动人口在为城市建设和发展做出重大贡献的同时，也存在着诸多亟待解决的问题，客观分析流动人口的现状、特点，准确剖析其违法犯罪成因，是做好大中城市社会治安综合治理的一个重要而又现实的新课题。

一、大中城市流动人口的基本状况

从本区调查统计结果看，流动人口有以下几个特点：

1. 流动人口数量逐年大幅递增，占总人口比例逐步增大

根据我区流动人口管理办公室登记统计，2002年，全区流动人口为4.37万人；2003年为7.28万人；2004年为11.18万人；截至2005年底，全区登记在册的流动人口已达21.11万人。短短三年时间增长了3.8倍，平均每年以71.4%的速度递增。而这三年除去行政区划调整的因素，全区常住人口的年平均自然增长率不到2%。三年前在我区居住的每15个人中有一名流动人口，如今每4个人中就有一名；而实际在我区活动的流动人口还远不止以

* 王昆远：南京市鼓楼区区委政法委副书记、综治办主任。

上数字——由于中心城区房租价高,相当一部分人居住在城郊结合部,未列入我区统计。流动人口大多为农村的富余劳动力(占总数的90.1%),主要来自经济欠发达地区,其中省内的,65.8%来自苏北,16.1%来自苏中;省外的,70%以上来自安徽、河南、江西、陕西等地,最大的来源地是安徽省,占省外的52%。

2. 流动人口多为男性青壮年,他们是城市建设和发展的重要贡献者

抽样调查显示,全区流动人口中男、女性别比为64.3∶35.7;其中30岁以下的占53.1%,31—40岁的占24.8%,50岁以上的仅占4.1%。从来城市的目的看,78.7%为务工,14.1%为经商,其余7.2%为借读求学、投亲、就医等。流动人口中的务工者大多集中在劳动密集型企业(行业)就业,一些苦、脏、累和城里人不愿干、收入待遇低的岗位往往都由流动人口担任。可以说,他们为城市的建设作出了积极的努力,为国家和地方税收的增长作出了重要的贡献,为居民生活的便利起到了拾遗补缺的作用,他们在城市中担当了不可替代的角色。

3. 流动人口对当地社会环境总体比较满意,但其合法权益的保障还存在一些问题

调查统计显示:96.4%的人认为居住地很安全;94.6%的人能按时领到每月工资;66.9%的人认为租房方便;60.9%的人认为就医看病没有困难;59.3%的人表示能得到社会的公正待遇。但另一个方面,80.4%的流动人口没有参加养老保险,其中72%的人是因为收入低或不稳定所致;67.6%的人反映单位没有工会;40.7%的人认为不能完全得到公正的待遇。在列出的10个最希望政府解决的问题中,排在前三位的是:希望加强保障劳动合同权益的力度、继续完善劳务市场管理和加强技能培训。

二、大中城市流动人口违法犯罪成因分析

抽样调查统计表明,流动人口(主要是外来务工人员)综合素质总体较差,其中一部分人违法犯罪已成为危害城市社会治安的重要因素。一是文化程度普遍不高,政治觉悟和道德水准较低。初中及以下文化程度的占81.6%,其中3%为文盲,大专以上文化程度仅占6.6%,一些用工单位往往忽视思想政治工作和道德教育。二是就业技能不强,失业比较频繁。他们大多缺乏在城市就业的技能和经商的资本,相当一部分人的就业目标带有

盲目性，从业岗位不稳定，在一个岗位的工作周期往往只有几个月，接受抽样调查的流动人口中，9.5％尚无工作。三是居住分散、流动频繁、管理难度大。租赁房屋或借住亲友家的占 57.6％，四分之一的流动人口在一个住所的居住周期不到一个月，居住一年以上的仅 23.4％。四是大多孤身在外，无人约束，法制观念薄弱。除少数人员结伴而来或集中居住管理（大多为建筑企业）外，大多为自由松散型管理，下班之后无人问津。一些人由于就业无着落、既无组织管理又无家庭束缚，加之法律意识不强，为了生计往往铤而走险，走向盗、抢犯罪道路。五是少数人潜在着对立情绪和仇富心态。由于我国目前发达地区与欠发达地区存在较大的经济差异，城市和农村之间又存在一定的贫富差别，一些外来务工人员潜意识里存在着不平衡心理，在遭到城里人歧视、污辱和雇主克扣工资、辞退等不公正待遇时，容易导致报复性犯罪，流动人口的这些特性，是孳生违法犯罪的潜在原因。此外，还有一些被判缓刑及纳入社区矫正的人员流入城市，由于原籍管理不落实，在城市会重新犯罪，这也增加了流动人口犯罪的概率。

随着流动人口的逐年递增，近年城市流动人口违法犯罪所占比重也逐年上扬。根据本区 2005 年发案情况统计，全区被公安机关抓获的犯罪嫌疑人中，流动人口占总数的 62.7％；其中，被检察机关批准逮捕的流动人口犯罪成员占全区批捕总数的 40.7％。从我区相关数字分析比较，流动人口涉嫌违法犯罪的几率是常住人口的 5.4 倍，批准逮捕的犯罪嫌疑人中，流动人口犯罪的几率是常住人口的 2.2 倍。虽然有少部分是流窜作案的职业犯罪分子所为，但常规性犯罪仍占主流。从犯罪类型看，流动人口违法犯罪以盗窃和抢劫案件比重最大，分别占同类犯罪人员总数的 73.3％和 51％。以上数据反映出流动人口犯罪具有两个特点：轻微违法不够判刑的多、侵财性犯罪的多。

三、齐抓共管综合整治是扼制流动人口犯罪高发的长远策略

笔者通过调查分析认为，本区的情况只是全市的一个缩影，一些问题在其他城市也不同程度存在。因此，改进和完善流动人口工作，形成齐抓共管、综合整治的工作机制，努力净化流动人口违法犯罪孳生环境，是扼制大中城市流动人口违法犯罪高发势头的重要措施。笔者认为，这项工作应从

服务、教育、管理好外来务工人员入手，注重抓好以下四个环节：

1. 转变思想认识，将其列为城市发展和社会治安综合治理的重要内容，注重常抓不懈

随着我国各项改革的深入和城乡一体化进程的推进，近几年城市流动人口（主要是外来务工人员）仍将呈大幅上升趋势，这将对城市传统的流动人口管理模式提出新的挑战，对此必须应有清醒的认识。外来务工人员对城市的发展建设和管理具有双重作用：一方面，他们是城市建设的重要劳动者、纳税人，为居民解决了许多生活中的不便；另一方面，他们中的一些人又给城市的正常秩序带来了许多问题，极少数人违法犯罪破坏了城市的治安环境。因此，高度重视和做好流动人口管理工作，不仅应列入各级党委、政府的重要议事日程，还应当纳入到城市规划、建设、管理以及社会公共事业的各个领域，纳入城市建设和发展的长远规划。

2. 改进工作理念，通过服务、教育、管理三管齐下，注重综合整治

对外来务工人员应改进服务、增强教育、完善管理。服务，即为外来务工人员提供就业指导、技能培训、社会保障、权益维护等；教育，即对外来务工人员子女的教育和加强其本人基本法律知识、市民守则、文化知识辅导等；管理，即对外来人口基本信息的采集、相关证件的办理、出租屋的登记管理以及网上"三逃"人员信息比对、监外执行罪犯及社区矫正对象的分类等。教育、服务、管理三者是相互贯通、相互交叉、相辅相成的有机组合，通过三方面的有机互动，逐步建立起"以教育促进外来务工人员素质提高，以服务促进外来务工人员管理落实，以管理促进社会和谐安定"的良性循环的工作机制；通过综合整治，努力减少进城务工人员的无序流动和频繁跳槽、失业，建立起城市居民与外来务工人员和谐共处、互利互惠的良好关系，从源头上减少违法犯罪的诱发因素。

3. 强化组织领导，建立全市统一的条块结合工作网络，注重齐抓共管

一是充实加强各级流动人口工作组织领导机构，将现有流动人口管理领导小组更名为流动人口工作领导小组，由党、政各一名领导担任组长、副组长，相关部门派员参加；二是下设办公室应列为市、区两级机关的经常性工作部门，解决专项编制，由综合性部门牵头、依托公安机关，劳动、计生、房产、工商、税务等职能部门派员参加，实行集中办公、综合执法、上下联动、齐抓共管；三是加强流动人口管理人员和工作经费投入，配足一定比例的流动人口协管员，根据流动人口的数量，建立市、区、街三级各按比例分担的财政

经费保障机制。

4. 完善配套措施,因地制宜地开展各项工作,注重多策并举

应根据本地区的实际,有针对性地建立和完善流动人口各项工作措施,如:适时发布岗位需求信息,宏观调控进城务工人员流向,减少外来人员的盲目流动;统一印制、发放外来务工人员服务手册,免费提供就业指导、权益维护指南,并告知有关法律法规和市民行为要求;政府通过政策倾斜等方式,鼓励集体和个人在城乡结合部或近郊集中建造进城务工人员公寓,引导外来务工人员纳入集中管理;逐步地将一些城市居民享有的服务和社会福利向外来务工人员开放,使其享受"同城待遇",消除城里人歧视农民工、农民工仇视城里人的对抗心态;职能部门在为流动人口登记和办理相关证件时,既要考虑管理的需要又要兼顾其权益的需要,形成"依法接受登记管理、依法从事打工经营、依法享受社会保障"的良好机制;借鉴一些城市的做法,通过地方立法,将"暂住证"改为"居住证",没有工作的申领"临时居住证",找到工作后转为"居住证",凭证享受市内租房居住以及看病、子女上学等待遇,控制无业人员在市区居留;加强对出租屋户主的管理,通过以房管人,压缩违法犯罪人员的活动空间;政法机关依法严厉打击流动人口中的不法分子,适时组织公审公判,打击一小批、教育一大片;建立地方性法规,对长期滞留在城市、处于违法犯罪边缘的无业盲流,建立不良记录信息库,采取全市联动、定期集中力量清理劝返,等等。通过多项行之有效的手段,将大中城市流动人口工作落到实处,从而在根源上扼制流动人口违法犯罪高发的势头。

上海市流动人员犯罪与预防
——以上海市监狱系统在押外省籍服刑人员为调查对象

上海市监狱管理局课题组*

摘　要:近年来,随着外来流动人员犯罪的增多,外省(市、区)籍服刑人员目前已占上海市监狱局在押犯总数的62%,并呈继续增长的趋势。本文通过无记名问卷调查和典型个案相结合等实证研究方式,深入研究了外省籍服刑人员的构成和特点,剖析其犯罪的主客观原因,探索其犯罪的特点和规律。在此基础上,以外来人员来沪的时间顺序为主线,对提高外来流动人员的管理服务质量,构建完善的预防犯罪体系建言献策。立法维权是建立外来人员长效管理机制的关键。应将外来人员的管理工作纳入法治化轨道,构建合理的社会利益分配格局,维护和实现公平正义,这是预防和减少外来人员犯罪的根本之策。

关键词:流动人员　预防　犯罪

近年来,上海市监狱管理局外省(市、区)籍(以下简称外省籍)在押服刑人员呈增长趋势,其占在押服刑人员总数的比例也呈上升趋势。截至2007年底,全局在押服刑人员共25839人,其中外省籍服刑人员16188人,占62.7%。与1998年6月底相比(当时外省籍服刑人员10152人,占全局在押犯的46.5%),外省籍服刑人员增加6036人,所占比例上升16.2%。加强对这一群体的研究显得相当重要。我局由局领导牵头成立课题组,设计问卷对全局在押外省籍服刑人员进行全员无记名调查,共发出问卷12356份,其中有效卷12198份,占98.87%。在调查的同时,注重收集具有典型意义的个案,共收集到个案100例。此外,还走访了闵行区有关部门,了解地区对外来流动人口的管理工作。我们对调查数据和100个个案进行定量、定性分

* 上海市监狱管理局课题组组长为郜荀,课题组成员包括王永明、刘金宝、张竞兴、杨国强、江伟人、张浩、张仕友、古颖、强超。本研究报告执笔人为江伟人、张浩。

析，研究外省籍服刑人员犯罪的主客观原因、犯罪心理，探索其犯罪特点和规律，加强对外省籍服刑人员的教育改造，提高教育改造质量；同时也为本市提高对外来流动人口（以下简称“外来人口”）的管理服务质量，构建预防犯罪体系，提供决策的依据。

一、外省籍服刑人员基本情况

(一)35 岁以下青年人占大多数

据统计，年龄在 35 岁以下的外省籍服刑人员占其总数的 74.2%，其中年龄在 18 至 25 岁、26 至 35 岁的分别占 25.9%和 47.1%。同期上海籍服刑人员 35 岁以下者占 44.8%，其中年龄在 18 至 25 岁、26 至 35 岁的分别占 17.2%和 26.8%。按同样年龄组对比，外省籍服刑人员中 35 岁以下的青年人比例比上海籍服刑人员高 29.4%。我们认为出现这种情况主要原因是外来人口中青年人本身比例高。另据闵行区以 2000 年 11 月 1 日零时为标准时间的第五次人口普查统计，外来人口年龄主要集中在 15 至 39 岁之间（占该区外来人口总人数的 76.48%），其中 19 至 34 岁的男性占该年龄段全区人口的 64.18%，接近外来人口在全区犯罪者中所占 70.2%的比例。又另据上海社科院人口与发展研究所常务副所长周海旺在《上海人口年龄性别构成变化与老龄化》报告中披露，2003 年，上海市 20 至 34 岁的外来年轻劳动力人口达 203 万人，约占当年上海外来人口总数的 53%，占当年上海常住年轻劳动力人口的 43%。[①] 以年轻劳动者为主的外来人口改善了上海人口老龄化的结构，成为上海建设的不可缺少的力量。另一方面，通常 35 岁以下男性为犯罪高发人群，这在世界各国都是如此。由此可见，外来人口在全市犯罪者中所占比例较大，一定程度上是由其年龄和性别构成所决定的。当然，他们比同一年龄组上海常住人口的犯罪率高，还有经济、文化、自身素质等多方面因素的影响。

(二)文化程度偏低，小学以下文化程度占近半数

外省籍服刑人员中文盲、半文盲和小学文化程度合计占 41.8%，其百分比不仅比上海籍服刑人员高 32.8 个百分点，也明显高于全市外来人口 16 个

① 数据来源于市社科院人口与发展研究所常务副所长周海旺：《上海人口年龄性别构成变化与老龄化》。

百分点;而大专以上文化程度的仅是上海籍服刑人员的20%和全市外来人口的二分之一。文化水平高低与外来流动人口犯罪可能性呈正相关性联系。外省籍服刑人员文化水平远远低于上海籍服刑人员,也反映了地区、城乡之间的差异。(见表1)

表1 各类人群文化程度结构表[①]

<table>
<tr><th>%
文化程度</th><th>上海籍罪犯</th><th>15—59岁上海市常住人口</th><th>外省籍罪犯</th><th>15—59岁上海市外来人口</th></tr>
<tr><td>文盲、半文盲</td><td>1</td><td>2.3</td><td>4.6</td><td>3.8</td></tr>
<tr><td>小学</td><td>8</td><td>12.4</td><td>37.2</td><td>22.1</td></tr>
<tr><td>初中</td><td>56.5</td><td>42.5</td><td>48</td><td>58.8</td></tr>
<tr><td>高中</td><td>19.5</td><td rowspan="2">29.5</td><td>6.5</td><td>9.3</td></tr>
<tr><td>中专</td><td>6.5</td><td>1.8</td><td>2.6</td></tr>
<tr><td>大专以上</td><td>10</td><td>13.3</td><td>2</td><td>4</td></tr>
</table>

(三)安徽籍服刑人员最多,江苏籍服刑人员次之

外省籍服刑人员来自安徽省的居首位,占26.3%;其次是江苏省(占16.5%)、四川省(占7.5%)、浙江省(占5.8%)、江西省(占5.5%)等。外省籍服刑人员来源地分布结构多年来没有重大变化。据1998年6月底统计,我局在押外省籍服刑人员10152人,其中来自安徽省的占27.2%,然后依次是江苏省(20.6%)、四川省(17.5%)、浙江省(6.9%)、江西省(6.4%)。(见图1)

将1998年6月底的数据与这次调查的数据作比较,发现涉毒犯罪显著增多,贵州等省籍服刑人员增加明显。贵州籍服刑人员从总数的2%上升至4.4%,其中涉毒服刑人员从18人增至237人。安徽和江苏省涉毒服刑人员也分别从11人和19人增至141人和146人。

此外,诈骗等智能型罪犯主要来自沿海经济较发达地区。如诈骗犯来自江苏省的最多(占26.6%),其次是浙江省(占20.6%)、福建省(占12.2%)、广东省(占8.4%)。尤其是在广东籍服刑人员中,犯诈骗罪的超过30%。

---

① 15—59岁人口文化程度统计数据来源于上海市人口与发展研究中心胡琪、查波:《上海人口的文化素质的现状及其提升》,《人口》2004年第2期。

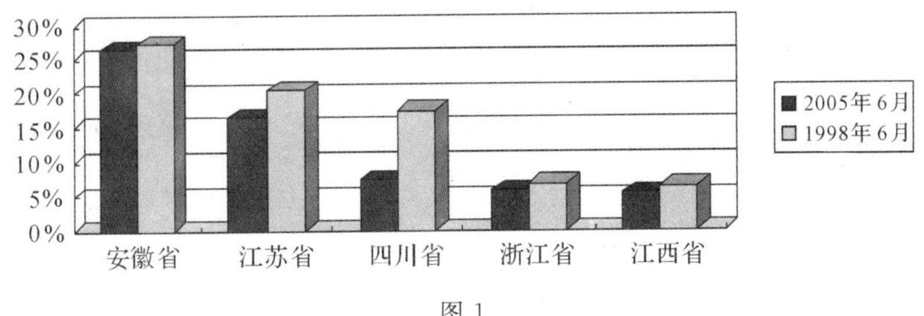

图 1

(四)财产型犯罪占大多数

外省籍服刑人员中,犯抢劫罪的最多,占30.7%,其次是盗窃(占25%)、涉毒犯罪(占8.5%)、诈骗(占7.1%)、伤害(占6.7%)、强奸(占3.4%)、杀人(占2.1%)、聚众斗殴(占1.3%)等。与1998年相比,抢劫(占21.7%)、涉毒罪犯(占2.2%)、诈骗(占4.3%)、伤害(占2.6%)等明显增多,而盗窃犯罪(1998年占53.4%),现在大幅度下降。据了解,由于上海近几年来加强人防、物防、技防,社区居民的居住条件有很大的改善,防范意识有所增强,盗窃犯罪难度加大。而抢劫犯罪流动性大、突发性强,容易得逞,因而一部分利欲型犯罪者从盗窃转向抢劫。(见图2)

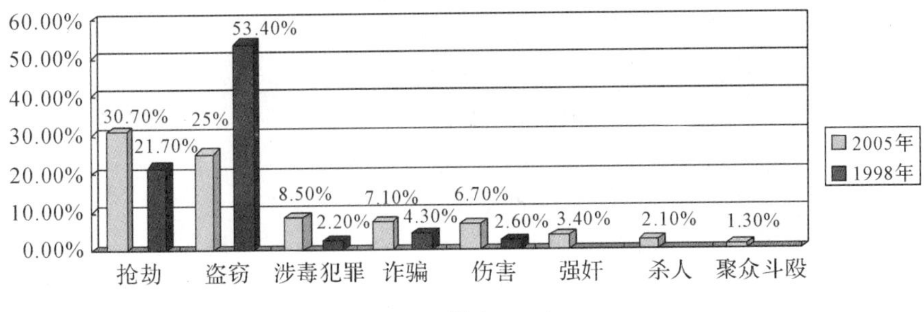

图 2

(五)这次服刑前,有固定工作和收入的占多数

数据显示,捕前有固定工作的达4788人,占总数的45.71%,捕前无固定工作的占21.69%,而捕前无业的只占32.47%。在捕前有工作的服刑人员当中,月收入500元以下的只占21.18%;500—1000元的占33.55%;1000—1500元的占20.53%;1500元以上的占24.74%。如以月收入500元和1000元来划分低、中、高收入的话,月收入1000元以上的中高收入者占到

45.27%，约占一半。在捕前无工作的服刑人员中，在答“以什么谋生”时，有8.53%的服刑人员选择“靠犯罪所得”，有23.3%的服刑人员选择“靠亲友资助”。

这告诉我们两则信息：一是贫穷或者说迫于生计已不再是外来人口犯罪的主要原因。二是贫穷或者说迫于生计仍然是外来人口犯罪的重要原因之一。因为8.53%的服刑人员靠犯罪来维持生计，比例虽小，但绝对人数却不少(950人)，值得关注。如何帮助这部分确因生计而犯罪的外来人员，依然是本市外来人口服务管理的一个重要课题。(见图3)

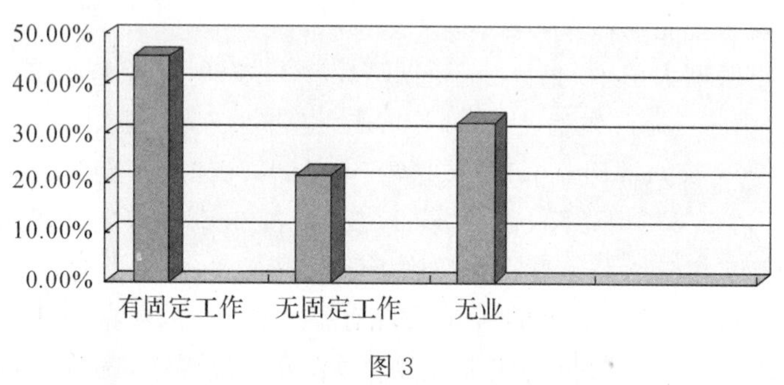

图3

(六)单身在沪的外省籍服刑人员比例远高于配偶在沪的外省籍服刑人员

全局因未婚、离婚、丧偶等原因单身的外省籍服刑人员占63.05%；已婚有配偶的则只占36.95%。而有配偶的，又有2948名服刑人员在犯罪时其配偶仍在家乡，这些配偶仍在家乡的服刑人员犯罪时无异于过着单身生活，占已婚服刑人员的24.51%。照此计算，单身服刑人员比有配偶在身边的服刑人员高出近30个百分点。另从案由看，犯强奸罪的服刑人员中因上述原因仍然单身的有267名，占全部犯强奸罪服刑人员的61%。因各种原因没有配偶或者配偶不在身边的服刑人员犯罪率(尤其是犯强奸罪)之所以远高于配偶在身边服刑人员的原因，可能有四点：一是没有配偶的约束；二是缺乏家庭的责任；三是生理问题得不到解决或释放；四是打发闲暇时间的方式不一样，单身外来人口业余时间可能更多地聚在一起，容易在一种群体氛围中产生犯意。

(七)大部分外省籍服刑人员到上海来的目的是“打工赚钱”

据问卷调查，外省籍服刑人员到上海来“打工赚钱”的占65%，而只有

13%的外省籍服刑人员是到上海来“游玩”,12%是来“开开眼界”的。

二、外省籍服刑人员犯罪特点及原因分析

(一)关于犯罪时间段

我们为此设计了两道问题:一道是“此次犯罪发生在什么季节”——答“A,春季”的占24.68%,答“B,夏季”的占30.69%,答“C,秋季”的占21.02%,答“D,冬季”的占23.61%。从季节上看,夏季略高于其他三季。另一道是“此次犯罪发生在( )时间”——答“A,6∶00—10∶00”的占16.21%,答“B,10∶00—14∶00”的占21.74%,答“C,14∶00—18∶00”的占15.11%,答“D,18∶00—22∶00”的占22.33%,答“E,22∶00—2∶00”的占16.23%,答“F,2∶00—6∶00”的占8.40%。这说明,从季节上或者时间段上来重点预防犯罪,加强防控已经没有太大意义了,因为没有明显的峰值。

(二)关于犯罪发生地域

我们设计了两道问题:一道是“此次犯罪发生在( )”。选“A,内环以内”的占20.77%,选“B,内外环之间”的占21.69%,选“C,城郊结合部及市郊城镇”的占45.91%,选“D,农村”的占11.65%。结果显示在“农村”的犯罪率远低于其他地方,这可能跟外来流动人口以获取钱财为主的犯罪动机有关(从外省籍罪犯的犯罪类型来看,犯抢劫罪、盗窃罪的占总数的45%左右),而农村没有多少财物可供偷抢。另外城郊结合部及市郊城镇依然是犯罪的集中地,需要加强防控。

另一道题是“此次犯罪发生地位于( )”。我们提供了“商业区、居民区、工业区、交通工具上等”选项,从答案上看,选“居民区”的最多,占30.28%(这是一个值得密切关注的数据),“商业区”次之,占16.05%,然后是“工业区”,占15.44%。数据表明,居民区是罪犯首选犯罪目标地,这跟外来人员大量散居于城郊结合部及市郊城镇相关。我们据此得出结论:城郊结合部及市郊城镇的居民区已经成为犯罪高发地区。

(三)关于作案形式及有无预谋

数据显示,作案前没有预谋的占75.87%,有预谋的只占24.13%;两个人以上共同作案的占62.84%,个人单独作案的占31.1%,组成集团有计划作案的占5.25%。这说明外来人口的犯罪多数是突发性的偶合犯,而且外来人口的犯罪多数受同乡(占28.68%)和朋友(占42.63%)的影响,这两者

加起来超过70%。这跟外地人老乡情重、讲江湖义气、法制观念淡漠等原因密切相关。同时，根据我们收集到的个案和对外省籍罪犯的访谈也显示了这一点。许多外省籍罪犯在访谈中谈及自己的犯罪经历时多有一个类似的过程：在上海生活、工作的时间长了，认识的老乡就多了，大家业余时间经常一起吃吃饭、喝喝酒，在喝酒吃饭的同时有人聊起赚钱的不正当途径，然后大家一拍即合，结伴或抢劫或盗窃，走上犯罪道路。因此，有不少的外省籍罪犯认为如果自己不和这些老乡和所谓的朋友交往就不会走上犯罪道路。这是一个值得密切关注的犯罪诱发因素。

(四)关于到上海犯罪的高发期

调查数据显示，到上海一年内为犯罪的高发期。外省籍服刑人员中，犯罪行为发生在到上海后一个月内的占21.19%，三个月内的占32.79%，半年内的占40.2%，一年内的占48%。可见，第一年犯罪的几乎占到全部犯罪总数的一半，而第一个月几乎又占到第一年的一半。(见图4)另外，到上海三年以后犯罪的也占到了28%。

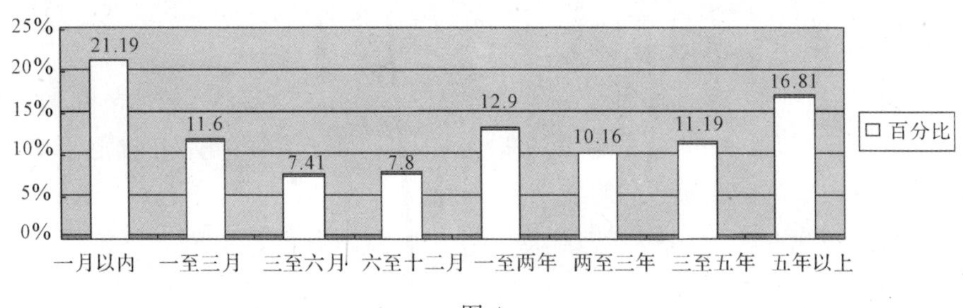

图4

我们结合问卷其他问题答案和个别服刑人员访谈分析认为：外省籍罪犯来上海一年内(特别是一个月以内)犯罪率居高的原因有可能有二：一是因为暂时找不到工作导致发生生存危机。因为从后面的三道问题来看，当问"你来上海后最困难的是(最多选两项)"时，最多的罪犯是选"找工作"，占37.56%，其次是选"没钱"，占31.08%；在问及"你来上海时随身带着人民币多少"时，有46.3%的罪犯选择"600元以下"。就上海的消费水平看，600元在上海如果没有工作的话是很难支撑三个月的。二是到上海的目的就是为了犯罪。在问"到上海来的目的是什么"时，有4%的服刑人员选择"违法犯罪"。比如偷运、夹带毒品、假币等到上海来销赃、倒卖等。

为什么到上海3年以上(特别是5年以上)的犯罪率又比较高呢？我们

为此特地分析了一些个案和找罪犯进行访谈,分析和访谈的结果似乎可以从马斯洛的需要理论寻求到答案。马斯洛需要理论认为,当一个人的低级需要(比如生存)得到满足后就会产生更高一级的精神需求(比如交友、归属感)和物质需求(比如享受型消费等)。从个案分析和访谈情况看,这些到上海三年以上开始犯罪的外省籍服刑人员在犯罪前大多有固定的工作和相对稳定的收入,有些甚至在上海还有自己的房子(问及“你在上海居住在哪里”,有 6.72%的罪犯选择“自购商品房”)。这些外来人口在上海有了一定的基础、满足了基本需要之后,开始寻求更高一级的需求,这些需求主要表现在交友、提高生活质量、事业上的成功等方面。更多的时候这些需求是错综交织在一起共同起作用,从而产生犯罪。

我们认为,这些人的犯罪原因有以下几点:(1)交友圈子狭窄,交友不慎。由于外来人口地位低下居多,很难进入上海主流社会,其想结交朋友无法脱离老乡的圈子和自己的同事,所谓“物以类聚,人以群分”,他们结交的大多是与自己地位收入相仿佛的人群。围绕交友会产生许多新的开支,在收入没有增加的情况下,开支增加,无疑会造成原本尚可的经济情况再次陷入危机,尤其是交友不慎,染上不良恶习,更是埋下犯罪的祸根。(2)缺乏正确的精神追求,把提高生活质量错误定位在高档消费等物质追求上。大多数外来流动人口由于自小生活环境所致,再加上上海五光十色的夜生活,使得外省籍服刑人员错误地以为提高生活质量就是穿名牌,用名牌,出入高档场所。(3)错误地把事业上的成功理解为拥有大量的钱财,并为此不择手段进行敛财。

(五)关于外省籍服刑人员的法制观念

如在问“你在这次作案前,是否知道你的作案行为是犯罪行为”,有 53.93%的罪犯选择“不知道”;在问“你在这次作案前,有没有以下想法(最多填两项)”时,选“一时冲动,什么也没有想”的最多,占 39.97%,选“捉到了顶多关几天,不会坐牢的”的次之,占 20.45%;在另一个问题上,回答“跟着干、学着干”的占 18%。调查显示,尽管存在部分被调查人员具有以不知行为构置犯罪来减轻罪责感的可能性,但仍能够明显得出外省籍服刑人员在实施犯罪行为时对自己的行为的性质和后果认识不足这一结论。在访谈中,大约有 30%的服刑人员(尤其是有期徒刑 5 年以下的短刑犯)对自己被判处 3—5 年的徒刑根本就不在乎,既不痛心自己人生的虚度,也没有罪责感。畸形的人生价值取向导致了畸形的人生态度和犯罪态度。

三、建议与对策

外来人口犯罪不是孤立的社会现象，而是外来人口主体因素与社会政治、经济、文化、教育等诸多因素综合作用的结果。从对外省籍服刑人员的调查看，我市如何加强对外来人口的管理和服务，提高政府对外来人口指导和帮助的及时性、有效性，是减少因社会因素导致其犯罪可能性的重点。本文拟就外来人口到上海就业、生活的顺序为主线，将其分为入沪准备、初到上海、就业、解决工作与生活矛盾和融入上海等五个阶段，提出有关预防和减少犯罪的建议和措施。

(一)入沪准备阶段

凡事预则立，不预则废。入沪前的准备工作(包括物质准备、对上海的了解，以及不能顺利就业的心理准备、应对措施等)对一个初到上海的外来人口非常必要。调查显示，带600元以下到上海的外省籍服刑人员，占46.3%。而初次到上海，是"无人介绍，自己独自来"的，占19.7%；"经别人介绍，自己独自来"的，占11.5%，两者超过30%。这说明许多外省籍服刑人员来沪前，既没有充分的钱物准备，也没有对上海的正确认识，错误认为上海"遍地是黄金"，存在一定盲目性。这与外省籍服刑人员在来沪后1个月内犯罪比例最高形成对应。

因此，应尽量预先帮助外来人口了解上海的消费、就业情况，以及他们自身的权利和义务。据闵行区人口办介绍，该区为帮助外来人员尽快适应上海、立足上海，向他们发放《入沪指南续编》、《闵行区外来人口法律法规常识200问答》等资料，但因以书本形式制作成本较高，无法做到人手一册，只能选择性发放，且在时空上相对滞后。建议将外来人口的权利和义务、到上海为何要办理和如何办理《暂住证》、如何租房、就业和薪资咨询、上海市各救助站的地址和电话等相关内容，以宣传单形式，在到上海的长途汽车或火车上发放，或者是外来人口到上海的各入境道口上发放，尽早让他们了解上海概况，形成简单而正确的认识，当其生计发生危机时，可作出规避暂时困难或风险的办法。同时，并可有意识地对某些省份的某类犯罪加强防控，如对贵州籍外来人口加强夹带毒品的检查等。

(二)初到上海阶段

外来人口初到上海有两件事要做：寻找住房和登记办证。据调查，外省籍服刑人员初到上海,43.4%住在亲戚朋友处,其余则自寻住处。上海的旅馆住宿费一般较贵,为了防止外来人口四处游荡,流浪街头,建议政府集中提供一些廉价简易旅馆供外来人口暂住,或介绍去城郊结合部租赁私房。这些旅馆或私房的地址、路线和电话号码,也可在宣传单上注明,以便他们查找。这样引导,使外来人口集中向某些居住地流动,便于登记和掌握情况。

登记办证应寓管理于服务之中,同时将外来人口的权益、找工作等切身利益与之挂钩,形成吸引力,从而变"要他登记办证"为"他要登记办证"。外来人口逃避登记和办理《暂住证》等证件,一是因为办理证件需要一定费用和时间,在经济紧张的情况下,自然不愿意主动办理需要费用的证件;二是因为办理证件对其并没有好处。建议在登记办证时,也发给他们一些介绍本市适合外来人口求职的各行业市场需求情况和薪资水平、租赁相对经济实惠住房等内容的宣传资料。证件办理点最好就设在他们集中居住地附近,方便寻找;对于经济困难的人员,还可减免收取费用。当办理证件有利于外来人口就业和生存时,他们就会主动前来办理。

(三)就业阶段

调查显示,外省籍服刑人员到上海最困难的是找工作。目前,上海现有劳动力市场除保姆市场外,并不对零散的外地劳动力开放,也不允许用工单位私自在社会上招聘外来劳动力。只有经过劳动部门批准,获准使用外地劳动力的单位,才能到本市指定的劳动力市场招收外地劳动力。即使这样,也要通过外地驻沪劳务机构输出或中介招收或上岗。同时,外来人口在工种上也受到种种限制,从事的都是劳动条件差和强度高的工作。但是这种门槛并没有取得预期效果,一方面促使大量"打黑工"现象出现,另一方面受限的工种本市人又不愿意上岗,出现"清得走外地民工,请不回下岗职工"的尴尬局面。因此建议,一是简化外来人口招收、上岗手续。二是开放一些本市人不愿意做,而又适合外来人口干的工种。为了减少外来人口就业后的居住支出,用工单位应尽量提供简易集体住房,因为成建制单位外来人口的犯罪率相对较低。三是将流动人口纳入失业登记范围。广州市政府宣布2008年7月1日起实施新的失业登记办法,实行城乡平等的基本公共就业服务制度,流动人口也纳入失业登记范围。根据即将实施的《广州市劳动用工备案和就业失业登记办法》,在法定劳动年龄内、有劳动能力且有就业愿望的广州常住户籍城镇劳动者、农转非的农村劳动者和入穗稳定就业满6个月的流动人员,都纳入到广州市就业失业管理系统,享受就业失业登记、免费职业指导、职业介绍、政策咨询等基本公共就业服务。“新办法”还建立覆盖城乡的劳动保障凭证统一管理制度,实现“四证合一”,为下步实现广州市社会保障卡“一卡通行”创造条件。“新办法”使隐性就业显性化,明确将劳动者以自主创业、灵活就业、从事自由职业等非正规形式就业纳入就业登记的对象范围。失业登记有效期由两年改为180天,以促进失业人员尽快实现再就业。①

(四)解决工作与生活矛盾阶段

外来人口住房和就业解决以后,就初步在上海安顿下来了。但是由于体制机制以及自身地位、收入等原因,外来人口在上海的打工生涯不可能一帆风顺,部分外来人口会遇到欠薪、歧视等种种矛盾和困难。据问卷调查,在外省籍服刑人员中,63.5%不清楚上海对外来人员的相关规定;68.5%来沪后没有受到地方政府相关的法规、形势、政策、警示等教育。为了预防和减少外来人口因工作或生活矛盾和困难而引发犯罪,建议将外来人口的普法教育,纳入本市普法教育体系之中。各区县可采取办夜校的办法进行普法教育,一方面丰富外来人口的法律知识,增强法制观念;另一方面也使外来人口生活更加丰富,不至于因无所事事而聚集喝酒、打牌、赌博。在街道或职业介绍所内建立免费法律服务站,运用法律咨询、代理等手段,指导外来人口知法、懂法、守法。

据白茅岭监狱调查,30.66%的外省籍服刑人员遭遇拖欠工资问题,他们中47.7%对此表示“正常,能理解老板”,50.85%愿意“通过合法手段”解决,其余的则想通过“强硬手段、威胁手段或其他手段”加以解决。可见帮助外来人口树立正确的依法维权意识,十分重要。闵行区成立外来人口医疗服务点,对持有该区暂住证的外来人口就医和分娩等实行优惠,在子女就学方面以教育券形式进行学费实补,这些以实际行动帮助外来人口解决困难和依法维权的做法,都值得借鉴和推广。浙江省义乌市把工会法律援助融入市法律援助体系;与律师事务所挂钩,复杂、疑难案件由法律事务所与维权中心共同办理,市总工会提供案源,在营业收入中按比例提成,作为维权中心的工作经费;建立工会跨地区联合维权工作站,实现与在义乌务工者输

① 中新社广州2008年4月17日电(王华 伟秋)。

出地工会的合作，以切实维护外来工的合法权益，形成了“义乌模式”。[①] 本市工会职工法律维权中心可结合上海情况采取措施，切实维护外来人口的合法权益。要加强外来人口中的党团组织建设，按地域或单位把流动党员和团员组织起来，成立支部，充分发挥党团组织在外来人口中自我发展、自我管理、自我服务的功能，积极把外来人口中的优秀人才培养、吸收到党团组织。只有这样，才能减少一些因权利或权益问题而引发的犯罪悲剧。

（五）融入上海阶段

许多外来人口积累一定资金后，长期定居上海，呈现家庭化趋势，其中部分人获得“蓝印户口”，成为“新上海人”。但是据调查，外省籍服刑人员到上海五年后犯罪的比例也很高，究其原因，心理上不能真正融入上海是重要因素。定居上海的外来人口（包括“新上海人”），在生活上适应了上海的习惯，然而有形和无形的歧视和某些不公存在，使他们在社会交际中产生心理落差等精神问题，因此对上海没有归属感和认同感。

当前新旧观念交织冲突，社会舆论有时没有正确导向，致使相当部分人盲目趋从、趋新、趋利，迷失正确方向。部分外来人口在上海遭遇不公正待遇而产生愤世和偏激心理，加上原籍地农村落后观念的影响，逐渐形成畸形的人生观、价值观和事业观。外来人口中 18 到 35 岁是主体，而这一年龄段正是一个人的世界观、人生观、价值观从形成到确立的重要阶段，如何帮助他们正确面对新旧观念的冲突、社会不公现象等问题具有十分重要的意义。因此建议，要用足够的教育引导来帮助外来人口树立正确的基本价值观念，调整心理不适。比如，外来人口居住集中的街镇可提供场地，组织播放一些关于心理调适的影碟片；开设有关正确认识人生挫折和看待社会制度性不公内容的讲座；播放一些主旋律的电影等活动。有条件的社区可利用图书馆、文化站等设施，组织外来务工人员读书会或交友沙龙，通过学习交流，提高综合素质，端正价值观念，增进心理健康。要尽量创造条件，发挥他们的主人翁意识，选择部分外来人员参与居民小区治安管理，由居委会牵头，邀请正直且负责的外来人员，一起参与居民小区的治安管理活动，共创小区文明安全环境，提高他们心理上的认同感；由于同一省（市、区）地域的外来人口聚居现象较为普遍，由外来人员参与小区治安管理，有利于同乡间一些无

① 《中国青年报》2005 年 9 月 20 日。

预谋的违法犯罪行为消弭,从而降低犯罪率。

加强外来人口管理,预防和减少外来人口犯罪,是一项错综复杂的系统工程,不仅与我国国情、社会大背景息息相关,也与上海对外来人口管理的思路、体制、机制和政策密切关联。解决外来人口问题的根本之策,一要努力缩小城乡差异和贫富差距,大力发展农村,发展中小城市,在此基础上使人口从大城市向农村及中小城市回流;二要将外来人口的管理工作纳入法治化轨道,建立起合理的社会利益分配格局,以社会公平和正义来减少滋生和诱发犯罪的社会因素。法治是构建和谐社会的基石。立法维权是建立外来人口长效管理机制的关键。十届全国人大广东代表曾呼吁制定《流动人口管理条例》,从立法根源上解决目前流动人口管理的政府缺位、合法权益无从保障的问题。[①] 由于我国尚处于社会转型、体制转轨期,建立完善的市场经济体制还需要相当长的时间,并且各地区经济、社会、文化发展不平衡,因此建议本市可先制订关于外来人员权益保障与管理的地方性法规,明确规定外来人员在政治选举、社会保障、义务教育等各方面拥有的权利和义务;明确规定外来人员的管理机构及其职责等,充分体现权利与义务有机统一,努力做到寓管理于服务之中,逐步将外来人口的管理工作纳入法治化、规范化轨道。

开展对外省籍服刑人员的调查,为充分发挥监狱本质职能,提高对外省籍服刑人员教育改造的针对性和实效性提供了依据。我局要加强对不同类型外省籍服刑人员的分类教育改造措施,强化文化教育、法制教育和技能培训,提高服刑人员的综合素质,为他们回归社会,避免重新违法犯罪打下基础。调查显示,外省籍服刑人员刑满释放后,43.2%打算“马上回家乡”;40%“暂不考虑”(据我们了解,他们大多会继续留在上海);18.7%选择“继续留在上海”。因此监狱要在教育中,帮助外省籍服刑人员正确看待“去留”问题,鼓励他们刑满释放后返回原籍参加当地建设。

我们要积极贯彻宽严相济的刑事政策,努力发挥假释的矫治作用。减刑和假释是刑罚执行中的两项重要制度。实践表明,减刑虽能激励罪犯积极改造,但也存在着缺乏预后性和过渡性等缺陷。减刑一经裁定,不论是发现罪犯减刑前弄虚作假,还是减刑后改造表现变差,对所减刑期都不能追

---

① 《人民日报》2005年7月27日。

回。有些罪犯认为自己刑期不多,难以争取减刑,往往也“混改造”。而假释既是对罪犯的鼓励,又是一种威慑和压力。假释并未改变罪犯的身份和刑期,如在假释考验期限内,违反法律、法规或有关规定,被假释的罪犯仍会被依法处罚或收监执行余刑,这就警告假释人员必须增强服从监督的守法意识。同时,假释通过变更刑罚执行方式,让罪犯在严格限制自由的监狱生活与刑释后完全自由状态之间有一个适应社会的过渡阶段,从而有利于其再社会化,这在市场经济条件下尤显必要。据调查,假释人员重犯率很低。然而我国司法实践中,对罪犯使用减刑较多,假释太少。2007 年,上海监狱系统减刑 5930 人,假释 1196 人。外省市服刑人员已占上海监狱系统押犯总数的 62%,并呈继续增多的趋势。但是,因户籍管理等原因,外省市服刑人员大多不能假释。从权利应平等的要求而言,外省籍服刑人员不能假释是不公平的。假释适用过少,不仅加剧了监狱拥挤、警力不足、经费紧缺等困难,也制约了刑罚制度对促进罪犯顺利回归社会,预防和减少重新犯罪的积极作用。应依法积极探索对外省籍服刑人员的社区矫正,对外省籍服刑人员中罪行较轻、犯罪恶习较浅的初偶犯,如有工作单位或亲友作保释的或原籍已开展社区矫正的,可探索试行社区矫正。这样既可以使刑罚资源得到充分利用,更体现司法公正,又有利于外省籍服刑人员刑释后顺利回归社会。

上海市外省籍未成年人犯罪成因的分析与防范矫正的思考

——来自上海市未成年犯管教所的调查报告

李　桦　朱　萍　王整美*

摘　要： 改革开放，经济腾飞，由此而引发了中国史无前例的人口大迁徙，大批农民工进城务工，为城市建设、工业发展、经济腾飞注入了巨大的人力资源。由于种种主、客观原因，他们中走上违法犯罪道路受到刑事处罚的也与日俱增，其中未成年人犯罪更日渐突出。上海市未成年犯管教所自2003—2007年收押的未成年犯中，外省籍的正以27.7%－80%的幅度攀升。这是一组令人担忧而又痛心的数字。同在蓝天下，共饮一江水。对这些外省籍失足犯罪的未成年人，全社会都有责任予以高度的关注和关爱，像对待本市未成年人犯罪那样，以理性的心态、公正的政策和极大的热情，加强有效的预防和挽救。为此，笔者对上海市未成年犯管教所在押的外省籍未成年犯入所前来沪的目的、生活、求学、就业状况，犯罪的成因、特点及刑释后的打算等作了较系统的调查，并据此提出了如何防范和教育矫正的设想，为监狱工作者和社会有关部门提供可借鉴的资料和思路。

关键词： 外省籍　未成年人　犯罪　预防

为了加强对未成年人的保护，更好地预防和减少未成年人犯罪，探索对外省籍未成年人犯罪的成因以及实施针对性教育矫正的措施，同时为本市有关部门如何更好地加强对外省籍来沪务工人员尤其是他们的子女，或单独来沪谋生的未成年人的管理教育和关怀，预防犯罪、构建和谐，提供决策上的依据。我们设计了相应的调查问卷，对上海市未成年犯管教所2007年9月底在押的142名上海籍和492名外省籍未成年犯分别进行了实名制调查。

* 李桦、朱萍、王整美均系上海市未成年犯管教所工作人员。

一、2001—2007年上海市外省籍未成年犯的基本情况

(一)在沪外省籍未成年人犯罪的增长幅度很大

我们将上海市未成年犯管教所2001—2007年度新收押的外省籍未成年犯数量进行对比,可清晰地看到:2001年收押数为86名,2002年回落29%,从2003年起则以27.7%—80%的幅度快速递增,2007年度新收押犯数量是2002年的7.48倍。(见图1)

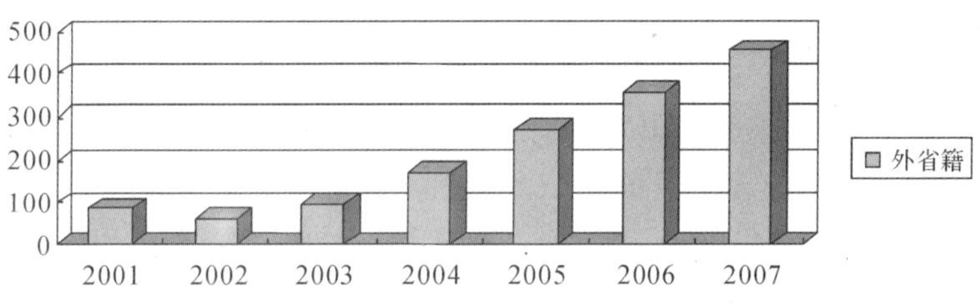

图1 2001—2007年度新收外省籍未成年犯数量显示图

在2001年占收押的未成年犯总数的41.55%的外省籍中,安徽籍为25.58%,2002年骤增至57.38%,2003年后所占比例稍有回落,但始终占据外省籍的31%以上,2007年其总数已达153人,超过上海籍约一倍。其次,江苏籍未成年犯也始终保持在占外省籍总数的13.6%—19.7%之间。这两个省的未成年犯数就占外省籍总数的50%左右。

(二)外省籍未成年人获刑年龄在16—17岁的增长速度最快

近几年,犯罪呈低龄化趋势。我们在调查中对我所2001—2007年度新收的外省籍未成年犯各犯罪年龄段进行比照,结果如图2。

可见,2001年收押的未成年犯中不满18周岁年龄段的占多数;自2003年起16—17岁年龄段最多并始终居高不下,不满18岁的和15—16岁年龄段的也以较快的速度上升,而14—15岁年龄段则基本持平。分析这种现象的产生,与满16周岁的外省籍未成年人在取得身份证后,认为自己可名正言顺地摆脱家庭学校的管束而单独踏入社会打拼了;然而,涉世后由于缺少谋生技能,处事经验又不足,在遭遇困难挫折时,受人引诱而误入歧途的人数比较集中有关。

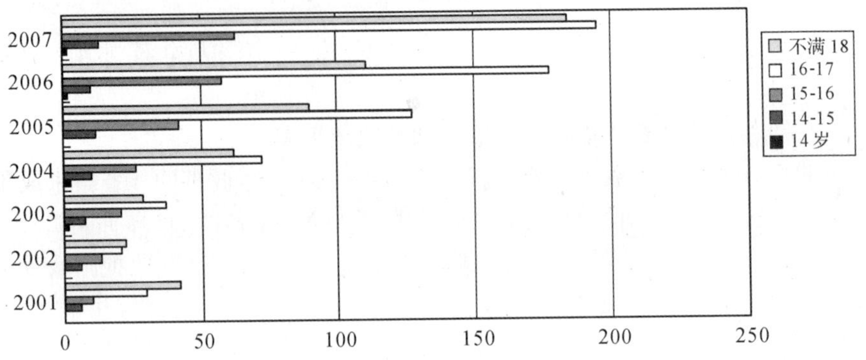

图2　2001—2007的新收外省籍未成年犯年龄情况图示

(三)犯罪类型中暴力犯罪比重最大，抢劫罪占绝大多数

2001—2007年新收押的未成年犯中，抢劫罪始终占据着56.73%—72.03%的高比例，其次是盗窃、故意伤害、强奸、抢夺和寻衅滋事罪等。

表1　2001—2007年度新收外省籍未成年犯主要犯罪类型一览表

年　度	2001	2002	2003	2004	2005	2006	2007	合计
人　数	86	61	95	171	270	357	456	1496
类　型	%	%	%	%	%	%	%	%
抢劫	64	68.9	66.3	56.7	67	69.2	63.6	65.2
盗窃	15	21.3	11.6	15.2	17.4	12	14.7	14.7
破坏电力设备				2.3	0.7	2	5.7	2.6
故意伤害	3	4.9	3.2	10.5	5.2	2.2	5.5	4.9
强奸	4.7		8.4	3.5	0.7	4.5	3	3.3
抢夺			1.1	2.3	2.6	2.8	2.6	2.2
寻衅滋事			1.1	1.8	0.7	2.2	1.3	1.3
打击报复证人							0.2	0.1
破坏公用电信设施							0.2	0.1
其他各类	12.8	4.9	8.4	7.6	5.6	5	3	5.5

但值得关注的是，除了抢劫犯罪的比例占绝对多数外，一些成人化的犯罪近几年来也有发生或呈上升趋势，比如刑法修订后新增加的破坏电力设

备罪，2003年前是空白，2004年有4人，2007年达26人，3年间上升了6.5倍。

(四)文化程度偏低，30%以上未完成初中学业

根据2001—2007年入所的外省籍未成年犯档案中的文化程度统计可看出，从2001年以来，初中文化占60%—70%(其中含初中未毕业)，高中还不到4%，而小学以下文化的始终占据30%左右。

在对未完成初中学业的原因进行调查时，得出以下结果：

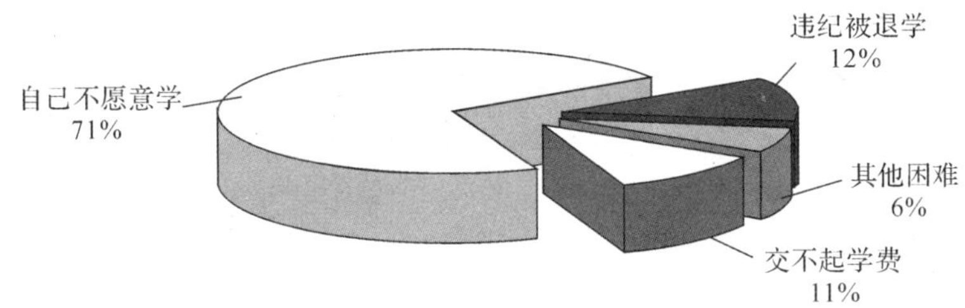

图3　外省籍未成年犯未完成学业的原因统计图

调查显示，未完成初中学业的原因中，“自己不愿意学习”占71%，居绝大多数；其次是“因违纪被退学”和“交不起学费”。

二、外省籍未成年人的犯罪特点

(一)与上海籍未成年犯相比

我们以492名外省籍和142名上海籍的未成年犯的调查结果进行比照，可以看出外省籍未成年人犯罪具有以下特点：

1. 从收押量来看，逐步超过上海籍且每年大幅递增

据2005年1%人口抽样调查，2005年上海外来流动人口总量达581万人，约占全市总人口的三分之一。比2000年的387.1万增长了50.13%，平均每年增加约40万。其中居住半年以上的常住流动人口为438万人，占全市常住人口总量的24.6%。到2006年，这一比例增加到46.5%。这种状况在给上海的城市建设和发展带来推动的同时也附带着城市犯罪量的增加。根据2006年底统计数据表明，上海监狱在押外省籍成年罪犯数量已占在押犯总数的62%以上，而在押的外省籍未成年犯数也同样大于上海籍未成年犯在押数。我们从图4中就可发现这种现状的严峻性。

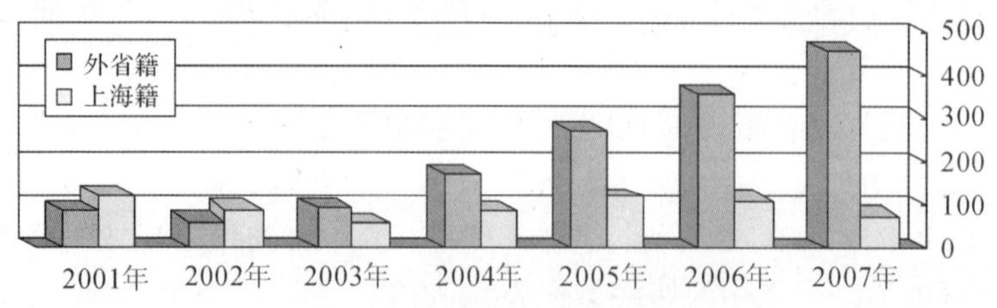

图4　2001—2007年度上海未成年犯管教所新收未成年犯中外省籍和上海籍数量对比

可见,2001年和2002年度上海的未成年犯人数中上海籍占大多数,而外省籍未成年犯则从2003年起,每年以27.73%—80%的幅度攀升,上海籍未成年犯数量反而略有下降。截至2007年底,上海籍和外省籍未成年犯在押数的比例已分别倒挂为23.7%与76.3%之比。

分析这一现象的产生,一方面是受最高人民检察院于2002年4月22日颁发实施的《人民检察院办理未成年人刑事案件的规定》的影响。比如上海市人民检察院在2002年度工作总结报告中指出:完善对未成年人犯罪的特殊办案和预防工作机制,为1373名未成年犯罪嫌疑人帮助申请并落实法律援助,进行心理测试和社会帮教等。上海少年法庭也在这一年开始在未成年人刑事案件中试行"社会服务令",从而大量地减少了上海籍未成年人的刑罚,尤其在2003年度呈现低谷。另一方面随着来沪务工人员日趋增多,城市的接纳管理能力相对滞后,由此引发的犯罪隐患也在增加,其中还有很多未成年人。所以,这也是外省籍未成年人犯罪量在2003年后持续上升的一个重要原因。

2. 犯罪偶发性大,重犯率较低,初次违法犯罪年龄略大于上海籍

参加调查的未成年犯中,有违法犯罪前科的外省籍占17.89%,上海籍则占35.21%,其中受到刑事处罚的外省籍仅有3.53%,而上海籍则达13.46%;首次实施违法犯罪时的年龄在15岁以下的上海籍有50%,外省籍只有34.9%。(见图5)

调查中显示外省籍未成年人犯罪的偶发性要大于上海籍。有27.64%的外省籍未成年人犯罪前没有预谋,高出上海籍2.3%;有59.76%的外省籍未成年人在作案前不知道是犯罪行为,而上海籍中只有48.59%,即高于上海籍10.17%的外省籍未成年犯是随机起意、偶然犯罪的。

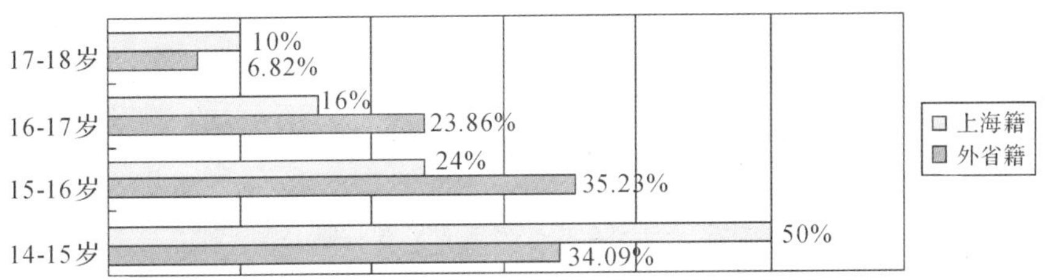

图 5 上海籍和外省籍未成年犯初次实施违法犯罪行为时的年龄对比

3. 违法犯罪从谋财类开始居多

调查中，在回答“初次实施的是哪些违法犯罪行为”中，实施“偷盗类”行为的上海籍有 30%，而外省籍则达 48.86%；实施“抢劫类”行为的差距不大；但上海籍实施“寻衅滋事”、“欺诈类”、“涉毒类”和“其他类”行为的比重则高出外省籍的 28.24%。详见图 6。

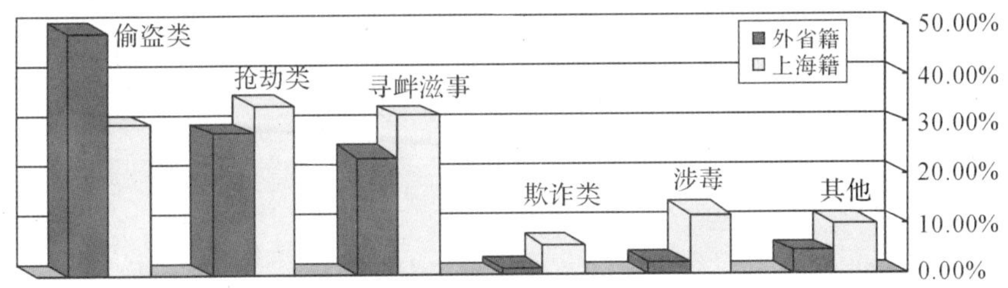

图 6 2001—2007 年外省籍和上海籍未成年犯的犯罪类型对比

由此可见，外省籍未成年犯早期实施的违法犯罪行为，大多为生计而先从谋财类违法犯罪入手。在他们对犯罪目的的选项中也可印证这点。

由图 7 可见，外省籍中有 30.28% 是“为了生存图谋钱财”，高于上海籍约 14.1 个百分点；外省籍中还有 8.33% 是“为解家中生活困难”，而上海籍则为“0”。

4. 文化水平低，认知和辨别是非能力更差

在教育改造工作实践中常会发现，有很多未成年犯的文化水平与其档案中所显示的文化程度有很大的差距。这是因为有很多中途辍学的情况无法在档案的表式中得到反映。此次问卷调查专门设计了有关问题详细调查他们的实际文化水平，未成年犯的文化水平调查结果如下：

从图 8 中可见，外省籍未成年犯中有 1.42% 的文盲，是上海籍的两倍以

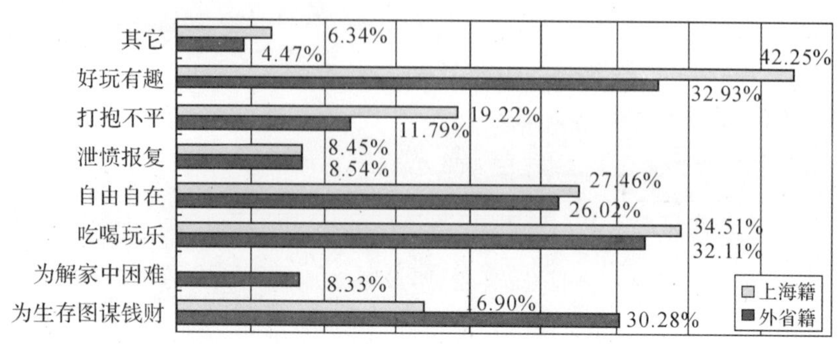

图 7　外省籍和上海籍未成年犯犯罪目的对比

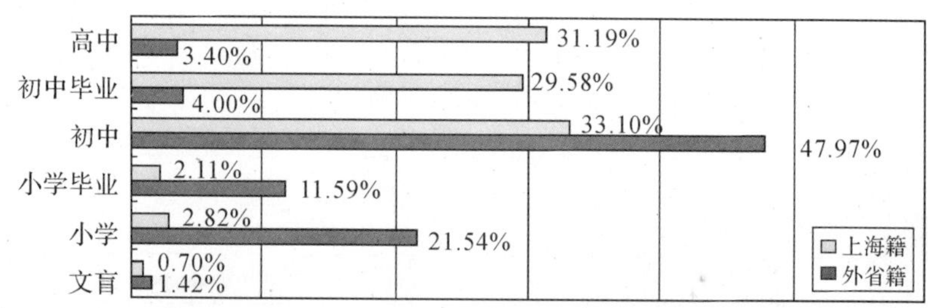

图 8　参加调查的上海籍外省籍未成年犯文化水平情况对比

上,另小学文化也有 33.13%,初中以下文化程度共占 82.52%,同比例都大大高于上海籍;初中以上文化程度仅 7.4%,上海籍则高达 60.77%。

由于文化水平较低,严重制约他们的认知能力和素质的发展,当他们独自涉足社会后,由此附生的盲目无知,使其很难应付所面对的复杂多变、严峻困难的现实状况以及不良事件的诱惑。因此,在回答犯罪的个人原因时,外省籍未成年犯中有 41.88%选择"糊里糊涂跟着他人干",而上海籍选择此项的只有 32.39%;外省籍未成年犯在团伙犯罪中所充当的角色也以从犯居多,胁从犯高于上海籍 10.06%,而主犯比例则低于上海籍 10.04%。

5. 犯罪地域在郊区的占绝大多数

2005 年的人口抽样调查显示,外来务工人员主要居住在城郊结合部,浦东、闵行、宝山、嘉定、徐汇和普陀等 6 个区的外来流动人口占全市外来流动人口总量的 59.4%。我们在调查中还就未成年犯实施犯罪行为的地域和地点进行了专门的调查。

图 9 显示,未成年人犯罪地域以郊区县为最多,外省籍未成年犯在外环

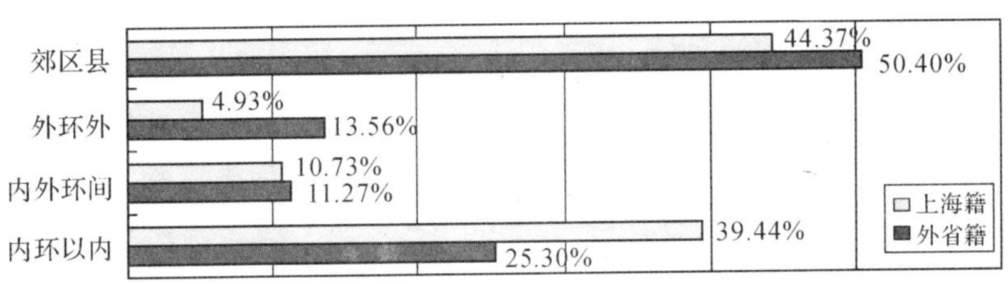

图9 外省籍和上海籍未成年犯犯罪区域对比图

线和郊区县犯罪的更达63.96%，超过上海籍14.66%。这主要是上海籍未成年犯中，户籍在崇明、浦东、南汇等非中心城区的占一半以上；因此，他们就地犯罪比例就较大，也达到了49.3%。而外省籍未成年犯捕前也大多暂居在外环线以外的郊区县；因此，在当地犯罪的比例也就最高，内环线以内的犯罪则大大低于上海籍。

从他们所选择的犯罪地点的调查结果中也可印证这点：

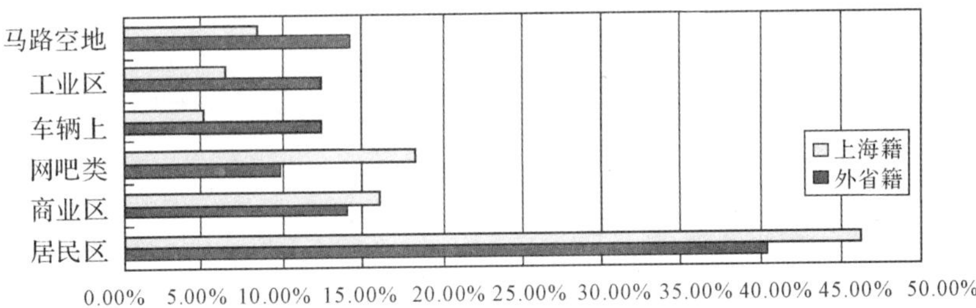

图10 外省籍和上海籍未成年犯实施犯罪地点显示

在居民区、商业区和网吧实施犯罪的外省籍未成年犯与上海籍相比，其比例偏小；而在交通工具、工业区和马路偏僻地点作案的比例则明显高于上海籍。因为工业区和马路偏僻地点大多处在郊区县。

(二)与上海监狱的外省籍成年犯相比

我们将此次调查结果与《上海市监狱系统外省籍服刑人员的调查报告》中所列出的外省籍服刑人员的一些相关数据进行比照分析，可以看出外省籍未成年人的犯罪还具有以下特点：

1. 来沪目的具多样性

无论是外省籍的成年人还是未成年人来沪都抱有一定的目的，但成年人与未成年人的目的指向则往往不尽相同。我们将同是外省籍的未成年犯

与成年犯的来沪目的进行比照:

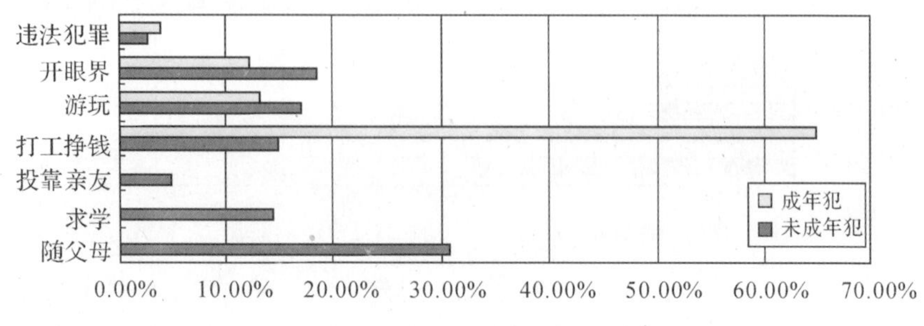

图 11 外省籍未成年人和成年人来沪目的对照图

由图 11 可见,外省籍成年犯当初来沪主要就是"打工挣钱、养家糊口",而未成年人除因年幼"随父母"和"求学"占多数外,其他的目的指向比较分散,有的还同时兼有几个目的。成年犯中以违法犯罪为来沪目的的有 4%,而未成年犯中只有 2.72%;未成年犯来沪目的是游玩和开眼界的也高于成年犯 5%以上。

这些未成年人抱着这些目的来沪后,现实生活状况又是怎样的呢?调查显示:外省籍未成年人来沪后,59.75%有过打工的经历。他们比起来沪务工的成年人,受教育程度稍高,同时凭借年轻敏捷应聘务工有一定的优势,其中的 54.17%在 1 个月内、23.96%在 3 个月内、7.99%在 7 个月内、7.29%在 6 个月后找到了一份能够养活自己的工作;只有 6.6%的人一直未找到工作。

2. 抵沪后 1—2 年间是犯罪高发期

在对外省籍未成年人来沪后从事违法犯罪的时间进行调查时发现,492 名外省籍未成年犯来沪 1 个月之内即犯罪的有 44 人,占 8.94%;满 1 年不满 2 年的人数最多达 108 人,占 21.95%;满 5 年以上的逐年下降至 4.27%—2.64%,整个趋势大致呈一个比较标准的抛物线。

再将此结果与《上海市监狱系统外省籍服刑人员的调查报告》中的外省籍服刑人员到上海犯罪的时间表进行比照,结果见图 12:

从图 12 可清晰看出,外省籍未成年犯的犯罪密集区为来沪 1—2 年的时间段,而外省籍成年犯的犯罪密集区则为来沪一个月内的时间段;成年人来沪三个月之内的犯罪率明显高于未成年人;三个月至二年期间,未成年人犯罪的比率则又远远高于成年人;二年以上的则基本持平。这与未成年人职

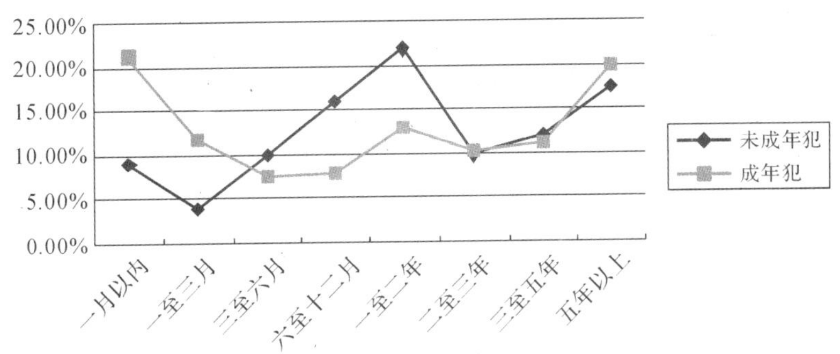

图 12 外省籍成年人、未成年人来沪犯罪时间对比

业期待高、心理稳定性弱有一定因素，他们虽短期内较成年人更易获得一份稳定职业，但经常跳槽、辞职、失业以至从事犯罪。图中也显示出：两组对象在一个月至五年之间的运行趋势大致相反。

3. 犯罪形式的团伙化占绝大多数

众所周知，目前团伙犯罪呈上升趋势。此次调查显示，上海的外省籍未成年犯与成年服刑人员相比，其团伙化的特点则更加突出。

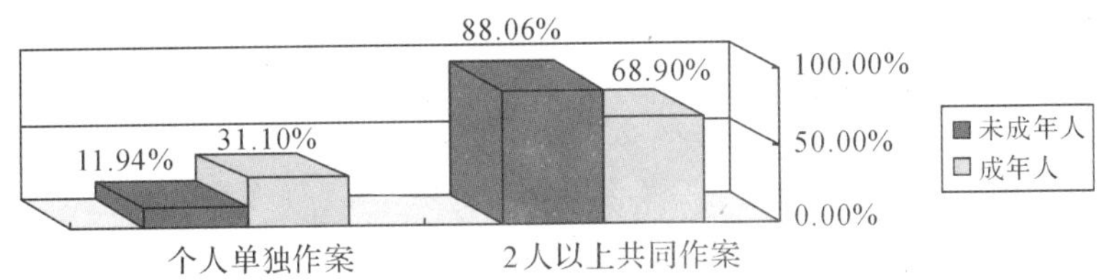

图 13 外省籍未成年犯和成年犯作案形式比较

图 13 显示，外省籍未成年犯中个人单独作案的仅有 11.94%，而 2 人以上共同犯罪的则高达 88.06%，这其中的 62.68%又是 4 人以上的共同犯罪；而外省籍成年服刑人员中单独作案的有 31.1%，而 2 人以上共同犯罪的则为 62.84%。这主要因为未成年人年纪小、阅历浅、社会经验很少，依附性很强。但同时他们又精力旺盛、好奇好动、生性喜欢结伴而行，遇事往往通过结伙搭伴、相互壮胆，来增加安全感、减少恐惧感。因此，团伙作案就更多地成为未成年犯的主要犯罪形式。调查中，他们有 29.89%与老乡、70.59%与朋友、18.05%与同学合伙共同犯罪；有 40.19%的人认为“江湖义气”、54.88%的人认为“受朋友挑唆”是导致自己此次犯罪的原因之一。

三、犯罪成因分析

未成年人的犯罪具有他们这一年龄段所特有的内在因素：心理发育不成熟、情绪不稳定、文化水平低、认知有偏差等。此外，我们从调查数据中还可以分析归结出以下的外部原因。

(一)社会因素

当前，正处在社会转型期，对于弱势群体的未成年人的犯罪，我们应更多地从社会的层面查找其成因，探索解决的方法，更好地预防和减少违法犯罪的发生。从调查结果中分析主要有以下原因。

1. 生活窘迫贫困，迫使少年过早涉世谋生

参加调查的492名外省籍未成年犯中有446人是农村户口，且大多居住在贫困省、市地域，目前仍有42%以上的未成年犯的父母是农民。地域经济的落后，致使农民家庭生活更加贫困。在调查中，回答此次犯罪的客观原因是“生活窘迫”的未成年犯中外省籍有27.08%，上海籍仅11.97%。

从外省籍未成年犯在调查中对自己家庭的生活状况给出如图14的测定结果就能反映这个问题。

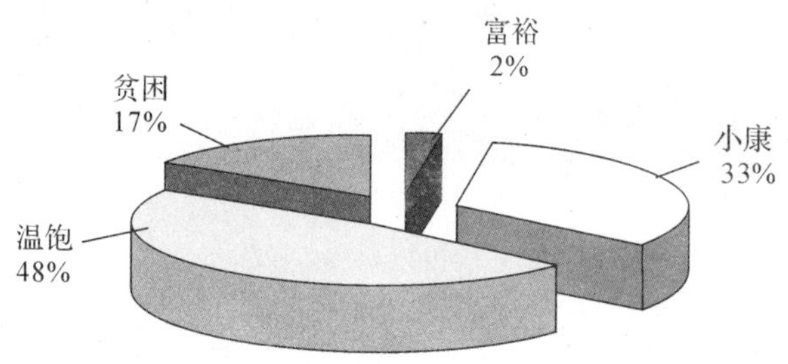

图14　外省籍未成年犯家庭生活状态显示图

他们中认为自己的家庭生活处在小康以下水平的占绝大多数，其中，贫困状态的约有17%，温饱状态的有48%。家乡的贫困生活和对繁华大都市的向往，促使他们追随亲友、老乡或经人介绍来沪谋生，其中还有12.2%的人是盲目独自来沪的。来到上海后，有24.59%的人寄居在朋友处，33.94%的人租房，9.18%的人住单位宿舍，还有20.12 %的人曾经处在居无定所或流浪状态，只有39.23%的人是与父母同居的；因此，他们中有7.11%的人认

为“住宿”是自己“来沪后所遇到的最困难的事”。

家境的贫穷无疑会给年幼的心灵投下沉重的阴影。他们来到大都市，只能靠打工挣钱来满足必要的生活花销，有些还沦为童工自谋生计。调查显示，外省籍未成年犯中的59.55%来沪后至被捕前有务工经历，而上海籍未成年犯中仅21.13%在捕前有此经历。

2. 义务教育普及不到位，受教育权未全面保障

我国在1986年就颁布了《中华人民共和国义务教育法》。20余年来各地实施程度和效果的差距很大，东部沿海地区实施较好，但对进城务工人员第二代以及未成年人的九年制义务教育尚未启动，而西部贫困地区更是基本空白，近几年才有所改变。

在此次调查中，未完成九年义务教育的82.52%的外省籍和38.73%的上海籍未成年犯认为，造成这种结果的具体原因如图15：

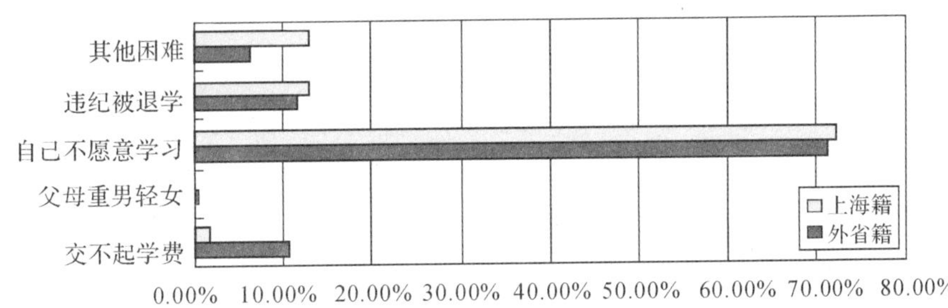

图15 外省籍和上海籍未成年犯未完成九年义务教育的原因统计

从图15所体现的数据中可以看出：无论是外省籍还是上海籍的未成年犯，对自己未完成初中学业的原因大多归结为“自己不愿意学”。同时通过具体数据我们还可透视出以下社会现象：

外省籍中的10.54%是由于地区贫困，父母无法供养其读书以致失学；有些人是由于父母疲于生计，根本没有时间过问其学习情况等原因而中途辍学。越是贫困的地方外出打工人员越多，由此就会形成更多的“留守儿童”。在非正常的家庭教养下，在困窘的生活状态下，留守儿童的失学、辍学、逃学问题非常严重。图23显示492名外省籍未成年犯中捕前约有20%是留守儿童。

跟随父母来沪的外省籍未成年犯有43.9%，他们中29.07%经济条件稍好的人能在上海继续读书。调查中，他们自我评价在学校读书期间学习成

绩好的仅有13.99%，差的占23.08%；能够完成初中学业的仅有24人占18.87%，而24.48%的小学未毕业、12.59%小学毕业、44.06%初中未毕业就因各种原因中断学业流落社会。他们中另有70.93%的人根本没有条件继续读书，只得跟随父母打工谋生或流落社会。正是由于以上这些状况，他们中82.52%的人未在适龄期充分享受到接受义务教育的权利。由此，他们中有32.93%的人认为"捕前生活中最缺乏的"是"文化知识"，还有19.92%的人认为最缺乏的是"社会生存能力"。可见，由于他们的综合素质和竞争能力远不及同龄的上海籍未成年人，从而形成了巨大的文化和心理落差并为日后犯罪埋下了隐患。

3. 法制教育缺失，导致道德伦理的严重错位

国家从1986年起就实施了五年法制宣传教育计划，目前已进入"五五普法教育"阶段。虽然已初步实现了国民从法律知识的启蒙教育向提高以领导干部、青少年为重点的全民法律意识的转变，从单一普法向全面推进依法治理实践的转变；但从对未成年犯的调查结果中可看到，此项工作还存在一些盲区。见图16：

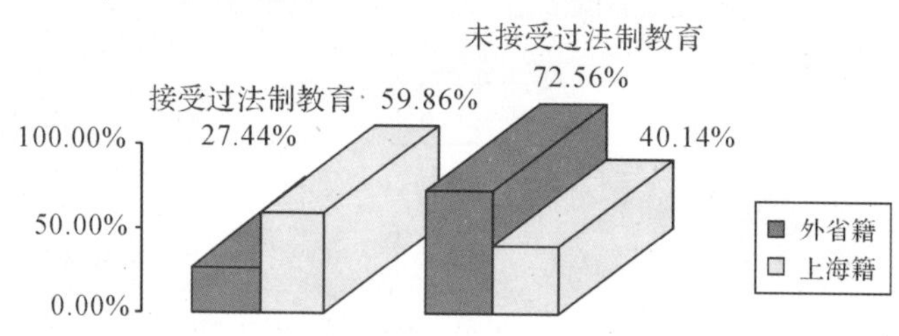

图16　外省籍和上海籍未成年犯接受法制教育情况比照图

图中显示，仍有72.56%的外省籍和40.14%的上海籍未成年犯认为自己捕前从未接受过法制教育。在这组数据中不排除他们中的一些人对"法制教育"的理解上有差异，因为据笔者所知，上海的中小学校均已开设了法律常识课；但同时也反映出：相关职能部门在对未成年人开展法制教育的形式上也欠多样性，缺乏生动趣味，未能给他们留下深刻的教育痕迹，这在一定程度上降低了教育效果。调查还显示了他们接受法制教育的主次地点和形式：

由图17可见，他们接受法制教育的地点大多是学校。而由图18可见，接受法制教育的形式多为课堂教育。

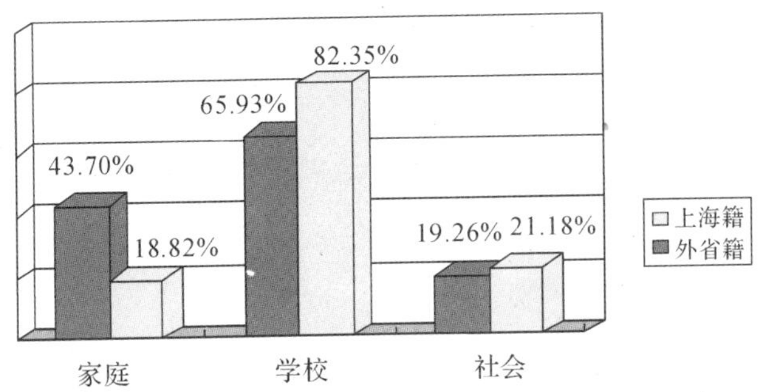

图 17　外省籍和上海籍未成年犯接受法制教育的地点对照

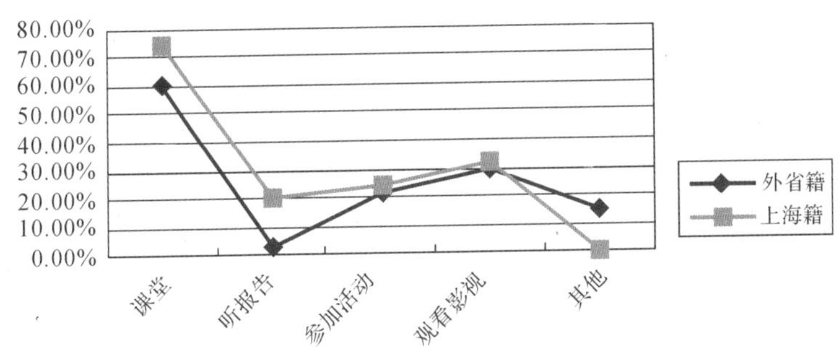

图 18　外省籍和上海籍未成年犯捕前接受法制教育的形式

上海籍在学校接受法制教育的比重显然要高于外省籍，分别为 82.35％和 65.93％。由此看来，目前我们对未成年人的法制教育绝大多数是由学校主抓实施的。然而调查结果显示，却有 82.52 ％的外省籍未成年人因失学而过早离开学校；因此，在基础文化教育缺失的同时也导致法制观念丧失。从外省籍未成年犯在实施犯罪时的想法中也不难看出这种缺失所带来的后果。

由此可见，正是法制教育的严重缺失，造成这些未成年人正确的人生观、世界观、价值观的缺失，道德伦理、遵纪守法意识的淡薄。因此，他们在受到外界不良因素的刺激和诱惑时，就会做出目无法纪的举动；当自己的权益受到侵害时，不知道选择正当的法律途径和手段来维权，而是采取违法犯罪的手段来解决以至酿成犯罪的后果。调查中，在回答“导致你此次犯罪的原因”时，有 54.27％的人认为是“法制观念淡薄”。

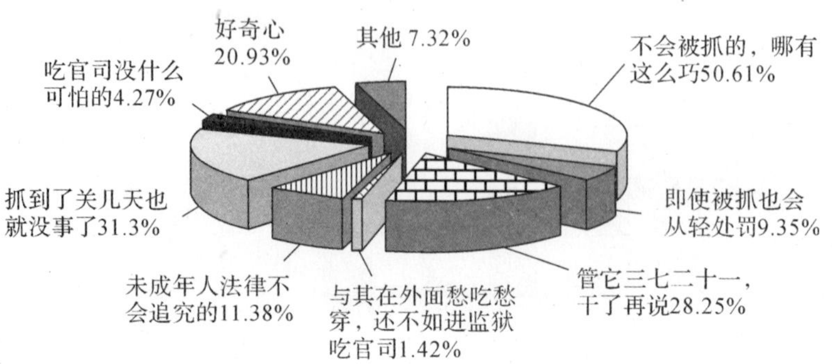

图19　外省籍未成年犯在犯罪时的想法统计图

4. 缺乏人文关怀,沦为城市的边缘人

衣、食、住、行乃民生之重,但相比同样生活在一个城市中的上海籍未成年人来说,他们所处的境况则有着天壤之别。随父母来沪及出生在沪的外省籍未成年人,在父母的呵护下,衣、食说不上好但还得以温饱无忧;那些独自来沪谋生的未成年人的境况可就远不及了,虽在有工资收入时尚能维持生计,但当他们失业时,则会面临衣食温饱困难。他们大多居住在城郊结合部陈旧的住宅里,采光、通风条件较差,潮湿、蚊蝇滋生,居住环境恶劣。他们没有医疗保障,甚至他们的出生都无法得到社会的认可和生存保险。他们的文化学习、职业培训乃至就业等一系列后续民生问题则更显困窘。详见图20。

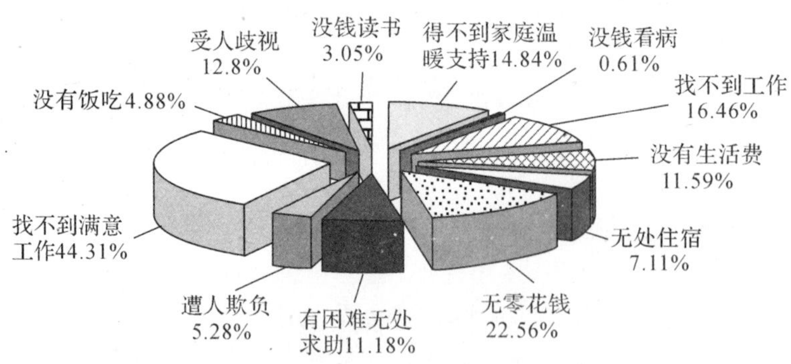

图20　外省籍未成年犯来沪后遇到的最困难的事统计图

在这种没有生活和社会保障、缺乏人文关怀的情况下,他们实质上已沦为上海城市新的贫困和弱势群体，对上海没有认同感，更谈不上归属感。调查中有83.13%的人认为以上这些困难的发生对他们走上犯罪道路“有影响”甚至“很大的影响”。

客观存在的困难、社会分配的不公以及城乡等级差异所导致的负面影响，使得他们心理失衡。既羡慕生活无忧、保障无虑、出手阔绰的城市人生活，又感叹自己无法通过辛勤劳动获得享有；于是就会产生怨恨和仇视心态，萌发报复社会和富人的恶念，进而随波逐流地实施违法犯罪行为。调查显示，在没有工作的228名外省籍未成年犯中，有47.81%捕前是靠违法犯罪所得来维持其生活需要的。

(二)家庭因素

家庭是社会稳定的重要因素，家庭教育对未成年人的成长至关重要，良好的家庭育人环境可以使人受益终生；反之，则会对子女身心健康造成负面影响。根据此次调查结果可分析出，未成年人犯罪与其家庭因素也有一定的关系，具体有以下几点。

1. 父母超生，家庭经济困难，被关注度降低

计划生育作为基本国策，各地落实程度不尽一致。此次调查中就显现上海籍与外省籍家庭的生育情况差异很大。

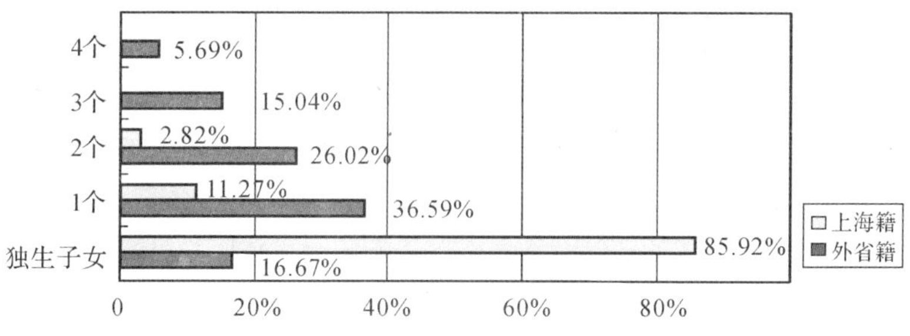

图21　外省籍与上海籍家庭中兄弟姐妹情况对比

由图21显示，上海的独生子女比例要高出外省籍5.15倍，外省籍家庭中2—3个孩子的比例达62.61%。子女多，父母又疲于挣钱，家庭教育和关爱易被淡化。参加调查的上海籍未成年犯中有18.31%的人认为父母对其的教育方式是“溺爱型”，而外省籍未成年犯中仅有4.4%选择此项；认为“父母对自己特别呵护关爱”的上海籍有45%，外省籍只有18.78%。

由于超生家庭背负沉重的经济负担，超生致贫且降低了他们养育孩子

的能力。调查中有17.28%的外省籍未成年犯的父母对其采取“自由放任”的态度,使其得不到良好的基础教育和关爱,认知能力和素质降低。有10.54%的外省籍未成年犯是因家庭生活困难,无力支付学费而辍学,过早进入社会谋生;又因社会经验缺乏,难以抵御诱惑,从而走上犯罪道路的。

2. 父母进城务工,造成留守儿童,家庭教育严重缺失

我们从调查数据中得出,492名外省籍未成年人的父母中目前仍有近一半是长期居住在上海的,见图22所示。

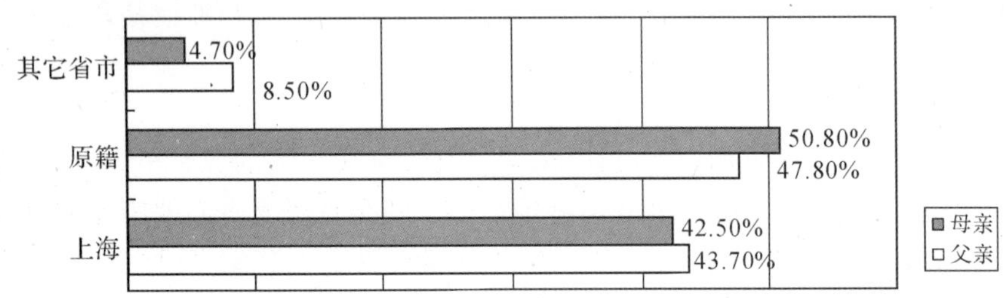

图22 外省籍未成年犯父母目前居住地

调查中还显示,在这约半数的目前还居住在上海的外省籍未成年人的父母亲中,比孩子早3年以上来沪务工(减去同来或出生在沪的14人),客观上造成“留守儿童”的就有近100人,约占被调查数的20%,见图23。

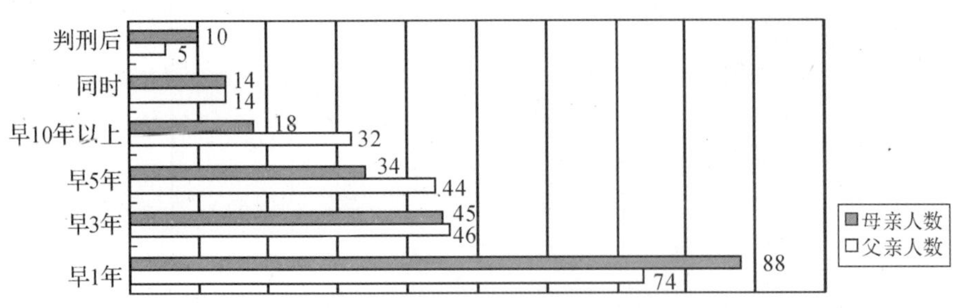

图23 外省籍未成年犯的父母提前到上海的时间

目前全国流动人口超过1.3亿人,因为城市生活成本高等原因,大部分进城农民工让其子女留守农村。有关部门的统计显示,全国16岁以下“留守儿童”已有1000余万人。上海2000年就有387万外来务工人员,由于进城务工的父母将子女带在身边不方便,一部分就将子女留在家乡交给祖父母抚养而成为“留守儿童”。他们独自生活或寄养在祖父母或亲戚家中,因为

长期不能过上正常的家庭生活，缺乏父母的抚爱和管教，久而久之就会影响身心人格的健康成长。调查中有7.93%的人认为导致自己犯罪的原因之一是“父母不在，长期由祖辈亲戚抚养(不当)”。

3. 外来务工人员第二代犯罪问题凸现

随着外来进城务工人员的增加和时间的推移，不仅外来务工成年人的犯罪量居高不下，他们的第二代犯罪问题也日渐凸现。据有关部门统计表明，2006年底在上海居住半年以上的外来常住人口已有467万，其中农民工占了85%，还有约38.57万应接受义务教育的适龄少年儿童，其中绝大多数是进城务工就业农民的子女。

根据此次调查统计(图24)，492名外省籍未成年犯中父母亲来沪务工居住在上海的占40%以上，其中又有43.9%是随父母来沪的(含在沪出生的14人占2.85%)。由此可见，举家来沪务工人员子女在沪犯罪问题已相当严重。

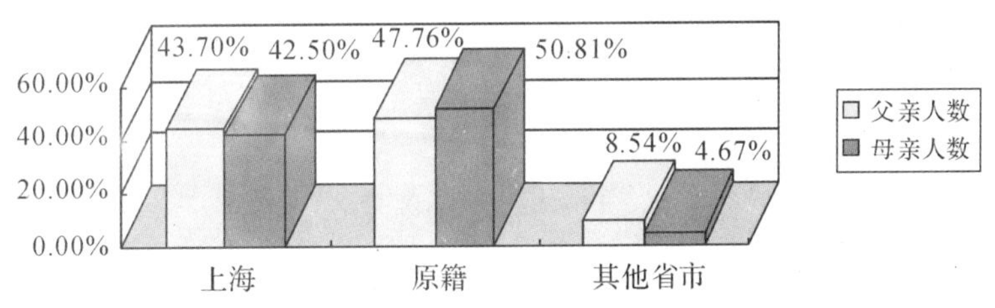

图24　外省籍未成年犯父母目前居住地情况

虽然随父母来沪的外省籍未成年犯有43.9%，但大部分父母对子女的教育重视程度不够，再加上经济捉襟见肘，在子女教育上的投入比重较小，他们中仅有29.07%的人能在来沪后继续读书，其中33.57%的人进入公办学校、66.43%的人进了民办或民工子弟(希望)学校。但读书的状况都不尽如人意——一部分进入民工子弟学校就读的，师资力量非常薄弱，读书环境差；而在公办学校就读的，城市孩子异样的目光和优越生活，也会使得家里生活条件艰苦的他们感到沉重的压力而自卑。

值得关注的是，出生在上海或在上海居住10年以上的外省籍未成年人有108名，占总数的7.93%。他们的父母大多早期来沪，经过长期打拼已创得一份家业，由于不愿看到子女再像自己年轻时那样为生计吃苦受难，他们就尽可能地满足子女的生活需求甚至是奢侈的消费。这群“准上海少年”们穿着时尚，频繁出入娱乐场所，迷恋网吧，染上了吃喝玩乐、游手好闲的不良习气。

由于缺乏良好的学校和家庭教育，社会环境又差，外来务工人员第二代违法犯罪的比例就比较高。调查显示，他们在沪就学期间有75.52%的人存在以下各种违法或不良行为，详见图25。

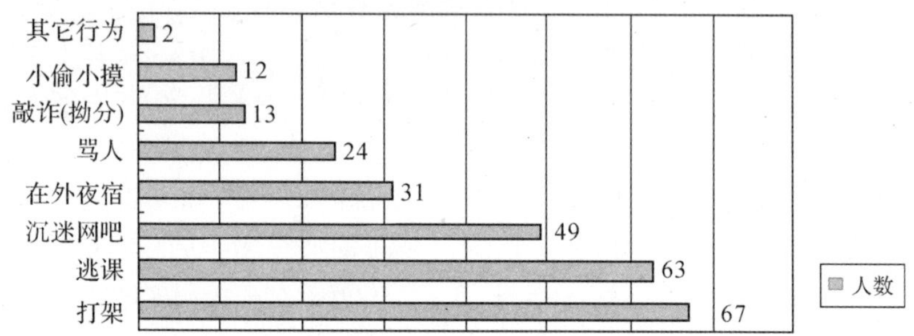

图25　108名外省籍未成年犯在沪读书期间违法或不良行为情况统计

在分析导致以上违法或不良行为发生的原因时，他们作出以下选择：

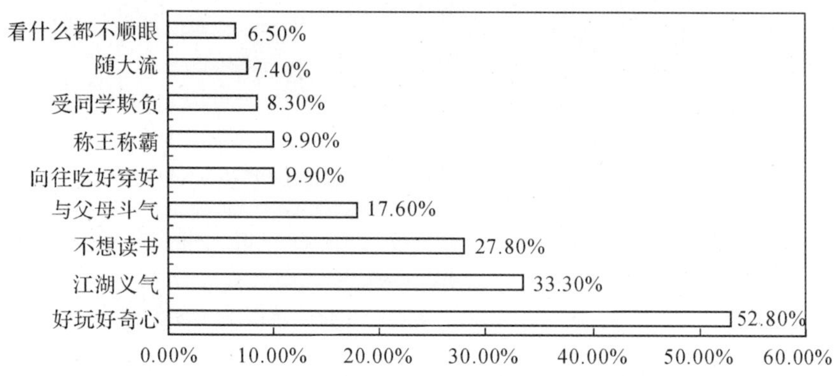

图26　108名外省籍未成年犯在沪读书期间有违法或不良行为的起因状况统计

同时，在回答“以上这些违法或不良行为，对你走上犯罪道路有无影响”时，他们中有46.3%的人认为“有很大影响”、48.87%的人认为“有一点影响”，只有1.85%的人认为“没有影响”。

另外70.93%中断学业的未成年人的生存状况又如何呢？调查中显示，他们中50.2%的人务工谋生，18.99%的人零星打工或帮助父母做事，而30.9%的人则在外面闲逛，与一些不良青少年结群而处。由于他们的心理素质大多尚处在半幼稚、半成熟状态，面对花花世界和条件优越的上海籍同龄人而产生的憧憬和嫉妒心态，导致他们无所事事、惹是生非，使他们的人格在成长过程中发生了扭曲、变型，以致走上犯罪道路。

4. 父母不良品行和婚姻状况的影响

家庭是孩子成长的摇篮。父母的品行对子女的影响是深刻的、长远的。父母在社会和家庭生活中诚实守信富有爱心、宽容善良有责任心，是引导子女热爱生活、积极向上、造福社会的言传身教；反之，父母本身行为不端、不良恶习严重，同样也潜移默化地影响着子女的品行习惯并形成不良人格以致危害社会。

从外省籍未成年犯对父母亲品行的评价调查数据也可说明："上梁不正下梁歪"的道理。数据显示，有 6.91％的父亲和 4.47％的母亲被子女评价为不负责任，26.62％的父亲和 10.16％的母亲被子女评价为有不良品行。其中还有 8.13％的父亲和 1.22％的母亲有"因违法犯罪被劳动教养或判刑"的经历。

父母究竟有哪些不良品行并对其子女的成长造成危害呢？从调查中得知，父母的不良品行中以赌博居多；除此之外，父亲的"打架斗殴"、"嗜酒"等不良品行依次也占据较大比重。见图 27：

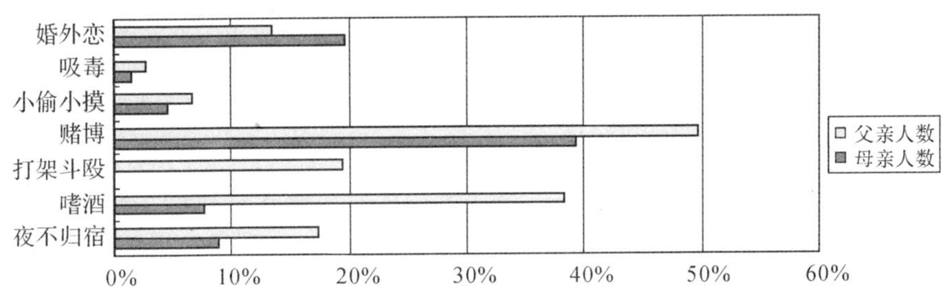

图 27　父母亲存在的不良品行显示图

值得关注的是，不仅在 149 名"有不良品行"的父亲中 26 人（占 17.45％）有"夜不归宿"行为，20 人（占 13.42％）有"婚外恋"行为；而且在 66 名"有不良品行"的母亲中，也有 13 人存在"婚外恋"行为，占 19.7％。

婚姻是家庭的纽带。父母的离异不仅使家庭解体，家庭的教育功能也被弱化。据某市以 9 所小学五、六年级 1912 名学生为对象的调查显示，再婚家庭中 40.5％的儿童情绪不稳定。我们从此次调查数据中也能看出父母婚姻对子女的成长有一定的影响。

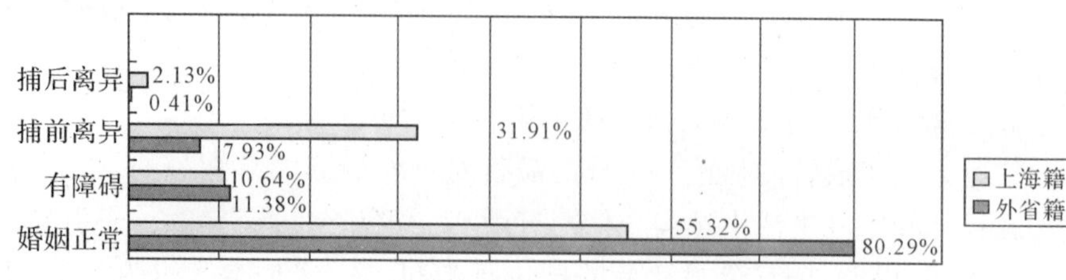

图 28　外省籍和上海籍未成年犯父母婚姻状况

由图 28 可见:外省籍未成年犯的父母婚姻状况不佳的约占 20%以上。同时,他们中的 76%以上的人认为,这种家庭状况对其走上犯罪道路有着一定或很大的影响;因此,在 492 名外省籍未成年犯中又有 28.25%以上的人感到生活中最缺乏的是“美满家庭”。

一些离异家庭和缺损家庭的父母往往会对子女疏于教育和管理。而大多父母离异后又各自组成新的家庭,于是,有些经济条件较好的父母会以丰厚的物质待遇来替代亲情教养;有些则被父母当成累赘抛置一边。这种家庭状态容易导致未成年人的生活和心理压力过重,对家庭易产生离心力并形成孤僻、脆弱、自卑或扭曲的自尊心理,极易受坏人引诱而误入歧途。

四、预防和控制外省籍来沪未成年人违法犯罪的构想和建议

从以上调查结果来看:随着上海外来务工人员犯罪数量的逐年增多,一个不可忽视而又令人担忧的数据呈现在我们面前——外来务工者的第二代以及外来务工的未成年人犯罪数已占上海未成年人犯罪总数的 85%以上。作为一种社会现象,不仅给社会带来了一定危害,同时给未成年人本身造成了一定伤害,对构建和谐社会——让城市更美好的愿景,形成了一定的威胁;因此,必须引起社会和政府的高度重视。笔者认为应注重从以下几点来思考和实践:

(一)各级政府应切实加强对外来务工人员的人文关怀和管理

2006 年 3 月,《国务院关于解决农民工问题的若干意见》出台了涉及工资、社会保障、公共服务、权益保护等一系列善待农民工的新政。党的十七大又第一次将民生建设摆在突出位置。因此,各级政府部门必须切实有效

地落实和完善国家对农民工的政策,依法维护劳动者权益。

一是转变思想观念,改革管理方法。政府应该将对外来务工人员管理从以"劳力者治于人"为上海城市建设发展服务和严打严惩,向人性化和法治化的治理方式转变;从以管理为主、服务为辅,向管理和充满人文关怀的服务并重转变。

二是政治上要尊重他们。工资报酬和福利待遇应同工同酬,还可以通过一些政策性的措施,来进一步加快外来务工人员的融入和共建,比如实施"居住证"制等,增强外来务工人员的归属感。逐步将他们纳入上海社会福利体系之中,使他们能够在户籍、养老、医疗、工伤等方面享有与上海市民基本相同的待遇,有权利与上海人平等地享用城市公共教育、精神文化、卫生保健、职业培训等社会资源。

三是生活上要关心他们。切实改善外来务工人员的生产条件和居住环境,有效提升他们的业余文化生活质量,根本上解决他们子女的入学问题。比如,有些地方建造了价廉物美的"外来务工人员公寓",成立"外来务工者俱乐部",上海还对部分外来务工者开展免费就业培训等都值得借鉴和推广深化。

四是纳入政绩考核,形成长效机制。为保证各项任务指标落到实处、确有成效,应将对占上海人口总数约四分之一的外来人口的管理作为构建和谐社会的一项重要任务和指标纳入社区、乡镇统一管理的范畴,纳入基层各级政府和干部政绩考核的内容。

总之,有关政府职能部门必须改变工作理念和模式,要建立一整套切实可行的长效工作机制,让外来务工人员真正融入城市主流,让他们分享上海改革开放和城市建设发展的成果,使他们的生活更文明、更美好,才能真正构建平安和谐的上海。

(二)切实加强对外省籍未成年人的保护力度

2006 年上海外来人口中,处在义务教育阶段的儿童少年已有约 38.57 万,其中农民工子女就达 31.62 万。"同在蓝天下,共同成长进步。"这是 2003 年教师节温家宝总理在视察北京市务工农民子弟学校时写下的一句话,体现了党和政府对民工子女的无限关怀。根据此次调查所显示出的社会性问题,我们认为更应切实加强对外省籍未成年人的关心、关爱、关怀和保护。

一是切实保障外省籍未成年人在沪的受教育权。教育是民族振兴的基石,教育公平是社会公平的重要基础。根据新修订的《义务教育法》的精神,农民工子女和城市的儿童少年应得到同等的尊重,应享有同等的受教育权益。针对目前存在的农民工子女入学难的问题,许多城市已积极探索了一些良好的举措。比如:浙江慈溪市通过实施"蓝天计划"、杭州市通过"阳光爱心助困金"等举措力求解决好农民工子女和留守儿童的教育问题,保证他们都能接受良好的义务教育。上海在逐年扩大全日制公办和民办学校接收农民工子女入学量的同时,财政也已经连续三年拨款支持农民工子弟学校改善办学条件,基本做到没有安全隐患,没有危房。但从调查数据中仍暴露出上海乃至全国尚未从根本上解决这一问题。因此,各级政府应真正把农民工子女教育作为全民教育的一个重要组成部分。政府应加大投入,同时鼓励民办学校改善办学条件,力求为外来务工人员子女创造一个平等、良好的教育环境,使每一个适龄儿童少年都能全面充分享有接受义务教育的权利。

二是在法律的适用上,更多适用轻、缓刑的处罚。人民法院审理外省籍未成年人犯罪案件时,应将"父母在沪务工的外省籍未成年人"也依照法律规定列入"有条件监管和教育"的范畴,尽量根据案情适用缓刑或管制刑的处罚,将"监管令"、"一卡制"及"社会服务令"等制度的执行面辐射扩大至这一类外省籍未成年人违法犯罪案件的审理中。同样,在对未成年犯实施假释、监外执行制度时,也应将"父母在沪务工的外省籍未成年犯"列入其中一并考量审核,进一步体现法律的公平公正性。

三是将外省籍未成年人纳入社区统筹管理,充分依托、整合社会资源。首先,将外省籍来沪读书和务工的未成年人,按照暂住地域归入相应的社区青少年事务中心管理范畴,对他们提供与上海籍未成年人同等的专业社工服务。其次,要切实加强对外省籍未成年人的法制教育,并注重引导他们加深对14周岁承担部分刑事案件刑事责任意义以及18周岁刑事责任能力意义的认识,提高各年龄段未成年人的自我保护和防范意识。同时,监狱要加强与社会相关职能部门的通力合作,扩大综合治理的基本面。根据服刑人员绝大多数是外省籍且他们在刑满释放后将继续留在上海谋生,他们的综合治理成败与否,仍然直接与上海的社会安定和谐休戚相关的新情况,在市区县综治部门的全力支持与合作下,调整"以上海籍为基础开展一对一帮教工作"的模式,将父母在上海务工并有相对稳定居住地点的外省籍未成年犯,也按照其父母暂住地域归入相应的社区综合治理范畴开展一对一帮教以及“回归接茬”工作。

通过以上举措,使外省籍未成年人在上海的土地上、在同一片蓝天下,与上海的少年儿童一样健康快乐地成长。

五、未成年犯管教所应调整完善监管制度,增强对外省籍未成年犯的教育矫正效果

由于外省籍未成年犯具有以上所述的犯罪特点和犯罪成因,他们在服刑期间,还会出现很多由此而引发的比较特别的个性或共性的状况。随着外省籍未成年犯所占比例的不断增大,这种状况也就更加突出和普遍。未成年犯管教所作为专门收押监管未成年服刑人员的场所,除了对未成年犯实施常规的监管教育矫正外,还应调整工作思路,将以上海籍未成年犯的犯罪特点为重心设置的监管制度和教育矫正形式进行适当调整,全面兼顾外省籍未成年犯的犯罪特点、家庭状况、回归途径等。

(一)调整完善日常监管制度,加强对困难群体的人文关怀

近几年,上海监狱局推进文明管理举措,原有的接见、亲情电话等制度都有所突破;但如何将其完善并纳入日常基础管理制度之中规范执行则显滞后。

比如,监狱的会见制度是对罪犯实施管理的一项基本处遇制度,也是对罪犯开展教育矫正的辅助措施之一,作为未成年犯管教所,这项功能则显得更加重要。调查显示,外省籍未成年犯中有64.5%的家人不能正常来所会见,而上海籍仅有19.72%。造成这种情况的主要原因有以下几种(如图29):

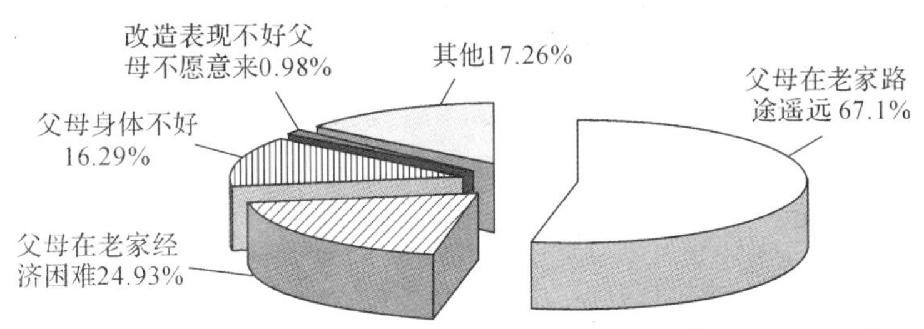

图29 外省籍未成年犯不能正常接见的原因

根据上海监狱管理局十项文明举措规定,凡外省籍服刑人员亲属未在规定的会见日会见的,可凭近日的交通票据安排"小会见"。但在具体事件的处理中则差异较大,有些干警责任心强就能够按规定安排会见;而遇到有些干警正忙着或心情不好时就会感到这是额外负担而予以拖延或拒绝等。

再比如,按照文明管理规定,未成年犯每月可打一次亲情电话,然后再按照各自处遇增加。调查中显示,492 名外省籍未成年犯中有 31.19%的人是在 2 个月以上才打一次电话的,其中还有 17.09%的人从不打亲情电话。造成这种结果的原因除了自己偷懒等外,其中 18.49%的人是因为家庭经济非常困难没钱安装电话,他们要与父母通电话往往要先打给邻居,请邻居帮忙去叫父母过来,然后再打第二个电话才能由父母接听,很费周折。这种境况往往会受到一些同监犯的讥讽,再加上干警对亲情电话的管理操作也同样存有差异,就更加重了其自卑自惭的心理压力。在这种状况下,每月一次的亲情电话对他们来说既弥足珍贵又显尴尬困窘。

因此,我们应当针对外省籍未成年犯的个人家庭状况,调整完善规范监管制度,将目前经过实践操作切实可行且能促进外省籍未成年犯教育矫正的"照顾性举措",纳入常规的监管制度规范序列,将干警执法中的"可为""可不为"变为"必须为",以拓展和延伸对外省籍未成年犯实施教育矫正的方法和渠道。

(二)争取政策支持,加强职业技能培训的实效性

近几年,上海监狱局大力推进"595 "工程建设,注重对服刑人员的职业技能培训。上海市未成年犯管教所在 2006 年已实现了"595 "工程目标,与劳动部门配合,对 98%以上的原判刑期在 2 年 6 个月以上的未成年犯(包括外省籍),实施了职业技能(或习艺)培训并通过考核、考级获得了市职业鉴定中心(或社会专业职能部门)统一颁发的技能(或考级)证书。然而,由于目前仅上海籍未成年犯的职业培训纳入了上海市职业技能培训系列之中,可享受市政府经费补贴;而占总数 85.55%的外省籍未成年犯的培训经费则没有政策来源,仅靠本所自筹资金勉强支付。因此,在培训项目的选择上,往往受培训费用的制约而挑选一些成本低但不一定适应市场需求的项目。

此次我们还就外省籍未成年犯刑满释放回归社会后的去向进行了调查,492 人中只有 17.51 %的人选择"不留在上海"或"先在上海安排一下再去外省市寻求发展",具体见图 30。

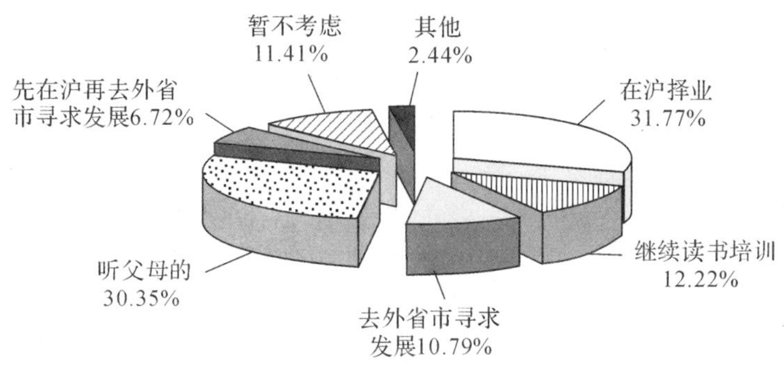

图30　外省籍未成年犯回归后去向打算

他们选择留在上海谋生的原因中，有33.97%的人是因为“父母在上海”，41.03%的人是因为“习惯上海的生活方式”，28.21%的人是因为上海“就业方便”，30.77%的人是因为上海“工资收入高”。由此可见，绝大多数外省籍未成年犯在刑满释放后会继续留在上海求职谋生。这就给我们从事未成年犯教育改造工作提出了更新的课题，即：我们不仅要将他们监管好，更要改造好，要将他们培养造就成回归社会后能自食其力、对振兴上海构建和谐社会有用的人。因此，我们必须寻求政策的支持。比如，参照上海市2007年12月7日启动的“‘共享阳光’——来沪务工人员子女教育就业援助行动”，让外省籍未成年犯的职业技能培训也能“共享阳光”纳入上海市职业技能培训系列之中，使未成年犯在服刑改造期间能真正掌握1—2项适应市场需求的职业技能，刑满释放回归社会后可尽快融入社会、有益社会。这是我们监狱人民警察的职责，更是全社会的责任！

(三)加强回归就业指导，培养抵御职业挫折能力

目前上海监狱局各监所对临近释放的服刑人员都实施系统的回归教育；但由于受教育的时间不能保证和形式过于简单的限制，教育的效果不甚理想。

在此次调查中，绝大多数外省籍未成年犯在表示回归后将继续留在上海发展的同时，也深深地感到回归后会遇到很多的困难，而其中最主要困难如图31所示。

可见，外省籍未成年犯对刑满释放回归社会后的境况仍然心有余悸，而其中最担忧的则是择业、社会的关怀和自信心。

我们认为在回归教育中要调整传统的教育计划，注重对他们进行《劳动

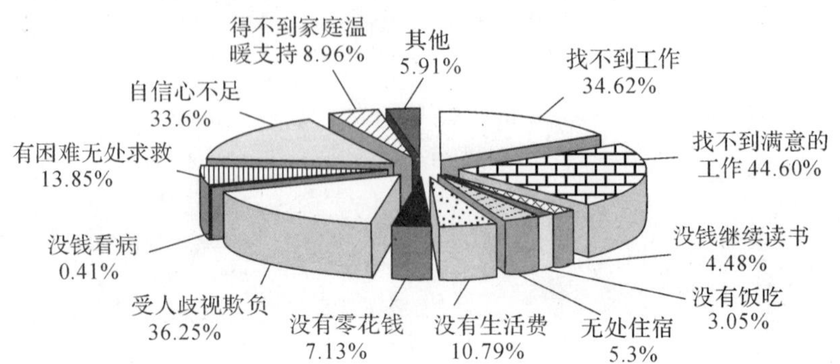

图 31　外省籍未成年犯自测回归后可能会遇到的困难显示图

就业法》、《就业促进法》、《劳动合同法》、《劳动争议仲裁法》等劳动法系列的法律法规的学习和辅导,强化他们在回归社会后作为一个社会人、劳动者所应该承担的责任和享有的权利的意识,培养他们在日后职业生涯中的抗挫折能力。目前开展的"岗位送大墙活动"无疑是一座很好的桥梁,使那些即将刑满释放并有就业愿望的人员能提前找到中意的职业和岗位,使他们能平稳度过回归后的危险困难期。然而,未成年犯的签约率不高。探究原因,笔者认为主要有以下三点:

一是在刑期间,技能培训工种单一、简易,尚不能适应社会企业用工的需要。在财政保障到位的情况下,未管所要将组织罪犯劳动从侧重经济效益向侧重扩大未成年犯技能培训转变,使更多的人在刑释后能掌握社会需求的谋生技能。

二是未成年犯择业心态和期望值与现实不对接。想有好岗位、拿高工资的欲望阻塞了他们的择业途径。从调查中也可见:有 44.31%的外省籍未成年犯认为"捕前找不到满意的工作"。未管所有责任帮助他们树立正确的职业价值观,引导他们从兼顾社会需要和个人的个性、特长去择业。教育他们趁自己还年轻,先从脏、重、苦、累的工作做起,既锻炼意志,又容易就业;同时积极参加社会上的职业技能培训,再逐步向技术含量高收入好的工种过渡。

三是用工单位在企业功利与社会责任并举上有待加强。企业应增强社会责任感,为了社会稳定大局,应吸纳一些基本适应用工需要的对象就业,边就业、边培训。政府和有关行业协会应力求协调解决。

调查附记：

目前，社会各行各业都盛行调查，借助各类调查结果进行分析、研判、左右决策。毛泽东也有这样一句名言“没有调查就没有发言权”，可见，调查的重要性。调查的形式又以问卷调查的比重最大。然而，实践中调查结果的真实性、可靠性却是参差不齐，不乏水分。假如以前笔者对这种状况已有预见并在设计此次问卷调查时已尽量规避的话，那么，通过实施的全过程则对此类调查的形式、过程、结果又有了一种更深切的担忧……

上海市未成年犯管教所每年要进行很多次的问卷调查：未成年犯自新收集训开始就接受从心理测试、基本情况、改造状况等所内问卷调查，到配合社会有关部门团体和科研机构的各种名目的问卷调查，林林总总。他们经历了紧张谨慎—认真适应—从容敷衍的过程，久而久之，他们往往采用随随便便、不负责任的态度来填写调查问卷。鉴于对以上现象的了解，我们在设计此次的问卷时，根据问卷内容都是干警原本应该掌握了解并不涉及其他个人隐私的特点，采用了实名制，以便在出现一部分不负责任乱填一气、自相矛盾的答卷时，可以据此对号入座地进行订正修改，同时还设计了一些前后呼应、可互相佐证的问题以鉴别真伪。然而，填写问卷的结果却比我们预计的状态要糟糕得多，具体有以下几种情况：

1. 文化素质差，人生阅历肤浅，对很简单的题意都看不懂；

2. 粗枝大叶，不认真审题，错填漏答很多，有些甚至整页遗漏或不答；

3. 随心所欲，不负责任，自相矛盾地乱填一气；

4. 对经批阅并明确标注有误退回修订的问题视而不见或部分修订后又原样或部分原样上交。

此次调查中调查人对每一份问卷都进行了认真批阅，将不合格问卷反复多次退回修改。634 份调查问卷中，一次答卷合格的仅有 87 份，占 13.72%。然而，经一次修改后的合格率也仅有 329 份，占 51.89%，二次修改后的合格率为 192 份，占 30.28%，有 26 份问卷经过三次修改后仍不能合格，最后由调查人一对一面对面地询问才得以完成。粗略估算，假如不是采用实名制，无法对那些有明显不实回答及自相矛盾的废卷进行修正，那 634 份问卷的可采用率还不满 50%，从而调查的效率将会很低，且可采用的不到 50%问卷中的可信度仍需再打折扣。

由此可见，一般采用不记名形式的问卷所得出的数据和结论的可靠性、真实性、可参考性究竟有多少？如果我们不严加分析筛选、去伪存真，那又会给我们的决策带来什么样的误导?

笔者感悟:此类问卷调查,有条件的、内容不涉及个人隐私的应尽可能采用实名制,便于对部分不合格问题可对号入座进行修正;必须采用不记名形式的,也应当在出题时设计一定比例的能前后印证的问题,对一些自相矛盾的问题或问卷要剔除,已免影响数据的真实性。

让我们通过调查能真正拥有发言权。

加强区域联动,为长三角科学发展营造良好人口环境

赵　勇*

改革开放以来,随着我国工业化、城市化进程加快,人口流动日趋活跃,大量人口由中西部向东部转移、由农村向城市转移。近年来,我国人口流动的规模一直维持在较高水平,2007 年全国流动人口约为 1.5 亿。

长三角地区是全国重要的人口集聚地,沪苏浙两省一市区域面积 21.07 万平方公里,占全国国土面积的 2.2%。2007 年末,两省一市常住人口 1.45 亿人,约占全国总人口的 11.0%(全国 2007 年 13.21 亿)。其中户籍人口 1.34 亿人,约占全国总人口的 10.1%;流动人口 0.39 亿人,约占全国流动人口总量的 26%。探索建立完善区域合作协调机制,推动沪苏浙人口计生区域联动发展,对于促进本地区各种要素市场一体化,维护流动人口的合法权益,为长三角可持续发展营造良好人口环境,具有十分重要的意义。

一、深刻认识加强长三角区域联动的重要意义

近年来,中央对长三角地区实现率先发展、科学发展可以说是前所未有的重视,推进长三角地区改革开放和经济社会发展被提升到国家战略的高度。早在 2005 年,《长江三角洲地区区域规划》作为我国第一个跨省级行政区的区域发展规划启动编制。在国家功能区规划中,长三角是重要的人口集聚区。2007 年 5 月,温家宝总理在上海主持召开长三角地区经济社会发展座谈会,会议被认为是近期讨论区域经济发展中规格最高的。中央的高度重视还表现在即将出台《长江三角洲地区区域规划》、《关于进一步推进长

* 赵勇:上海市人口计生委副主任。

三角地区改革开放和经济社会发展的指导意见》。这都标志着长三角地区"实现率先发展、科学发展,增强综合实力、创新能力、可持续发展能力和国际竞争力"已经上升为国家战略,区域内的联动合作必须有切实的抓手和明确的时间表,时不我待。

从长三角地区人口发展情况看,实现区域联动与协调发展,是实现自身发展的需要。长三角地区面积约 11 万平方公里,占全国面积的 1.14%。2003 年,户籍人口 8161 万人,占全国总人口的 6.32%;常住人口 9039 万人,约占全国总人口的 7%。全区域创造的国内生产总值(GDP)占全国 1/5。人口发展具有五大特征:一是人口总量规模较大,人口密度高。"五普"数据表明,长三角地区常住人口 8743.13 万人,人口密度 797 人/平方公里,是全国平均人口密度的 6 倍。二是人口自然增长率低,人口老龄化形势严峻。长三角地区人口已普遍进入低出生、低死亡和低自然增长的阶段,人口自然增长率接近零增长。2000 年,长三角地区常住人口中 65 岁及以上老年人口 869 万人,占 9.94%,比全国平均水平高 2.98 个百分点,人口老龄化比较明显。三是长三角地区的城市化水平显著高于全国。据"五普"资料,整体城镇化水平在 57%左右,比同期全国平均水平高出 21.62 个百分点。四是人口向长三角地区迁移显现了长三角区域发展的扩展效果。1995—2000 年期间,迁入长三角地区的人口 602 万人。其中迁入上海的人口 176.6 万人,占 29.3%,每平方公里增加 279 人;迁入江苏中南部地区的人口 228.7 万人,占 38.0%,每平方公里增加 47 人;迁入浙江东北部地区的人口 196.6 万人,占 32.7%,每平方公里增加 36 人。五是长三角地区人口就业结构具有一定的梯度性。上海和南京基本形成了"三二一"产业结构;苏中南地区二产比重较大,呈现"二三一"产业结构;浙东北相应处于工业化的前期阶段,"二一三"结构明显,涵盖了不同的产业结构类型,基本反映了城市经济发展的序列。

从发展趋势看,长三角地区目前正处于都市城区扩容阶段,同时伴随产业结构的大规模调整优化与劳动年龄人口的大规模迁徙。为了合理人口分布,降低流动成本,提高人口素质,长三角地区在促进人口发展方面尽快开展积极有效的区域联动协作具有重要意义。首先,长三角地区作为我国经济的一个最重要的增长极,是今后人口集聚的最主要板块。从宏观层面进行一体化考虑,把握好人口快速增长的态势,有效避免城市化进程中人口无序集聚,促进人口向有利于经济社会发展的方向变动,才能为长三角地区城市群的崛起和保持对全国经济增长的持续拉动作用创造良好的人口环境。其次，加快长三角地区的改革开放和经济发展，有利于人口素质的总体提升。作为中国最有希望也最具实力的经济增长极，在长三角地区一体化发展的过程中，必然会集聚越来越多的高素质人才，促使本区域成为我国的人才高地和知识创新的重要发源地。第三，长三角地区一体化发展将有利于人口分布不均衡问题的解决。在一体化过程中，各城市将从特大型城市、大城市、中等城市、小城市等不同功能定位出发，错位竞争，错位发展，突破区域内各城市之间自成体系和各自发展的局限，形成对不同人口的吸引，有效地促使区域内人口合理分布和流动，保持长三角人口分布的合理化。

二、长三角人口计生区域联动的积极探索

近年来，上海主动将人口计生工作融入到沪苏浙经济社会协调发展中，与江苏、浙江两省密切合作，积极推进沪苏浙人口计生区域联动，主要做了以下工作：

(一)联合开展长三角地区人口发展战略研究

受国家人口计生委的委托，2004—2005年，由上海市人口计生委牵头，会同江苏和浙江两省人口计生委开展了长三角地区人口发展战略研究，该研究是国家人口发展战略研究的6个区域人口发展战略之一。

为了做好这项跨地区的重大课题研究，“两省一市”人口计生委成立了长三角地区人口发展战略研究课题领导小组。本课题重点对长三角地区的人口现状与发展态势、产业发展与就业人口发展趋势、都市圈人口容量、城市化发展趋势与人口迁移、人口老龄化发展、人口婚姻与家庭状况及其对社会发展影响6个方面进行了研究。在课题研究过程中，“两省一市”人口计生委调动各方力量，凝聚各方智慧，共同推动区域人口发展战略研究，努力做到三个结合：一是政府部门与科研机构相结合；二是课题内专家与课题外专家相结合；三是地区之间相互结合。三地人口计生部门在研究中起到了牵头、组织、协调和服务作用。经过努力，课题研究取得了丰硕成果，形成了1个总报告，6个总课题分报告，4个课题外专家分报告。课题研究成果得到了国家人口计生委的充分肯定，不少研究成果被国家人口发展战略报告采纳。

(二)立足人口发展战略,推进长三角流动人口计划生育政策协调

2004年6月21—22日,上海市人口计生委组织召开“长三角地区人口发展战略研讨会”。来自长三角地区主要高校和研究机构的专家学者以及人口计生部门的实际工作者共150多人参加了会议。全国人大常委会副委员长蒋正华、国家人口计生委主任张维庆、上海市人大常委会主任龚学平等领导出席了会议并讲话。会议重点围绕长三角地区的人口规模与分布、产业结构、人口迁移与流动、资源环境支撑能力、大都市圈建设、城市化趋势等问题展开了深入交流与讨论,提出了不少新的思路、观点和政策性建议。

2007年5月,上海人口计生委牵头,与江苏、浙江两省人口计生委就共同推进长三角地区流动人口计划生育管理服务联动发展,进行了多次沟通和协商,达成一系列政策协调共识。例如简化一孩生育手续办理以及两地婚姻对象的再生育审批手续、解决两地婚姻夫妻的《独生子女父母光荣证》领取问题、统一和规范流动人口违法生育后的社会抚养费征收、携手打击超生跨省设立孕检点等行为以及加快推进计划生育免费技术服务一体化等等。2007年11月,两省一市人口计生委联合下发了《关于加强流动人口计划生育服务和管理区域联动有关问题的意见》,将上述协调本区域生育政策的共识在《意见》中得以落实,《意见》对两省一市各级人口计生部门均有指导性。

(三)召开沪苏浙三省(市)人口计生委第一次联席会议,完善流动人口管理服务工作协调机制

2008年4月18日,沪苏浙三省(市)人口计生委第一次联席会议在上海召开。国家人口计生委副主任王培安出席会议并讲话。沪苏浙三省(市)人口计生委主任、分管流动人口的副主任、流动人口管理处负责人以及三省(市)部分地级市人口计生委主任参加了会议。沪苏浙三省(市)人口计生委主任,以及上海嘉定区、江苏无锡市、浙江台州市人口计生委主任分别做了交流发言,介绍了三省市流动人口计划生育服务管理情况以及区域联动协作进展情况、初步成效和存在问题。王培安副主任听取了三省(市)的发言,对区域协作的重要性和取得的成效给予了充分肯定。他指出,沪苏浙通过签订协议、召开联席会议等方式,探讨和应对现实工作中存在的突出问题,实现职责共负、服务共担,充分体现了三地人口计生委的大局意识、责任意识、效率意识,为全国带了好头。三省(市)制订下发的《关于加强流动人口计划生育服务和管理区域联动协作有关问题的意见》,突出体现了以人为本、便民维权的理念和措施，并将合作领域从流动人口服务管理拓展到整个人口计生工作的联动发展，值得充分肯定。《意见》是全国首个以省际联合发文形式确立的区域协作制度，形成了本地区相对统一的管理规范，建立了人口信息数据互换协作工作制度，为实现全国流动人口计划生育“一盘棋”格局的形成进行了先行探索。

通过举行第一次联席会议，沪苏浙三省(市)人口计生委在进一步推进完善长效联动协作机制方面取得不少共识。2008 年 3 月，三方签订协议书，成立长三角地区人口信息数据互换协作工作小组，建立协商会议制度，定期交流 41 项指标数据。在沪苏浙省级协作的基础上，上海有关区(县)与江苏、浙江两省相邻的市、县沟通和协作水平进一步提高。例如，在沪苏浙相邻地区，建立了青浦、金山与浙江嘉兴、江苏吴江的“二市一县五区”联席会议，以及上海嘉定与江苏昆山、太仓的三地联席会议。

三、关于进一步加强长三角区域联动的对策建议

沪苏浙区域联动是一项人口计生工作全方位的合作，我们建议在以下几方面加强协作和推进。

(一)指导思想

按照中央《决定》和国家人口发展战略的要求，结合区域发展实际，解放思想，开拓创新，优先投资于人的全面发展，稳定低生育水平，提高人口素质，改善人口结构，引导人口合理分布，建立和完善区域人口综合调控机制，统筹解决区域人口问题，为长三角地区实现率先发展、科学发展创造良好的人口环境。

(二)遵循原则

1. 立足国家战略

从全国人口发展大局出发，在推进区域联动发展中，积极实施国家人口发展战略，主动承担人口集聚区的战略任务，促进全国统筹解决人口问题。

2. 坚持统筹协调

统筹区域人口与经济、社会、资源和环境的协调发展，统筹解决人口数量、素质、结构与分布问题。

3. 注重分类指导

区域内各地区在推进一体化和联动发展的大框架中，可以根据实际情

况,因地制宜创新人口管理机制,完善公共服务,满足多样化需求。

4. 稳步有序推进

先易后难,先近后远,加强调查研究,实行科学决策,注重试点,以点带面,稳步实施,有序推进。

(三)阶段性重点工作

1. 建立和完善长三角地区人口综合调控的战略研究机制、协调和联动机制

在推进长三角地区改革开放和经济社会发展中,要把统筹解决区域人口问题摆到重要议事日程,率先形成区域人口综合调控机制。要形成区域人口发展战略研究的长效机制,加强对长三角地区的人口重大问题研究以及人口发展评估,建立长三角地区人口统计指标体系和人口数据分析平台。充分发挥"两省一市"人口计生部门的职能,建立长三角地区人口综合调控协调机构,推动整个地区人口发展中的政策衔接、管理和服务联动机制的形成。

2. 积极推进长三角地区人口发展战略的实施

"两省一市"人口计生部门要加强合作,把长三角地区人口发展战略研究成果转化为推进区域人口联动发展的中长期规划和政策举措。推动长三角地区率先建立区域性的都市发展战略规划,率先实行以居住证制度为依托的人口属地化管理体制,率先建立统一的劳动力和人才市场体系,率先实现城乡一体化的社会保障体系,率先实现循环经济的发展模式。

3. 加强长三角地区流动人口服务和管理

探索建立长三角地区一体化的居住证制度,以此为依托,形成长三角地区流动人口管理和服务机制,逐步推进长三角地区基本公共服务均等化,逐步弱化和剥离户籍和各项福利的关系,实现同责任、同义务和同权利,实现贡献和福利的相互统一,促进区域人口合理有序流动。

4. 建立长效联动协作机制

尽快建立三省(市)人口计生干部交流培养平台,通过干部异地挂职锻炼,便于各地间相互学习和借鉴。探索将信息沟通平台变成稳固的、多层次的政策协调机制。除联席会议制度外,通过召开专题协调会,就具体问题进行协调,从每一个即将出台的政策开始,都能有个协商、磋商的机制、步骤。

5. 探索区域内流动人口计划生育信息的异地查询机制

利用国家人口计生委和区域内各城市人口计生部门已经建立的育龄妇

女信息系统和流动人口信息交换平台，加强长三角地区流动人口计划生育管理服务的信息化建设，推进区域内跨省市的流动人口信息异地查询，实现三省（市）人口数据库的对接、人口个案信息异地查询、网上信息通报等重要功能，促进管理和服务联动。

各位领导和同仁，沪苏浙区域联动是一个打破行政区划，三地统筹、合作、提高的有效模式。上海人口计生委将按照国家发展战略要求，与江苏、浙江两省携手，共创沪苏浙人口计生区域联动发展新局面，为国家战略的实现，为长三角形成互惠共赢、各得其所、相得益彰的发展新格局而共同努力！

附　录

苏浙沪法学会"第五届长三角法学论坛"交流论文目录

15. 上海市流动人员犯罪与预防
——以上海市监狱系统在押外省籍服刑人员为调查对象
…………………………………………… 上海市监狱管理局课题组
16. 上海市流动人口犯罪问题研究
——以嘉定区和青浦区的刑案数据为视点
………………………………………………………………… 王春丽
17. 外省籍民工犯罪及遏制对策
……………………………… 浙江省法学会监狱法学研究会课题组
18. 苏州地区外来人员犯罪现状及犯罪原因的调查和研究
…………………………………………………… 张晓东 张 乐
19. 上海市外省籍未成年人犯罪成因的分析与防范矫正的思考
——来自上海市未成年犯管教所的调查报告
…………………………………………… 李 桦 朱 萍 王整美
20. 异地籍未成年人犯罪问题分析
——以浙江省宁波市江东区人民法院近五年审理案件为例
………………………………………………………………… 陈 莹
21. 扼制大中城市流动人口违法犯罪策略初探
——从南京市鼓楼区流动人口调查统计得到的启示 ……… 王昆远
22. 流动人口犯罪强制措施适用的现实困境与前景展望 ……… 冯晓音
23. 流动人口犯罪司法策略研究
——以人口红利为出发点和落脚点 ……………………… 曹中设
24. 论流动人口犯罪的心理特征及其心理预防 ……… 胡建岚 吕丹丹
25. 从流动人口犯罪问题探讨加强服务保障实行人文管理的
必要性和有效途径 ……………………………………… 王亚萍

三、专题 2:权益和保障类

26. 村民自治中流动人口权益的保障 ……………………… 朱中一
27. 长三角流动人口权利保障机制探析 …………………… 邬沈青
28. 和谐社会理念下流动人口权益保障机制研究 …… 李建国 张建兵
29. 论和谐社会中流动人口的权益保障 …… 张耀东 黄永忠 王 冀
30. 论和谐社会理念下的流动人口权益保障机制 …………… 杨爱国
31. 农民工权益保障问题及法律对策探讨 ………………… 段占朝
32. 浅谈流动人口权益保障及服务管理 …………………… 陈 洁

四、其他

图书在版编目(CIP)数据

流动人口法制:现状及其完善 / 胡虎林主编. —杭州:浙江大学出版社,2009.2
ISBN 978-7-308-06510-8

Ⅰ. 流… Ⅱ. 胡… Ⅲ. ①流动人口—管理—法规—研究—中国②流动人口—法制教育—研究—中国 Ⅳ. D922.144

中国版本图书馆 CIP 数据核字(2008)第 212850 号

流动人口法制:现状及其完善
主　编　胡虎林
副主编　陈柳裕　陆剑锋

责任编辑　周卫群
封面设计　刘依群
出版发行　浙江大学出版社
(杭州天目山路 148 号　邮政编码 310028)
(E-mail: zupress@mail.hz.zj.cn)
(网址:http://www.zjupress.com
http://www.press.zju.edu.cn)
电话:0571—88925591,88273066(传真)
排　　版　杭州中大图文设计有限公司
印　　刷　杭州浙大同力教育彩印有限公司
开　　本　787mm×960mm　1/16
印　　张　20.25
字　　数　332 千
版 印 次　2009 年 2 月第 1 版　2009 年 2 月第 1 次印刷
书　　号　ISBN 978-7-308-06510-8
定　　价　36.00 元
